Como os edifícios funcionam

Como os edifícios funcionam

A ORDEM NATURAL DA ARQUITETURA

EDWARD ALLEN

Desenhos de David Swoboda e Edward Allen

Tradução de André Teruya Eichemberg e Newton Roberval Eichemberg

Revisão técnica de Francisca Angeli

wmf **martinsfontes**

SÃO PAULO 2016

Esta obra foi publicada originalmente em inglês com o título
HOW BUILDINGS WORK: THE NATURAL ORDER OF ARCHITECTURE
por Oxford University Press, 2005
Copyright © 1980, 1995, 2005 by Oxford University Press, Inc.
A presente tradução foi publicada através de acordo com Oxford University Press.
Copyright © 2011, Editora WMF Martins Fontes Ltda.,
São Paulo, para a presente edição.

1ª edição 2011
2ª tiragem 2016

Tradução
ANDRÉ TERUYA EICHEMBERG
NEWTON ROBERVAL EICHEMBERG

Revisão da tradução
Aníbal Mari
Revisão técnica
Francisca Angeli
Acompanhamento editorial
Márcia Leme
Revisões gráficas
Sandra Garcia Cortes
Alessandra Miranda de Sá
Edição de arte
Katia Harumi Terasaka
Produção gráfica
Geraldo Alves
Paginação
Moacir Katsumi Matsusaki

Dados Internacionais de Catalogação na Publicação (CIP)
(Câmara Brasileira do Livro, SP, Brasil)

Allen, Edward
  Como os edifícios funcionam : a ordem natural da arquitetura / Edward Allen ; desenhos de David Swoboda e Edward Allen ; tradução André Teruya Eichemberg e Newton Roberval Eichemberg ; revisão técnica Francisca Angeli. – São Paulo : Editora WMF Martins Fontes, 2011.

  Título original: How Buildings Work: the natural order of architecture
  ISBN 978-85-7827-423-8

  1. Arquitetura 2. Edifícios – Engenharia ambiental I. Swoboda, David. II. Angeli, Francisca. III. Título.

11-05408   CDD-727.1

Índice para catálogo sistemático:
  1. Edifícios sustentáveis : Arquitetura   727.1

Esta edição não pode ser vendida em Portugal.

Todos os direitos desta edição reservados à
Editora WMF Martins Fontes Ltda.
Rua Prof. Laerte Ramos de Carvalho, 133 01325-030 São Paulo SP Brasil
Tel. (11) 3293.8150 Fax (11) 3101.1042
e-mail: info@wmfmartinsfontes.com.br http://www.wmfmartinsfontes.com.br

Agradeço às pessoas que ajudaram
a fazer com que este livro viesse à luz:

JOYCE BERRY
NOEL CARR
ALBERT G. H. DIETZ
ELLEN R. FUCHS
N. J. HABRAKEN
CATHERINE HUMPHRIES
FRANK JONES
DONLYN LYNDON
DOUGLAS MAHONE
JAMES RAIMES
ELDA ROTOR
J. N. TARN
CYBELE TOM
WACLAW ZALEWSKI

e, em especial,
MARY M. ALLEN

Prefácio
à terceira edição em inglês

Ao longo dos últimos 25 anos, a prática da construção passou por mudanças significativas em várias áreas, notavelmente nos sistemas mecânicos, elétricos e de comunicações. Os pesquisadores acrescentaram novos conhecimentos àqueles de que já dispúnhamos a respeito da função dos edifícios. Surgiram novas preocupações de interesse social, especialmente a construção de edifícios acessíveis a todas as pessoas e a construção sustentável. Esta terceira edição, na tradição das que a precederam, se atém ao básico, mas inclui centenas de grandes e pequenas mudanças que refletem o estado atual da arte e da ciência de construir. Mantive a organização básica do volume original, juntamente com sua aparência e seu estilo, que têm resistido bem ao uso. A missão e a premissa do livro continuam as mesmas.

E. A.

South Natick, Massachusetts
Janeiro de 2005

Sumário

Prólogo: O edifício sustentável, x

O QUE OS EDIFÍCIOS FAZEM

1. O ambiente externo, 3
2. O ambiente humano, 15
3. O conceito de abrigo, 23

COMO OS EDIFÍCIOS FUNCIONAM

4. A função do edifício, 31
5. O fornecimento de água, 33
6. A reciclagem do lixo, 41
7. A garantia de conforto térmico, 49
8. Propriedades térmicas dos componentes dos edifícios, 53
9. O controle da radiação térmica, 72
10. O controle da temperatura e da umidade do ar, 81
11. O controle do movimento do ar, 99
12. Como impedir a entrada de água no edifício, 109
13. Visão e iluminação, 128
14. Ouvir e ser ouvido, 138
15. Fornecimento de energia concentrada, 149
16. Adaptação dos edifícios às pessoas, 158
17. Como proporcionar suporte estrutural aos edifícios, 172
18. Prevenção contra movimentos estruturais nos edifícios, 204
19. Controle de incêndios, 213
20. A construção de um edifício, 227
21. Como manter um edifício vivo e em crescimento, 239
22. Componentes e função do edifício, 253

Glossário, 259
Índice remissivo, 269

Prólogo: O edifício sustentável

Os edifícios representam um enorme investimento, não apenas de dinheiro e tempo, mas também de recursos naturais. Ao construir e ocupar edifícios, consumimos grandes quantidades de materiais e geramos grande parcela da poluição ambiental do mundo. De acordo com o Worldwatch Institute, os edifícios consomem mais de 40 por cento da energia utilizada no mundo a cada ano e, ao fazê-lo, liberam na atmosfera um terço do dióxido de carbono e dois quintos dos compostos que causam a chuva ácida. Nos Estados Unidos, os edifícios usam cerca de um sexto da água potável consumida a cada ano e um quarto da madeira extraída. Além disso, liberam cerca de metade dos clorofluorcarbonos que escapam para a atmosfera superior onde destroem a camada de ozônio que nos protege contra os raios ultravioleta do sol. Cerca de 40 por cento do lixo aterrado provém de projetos de construção. Vemos nessas estatísticas que os edifícios são responsáveis por muitas formas de degradação ambiental. Eles impõem um pesado fardo sobre os recursos da terra, dos quais a maior parte é não renovável e finita, e põem em risco a saúde e o bem-estar da humanidade. Por isso, é cada vez mais urgente que aprendamos a construir e operar edifícios de maneira sustentável.

A *sustentabilidade* pode ser definida como *a satisfação das necessidades da geração atual sem comprometer a capacidade das gerações futuras para satisfazer suas necessidades*. Quando queimamos combustíveis fósseis, consumimos uma parcela de um recurso finito, não renovável, de modo que ele não estará disponível daqui a uma ou duas gerações. Também geramos gases de estufa que aumentam o aquecimento global. Em consequência disso, a geração que viverá em um futuro próximo se confrontará com o problema de um mundo no qual as geleiras e as calotas polares estarão encolhendo, o nível do mar se elevando a índices perigosos, e o clima sendo violento e imprevisível. Quando construímos conjuntos habitacionais que se alastram sobre terras férteis antes utilizadas para o cultivo de alimentos, reduzimos a quantidade de terras agrícolas que estarão disponíveis para as gerações futuras. Quando utilizamos a madeira extraída de florestas que não são replantadas, aumentamos a probabilidade de que nossos filhos e netos vivam em um mundo em que a madeira será um artigo escasso e caro.

Temos o poder de mudar essa situação. Podemos reduzir substancialmente a energia de que nossos edifícios necessitam. Podemos satisfazer grande parte dessa necessidade com energia solar e eólica, ambas renováveis, não poluentes e disponíveis no próprio local. Em muitos casos, podemos construir sobre a terra que foi recuperada de práticas abusivas no passado, por exemplo, distritos industriais contaminados, prédios de apartamento demolidos, e terras em que práticas agrícolas precárias causaram uma extensa erosão do solo. Podemos construir com madeira extraída de florestas certificadas, que são derrubadas e replantadas de maneira tal que produzirão madeira para sempre. Podemos reconstruir com madeira recuperada de velhos edifícios que foram derrubados. Em cada um desses exemplos, estamos construindo a fim de transmitir às gerações futuras os meios para se construir de maneira semelhante.

Várias organizações e fabricantes estão procurando diligentemente desenvolver práticas de construção sustentável (também conhecida como *construção "verde"*). Algumas dessas práticas se relacionam com determinados recursos, como as florestas. Algumas têm a ver com a reciclagem de materiais como fragmentos de placas de gesso acartonado para revestimento de paredes ou pneus velhos, transformando-os em novos materiais de construção: novas placas de gesso acartonado e telhas em placas. Algumas promovem fontes de energia renovável, tais como as tecnologias solar, eólica e fotovoltaica. Algumas se concentram no aprimoramento do desempenho energético dos edifícios por meio de melhor isolamento térmico, construção mais impermeável ao ar e maquinário de aquecimento e resfriamento mais eficiente. E algumas têm por foco educar arquitetos e engenheiros, os projetistas dos edifícios, os quais, implantando e orientando os edifícios de maneira inteligente, configurando-os de modo apropriado, especificando com inteligência os materiais e detalhando adequadamente a construção, podem reduzir em grande medida seu impacto sobre a terra e os seus recursos.

Várias organizações estão trabalhando para ensinar arquitetos e engenheiros a construir de maneira sustentável. Entre essas, destacam-se o United States Green Building Council, que patrocina o sistema LEED para avaliar a sustentabilidade de um edifício. LEED é abreviatura de Leadership in Energy and Environmental Design [Liderança em Planejamento Energético e Ambiental]. O processo de avaliação é resumido numa lista utilizada para avaliar o grau de sustentabilidade de um edifício. É instrutivo dar uma olhada nas categorias dessa lista. A primeira categoria ampla, "Locais sustentáveis", inclui, entre outros fatores:

- se um edifício vai melhorar o local em seu entorno ou se vai degradá-lo;
- se os usuários do edifício serão capazes de ir e vir a pé, de bicicleta ou por transporte coletivo a fim de poupar combustível e reduzir a poluição do ar;
- até que ponto o local será perturbado pela atividade de construção; e

- como a água pluvial é administrada (ela é utilizada para uso no próprio local, para reabastecer o lençol freático da área, ou é descarregada na rede do esgoto?).

A segunda categoria, "Eficiência hidráulica", inclui:

- uso de água pluvial armazenada ou de águas servidas "cinzentas" (águas servidas que não contenham dejetos humanos) para irrigação;
- tratamento inovador das águas servidas; e
- uso de instalações que reduzam o consumo de água.

A categoria 3, "Energia e atmosfera", se relaciona com

- a eficiência de dispositivos e sistemas de aquecimento e resfriamento do edifício;
- uso de recursos de energia renováveis no próprio local; e
- potencial do edifício para contribuir para a destruição da camada de ozônio.

A categoria 4 é a dos "Materiais e recursos". Ela inclui

- reciclagem de material de construção e de resíduos da construção;
- administração dos resíduos no local da construção;
- conteúdo reciclado nos materiais de construção utilizados;
- uso de materiais locais e regionais, que consomem menos combustível no transporte, em vez de materiais que precisam ser transportados por longas distâncias;
- materiais rapidamente renováveis; e
- madeira proveniente de árvores certificadas.

A categoria 5, "Qualidade do ambiente externo", abrange

- qualidade do ar interno;
- eliminação da fumaça de cigarro;
- eficiência da ventilação;
- qualidade do ar durante a construção;
- uso de materiais que não liberam gases tóxicos;
- controle das substâncias químicas utilizadas na construção;
- conforto térmico; e
- uso de luz natural.

A sexta e última categoria é denominada "Inovação e projeto". É uma categoria aberta que concede financiamento a ideias originais em matéria de projetos que levem a edifícios mais sustentáveis. O projeto também acumula pontos se contar com a participação de um arquiteto ou engenheiro qualificado como especialista no sistema LEED.

Embora essa lista ainda esteja evoluindo, ela já serve de base para certificar o grau em que um edifício é sustentável. Além disso, é um instrumento poderoso para intensificar a percepção ambiental de arquitetos, engenheiros e construtores.

Ao longo de todo este livro, você encontrará informações relacionadas com a sustentabilidade no projeto, na construção e na operação dos edifícios. Cada capítulo nos conta como construir de maneira tal que os recursos sejam utilizados de maneira sábia, que a energia seja conservada, que os resíduos sejam reduzidos e que os edifícios construídos sejam confortáveis, duráveis e salubres, com um mínimo custo possível para o ambiente. Muitas dessas práticas são antigas e bem conhecidas. Algumas são novas e inovadoras. Em qualquer dos casos, os arquitetos e engenheiros devem se familiarizar com elas e utilizá-las com mais regularidade para que possamos transmitir aos nossos filhos e netos um mundo tão aconchegante, hospitaleiro, saudável e rico em recursos como aquele em que nascemos.

O que os edifícios fazem

1
O ambiente externo

A Terra e o Sol

A Terra é o único planeta do sistema solar que oferece todas as necessidades básicas da vida. Mas a vida humana está longe de ser fácil na maior parte das regiões do globo. Um motor atmosférico tão grande quanto o próprio planeta, alimentado pela radiação solar e resfriado pela radiação térmica que retorna ao vazio do espaço, movimenta o ar, a umidade e a energia térmica por sobre sua superfície em agitados padrões que criam um ambiente externo de condições variadas e, com frequência, extremas.

O sol é o fator mais importante na vida das pessoas e dos seus edifícios. O oxigênio que respiramos, o alimento que ingerimos e o combustível que queimamos são criados pela ação da luz solar sobre os vegetais. A água que bebemos é purificada em um processo de destilação atmosférica acionado pelo calor do sol. A luz solar aquece nosso corpo e edifícios por irradiação direta ou por meio do aquecimento do ar ao redor, às vezes intensificando nosso conforto e outras vezes nos causando incômodo. A luz solar ilumina o exterior dos edifícios, desinfeta as superfícies em que toca, cria vitamina D em nossa pele e tem o efeito de melhorar o estado de ânimo das pessoas. Mas ela também desintegra os materiais que utilizamos nas construções, queima a nossa pele e pode causar câncer de pele. O sol dá vida, mas também a destrói.

A luz solar é formada por radiações eletromagnéticas de vários comprimentos de onda. Menos de 1 por cento dos raios solares que atingem o nível do mar têm comprimentos de onda muito curtos para serem visíveis. Os comprimentos de onda desses raios ultravioleta variam entre cerca de 160 e 400 nanômetros (nm). Os comprimentos de onda solares visíveis, que variam entre 400 e 780 nm, contêm cerca de metade da energia da luz solar. A outra metade da energia reside na faixa infravermelha do espectro, que abrange os comprimentos de onda invisíveis entre 780 e 1.500 nm. (Um nanômetro é um bilionésimo de metro. Uma moeda de prata de 10 *cents* tem uma espessura de cerca de 1 milhão de nanômetros.)

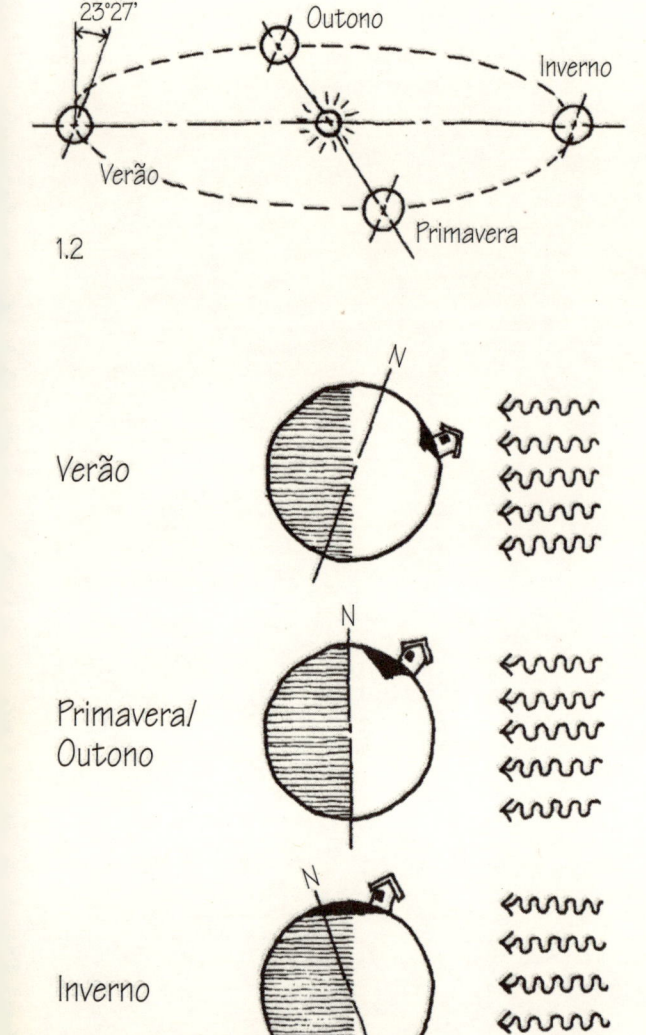

A Terra gira ao redor do sol numa órbita ligeiramente elíptica com um raio médio de 149,5 milhões de quilômetros. Ela gira ao redor de seu próprio eixo uma vez a cada dia e completa uma órbita a cada 365,25 dias. Em qualquer momento, a metade do globo voltada para o lado oposto ao sol está na escuridão, e a outra metade é iluminada pela luz solar (1.1). A diferença entre a órbita da Terra e um círculo perfeito é de cerca de 3 por cento. Por isso, a distância entre a Terra e o sol muda o suficiente para causar uma variação de cerca de 7 por cento na intensidade da radiação solar sobre a terra ao longo de um período de seis meses. No entanto, não é essa variação que cria as estações. Na verdade, a Terra está mais perto do Sol no inverno, de modo que a excentricidade orbital ajuda ligeiramente a moderar as estações, que são criadas por uma inclinação de 23°27' do eixo de rotação da Terra com relação a uma perpendicular ao plano de sua órbita (1.2).

O solstício de verão

Na posição da órbita terrestre em que o Polo Norte se inclina para mais perto do sol, os raios solares no Hemisfério Norte atravessam a atmosfera e incidem na superfície da Terra em um ângulo quase reto (1.3). O caminho dos raios através da atmosfera é curto, de modo que o ar absorve e espalha uma quantidade relativamente pequena de luz solar antes que a radiação atinja o solo. Como o sol está muito alto em relação à superfície da Terra no Hemisfério Norte, a radiação solar é recebida com uma concentração máxima por unidade de área de solo. Os raios solares aquecem com calor máximo as regiões da Terra onde incidem nessa posição orbital, conhecida como *solstício de verão*, que ocorre por volta do dia 21 de junho a cada ano. O calor solar total coletado pelo Hemisfério Norte em 21 de junho aumenta ainda mais por causa de outro fator importante: o sol é visto durante um período mais longo nesse dia do que em qualquer outro dia do ano. O sol se levanta a nordeste antes das seis horas da manhã e se põe a noroeste depois das seis horas da tarde. Quanto tempo antes e depois das seis horas isso ocorre, no nascer e no pôr do sol, é algo que depende totalmente da latitude. No equador, o dia, do nascer ao pôr do sol, tem sempre 12 horas, independentemente da época do ano. Quando nos deslocamos em direção ao norte até o Trópico de Câncer, o dia 21 de junho é apenas um pouco mais longo do que 12 horas, e o sol ao meio-dia parece estar bem acima da nossa cabeça, na vertical, a uma altitude de exatamente 90°. (O Trópico de Câncer está a 23°27' de latitude norte, ângulo igual ao da inclinação do eixo da Terra.) Quando nos deslocamos cada vez mais para o norte, constatamos que o dia 21 de junho tem horas de luz solar cada vez mais longas, com o sol ascendendo e se pondo cada vez mais perto do norte, até que, no Círculo Ártico, o sol não se põe, mas apenas toca de leve o horizonte à meia-noite, oferecendo 24 horas de luz solar. No entanto, simultaneamente, a altitude do sol ao meio-dia diminui à medida que nos deslocamos em direção ao norte, de 90° no Trópico de Câncer para 70° na latitude da Cidade de Nova York, 47° no Círculo Ártico e 23°27' no Polo Norte. Isso reduz o efeito de aquecimento da superfície da Terra pelo sol, de maneira que, em geral, quanto mais nos aproximamos do norte, mais frio é o clima.

Não causa surpresa o fato de o solstício de verão ocorrer durante a estação quente do ano. No entanto, na média, os dias mais quentes do ano ocorrem quatro a seis semanas depois do solstício de verão, no fim de julho e começo de agosto. Esse atraso se dá porque a terra e a água absorvem e retêm considerável porção de calor solar durante os dias mais quentes do ano. No entanto, por volta do final do verão, a terra devolve ao ar, mais frio, essa energia armazenada, moderando, assim, o efeito do fluxo solar, que é menos intenso perto do fim dessa estação.

Na posição orbital oposta, que ocorre por volta de 21 de dezembro – o *solstício de inverno* no Hemisfério Norte –, o Polo Norte se inclina, afastando-se do sol. Os raios solares atingem a superfície da Terra num ângulo mais agudo, depois de perder grande parte de sua energia em um percurso longo através da atmosfera, e seu efeito de aquecimento sobre o solo é correspondentemente mais fraco. Esse é o dia que tem o menor número de horas de luz solar entre todos os dias do ano, com o sol se levantando tarde a sudeste, subindo pouco até o meio-dia e se pondo cedo a sudoeste. Para além do Círculo Ártico, o sol não nasce, mas aparece como um brilho esmaecido no céu meridional ao meio-dia. No entanto, a terra e os mares ainda estão liberando o calor que foi armazenado nos dias mais quentes de outono, de maneira que o período mais frio do inverno só chega ao final de janeiro ou no início de fevereiro.

Os equinócios

Em 21 de março e 21 de setembro, ou por volta desses dias, datas conhecidas respectivamente como *equinócio vernal* e *equinócio outonal*, o Polo Norte e o Polo Sul estão equidistantes do sol. Em qualquer lugar da Terra, o sol se levanta exatamente no oriente e se põe exatamente no ocidente 12 horas mais tarde, exceto nas posições extremas dos polos, nas quais o sol viaja exatamente ao longo do horizonte durante 24 horas.

O ciclo anual

É útil ter em mente que as variações sazonais na duração do dia e na altitude diária máxima do sol são menos pronunciadas nos trópicos e mais exageradas nas regiões polares. Nos trópicos, o dia sempre dura aproximadamente 12 horas, mas, exceto no próprio equador, ele é um pouco mais longo no verão e um pouco mais curto no inverno. O sol sempre se levanta nos arredores do leste, um pouco ao norte no verão e um pouco ao sul no inverno, e se põe nos arredores do oeste, passando quase exatamente acima da nossa cabeça ao meio-dia. O sol sempre cruza o horizonte no começo da manhã e no fim da tarde num ângulo quase reto, produzindo um nascer e um pôr do sol muito breves (1.4).

À medida que nos deslocamos em direção ao norte em latitude, as variações sazonais aumentam gradualmente. Os dias de verão são mais longos do que nos trópicos, e os dias de inverno são mais curtos. A alti-

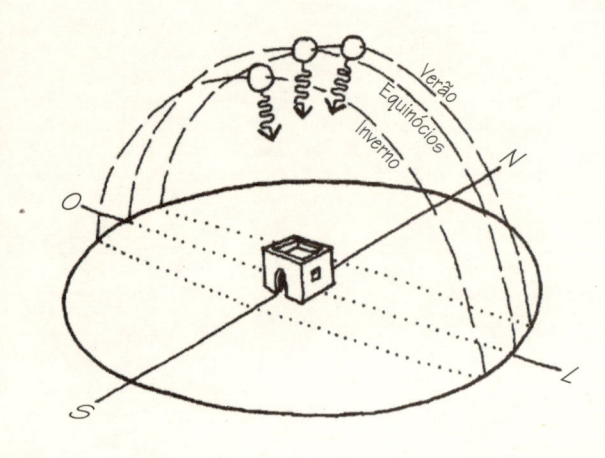

Zona equatorial
1.4

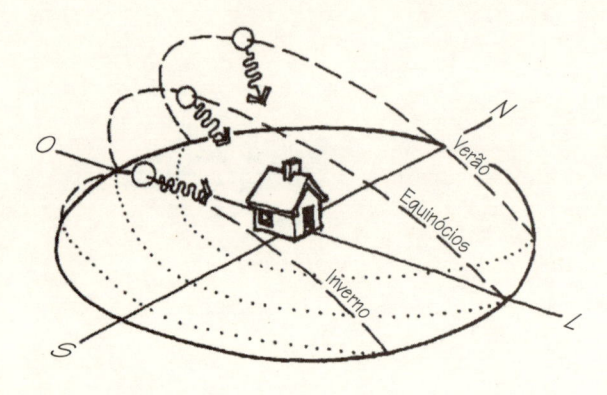

Zona temperada
1.5

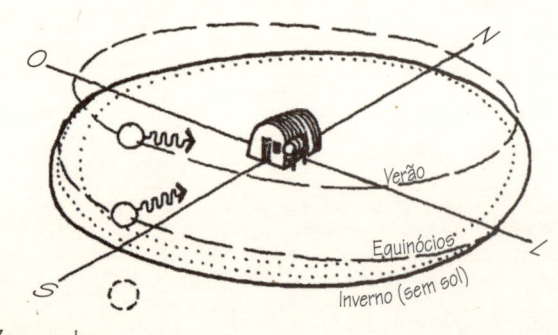

Zona polar
1.6

tude do sol ao meio-dia é menor, o que resulta num fluxo solar mais baixo por unidade de área de solo. As direções do nascer e do pôr do sol variam mais com as estações, e o nascer e o pôr do sol são mais prolongados (1.5). No Hemisfério Norte, o caso-limite é o Polo Norte, onde o dia e a noite têm, cada um, a duração de seis meses: o sol se levanta em 21 de março, sobe até um "meio-dia" baixo em 21 de junho, e se põe em 21 de setembro (1.6). No decorrer de um ano, cada ponto do globo está exposto à luz solar direta exatamente durante metade do tempo. Nos polos, essa porção de luz solar que banha a Terra durante metade do tempo vem num período contínuo de seis meses. No equador, cada dia do ano é dividido em durações exatamente iguais de luz solar e escuridão. Nas latitudes intermediárias, dias de verão mais longos compensam dias mais curtos no inverno.

No Hemisfério Sul, o sol habita a metade norte do céu, e as estações são invertidas com relação às do Hemisfério Norte. Os dias mais longos e o fluxo solar mais intenso ocorrem quando os dias são curtos e a luz solar é fraca no Hemisfério Norte. A progressão dos efeitos sazonais do equador ao Polo Sul é a mesma que ocorre no Hemisfério Norte.

Efeitos da radiação solar sobre a Terra

Vários fatores afetam a quantidade de radiação solar que atinge uma determinada superfície. Como vimos, esses fatores são a duração do dia, o ângulo de incidência da luz solar sobre o solo em cada hora do dia e a quantidade de atmosfera atravessada pela radiação solar em cada hora do dia. Desses três, a interferência atmosférica é o fator mais difícil de avaliar. A intensidade solar no espaço imediatamente externo à atmosfera terrestre é de cerca de 1.400 watts/m². A uma altitude de cerca de 25 quilômetros, a formação de uma camada de ozônio e de oxigênio incipiente absorve a maior parte da porção ultravioleta das ondas solares. Nas faixas inferiores da atmosfera, o dióxido de carbono, o vapor de água, as nuvens, a poeira e os poluentes operam de várias maneiras para refletir, espalhar, absorver e reirradiar diferentes porções do espectro da radiação solar. Os comprimentos de onda mais curtos da luz solar, que são os mais afetados pela atmosfera, produzem a aparência azul do céu diurno. Uma parcela considerável da energia da luz solar é removida pela atmosfera "clara" – cerca de metade, em média, no mundo todo. A maior parte dessa energia é, em seguida, reirradiada da atmosfera para o espaço, mas uma quantidade significativa é reirradiada da atmosfera para a Terra como radiação sideral difusa, aumentando desse modo, ligeiramente, a quantidade total de energia solar disponível na superfície da Terra. As nuvens, que a qualquer momento cobrem aproximadamente metade da superfície da Terra, bloqueiam grande parte da radiação solar direta, mas também deixam passar uma quantidade considerável em forma difusa.

Levando em consideração todos esses fatores, uma área quadrada de solo com cerca de 30 cm de lado, numa latitude de 45°, em um local com uma incidência de 50 por cento de cobertura de nuvens, recebe cerca de 80 quilowatts-hora de radiação solar direta a cada ano, mais cerca de outros 20 quilowatts-hora de radiação difusa do céu, somando um total de cerca de 100 quilowatts-hora anualmente. Um metro quadrado de terra recebe quase 11 vezes essas quantidades.

O sol transmite pouco calor diretamente à atmosfera terrestre. Em vez disso, o solo e os objetos sobre ele são aquecidos pela radiação solar, e, por sua vez, transferem uma parte de seu calor para o ar. A taxa com que um pedaço de solo é aquecido depende de vários fatores, a começar pela quantidade de energia solar que atinge a superfície. Supondo iguais condições atmosféricas, um pedaço de solo situado mais perto do equador recebe mais calor solar do que outro pedaço mais afastado dele, por causa do maior ângulo de incidência dos raios solares sobre o solo. Quase pela mesma razão, uma encosta voltada para o sul – no Hemisfério Norte – recebe uma intensidade maior de luz solar do que um campo plano, e um declive acentuado voltado para o norte pode não receber nenhuma luz solar.

Um segundo fator que afeta a taxa com que o solo é aquecido é a porção de radiação solar que o solo reflete. Essa porção é, tipicamente, de cerca de 20 por cento, sendo absorvidos 80 por cento. Uma parcela desses 80 por cento pode aquecer o solo e, desse modo, ser armazenada temporariamente. Parte dela é gasta na evaporação da umidade do solo. Parte é irradiada do solo, nos comprimentos de ondas longas infravermelhas, de volta para o céu e para objetos terrestres mais frios ao redor daquele pedaço de solo: topos das árvores, cercas, edifícios e assim por diante. O restante dos 80 por cento aquece o ar acima do pedaço de solo.

Radiação do céu noturno

Até agora, estivemos considerando o tremendo influxo de radiação solar sobre a Terra durante o dia. À noite, o fluxo é invertido, com o lado escuro da Terra irradiando energia para o espaço em comprimentos de ondas infravermelhas que variam de 4 mil a 80 mil nm, consideravelmente mais longos do que os raios infravermelhos do sol. Em noites nubladas e úmidas, o vapor de água da atmosfera, que tem capacidade particularmente alta de absorver essa radiação infravermelha de ondas longas, bloqueia grande parte do fluxo de energia irradiado para fora da Terra; mas, em noites claras e secas, um efeito de resfriamento muito poderoso é exercido pela irradiação rápida que se dirige da terra quente para a fria negrura do céu. O orvalho vindo do ar com frequência se condensa sobre a superfície do solo e a superfície dos tetos de automóveis e de edifícios resfriados por irradiação. Essas superfícies frias resfriam o ar adjacente. Uma camada estagnada de ar frio pode se formar perto do solo em uma configuração atmosférica estável conhecida como *inversão*. Um nevoeiro de superfície pode se formar quando a umidade se condensa nessa camada fria, e pode ocorrer geada junto ao chão mesmo quando um termômetro posicionado no nível dos olhos indica temperatura bem acima da de congelamento. Quando ocorre um vento noturno, o ar resfriado pela terra tende a se misturar com o ar mais quente, o que torna menos provável a formação de orvalho, geada e nevoeiro de superfície. Sobre massas de água, a grande capacidade térmica da água e também o seu alto grau de diluição de camadas por convecção geralmente resultam em um resfriamento noturno menos pronunciado do ar do que o que é produzido pela superfície do solo.

Estado meteorológico

Se as condições atmosféricas fossem as mesmas em todas as partes do mundo, a perda noturna de calor por radiação ocorreria em uma taxa igual, independentemente da latitude. Mas o ganho de calor diurno, como vimos, não é igual em todos os locais. Em qualquer dia do ano, os trópicos e o hemisfério que está na estação quente recebem muito mais radiação solar do que as regiões polares e o hemisfério mais frio. Na média, ao longo de todo o ano, os trópicos e as latitudes de até cerca de 40° recebem mais calor total do que perdem por radiação. As latitudes acima de 40° recebem menos calor total do que perdem por radiação. Essa desigualdade produz as condições necessárias para a operação de um imenso motor, que funciona em escala global e que apanha calor nos trópicos e o libera nas regiões polares. Seu fluido condutor é a atmosfera, especialmente a umidade que ela contém. O ar é aquecido sobre a Terra quente dos trópicos, se expande, sobe e flui em direção ao norte e em direção ao sul em altitudes elevadas, esfriando à medida que faz isso. Então ele desce e flui novamente em direção ao equador, a partir de latitudes mais setentrionais e mais meridionais. Enquanto isso, a rotação da Terra em direção ao leste desvia essas correntes rumo a oeste ao longo da superfície, formando os ventos alísios. Ainda mais perto dos polos, células de convecção do ar, semelhantes, porém mais fracas, são postas em movimento, resultando em um fluxo de ar geralmente dirigido para o leste (1.7).

O calor do sol evapora continuamente a água dos mares e da terra, levando-a para a atmosfera. O ar quente e úmido assim produzido finalmente ascende, seja por causa da convecção, seja porque o ar está contido em ventos que sopram além das elevações de terra. À medida que o ar sobe, ele se expande por causa da pressão atmosférica decrescente. Conforme se expande, sofre resfriamento adiabático até atingir a temperatura em que sua umidade começa a se condensar. A umidade, ao se condensar, devolve o calor latente ao ar, contrabalançando parte do efeito de resfriamento da expansão. Porém, o resfriamento continua a uma taxa mais lenta conforme o ar vai subindo; a umidade continua a se condensar e se formam nuvens de gotículas de água e cristais de gelo. Com frequência, quantidades consideráveis de água estão envolvidas; estima-se que uma única nuvem cúmulo pese 100 mil toneladas (10^8 kg).

Precipitação

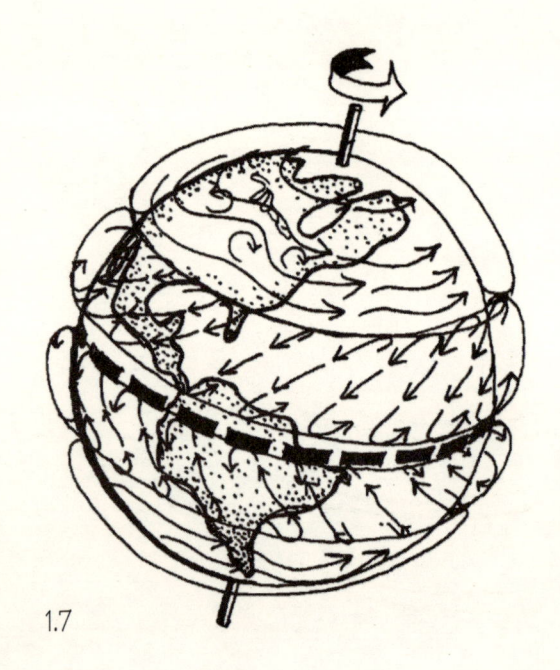

Não se entende bem o mecanismo exato pelo qual uma nuvem libera sua umidade, mas esse mecanismo geralmente envolve um resfriamento adicional e a presença, na nuvem, de partículas de poeira microscópicas ao redor das quais as minúsculas gotículas de vapor podem se agregar para formar gotas de chuva ou cristais de gelo. A precipitação tende a ser mais pesada sobre cadeias de montanhas por causa do resfriamento rápido dos ventos em ascensão, e em geral é escassa no lado das montanhas que está a sota-vento, onde os ventos descendentes foram previamente privados de seu excesso de água (1.8). A água pluvial e a neve derretida se reúnem na superfície da Terra, em córregos e rios que fluem para os mares. Ao longo do caminho, a umidade que evapora é acrescentada ao ar, reiniciando o ciclo.

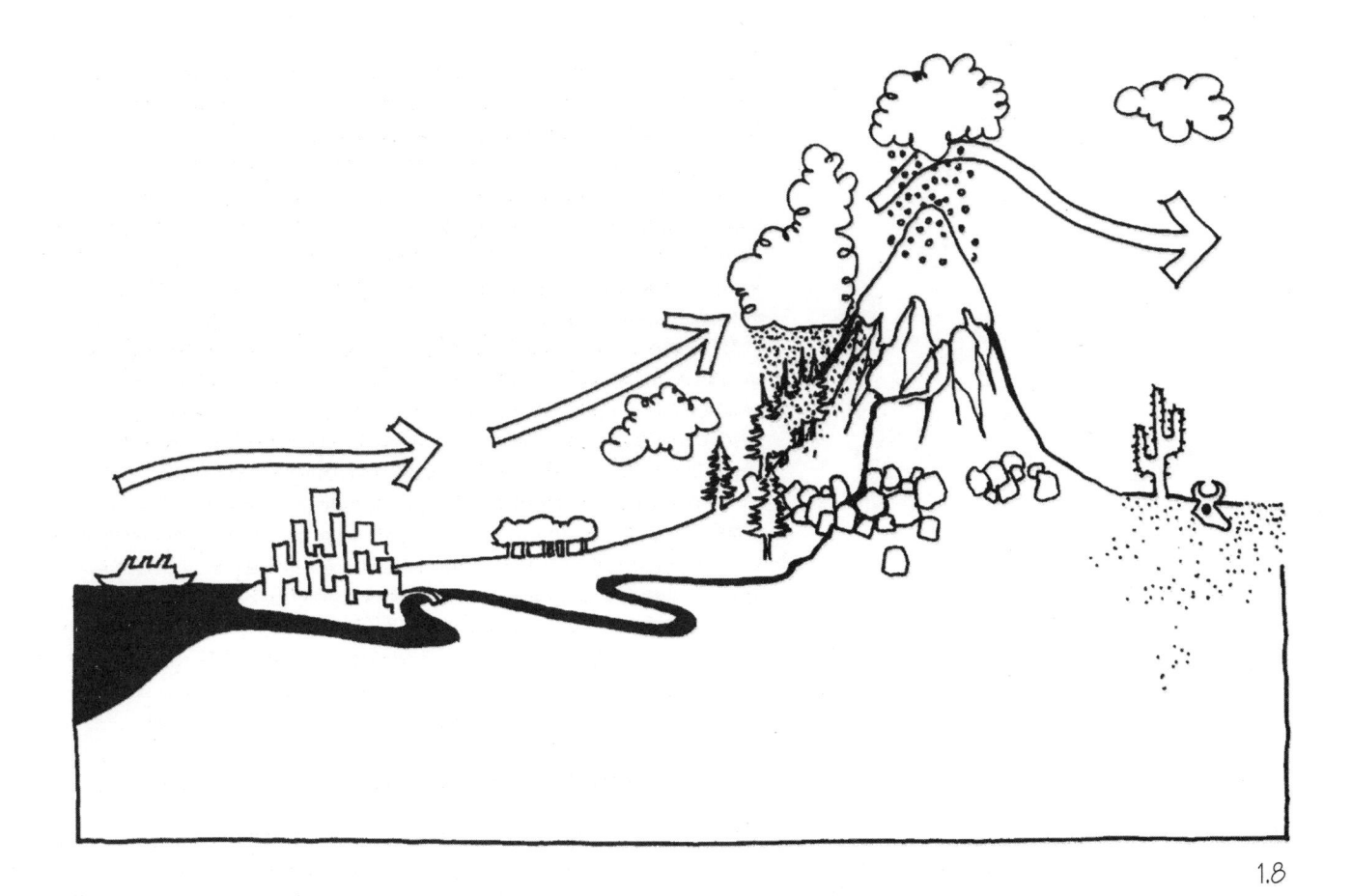

Nas latitudes temperadas, grandes massas de ar quente e úmido vindas de climas mais tropicais avançam em direção ao norte (no Hemisfério Norte) para se encontrar com massas de ar mais frio e mais seco vindas das regiões polares. A frente quente, caracterizada por baixa pressão barométrica, e a frente fria, de pressão mais elevada, colidem e formam redemoinhos uma em torno da outra, aumentando as velocidades dos ventos locais e liberando precipitação nos lugares onde o ar quente é subitamente resfriado pelo contato com o ar frio (1.9). Os padrões climáticos nas latitudes temperadas resultam predominantemente desses sistemas frontais. Eles são menos estáveis e previsíveis do que o clima tropical, que é dominado pela circulação geral da atmosfera, induzida pelo sol.

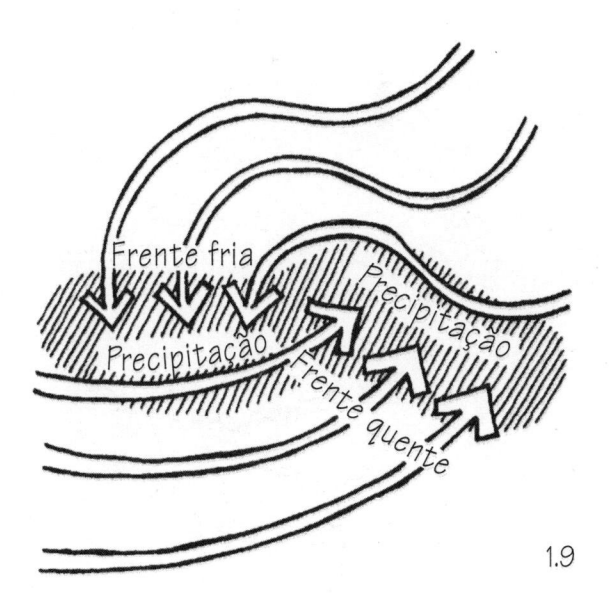

O vento desempenha uma importante função no clima terrestre, distribuindo água e calor de maneira mais equitativa ao longo do globo. O fluxo do vento em altitudes elevadas é em geral rápido e razoavelmente uniforme. No entanto, nos arredores da superfície da Terra, o vento está sujeito à interferência causada pela presença de colinas, montanhas, árvores, edifícios e vários fluxos de ar convectivos. Quanto mais próximo do solo, mais a velocidade média do vento é reduzida por esses obstáculos, e mais o fluxo do vento fica turbulento, flutuando rapidamente em velocidade e direção.

O motor atmosférico converte em vento, e também em precipitação, enormes quantidades de energia proveniente da luz solar. Embora tenha uma eficiência de apenas cerca de 3 por cento na transformação de radiação em movimento, esse motor opera com uma potência que seria medida em trilhões de cavalos-vapor (múltiplos de 10^{12} watts). Mas é difícil aproveitar esse imenso fluxo de energia para uso humano direto: o vento é difuso, e é difícil utilizá-lo quando ele sopra nas altitudes elevadas e nas latitudes polares, onde é mais forte. Somente uma porcentagem diminuta de toda a precipitação cai em vales que podem ser represados para a geração de energia elétrica; o restante cai nos oceanos ou em divisores de águas que não são convenientes para instalações hidrelétricas.

Efeitos climáticos do solo e da água

A água e o solo são capazes de absorver e de armazenar calor, mas a água é bem mais eficiente como meio de armazenamento. Como resultado, grandes massas de água tendem a moderar com muito vigor as temperaturas em suas imediações, ao passo que grandes massas de terra exercem apenas um efeito de pequena intensidade sobre as temperaturas do ar. Esse fato é particularmente perceptível nos locais onde os ventos predominantes passam por cima da água antes de atingir a terra. A Costa Oeste dos Estados Unidos e do Canadá, sob a influência dos ventos predominantes do oeste, vindos do Oceano Pacífico, tem um clima muito mais ameno, mais frio no verão e mais quente no inverno, do que a Costa Leste, onde os mesmos ventos predominantes do oeste têm origem na massa de terra continental. A água também pode transportar calor ao longo de grandes distâncias, como no caso da Corrente Atlântica do Golfo, de água quente, que coleta calor nos trópicos e o transporta para o norte, abrandando (e tornando mais úmido) o clima da Europa ocidental. Londres, aquecida por ventos que saem da Corrente do Golfo, tem poucas condições meteorológicas subcongelantes no inverno, ao passo que em Minneapolis, cercada de terra na parte central dos Estados Unidos, numa latitude pouco mais ao sul do que Londres, a presença de neve é considerável, e também a de períodos prolongados de frio penetrante. Desse modo, a latitude não é, por si só, um índice preciso do clima.

Microclima

No local específico de um edifício, outras variáveis climáticas podem entrar em jogo. O movimento aparente do sol sobre o local segue percursos rigidamente fixados de acordo com a latitude geográfica, mas o efeito da radiação solar varia de acordo com a orientação e com o ângulo de declividade do solo, com a absorvência do infravermelho pela superfície do solo, com a presença ou ausência de vegetação que produz sombra e com o calor solar refletido e reirradiado de edifícios e de formações geológicas da vizinhança. A temperatura do ar no local também é afetada por fatores tais como a altitude em relação ao nível do mar, a proximidade de massas de água, a direção e o sentido dos ventos predominantes e a presença de vegetação que produz sombra. Fontes, cachoeiras e árvores podem difundir umidade suficiente no ar para aumentar a umidade local e diminuir a temperatura do ar. Os padrões eólicos locais são, em grande medida, dependentes de obstruções à passagem do vento tais como florestas, árvores, edifícios e colinas. O solo arado e a pavimentação escura são aquecidos pelo sol até uma temperatura mais alta que a das áreas circunvizinhas, aumentando, portanto, o aquecimento por radiação de superfícies próximas e causando pequenas correntes convectivas ascendentes de ar quente. A topografia pode desempenhar um papel importante no fluxo de ar convectivo local: um vale pode estar mais protegido do vento que um topo de colina, mas, em noites tranquilas e frias, correntes de ar frio fluem vale abaixo, formando "reservatórios" nas áreas baixas, enquanto o ar mais quente sobe em direção ao topo das colinas. As metrópoles também afetam o clima local. A energia liberada por veículos e edifícios é gradualmente dissipada na forma de calor para o ambiente externo, com frequência aquecendo o ar em 3 °C a 6 °C acima da temperatura da região rural circunvizinha. Os edifícios e veículos das grandes metrópoles, artificialmente aquecidos, criam, não raro, uma quantidade considerável de correntes convectivas ascendentes que podem exercer efeitos climáticos significativos em escala regional.

Outros fenômenos solares

Além de seus efeitos térmicos – os de aquecer a terra e de criar vento e precipitação – o sol também exerce importantes efeitos não térmicos. Ele fornece luz visível, energia para a fotossíntese das plantas e irradia luz ultravioleta.

Luz diurna
O papel da luz solar na iluminação de edifícios será discutido posteriormente com detalhes, mas devemos notar aqui que a luz solar direta é, com frequência, brilhante demais para proporcionar uma visão confortável. Muito mais útil durante o dia é a luz visível espalhada pela atmosfera, ou a iluminação uniforme e tranquila de uma área sombreada. Se nós temos necessidade de luz à noite, ou sob densa cobertura de nuvens, precisamos utilizar fontes de iluminação alternativas.

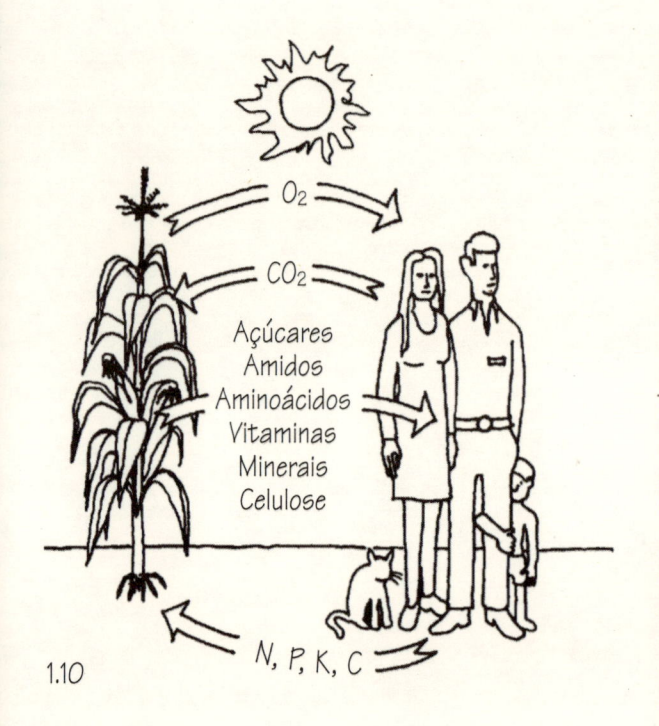

Fotossíntese
Nunca é demais enfatizar o valor que a reação fotossintética nas plantas tem para a humanidade. Não nos seria possível viver sem ela. O organismo humano não é capaz de criar nutrientes a partir da luz solar. No entanto, as plantas produzem açúcares, amidos e proteínas a partir da água, do dióxido de carbono, do nitrogênio e de nutrientes do solo por meio de processos alimentados pelo sol. Elas absorvem dióxido de carbono do ar durante a fotossíntese e devolvem oxigênio como produto residual. (Os animais consomem oxigênio em seus processos metabólicos e liberam dióxido de carbono, formando, assim, o outro elo principal numa cadeia ambiental autossustentável.) Simultaneamente, os seres humanos e os animais ingerem quaisquer plantas que sejam capazes de digerir e/ou a carne de outros animais que, no final das contas, foram alimentados por plantas. O excremento animal contém nitrogênio (N), fósforo (P), potássio (K), carbono (C) e outras substâncias que são disponibilizadas às plantas por meio do solo e da água, perpetuando desse modo a produção de alimentos por meio de outras cadeias autossustentáveis (1.10). Até mesmo plantas e animais mortos têm um papel a desempenhar. Seus cadáveres são decompostos por outros animais e por microrganismos em componentes químicos básicos, que se tornam, mais uma vez, parte do solo, disponíveis para alimentar plantas e recomeçar a vida.

A fotossíntese também gera produtos não alimentícios úteis, por exemplo, madeira para construção, fibras para a fabricação de tecidos e de papel, plantas decorativas, flores, árvores e arbustos ornamentais e trepadeiras. A fotossíntese é responsável por todo o nosso suprimento de combustíveis fósseis – carvão, petróleo e gás natural – que se formaram há milhões de anos em virtude dos efeitos do calor e da pressão geológicos sobre grandes massas de matéria vegetal em decomposição. Com exceção das energias geotérmica, nuclear e das marés, todas as nossas fontes energéticas têm origem solar: não apenas a luz solar direta, mas também a energia dos ventos, da água, das plantas e, naturalmente, os combustíveis fósseis.

A radiação ultravioleta vinda do sol é importante pelo papel que desempenha na fotossíntese, mas também desempenha outros papéis. A radiação ultravioleta mata muitos microrganismos nocivos, efeito importante na purificação da atmosfera e na eliminação de bactérias portadoras de doenças. A vitamina D, essencial para a nutrição humana, é formada pela ação da luz ultravioleta sobre a pele. No lado negativo, a radiação ultravioleta é responsável pelas rápidas e potencialmente fatais queimaduras da pele humana exposta por muito tempo à luz solar e pela alta incidência de câncer de pele entre pessoas de pele clara que ficam constantemente expostas ao sol. Os raios ultravioleta também descolorem tinturas nos tecidos, decompõem muitos plásticos e contribuem para a deterioração de pinturas, coberturas, madeira e outros materiais de construção orgânicos. É por causa desses efeitos negativos que existe a preocupação de preservar a camada de ozônio de altitudes elevadas, que bloqueia a maior parte da radiação ultravioleta, antes que ela possa atingir a Terra.

Outros aspectos do ambiente externo

A geologia tem muito a ver com a nossa maneira de construir. Naturalmente, muitos dos materiais de construção têm origem mineral: terra, pedra, concreto, tijolo, vidro, gesso, amianto, aço, alumínio, cobre e dezenas de outros. Em muitos casos, os materiais de construção mais simples podem ser diretamente obtidos no próprio local da edificação ou em depósitos existentes nas vizinhanças. O subsolo, os níveis subsuperficiais de água, a crosta terrestre e as rochas presentes em um local influenciam o tipo de escavação, as fundações e o paisagismo que serão provavelmente aí implantados. Os contornos desse local – suas colinas, vales e declives – ajudam a determinar como será drenada a água durante as tempestades, onde a erosão do solo poderia ocorrer, onde rodovias e caminhos poderão passar sem ter declividade excessiva, que áreas estarão mais ou menos protegidas contra o vento, que áreas serão mais favoravelmente expostas à luz solar, em que áreas vários tipos de plantas poderão crescer melhor e onde e como os edifícios serão construídos. Esses fatores são excessivamente complexos, ricos em implicações tanto positivas como negativas para o arquiteto ou o engenheiro.

Certos fatores biológicos do local do edifício também são importantes. Os microrganismos estão universalmente presentes em formas como bactérias, mofos e fungos que decompõem matéria morta vegetal e animal e a transformam em nutrientes do solo. Plantas superiores, como gramíneas, ervas daninhas, flores, arbustos e árvores, colaboram de modo importante para reter a precipitação, impedir a erosão do solo, fornecer sombra, desviar o vento e desempenhar outras funções já mencionadas na seção "Fotossíntese". Os insetos podem afetar o planejamento do edifício: aqueles que picam e que contaminam os alimentos precisam ser excluídos dos espaços internos. Aqueles que destroem os edifícios, como os cupins, precisam ser impedidos de atacar a estrutura. Répteis, pássaros e mamíferos endêmicos também podem ter um papel importante no processo de planejamento. Queremos que o canto dos pássaros entre pela sala onde tomamos o café da manhã, mas não os próprios pássaros. Camundongos, ratos, guaxinins, raposas, veados, esquilos e o cão do vizinho, para citar apenas alguns animais, podem ser nocivos no próprio edifício residencial. Mas uma vaca, uma ovelha ou um cavalo podem ser bem-vindos em um estábulo, assim como o cão, gato ou *hamster* do morador são bem-vindos no recinto da casa.

Os edifícios vizinhos frequentemente afetam o edifício que vamos construir. Eles podem sombrear certas áreas do local, desviar o vento de maneira imprevisível, perturbar os padrões de drenagem naturais ou prejudicar a privacidade visual ou acústica de certas áreas (1.11). Talvez seja preciso lidar com edifícios ou ruínas de edifícios erguidos no local por construtores anteriores, junto com suas entradas privadas para carros, áreas de estacionamento, calçadas, jardins, poços, sistemas de remoção de água de esgoto e instalações subterrâneas. Práticas de mau uso da terra por proprietários anteriores ou de edifícios contíguos podem ter causado problemas de ervas daninhas ou de erosão do solo.

Entre os fatores ambientais causados pelas pessoas podemos mencionar o ar poluído por fumaça, gases, poeira ou partículas químicas; o

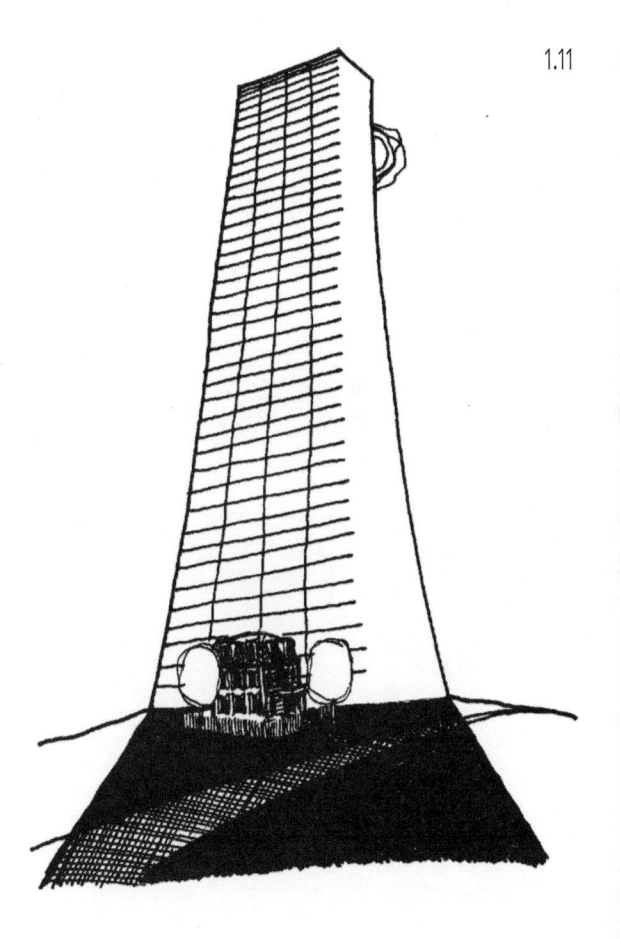

1.11

ruído proveniente do tráfego, de processos industriais, de uma discoteca nas imediações ou de uma família desordeira na porta ao lado; e água superficial ou água do lençol freático poluída por esgoto ou produtos químicos. Infelizmente, também é comum o projetista precisar entrar em acordo com um ambiente externo que inclui pessoas desconhecidas que poderiam desfigurar, destruir ou invadir o edifício que está em construção, com frequência antes mesmo de a obra ser concluída e quase sempre em detrimento do edifício e de seus ocupantes.

Para melhor ou para pior, é este, portanto, o ambiente externo, do qual nós poderemos selecionar e modificar algumas partes para ocupação humana. Ele dispõe do calor do sol nascente e poente, do ciclo das estações, de um padrão mais ou menos previsível de condições climáticas, de uma geologia única, uma variada colônia de flora e fauna e um histórico de bom e mau uso humano que se estende pelo presente e se encaminha para o futuro. Precisamos perguntar a nós mesmos quem ocupará e utilizará esse ambiente, quais são suas necessidades e como elas diferem daquilo que esse ambiente pode fornecer.

Leituras suplementares

David I. Blumenstock, *The Ocean of Air*, New Brunswick, N. J., Rutgers University Press, 1959.

T. F. Gaskell e Martin Morris, *World Climate: The Weather, the Environment and Man*, Londres, Thames and Hudson, 1979.

2
O ambiente humano

O corpo humano

A qualidade de um ambiente humano só pode ser medida em função de seus efeitos sobre as pessoas que os experimentam. Mas as pessoas não são criaturas física e emocionalmente fáceis de entender, e avaliações de qualidade raramente são tarefas simples. Até mesmo uma pergunta simples como "Este lugar é quente o suficiente?" não tem uma resposta simples do ponto de vista quantitativo, pois uma mesma pessoa, sob as variadas circunstâncias da estação do ano, da quantidade de roupas, da temperatura radiante, da umidade relativa e do movimento do ar, achará que o local é "quente o suficiente" numa faixa de temperaturas do ar que abrange muitos graus, uma surpreendente diversidade para um animal cuja temperatura interna não pode variar mais que uns dois graus para cima ou para baixo sem causar desconforto. Por isso, para entender como avaliar a qualidade ambiental, precisamos começar a olhar para o próprio corpo a fim de descobrir como ele funciona.

Em seu comportamento mecânico mais fundamental, o corpo humano é uma máquina térmica. O combustível para essa máquina provém dos alimentos, na forma de proteínas, carboidratos e gorduras. O processo digestivo, utilizando várias substâncias químicas, bactérias e enzimas, decompõe esses nutrientes transformando-os em substâncias que o corpo pode utilizar. Essas substâncias úteis são em seguida despejadas na corrente sanguínea, que as transporta para as células vivas de todo o corpo. Os resíduos, bem como as substâncias nocivas, são filtrados no processo digestivo e armazenados para excreção periódica. A urina consiste basicamente de resíduos nitrogenados dissolvidos em água. As fezes, embora constituídas principalmente de água, contêm fibras, substâncias minerais e partículas indigeríveis, que não puderam ser utilizadas no processo metabólico.

Precisamos de um suprimento regular de água para facilitar os processos químicos no corpo, para fazer circular os produtos desses processos pelo corpo e para ajudar a resfriá-lo. Também precisamos de ar, pois, no conjunto crítico das reações químicas que queimam os combustíveis derivados dos alimentos para manter funcionando a máquina térmica humana, o oxigênio é um reagente necessário. Quando inalamos o ar para dentro dos pulmões, parte de seu oxigênio é absorvida pela corrente sanguínea. Misturamos dióxido de carbono e água, que são produtos residuais da combustão, com o ar em nossos pulmões antes de o expelirmos novamente. Menos de um quinto do oxigênio do ar é substituído por dióxido de carbono em cada inspiração, mas um suprimento contínuo de ar externo precisa estar disponível ao corpo para evitar a falta de oxigênio e a narcose por dióxido de carbono quando respiramos repetidamente o mesmo ar (2.1).

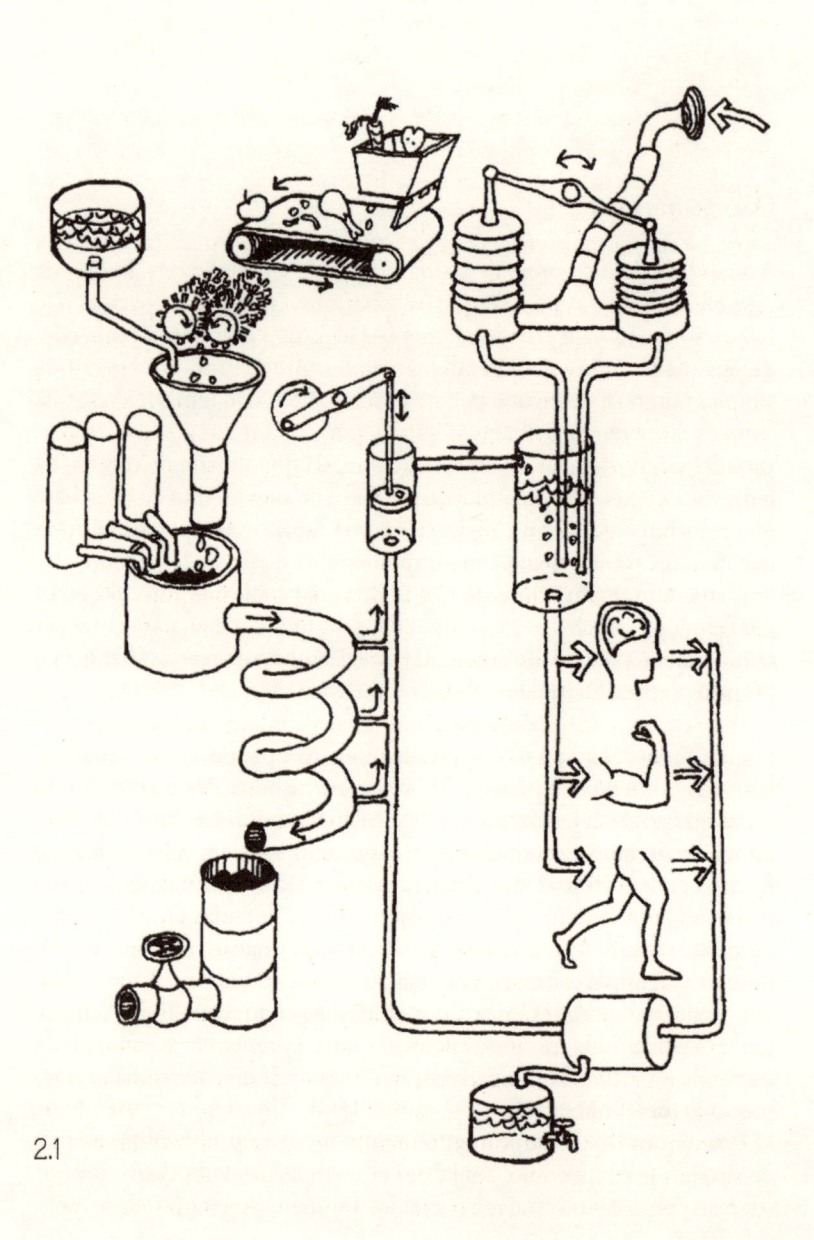

2.1

Como o corpo se refrigera

A temperatura interna, normal, de funcionamento do motor humano se situa exatamente um pouco abaixo de 37 °C e precisa ser mantida dentro de uma estreita margem de tolerância a fim de evitar o mau funcionamento metabólico. Porém, nosso corpo tem apenas cerca de um quinto de eficiência na conversão da energia dos alimentos em trabalho mecânico. Ele precisa liberar quatro vezes mais calor na execução de suas atividades a fim de manter uma temperatura interna estável. Um adulto trabalhando numa escrivaninha produz um calor excedente numa taxa aproximadamente igual à de uma lâmpada de 100 watts. A mesma pessoa caminhando produz duas ou três vezes mais calor e, quando se exercita com muito vigor, de seis a dez vezes mais (2.2). Essas taxas de resfriamento necessárias são obtidas graças a um admirável conjunto de mecanismos fisiológicos.

O corpo é continuamente resfriado pelo calor do ar exalado, pela vaporização da água dos pulmões e das vias respiratórias, pela convecção e irradiação de calor através da superfície da pele e pela difusão de pequenas quantidades de vapor de água pela pele (2.3). A temperatura superficial de nossa pele, e, portanto, sua taxa de perda de calor, é controlada pela dilatação ou pela contração (alargamento ou encolhimento) dos pequenos vasos sanguíneos da pele. Quando os vasos se dilatam, o fluxo de sangue quente perto da superfície do corpo aumenta, e a temperatura da pele sobe de modo a liberar calor mais rapidamente para o ambiente circunvizinho. O aumento de volume de sangue, que é um bom condutor térmico, também desloca parcialmente tecidos gordurosos, que são maus condutores térmicos, para perto da superfície do corpo. Isso aumenta a perda direta de calor dos tecidos subjacentes do corpo para o ambiente ao seu redor. Esse conjunto de mecanismos muito sensíveis, conhecido como *sistema vasomotor*, é capaz de regular a taxa de perda de calor pelo corpo sob uma faixa bastante ampla de condições.

Quando a taxa de resfriamento pela respiração e pela difusão, irradiação e convecção através da pele é insuficiente para satisfazer às exigências do nosso corpo, nós suamos. A água é exsudada pelos poros da pele e evapora na atmosfera. O calor latente de vaporização que é requerido por essa vaporização é, basicamente, fornecido pelo corpo. Grandes quantidades de calor podem se perder dessa maneira. A transpiração é suficiente, na maior parte das circunstâncias, para fornecer o resfriamento adicional requerido, mas sua eficiência depende da quantidade de umidade do ar. Se o ar que envolve o corpo estiver excessivamente seco, o suor evapora muito depressa, e pode ocorrer um resfriamento considerável até mesmo quando a temperatura do ar é maior que a do nosso corpo. Quando a umidade do ar ao nosso redor é alta, a evaporação é lenta, e, desse modo, a taxa de transpiração aumenta à medida que o corpo procura compensar essa lentidão. A situação pode ser melhorada, até certo ponto, aumentando a taxa do movimento do ar que passa pelo corpo: o ar em movimento é mais eficaz não apenas em evaporar o suor, mas também em acelerar a perda convectiva de calor pela pele, contanto que a temperatura do ar seja menor que a da

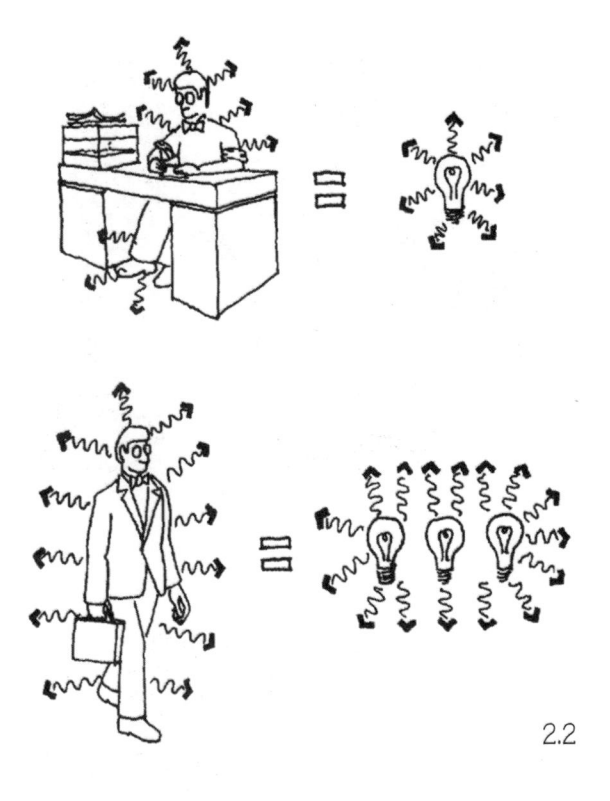

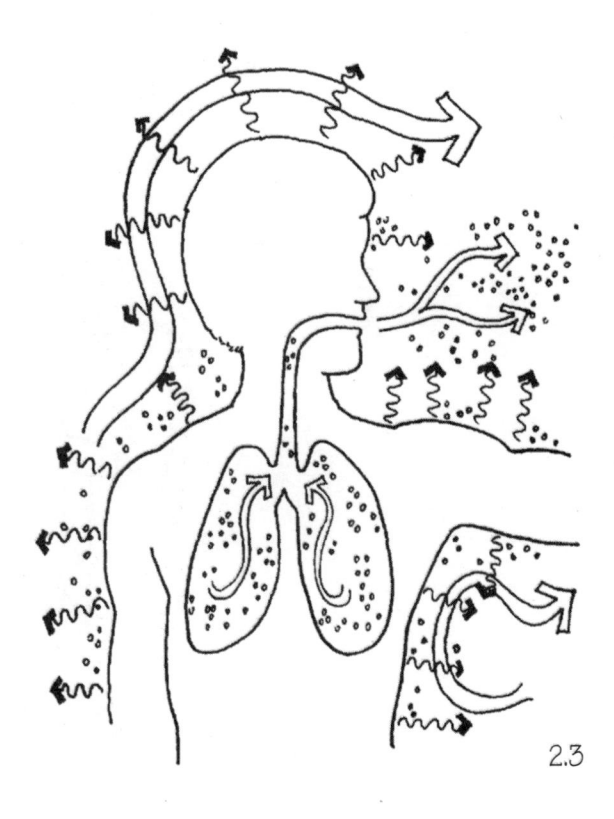

2.2

2.3

pele (2.4). No entanto, se o corpo estiver numa situação em que nenhuma dessas estratégias é suficiente, a temperatura interna do corpo aumentará até que a função metabólica fique prejudicada, provocando insolação e morte.

Taxas excessivas de resfriamento do corpo

Quando o calor está sendo removido muito rapidamente do corpo, essa perda é particularmente rápida na parte de trás do pescoço, na cabeça, nas costas e nas extremidades. Roupas e móveis planejados para obstruir o fluxo de calor dessas áreas são particularmente eficientes, ajudando a proporcionar conforto térmico sob condições de frio (2.5). Uma vez que o corpo pode transferir calor por meio da corrente sanguínea de uma de suas partes para outra, sintomas de perda excessiva de calor são às vezes difíceis de interpretar. Sapatos e meias quentes podem não oferecer muita ajuda para pés frios se um resfriamento rápido está ocorrendo em outra parte do corpo. As pessoas que desfrutam do ar livre têm um ditado: "Se os seus pés estão frios, ponha o seu chapéu." Essa estratégia parece bizarra, mas é surpreendentemente alto o número de casos em que ela funciona, pois a cabeça, para a qual a razão entre a transferência de calor pela superfície e o volume interno é elevada, é capaz de irradiar e de transmitir por convecção quantidades muito grandes de calor para um ambiente frio, de maneira parecida com o que acontece com um radiador de automóvel que, embora seja relativamente pequeno, pode refrigerar um motor muito grande. O corpo reage a uma excessiva perda de calor por qualquer uma de suas partes baixando a temperatura dos pés e das mãos a fim de manter os órgãos internos vitais numa temperatura ótima. Se a perda rápida de calor continuar, ocorrem os "arrepios de frio", quando os pelos da pele ficam eretos para aprisionar o ar parado como uma camada isolante próxima à pele. Geralmente, o instinto de uma pessoa a leva, corretamente, a reduzir a área superficial exposta do corpo cruzando os braços, curvando os ombros e juntando as pernas com firmeza. Outra resposta útil consiste em se exercitar a fim de aumentar o nível de produção de calor metabólico até que esse nível se iguale à taxa em que se perde calor (2.6). Se essas medidas forem insuficientes, começa o tremor – uma forma involuntária de exercício muscular que gera calor; e, se nem mesmo isso conseguir restaurar o equilíbrio, a temperatura interna do corpo começará a cair – estado conhecido como hipotermia. A hipotermia pode ser revertida em seus estágios iniciais por meio da condução direta de calor para dentro do corpo pela ingestão de alimentos e bebidas quentes, por um banho quente ou uma sauna, ou o abraço de um amigo, mas, em seus estágios mais avançados, um coma profundo é seguido de morte.

O corpo humano não se sente confortável quando é colocado sob tensão térmica. O suor excessivo é desconfortável e irritante. Assim como também o é o arrepio ou o tremor de frio. Um superaquecimento ou um super-resfriamento prolongados do corpo resulta num aumento da fadiga e enfraquece a resistência às doenças. Por isso, um ambiente térmico adequado ao ser humano é fundamentalmente aquele em que o corpo é capaz de liberar seu excesso de calor na taxa exigida sem ter de recorrer ao suor, ao aconchego, ou aos arrepios ou tremores de frio.

Outras exigências para a vida humana

Além do alimento, da água, do ar fresco e de condições térmicas ótimas, o corpo humano tem outras exigências ambientais. A mais vital dessas exigências consiste em um saneamento adequado (2.7). O corpo é suscetível ao ataque de uma diversidade enorme de bactérias, vírus e fungos. A pele, o sistema respiratório e o trato digestivo são ambientes particularmente férteis para esses microrganismos. As exigências sanitárias básicas para um ambiente humano incluem a provisão de alimentos e de água potável livres de microrganismos nocivos, a rápida remoção e processamento de excrementos e de resíduos alimentares para deixá-los livres de organismos causadores de doenças, ventilação adequada para levar para longe bactérias transportadas pelo ar e umidade excessiva, quantidade de luz solar adequada para secar e esterilizar o ambiente, exclusão de roedores e de insetos portadores de doenças para fora dos edifícios e instalações para se lavar víveres, pratos, pele, cabelo e roupas.

2.7

Um saneamento inadequado é oneroso por causa de suas consequências aos seres humanos: ventilação deficiente estimula a tuberculose e outras doenças respiratórias. Alimentos e água contaminados difundem a hepatite e a febre tifoide. Doenças transmitidas por insetos nocivos incluem o tifo, a febre amarela, a malária, a doença do sono, a encefalite, a peste e várias infestações de parasitas. Esses são apenas alguns exemplos.

Os olhos e ouvidos humanos, os órgãos sensoriais mais importantes do corpo, têm seus próprios conjuntos de exigências ambientais. O olho pode ser lesado se fitar diretamente o sol, mesmo que seja por um momento, ou se contemplar durante muito tempo uma paisagem de neve iluminada pelo sol ou a areia com suas luzes coloridas. A visão se torna difícil ou dolorosa se o olho precisa fitar um objeto muito brilhante contra um fundo muito escuro, e vice-versa. Ver é difícil, e a precisão com que se vê é menor em níveis de iluminação muito reduzidos. O olho é capaz de se ajustar a fim de ver razoavelmente bem objetos em níveis de iluminação moderadamente baixos, mas o mecanismo de ajuste, que provavelmente evoluiu a fim de proporcionar aos seres humanos a capacidade para ver durante o período crepuscular do dia, é muito lento, atuando ao longo de um período de minutos.

O ouvido é, de algum modo, semelhante em suas características: ele pode ser lesado por sons de altura excessiva, especialmente se eles ocorrerem durante um período de tempo prolongado. É difícil ouvir em intensidades sonoras muito baixas ou se ruídos de fundo intensamente barulhentos obscurecem os sons que se quer ouvir. Mas há uma diferença muito importante entre nossos olhos e nossos ouvidos: quando baixamos as pálpebras, podemos interromper quase todos os estímulos visuais, mas não podemos interromper com tanta facilidade os estímulos auditivos (2.8). Podemos encontrar alívio visual em qualquer ambiente, com exceção dos excessivamente brilhantes, mas, para nos livrarmos de um ambiente cujos ruídos nos perturbem, temos de nos deslocar para um local mais tranquilo.

O corpo humano precisa de espaço para se movimentar – trabalhar, brincar ou apenas manter seu tônus muscular, seu movimento esquelético e as funções do coração e dos pulmões por meio de exercícios. Mesmo quando está em repouso, o corpo precisa se deslocar de um lado para o outro a fim de se aliviar o fardo e de relaxar seus vários componentes, um por vez.

O corpo é frágil e requer proteção contra ferimentos e outros danos. Ele precisa de superfícies lisas sob os pés para impedir que os tornozelos se machuquem ou que ele tropece. Precisa de escadas com degraus bem-proporcionados para subir num edifício ou descer dele sem cair. Ele precisa de corrimãos para impedir que, acidentalmente, sofra quedas sobre bordas angulosas em superfícies. Objetos duros ou pontiagudos devem ser afastados do volume de espaço que o corpo normalmente atravessa em seus movimentos. O fogo e objetos muito quentes devem ser mantidos a distância da delicada pele humana. O corpo humano deve ser protegido contra a queda de objetos, explosões, venenos, produtos químicos corrosivos, radiação nociva e choques elétricos, pois qualquer um deles poderia lhe causar sérios danos ou até morte súbita.

As necessidades ambientais da civilização humana

Até aqui, consideramos o corpo humano, basicamente, como uma máquina que só funcionará de maneira adequada sob determinado conjunto de condições. Mas, naturalmente, uma pessoa é muito mais que apenas um mecanismo físico. As pessoas procuram atividades sociais, contatos com outras pessoas por meio dos quais criam, produzem, aprendem, crescem, relaxam, brincam e desfrutam da vida.

Em nível mais fundamental, cada pessoa precisa de um lugar para dormir, instalações que lhe permitam satisfazer suas necessidades básicas de higiene pessoal, uma fonte de água, fontes de alimentos e instalações para o preparo dos alimentos. Porém, a maioria das pessoas vive como parte de uma família e, cercada por um ambiente menos austero, em um local chamado *lar*. A vida familiar requer lugares para a procriação e a educação das crianças. Preparar e ingerir alimentos se tornaram processos elaborados no âmbito da família, uma fonte de prazer, bem como de nutrição para o corpo, além de cenário para interações sociais em vários níveis. O lar se torna um local para certos tipos de trabalho realizados por vários membros da família: dedicar-se a *hobbies*, estudar, escrever cartas, limpar e consertar coisas, lidar com assuntos financeiros. O lar é também um local para jogos e para entreter amigos. O lar é onde você pendura o seu chapéu – e acomoda o casaco, os sapatos, o guarda-roupa, os pratos, os livros e todo o restante de seus pertences. Ele se destina a ser um local seguro, protegido e familiar, preenchido com as coisas da vida de seus moradores, às vezes fechado e privado, outras vezes aberto e sociável, de acordo com as opções de seus ocupantes (2.9).

Fora do lar, precisamos de vários outros tipos de lugares. Precisamos de locais de trabalho – oficinas, armazéns, mercados, escritórios, estú-

2.10

dios, celeiros, laboratórios – onde os bens da civilização são planejados, produzidos e distribuídos. Cada local de trabalho precisa fornecer as necessidades básicas da vida, somadas às exigências especiais dos processos que ocorrem lá. Precisamos de locais de reunião de vários tipos: para culto, para exercícios, para jogos, onde possamos nos divertir, ver coisas belas e interessantes e onde possamos desempenhar as funções governamentais e educativas. Grande número de pessoas precisa se acomodar, ao mesmo tempo, nesses tipos de instalações, onde todas as suas necessidades devem ser satisfeitas simultaneamente (2.10).

A sociedade humana precisa de mobilidade. Precisamos nos deslocar continuamente para chegar ao trabalho ou à escola, e para desfrutar dos vários prazeres proporcionados pela cidade ou pelo campo. É preciso providenciar uma rede para a circulação humana, começando com as portas dos aposentos; passando pelos corredores, escadas e elevadores que as conectam, pelas entradas e portões que fundem o edifício com o ambiente externo; e continuando com as calçadas, as ruas, as estradas e os mecanismos de longa distância para o movimento de pessoas e mercadorias (2.11). Isso requer mãos de trânsito bem definidas, calçamentos uni-

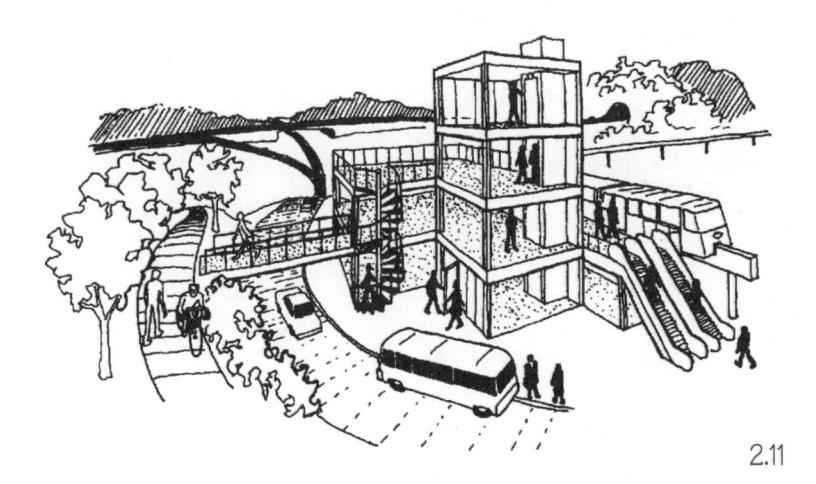

2.11

formes, veículos funcionais, estações de baldeação convenientes – e informações inteligíveis sobre como chegar ao nosso destino.

São inúmeras e, com frequência, minuciosas essas exigências de um ambiente humano de alta qualidade. Elas incluem os requisitos sociais e fisiológicos que identificamos, bem como as necessidades psicológicas, que são muito mais difíceis de definir. Tomadas conjuntamente, elas descrevem um ambiente que não existe em lugar nenhum no mundo natural. O ambiente externo é demasiadamente variável e, com muita frequência, extremo, destrutivo e instável demais para ser hospitaleiro à vida humana e à civilização. No decorrer de seu desenvolvimento, a humanidade teve de aprender não apenas a procurar áreas abrigadas na paisagem natural, mas também a criar edifícios, que são áreas artificialmente abrigadas e condicionadas, dotadas de qualidades mais constantes e confortáveis do que a Natureza é capaz de fornecer por si mesma.

Leitura suplementar

B. Givoni, *Man, Climate, and Architecture*, Nova York, Elsevier, 1969. pp. 19-95.

3
O conceito de abrigo

O abrigo, no que tem de mais básico, não é uma invenção humana; é algo que procuramos instintivamente, como o fazem todos os animais, num mundo que raras vezes está sintonizado de modo preciso com nossas necessidades fisiológicas e sociais. Num dia quente de verão, fazemos piquenique sob uma árvore ou perto da sombra de uma cachoeira ou queda-d'água. No inverno, em dias de frio penetrante, tendemos instintivamente para o lado que fica a sota-vento de qualquer elemento de paisagem que desvie o vento, especialmente se houver no local um pedaço de chão iluminado pela cálida luz solar. O viajante experiente, quando escolhe um lugar ao ar livre onde poderá desenrolar seu saco de dormir para passar a noite em qualquer estação do ano, evita os locais baixos e os vales, que canalizam fluxos noturnos de ar frio e umidade, e, a exemplo de alguns animais, faz sua cama em terreno mais alto, talvez num declive voltado para o leste, para ser despertado e aquecido pelo sol matutino.

Numa sociedade agrária, a procura de um abrigo começa com o uso criterioso da paisagem natural. As pessoas escolhem locais para construir seus edifícios em função de suas qualidades de abrigo – orientação relativamente ao sol e aos ventos predominantes, boa drenagem, características topográficas interessantes ou úteis, árvores e vegetação que dão sombra ou desviam o vento, e fontes de água limpa. Em climas setentrionais, terrenos mais elevados que formam declives voltados para o sul são reservados para o cultivo das plantações de importância mais essencial. Os agricultores sabem, graças à sua experiência pessoal, que as primeiras geadas do outono e as últimas geadas da primavera ocorrem nos lugares baixos da paisagem. Eles entendem que as plantas que crescem nos campos inclinados para o sul recebem uma vivificante luz solar de intensidade maior do que aquela que receberiam num campo plano ou inclinado para o norte (3.1). As cidades rurais estão situadas, sempre que possível, próximas a rios ou fontes a sotavento, geralmente em declives voltados para o sul.

Os abrigos artificiais começam com manipulações moderadas da paisagem, tais como o plantio de uma árvore para dar sombra ou de uma

3.1

fileira de arbustos para quebrar o vento. Um simples muro independente feito de pedras empilhadas, orientado na direção leste-oeste, graças ao seu perfil vertical e à sua capacidade térmica, pode criar uma pequena zona de sombra fresca adjacente ao lado norte do muro no tempo quente, e uma zona aquecida pelo sol, e menos sujeita ao vento, adjacente ao seu lado sul no tempo frio (3.2). O muro absorve parte do calor do sol durante o dia e o libera gradualmente depois do pôr do sol, estendendo, assim, o período de habitabilidade da zona abrigada.

Em estágios progressivamente mais elaborados da intervenção ambiental, um pavimento de pedras ou uma plataforma de madeira fornece um piso mais seco para o habitante. Uma cobertura de meia-água protege contra a chuva e a neve o espaço sob ela (3.3). Paredes erguidas a leste e a oeste aumentam a capacidade do abrigo para desviar o vento e interferem pouco com o ingresso de luz solar no inverno. À noite, uma fogueira acesa junto à entrada desse abrigo simples aquece seus ocupantes tanto por meio da radiação direta como por meio daquela que é refletida pelas paredes, e uma pequena porção de seu calor fica armazenada nas pedras para moderar a temperatura no espaço abrigado mesmo depois de a fogueira ter se apagado (3.4). Pode-se facilmente imaginar passos posteriores para o melhoramento desse abrigo rudimentar: o uso de tecidos ou de peles para isolar o lado aberto depois do cair da noite ou em dias nublados, a transferência da fogueira para uma lareira interior, e assim por diante (3.5). Talvez muitas formas primitivas de edifício tenham evoluído quase dessa maneira, para se juntar mais tarde à corrente de desenvolvimentos que acabou levando às modernas técnicas de construção.

Naturalmente, as construções de hoje são muito mais complicadas do que esse exemplo primitivo. Cada novo genuíno melhoramento que nossos antepassados introduziram para a criação de abrigos foi, de início, uma novidade, mas logo depois se tornou uma prática padronizada, e, finalmente, o mínimo aceitável, quando melhoramentos posteriores o suplantaram. Um abrigo que representava o ápice do conforto e da conveniência para uma geração poderia vir a ser considerado um subpadrão uma ou duas gerações mais tarde. Nós crescemos com a expectativa de que os nossos edifícios nos ofereçam cada vez mais, a ponto de esperarmos que as construções atuais desempenhem funções que não estão, em absoluto, restritas à função de "abrigar", como as de fornecer água, remover produtos residuais e fornecer energia para o funcionamento de ferramentas mecânicas e de dispositivos eletrônicos de entretenimento. Nossos edifícios se tornaram, na verdade, abrangentes mecanismos de suporte de vida.

Muitas das funções que nós esperamos hoje de nossos edifícios foram outrora funções de outros dispositivos. Roupas e abrigo são, numa medida considerável, intercambiáveis em sua função, mas, com o passar do tempo, as pessoas tendem a perguntar menos sobre suas roupas e proporcionalmente mais sobre seus abrigos. Algumas funções que antigamente se esperava que fossem desempenhadas por peças do mobiliário, tais como a provisão de meios de armazenamento fechado para vários artigos domésticos, estão sendo rapidamente integradas em componentes dos edifícios, por exemplo, despensas e guarda-louças. Pias, banheiras, fogões e lava-louças automáticas, que eram dispositivos portáteis, são hoje partes fixas de uma casa. Os escritórios eram outrora iluminados por lâmpadas portáteis, que precisavam ser reabastecidas periodicamente com óleo (3.6). Hoje, a iluminação dos escritórios é normalmente fornecida por instalações elétricas integradas ao edifício, e o edifício conduz a energia elétrica diretamente para essas instalações (3.7).

Funções de um edifício

Nosso conceito do que um edifício deve fazer abrange muito mais do que seria encontrado na definição que os dicionários oferecem para a palavra "abrigo". Do ponto de vista funcional, um edifício é aquilo que esperamos que ele seja, e nossas expectativas cresceram bastante. A lista que se segue procura incluir todas as expectativas funcionais que provavelmente teremos para um edifício nos dias de hoje, organizadas aproximadamente em ordem decrescente de acordo com a importância relativa de cada uma delas para o suporte de vida:

1. Esperamos que um edifício forneça a maior parte das necessidades imediatas para o metabolismo humano:

    A. Ar puro para se respirar
    B. Água limpa para se beber, preparar a comida, limpar e descartar produtos residuais
    C. Em muitos tipos de edifícios, instalações para o preparo e o consumo de alimentos
    D. Remoção e reciclagem de produtos residuais, inclusive excrementos, águas servidas, sobras de alimentos e lixo

2. Esperamos que um edifício crie as condições necessárias para o conforto térmico humano:

    A. Controle da temperatura de radiação média
    B. Controle da temperatura do ar

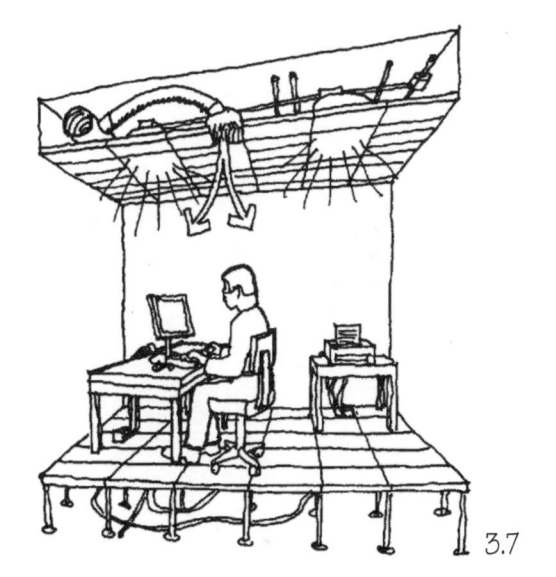

C. Controle das características térmicas de superfícies que entram em contato direto com o corpo humano
D. Controle da umidade e do fluxo de vapor de água
E. Controle da circulação do ar

3. Esperamos que um edifício crie as condições necessárias para o conforto, a eficiência e a privacidade sensoriais não térmicas:

    A. Ótimas condições de visibilidade
    B. Privacidade visual
    C. Ótimas condições de audibilidade
    D. Privacidade acústica

4. Esperamos que um edifício controle a entrada e a saída de criaturas vivas de todos os tipos, dos vírus aos elefantes, incluindo seres humanos.
5. Esperamos que um edifício distribua energia concentrada a pontos convenientes para acender várias lâmpadas e pôr em funcionamento ferramentas, aparelhos eletrodomésticos e outros dispositivos.
6. Esperamos que um edifício forneça canais atualizados de conexão e comunicação com o mundo externo: janelas, telefones, caixas de correio, redes de computadores, cabos de conexão a mídias visuais digitais, antenas parabólicas, e assim por diante.
7. Esperamos que um edifício facilite o conforto do corpo, a segurança e as atividades produtivas fornecendo superfícies úteis: pisos, paredes, escadas, prateleiras, balcões, bancos e elementos semelhantes.
8. Esperamos que um edifício dê sustentação estável ao peso de todas as pessoas, objetos e dispositivos arquitetônicos contidos nele e forneça resistência estrutural suficiente para suportar a força física da neve, do vento e do terremoto.
9. Esperamos que um edifício proteja sua própria estrutura, suas superfícies, sistemas mecânicos e elétricos internos e outros dispositivos arquitetônicos contra os efeitos da umidade, desde a umidade por precipitação até outros tipos de ação da água.
10. Esperamos que um edifício se ajuste aos próprios movimentos normais, tais como o assentamento da fundação, a expansão e a contração térmicas, e o movimento induzido por mudanças no teor de umidade dos materiais do edifício, sem danificar a si próprio ou o seu conteúdo.
11. Esperamos que um edifício forneça uma proteção razoável para os seus ocupantes, seus conteúdos e para si mesmo contra os danos provocados pelo fogo.
12. Esperamos que um edifício seja construído sem gastos ou dificuldades excessivos.
13. Esperamos que um edifício possa ser operado, mantido e modificado de maneira útil e econômica.

Essa lista começa com expectativas que surgem, de maneira mais ou menos natural, de necessidades humanas em meio a um ambiente externo hostil. No entanto, desde o item 8 até o final da lista, as expectativas são de um tipo diferente. Elas surgem, em grande medida, de necessidades criadas pelo próprio edifício e se relacionam apenas de maneira secundária com necessidades humanas. Por exemplo, uma viga estrutural não está relacionada, de maneira fundamental, com a solução de qualquer necessidade humana. É um dispositivo secundário que sustenta uma superfície (um piso ou um telhado) cuja importância é básica para os usuários de um edifício. Movimentos e incêndios são problemas que surgem apenas porque o edifício existe, mas, a não ser que o edifício resolva esses problemas por si mesmo, eles constituem um perigo para seus ocupantes.

Os capítulos seguintes explicam as maneiras pelas quais os edifícios satisfazem essas expectativas funcionais. Eles prosseguem na mesma ordem geral apresentada nessa lista, com várias exceções: todas as funções do edifício relacionadas com o movimento do ar são discutidas conjuntamente no capítulo "O Controle do Movimento do Ar", ao passo que o capítulo "Como impedir a entrada de água no edifício" incorpora o material a respeito de todas as funções do edifício encarregadas da resistência à entrada de água em seu recinto. Diversos aspectos da função de controlar a entrada e a saída de criaturas vivas são discutidos em vários capítulos; essa função é demasiadamente diversificada para se encaixar de maneira lógica em um único capítulo.

Notamos, ao longo de todo este livro, que, embora tenhamos expectativas funcionais complexas a respeito de nossos edifícios e meios complexos de realizar algumas delas, a maior parte dessas expectativas pode ser concretizada por qualquer projetista bem informado, até mesmo em edifícios muito grandes, por meio de dispositivos arquitetônicos tão simples e diretos quanto os abrigos que se procuram instintivamente numa paisagem natural.

Como os edifícios funcionam

4
A função do edifício

A fim de entender como um edifício funciona, podemos dissecá-lo e estudar suas várias funções elementares. Porém, poucas funções dos edifícios ocorrem isoladamente. Quase todos os componentes de um edifício servem a mais de uma função, e alguns componentes servem a dez ou mais funções ao mesmo tempo, as quais são intensamente interdependentes. Por exemplo, se decidirmos construir as divisórias no edifício de uma escola com delgadas placas de gesso acartonado sobre uma estrutura de montantes de aço, em vez de tijolos e argamassa, afetaremos as propriedades térmicas do edifício, suas qualidades acústicas, a qualidade e a quantidade de luz nas salas de aula, a maneira como a fiação e o sistema de encanamentos são instalados, a utilidade das superfícies das paredes, o peso morto que a estrutura do edifício precisa suportar, a resistência do edifício aos incêndios, os acordos comerciais que o construirão e como ele será mantido. Algumas funções do edifício escolar serão melhoradas e outras serão prejudicadas com a mudança de paredes de alvenaria para divisórias de placas de gesso acartonado.

Um edifício tem sua própria ecologia, um delicado equilíbrio interno de mecanismos interligados que não funcionam isoladamente, mas sim como uma totalidade ricamente interconectada. O diagrama (4.1) nos mostra como as funções que esperamos que os edifícios desempenhem estão ligadas umas às outras. Não se pode esperar que um projetista mude a maneira pela qual uma função é desempenhada sem que isso afete outras funções. Por isso, nossa dissecação corre o risco de negligenciar ou de obscurecer ligações naturais entre as várias funções dos edifícios e de oferecer uma visão muito simplista de como um edifício funciona. Tentaremos minimizar esses riscos no último capítulo, que discute a combinação de funções elementares em componentes comuns dos edifícios. Até lá, à medida que for lendo as páginas intermediárias, o leitor deverá constantemente fazer perguntas sobre a conexão das coisas: "Quais são *todas* as repercussões funcionais de um edifício muito maciço? De um edifício de cor clara e de outro de cor escura? De um edifício ensolarado? De um edifício construído inteiramente de madeira?

4.1

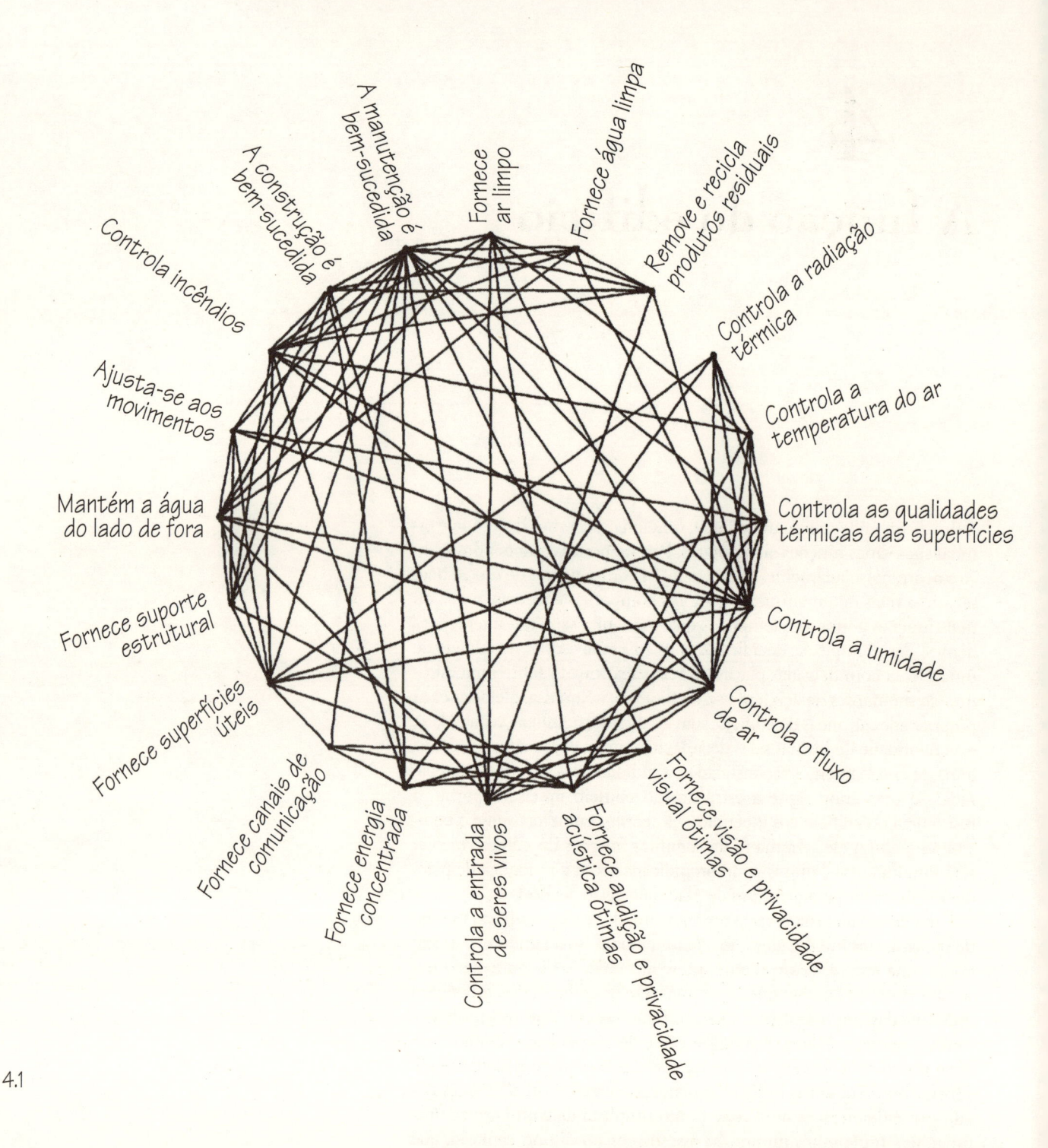

Labels around diagram (clockwise from top):
- Fornece ar limpo
- Fornece água limpa
- Remove e recicla produtos residuais
- Controla a radiação térmica
- Controla a temperatura do ar
- Controla as qualidades térmicas das superfícies
- Controla a umidade
- Controla o fluxo de ar
- Fornece visão e privacidade visual ótimas
- Fornece audição e privacidade acústica ótimas
- Controla a entrada de seres vivos
- Fornece energia concentrada
- Fornece canais de comunicação
- Fornece superfícies úteis
- Fornece suporte estrutural
- Mantém a água do lado de fora
- Ajusta-se aos movimentos
- Controla incêndios
- A construção é bem-sucedida
- A manutenção é bem-sucedida

De um edifício construído num local exposto a muito vento? Quais são todas as maneiras de aquecer, esfriar ou iluminar um edifício?" Essas perguntas vêm à mente de maneira natural em resposta a temas recorrentes em vários tópicos funcionais, e as respostas, à medida que se acumulam, começam a revelar os padrões funcionais mais amplos subjacentes a cada edifício.

5
O fornecimento de água

Edifícios e instalações requerem um fornecimento adequado de água limpa para se beber, cozinhar, lavar, servir a processos industriais e para a agricultura. Isso exige um sistema com três componentes básicos: uma fonte de água; um meio de purificá-la, se necessário; e uma maneira de distribuí-la a pontos de uso dentro do edifício.

Fontes de água

Em circunstâncias primitivas, as pessoas recolhem água em pequenos recipientes tirando-a de tanques, córregos ou rios. Se a água estiver livre de substâncias nocivas, elas simplesmente a bebem no local ou a transportam ao longo de distâncias curtas antes de usá-la. Se a água contém bactérias ou outros microrganismos, as pessoas logo aprendem a fervê-la, o que mata as formas de vida microscópicas, e a bebê-la em forma de chá ou café.

Nos lugares onde não há água disponível na superfície ou onde ela é salgada, as sociedades primitivas usualmente apanham água pluvial dos tetos dos edifícios ou de outras áreas de captação e a coletam em cisternas subterrâneas, das quais ela é extraída em baldes ou por meio de bombas.

Para obter a água mais pura possível em quantidade suficiente para uma metrópole, tentamos, sempre que possível, aproveitar o processo atmosférico de destilação coletando e represando a água pluvial e a neve derretida. Para grandes sistemas hidráulicos municipais, podemos nos apropriar de áreas inteiras de vales de montanhas, convertendo-as em áreas de captação, e represar a água para, assim, formar reservatórios de armazenamento. Regulamos rigorosamente o uso humano das áreas de captação e dos reservatórios a fim de minimizar a contaminação da água. Canos largos, que funcionam como aquedutos, transportam a água dos reservatórios para a cidade, sendo que a gravidade usualmente fornece a força motriz.

Comunidades distantes de montanhas escassamente habitadas são forçadas a extrair água menos pura de rios ou a recorrer a fluxos de água subterrânea captada em poços. Originalmente, os poços eram escavados com as mãos, e o escavador ia revestindo o poço, à medida que se aprofundava, com pedras ou tijolos para impedir o desmoronamento. Era uma atividade suja e perigosa. Hoje em dia, os poços são perfurados por meio de pesados equipamentos montados em caminhões, que podem perfurar buracos até mesmo no granito sólido a dezenas de metros de profundidade, caso seja necessário encontrar uma camada freática no subsolo.

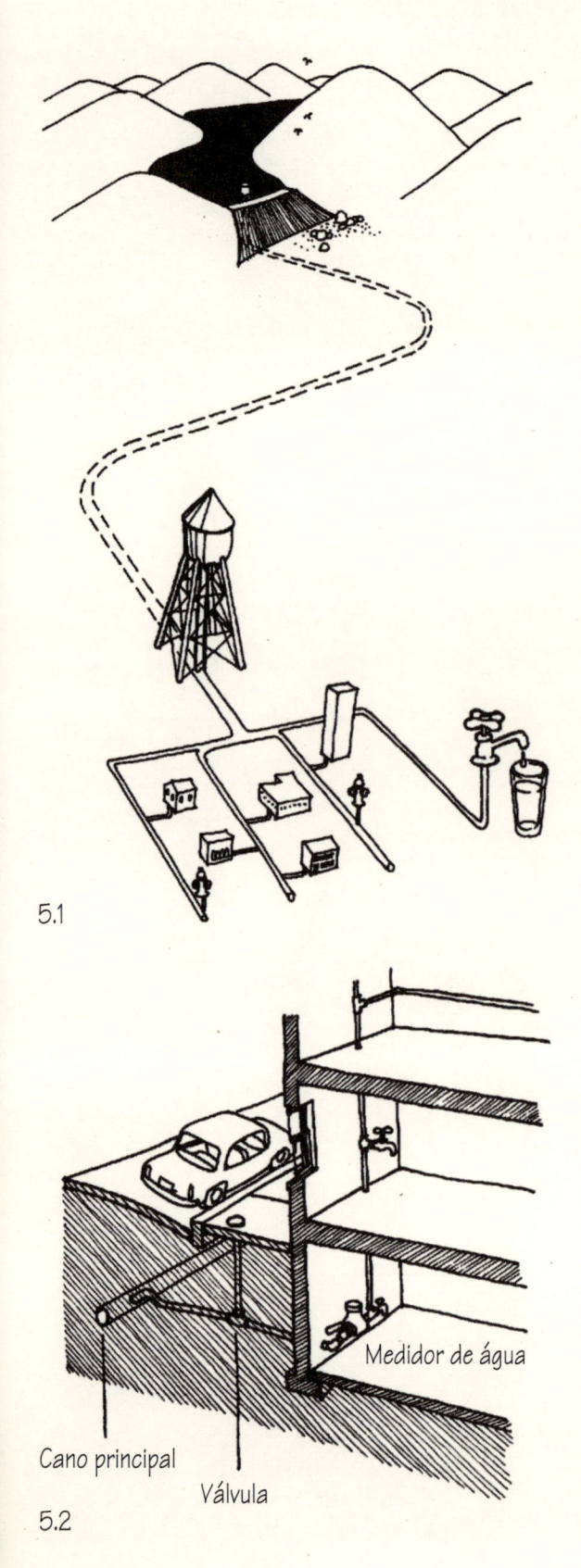

Tratamento da água

A água de poço ou vinda de reservatórios nas montanhas geralmente exige pouco ou nenhum tratamento que a torne apropriada para o consumo humano. A água de rio ou algumas águas vindas de outras fontes requerem tratamento para eliminar várias substâncias contaminadoras. Filtros de areia e bacias de sedimentação removem partículas de matéria. A aeração da água ajuda a livrá-la de poluentes gasosos e acelera a decomposição de substâncias orgânicas. A precipitação química é utilizada para remover substâncias contaminadoras como compostos de ferro e de chumbo. Talvez seja necessário instalar filtros especiais para remover sulfeto de hidrogênio, radônio ou outros gases dissolvidos. Enfim, se necessário, dissolve-se gás de cloro na água em quantidades controladas para matar microrganismos. Sistemas de purificação que utilizam esses mecanismos estão disponíveis em escalas que variam desde regiões inteiras até casas particulares.

O transporte da água até o ponto de uso

A água é transportada até os edifícios, para dentro e através deles, colocando-a sob pressão e utilizando essa pressão para empurrá-la ao longo de canos cilíndricos. Os sistemas hidráulicos municipais são, em geral, pressurizados pela gravidade: a água é erguida acima do nível dos edifícios em reservatórios ou torres de água. Para cada 30 centímetros de altura, o próprio peso da água exerce uma pressão de cerca de 3 kPa (quilopascal). Se o nível da água em um reservatório ou torre está situado 30 metros acima do ponto de uso mais alto, a pressão nesse ponto é de 300 kPa.

A água é distribuída aos edifícios de uma metrópole ou cidade por intermédio de uma rede de canos sob as ruas. Hidrantes de incêndio estão conectados diretamente nesses canos ou, ocasionalmente, à sua própria rede subterrânea de suprimento separada (5.1).

Os encanadores ou equipes municipais fazem a conexão entre os canos de água subterrâneos principais, ou canos mestres, e os edifícios individuais (5.2). Eles instalam uma válvula subterrânea no tubo de distribuição de cada edifício, em geral no meio-fio ou na calçada, de modo que o departamento municipal de água possa interromper o serviço de fornecimento em caso de emergência ou de inadimplência. O fluxo de água é geralmente medido dentro do edifício, e os débitos são calculados periodicamente com base na quantidade de água utilizada. Para simplificar, o custo é em geral calculado de modo que cubra as despesas tanto do fornecimento de água como dos serviços de remoção de esgoto.

Sistemas hidráulicos privados

Em áreas rurais e em muitas comunidades pequenas, cada edifício precisa desenvolver seu próprio suprimento de água. Alguns locais afortunados têm fontes confiáveis das quais se pode extrair água pura, mas na maior parte dos locais onde se erguem edifícios nós precisamos coletar a água pluvial ou construir um poço.

Os sistemas de água pluvial ainda constituem a fonte mais satisfatória em áreas do mundo onde a água subterrânea se situa a uma profundidade muito grande para poder ser extraída por meio de poços. Embora se possa construir uma área de captação especial numa porção não construída do local, geralmente é mais econômico utilizar o telhado do edifício para coletar água. Por meio de calhas e canos, a água é trazida para uma cisterna, onde é armazenada, e de onde pode ser retirada por meio de uma bomba ou manualmente (5.3). Dependendo das condições meteorológicas vigentes no local, do tamanho da área de captação e do volume armazenado, tal sistema pode ou não ser capaz de fornecer quantidades de água suficientes para o uso ao longo de todo o ano. A limpeza da água é um problema constante, especialmente nos locais onde folhas e excrementos de pássaros caem na área de captação, estimulando o crescimento de colônias de algas e de bactérias na cisterna.

Um poço é um buraco escavado, afundado a golpes de bate-estaca ou perfurado no solo até que seja atingida uma camada porosa sob a superfície que contenha água. Em geral, um poço fornece um suprimento de água mais confiável, qualitativa e quantitativamente, do que um sistema pluvial. Quando o poço é perfurado, a água frequentemente se encontra apenas alguns metros abaixo da superfície. É provável que tal água tenha se infiltrado no solo nas vizinhanças imediatas do poço e, por isso, ela está sujeita à contaminação por sistemas de remoção da água de esgoto situados nos arredores, inclusive pelo do próprio edifício, ou por celeiros, estábulos ou depósitos de lixo próximos. Poços profundos usualmente captam sua água de camadas alimentadas por águas superficiais que caem na terra a dezenas ou centenas de quilômetros de distância desses poços. A ação de filtragem que ocorre durante a longa passagem horizontal através da camada resulta numa água que é, com frequência, totalmente livre de bactérias, embora possa estar carregada de minerais dissolvidos. A maior parte desses minerais não afeta a potabilidade ou a utilidade da água. No entanto, certos sais de cálcio podem causar a escamação interna e uma eventual obstrução dos canos de água, e formar uma espuma insolúvel ao se combinar com o sabão comum utilizado nas casas. A água rica em íons de cálcio é conhecida como *água dura* ou calcária. Ela geralmente tem gosto bom e, enquanto se mantiver fria, deposita poucas escamas nos canos. No entanto, quando a água dura é aquecida, ela se torna muito mais ativa quimicamente e, com rapidez, forma crostas, nas superfícies internas do aquecedor e dos canos de água quente, com depósitos internos de cálcio solidificado. Em edifícios abastecidos por água dura, um *depurador de água*, que é uma simples coluna que proporciona a permuta de íons, é instalado no cano que alimenta o aquecedor de água para substituir os incômodos íons de cálcio por íons de sódio solúveis. A água quimicamente depurada não

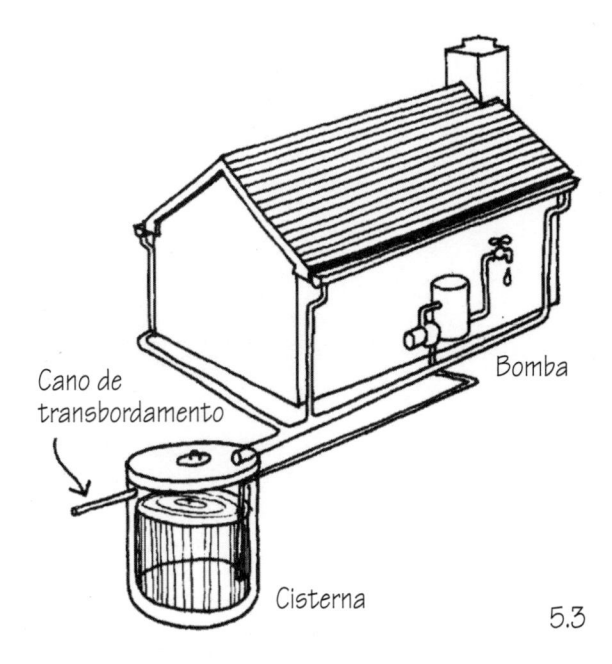

5.4

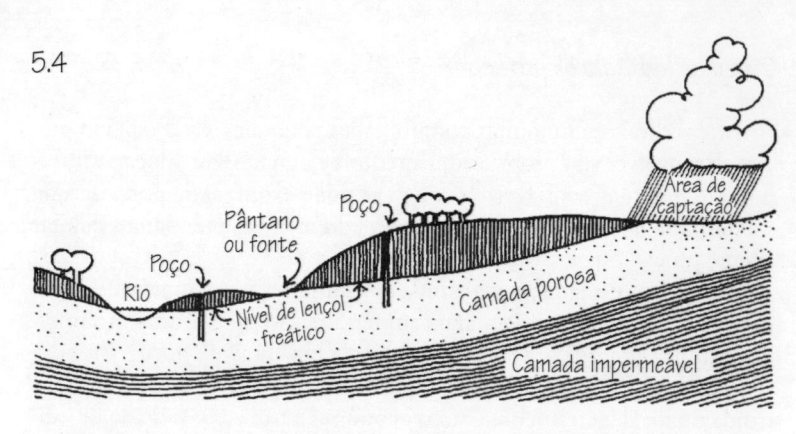

forma escamas nos canos, e suas propriedades de purificação são semelhantes àquelas da água pluvial livre de minerais.

Em um poço comum, o nível da água fica a certa distância abaixo da superfície do solo. Um *poço artesiano* é aquele que recolhe água em uma camada pressurizada por um fluxo de água proveniente de locais mais elevados. Com frequência, tal camada se acha presente, mas a pressão raras vezes é alta o bastante para forçar a água, durante o tempo todo, para fora do topo do poço (5.4). Em qualquer tipo de poço, é preciso instalar uma bomba para erguer a água e forçá-la a percorrer os canos de distribuição do edifício. Se o nível da água no poço está a cerca de 7 metros de profundidade, uma bomba instalada no nível do solo pode criar, em seu cano de entrada, um vácuo suficiente para que a pressão atmosférica force a água a percorrer o cano até a superfície (5.5). Se o nível da água for ainda mais fundo, será necessária uma pressão mais forte do que a atmosférica, e por isso a bomba precisa ser abaixada até o fundo do poço, onde é deixada permanentemente para forçar a água a subir pelo cano. A mais comum dessas bombas é a *bomba submersível*, que inclui um motor elétrico vedado capaz de funcionar durante anos no fundo do poço sem precisar de manutenção. Fios elétricos descem pelo poço desde a superfície para alimentar a bomba, frequentemente instalada a dezenas de metros abaixo do solo (5.6).

Distribuição da água dentro do edifício

A água precisa de pressão para se movimentar ao longo dos canos. Os sistemas municipais, como se observou anteriormente, em geral fornecem essa pressão bombeando a água para dentro de tanques situados em posições elevadas. A maior parte dos sistemas hidráulicos privados fornece essa pressão bombeando a água para dentro de um pequeno tanque de armazenamento, no qual a pressão é mantida por meio de um volume de ar comprimido no topo do tanque (5.7). A bomba liga automaticamente quando a pressão cai para um nível mínimo predeterminado e força a água para dentro do tanque até que seja atingida uma pressão máxima predeterminada. A água acionada pela pressão do ar está sempre disponível a partir do fundo do tanque, quer a bomba esteja funcionando quer não. Se for necessária a filtração ou a cloração, dispositivos apropriados são acoplados em série ao tanque de ar comprimido.

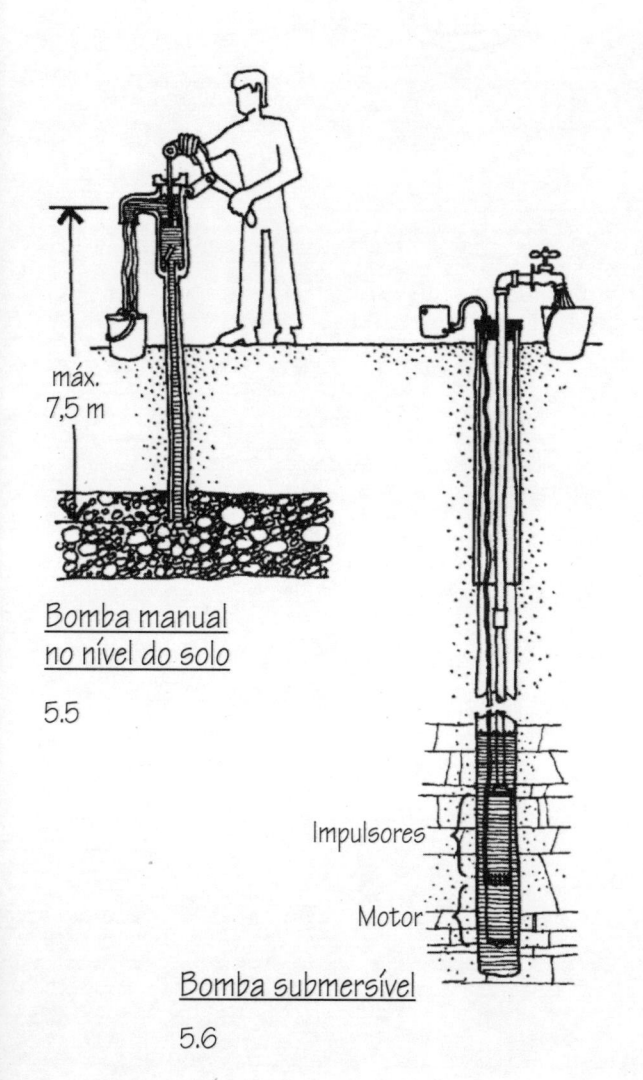

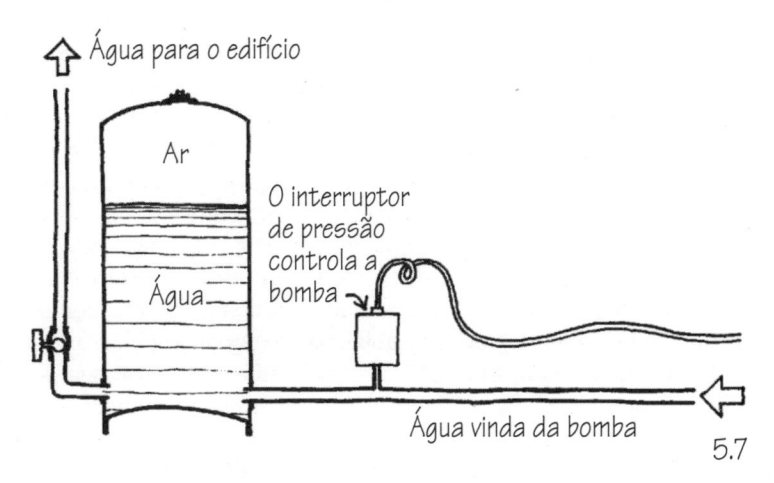

5.7 Água para o edifício / Ar / Água / O interruptor de pressão controla a bomba / Água vinda da bomba

A água fria provém do tanque de ar comprimido ou do cano principal de distribuição que se liga ao cano mestre por meio de uma rede de *encanamentos*, ou canos de alimentação, que se dirigem para as várias saídas e instalações hidráulicas instaladas no edifício (5.8). Em geral, instala-se uma rede paralela para transportar água aquecida em um tanque isolado a fim de torná-la mais apropriada para as atividades de limpeza. O tamanho de cada cano é determinado pela taxa com que ele precisa transportar água sob condições de máxima demanda provável. Desse modo, descobrimos que os canos em uma rede de fornecimento, que se assemelha a uma árvore, tendem a se tornar progressivamente menores à medida que os acompanhamos afastando-nos mais e mais da fonte da água em direção aos pontos de uso. Os encanamentos para o fornecimento de água geralmente são feitos de cobre ou plástico resistente, que oferecem superfícies internas lisas com baixo coeficiente de atrito e alta resistência à corrosão e à escamação. Canos de aço revestidos de zinco, que eram bastante populares e de custo inferior aos de cobre, estão muito sujeitos à escamação e raramente são utilizados hoje em dia. Há muito tempo, utilizava-se chumbo em encanamentos para o suprimento de água, até que se descobriu que ele a contaminava com compostos venenosos à base desse mineral.

Em cada dispositivo hidráulico instalado, uma válvula é colocada em cada uma das linhas de abastecimento de modo que o suprimento de água quente ou fria possa ser interrompido para permitir o conserto do dispositivo sem interromper o fluxo para outras partes do edifício. Logo acima de cada válvula, instala-se um pedaço de cano, fechado numa das extremidades e em posição vertical, para atuar como *câmara de ar*. O ar nessa câmara amortece o choque criado pela desaceleração quase instantânea, até zero, da velocidade da água no cano quando uma torneira é fechada. Se tais câmaras não fossem instaladas, um ruído de pancada conhecido como *golpe de aríete*, ou martelo de água, seria ouvido quando as torneiras fossem fechadas, e altas pressões instantâneas seriam criadas nos canos, causando a possibilidade de danos ao sistema.

A água quente esfria depressa quando se acomoda num cano. Num edifício pequeno, os moradores simplesmente deixam a água fria escoar até que ela se vá e apareça a água quente. Sistemas de encanamento de água quente para grandes edifícios têm, com frequência, extensões de

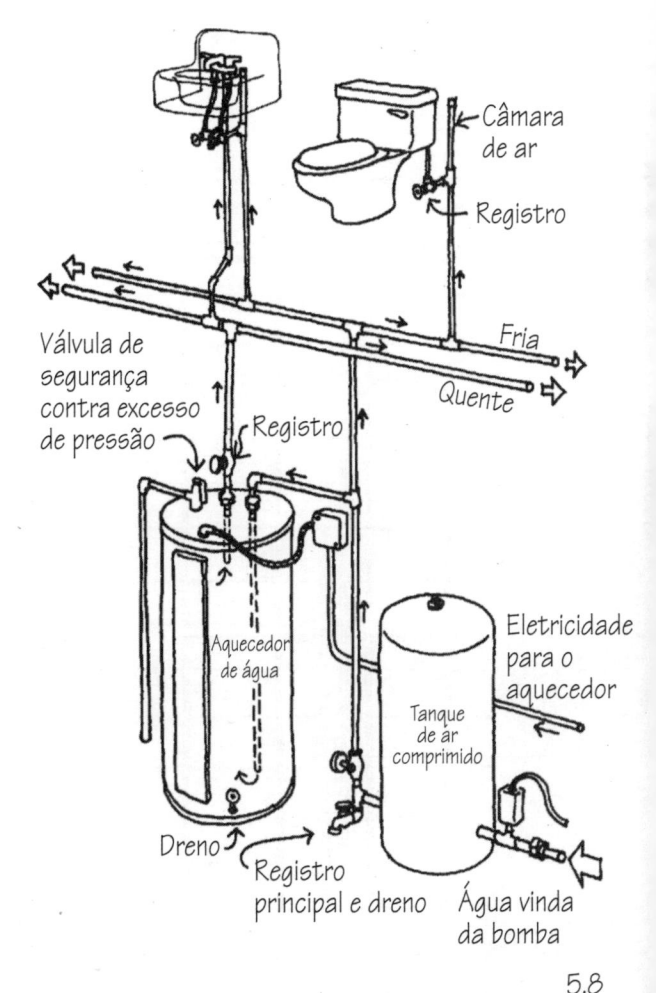

5.8 Câmara de ar / Registro / Fria / Quente / Válvula de segurança contra excesso de pressão / Registro / Aquecedor de água / Tanque de ar comprimido / Eletricidade para o aquecedor / Dreno / Registro principal e dreno / Água vinda da bomba

cano tão longas entre o aquecedor e os dispositivos a que a água serve que essa estratégia resultaria num extremo desperdício de água, de combustível e de tempo de ocupação. Usualmente, em grandes edifícios, instala-se um *cano de retorno* para o aquecedor de água perto de cada dispositivo. A água circula subindo pelo cano de alimentação e voltando para o cano de retorno até o aquecedor para ser reaquecida, sendo que a força da circulação é fornecida pela convecção ou por uma pequena bomba (5.9). Desse modo, a água quente está sempre disponível em cada torneira logo após um ou dois segundos, não obstante o resfriamento que ocorre no cano. Outra maneira de evitar o problema do resfriamento no cano consiste em não se ter um aquecedor de água central, mas em instalar aquecedores menores em cada ponto de uso, ou em suas proximidades.

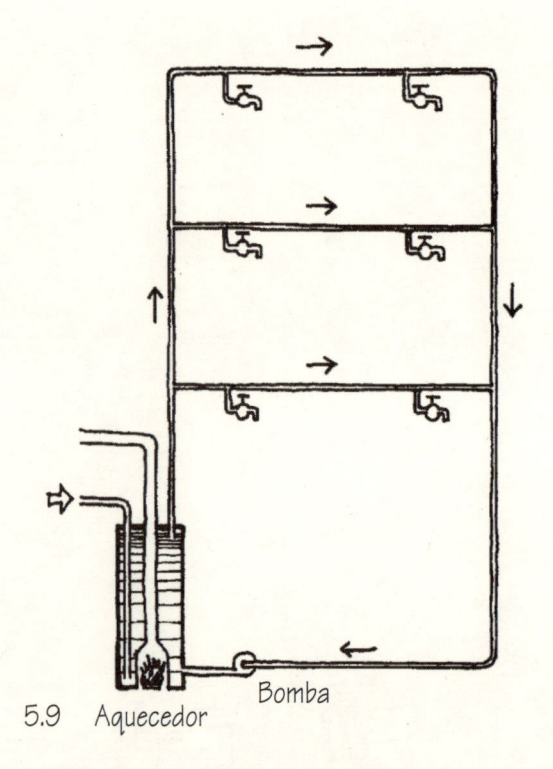

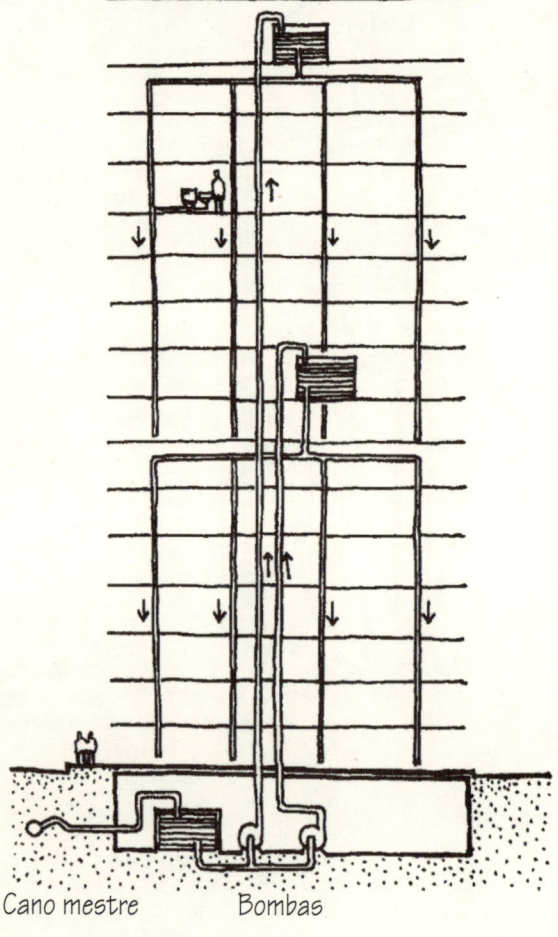

Antigamente, água gelada para beber era geralmente fornecida por uma instalação de refrigeração central e uma rede separada de canos de alimentação e retorno análogos aos do sistema de água quente que acabamos de descrever. No entanto, em tempos recentes, tornou-se mais econômico e satisfatório esfriar a água em pequenas instalações de refrigeração situadas em cada ponto de uso.

Todos os canos para suprimento de água deveriam ser isolados termicamente. No caso da água quente ou fria, poupa-se energia e se conserva água se ela não tiver de fluir durante muito tempo antes de sair da torneira na temperatura desejada. Canos de água fria ou gelada requerem revestimento isolante retardador de vapor para impedir que condensações se formem sobre os canos quando o tempo está úmido.

Em edifícios altos, a pressão da água abastecida pelo serviço municipal é com frequência insuficiente para impulsionar a água até os dispositivos hidráulicos instalados nos andares superiores. Aqui, devem-se instalar bombas para transportar a água até os pontos mais altos do edifício. Em alguns casos, essas bombas alimentam diretamente os dispositivos hidráulicos. Em outros casos, as bombas elevam a água até um ou mais tanques em níveis mais altos do edifício, de onde ela abastece, pela ação da gravidade, a rede de encanamentos no piso abaixo (5.10).

Dispositivos hidráulicos

Privadas, pias e banheiras se destinam a coletar e a reter água para fins de limpeza e a descartá-la após o uso. Para se manterem limpas e duráveis, elas precisam ser feitas de materiais duros e lisos, tais como porcelana ou aço inoxidável, que são capazes de suportar fricções repetidas durante muitos anos.

Privadas (também chamadas de WC, abreviação de *water closets*) e mictórios se destinam a remover com água resíduos corporais. Elas são feitas de porcelana lustrosa, um material extremamente duro e liso, para garantir que não acumulem arranhões, capazes de abrigar bactérias, ao serem limpas. Nos locais onde o encanamento de suprimento é reduzido por razões econômicas, como nas casas, ele não é capaz de fornecer diretamente o fluxo rápido e abundante de água necessário para acionar o sifão do dispositivo hidráulico, de modo que a água se acumula lentamente a cada jorro em uma caixa acoplada na parte de trás do dispositivo. Em edifícios públicos, o jorro de água é tão constante que reservatórios que enchem lentamente não estão em conformidade com a demanda e, por isso, para esvaziar diretamente as privadas, é preciso instalar canos mais largos para o abastecimento da água. Válvulas especiais regulam a intensidade e a duração de cada jorro.

Conexões com risco de contaminação devem ser evitadas

A pressão da água nos canos de abastecimento às vezes falha. Isso pode acontecer porque se fechou o cano mestre ou a bomba a fim de se poder efetuar serviços de assistência técnica, quando, por exemplo, um veículo quebrou um hidrante de incêndio, ou quando, em consequência das extremas demandas por água dos carros de bombeiro, eles têm de combater um grande incêndio num edifício. Quando ocorrem tais problemas, a água que está nos canos e no cano mestre é drenada para fora do edifício, criando uma sucção dentro dos canos. Se alguém deixou uma mangueira com seu esguicho aberto no fundo de um recipiente, ou se a entrada da água de um dispositivo hidráulico ou de numa piscina está abaixo do nível da água mantida no dispositivo ou na piscina, ela refluirá de volta para os canos de abastecimento. Essas conexões entre o encanamento de abastecimento e uma fonte de água potencialmente contaminada são perigosas porque podem resultar na ingestão de água contaminada por grande número de pessoas.

Em sua maior parte, os dispositivos hidráulicos associados aos encanamentos são planejados de tal maneira que o nível da água livre mantido pelo dispositivo – por exemplo, a água usada na pia de um banheiro ou no tanque ou na bacia de um vaso sanitário – não possa atingir o nível da abertura que fornece água limpa ao dispositivo. Uma pia de banheiro tem um orifício para extravasamento, denominada ladrão, que drena o excesso de água antes que ele possa atingir a boca da torneira. A bacia de um vaso sanitário do tipo caixa acoplada pode entupir e encher até a borda, mas a entrada de água vinda da rede de suprimento do edifício está posicionada com segurança acima da borda da bacia e do nível de água do reservatório. Esses dispositivos hidráulicos não são capazes de provocar contaminação. Mas alguns dispositivos não podem ser planejados dessa maneira. Uma privada ou mictório num edifício público tem um cano de alimentação conectado diretamente à sua borda. A extremidade de uma mangueira conectada com uma torneira externa ao edifício pode ser deixada em uma piscina ou numa lata de lixo cheia de água. Em cada dispositivo onde tal conexão com risco de contaminação é possível, deve-se instalar uma *válvula reguladora de vácuo* na linha de abastecimento (5.11). Sempre que a pressão da água falhar, essa válvula permite que o ar ingresse na tubulação e destrua a ação de sifonagem, impedindo, assim, que a água contaminada seja sugada para dentro do sistema. A familiar válvula cromada para descarga presente nos vasos sanitários de todos os banheiros públicos contém uma válvula reguladora de vácuo, e válvulas desse tipo apropriadas para fins específicos são fabricadas para torneiras externas, para o encanamento de piscinas e de sistemas de irrigação, e também para outros dispositivos hidráulicos.

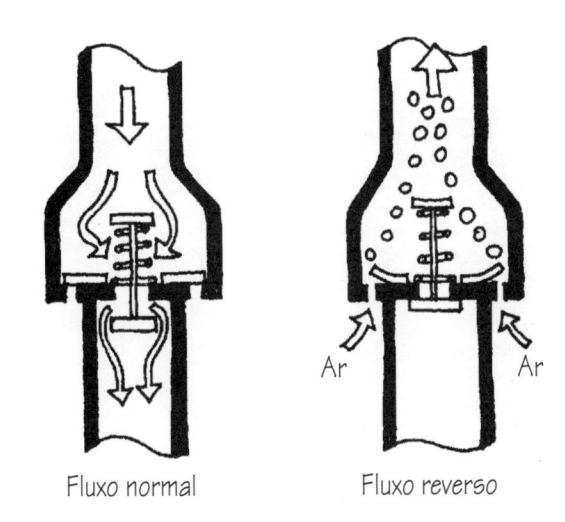

Fluxo normal   Fluxo reverso

Princípio da válvula reguladora de vácuo

5.11

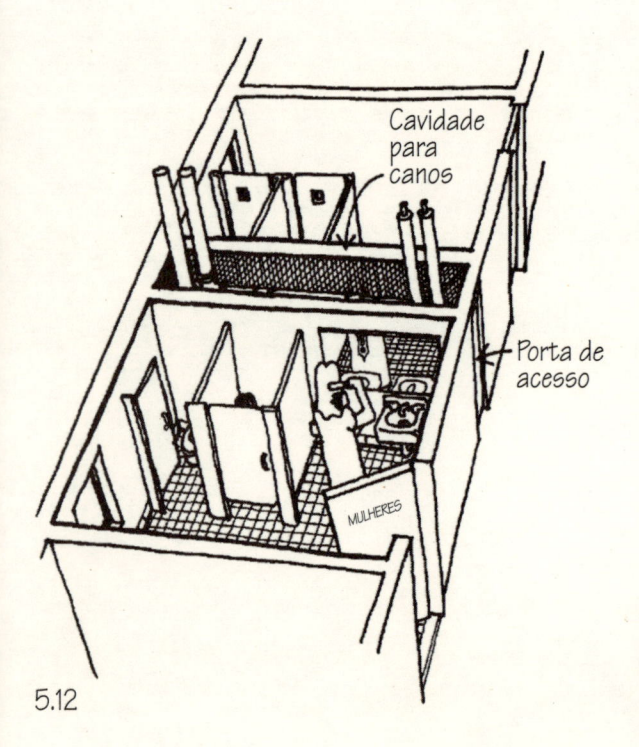

A reserva de espaço para canos de água

O encanamento para o suprimento de água ocupa espaço. Pequenos edifícios com estrutura de madeira geralmente têm espaço suficiente no interior dos pisos e das paredes para acomodar esse encanamento. Mas as paredes de edifícios com grande número de dispositivos hidráulicos não podem comportar todos os canos e por isso gabinetes especiais, os espaços para instalações hidráulicas, tanto verticais como horizontais, precisam ser providenciados como parte do projeto básico do edifício. Tais espaços são frequentemente construídos com portas de acesso para permitir mudanças ocasionais e manutenção dos canos sem provocar rupturas na estrutura do edifício (5.12).

Em climas frios, deve-se impedir que os canos para o suprimento de água se congelem, pois a dilatação da água quando ela se converte em gelo poderia rebentá-los. Canos mestres e de distribuição da água estão enterrados abaixo do nível em que o solo congela no inverno. Os espaços para instalações hidráulicas e as paredes com canos para água embutidos não devem estar localizados no perímetro externo de um edifício, pois esses locais podem ficar sujeitos a temperaturas subcongelantes. Se a instalação em paredes externas é inevitável, deve-se cuidar para que todo o isolamento térmico seja instalado na parede imediatamente externa ao encanamento. Isso garante que o encanamento nunca estará mais do que alguns graus mais frio do que o ar dentro do edifício. O mero isolamento dos canos não impedirá que eles se congelem se a água permanecer parada dentro deles por um tempo prolongado. Isso se deve ao fato de que a área superficial dos canos é muito grande com relação ao volume de água que eles contêm. A água nos canos esfria rapidamente por causa da enorme área superficial exposta, mesmo que todas as superfícies estejam cobertas com um material isolante.

Água engarrafada versus *água de torneira*

A maior parte da água fornecida pelo município e por fontes particulares na América do Norte tem um gosto bom e é limpa o bastante para consumo. Não obstante, em um grande triunfo da propaganda sobre a verdade, muitas pessoas foram persuadidas de que deveriam beber apenas água de fonte comercialmente engarrafada, que é vendida a preços frequentemente mais altos que os dos refrescos ou dos laticínios. Sem falar que parte dela vem de outros continentes, em recipientes muito pequenos, o que constitui desperdício irresponsável de material e de combustível: água engarrafada, especialmente se ela provém de uma fonte estrangeira numa garrafa exótica, tem estilo e faz que seus consumidores se sintam bem, mesmo que, na maioria dos casos, ela não tenha sabor nem pureza melhores que os da água de torneira.

Leitura suplementar

Benjamin Stein e John Reynolds, *Mechanical and Electrical Equipment for Buildings*, 9. ed., Nova York, Wiley, 2000. pp. 531-667.

6
A reciclagem do lixo

A natureza atua em ciclos fechados. O que é lixo para um organismo é alimento para outro, numa teia incessante, intricadamente entrelaçada, que, em última análise, não desperdiça nada exceto pequenas quantidades de energia renovável provenientes do sol. Nas regiões silvestres, um exército de insetos e microrganismos se alimenta de excrementos e cadáveres de animais superiores, reduzindo esses produtos residuais a nutrientes do solo que podem ser utilizados pelas plantas. Matéria vegetal morta de todos os tipos é, de maneira semelhante, atacada, decomposta e reutilizada como alimento para as plantas. Processos que ocorrem continuamente no solo, na água e no ar asseguram que nenhuma das substâncias valiosas da Natureza jamais seja deixada num estado improdutivo.

Em muitas sociedades agrárias, famílias de agricultores participam ativamente desses ciclos. Elas misturam resíduos animais e vegetais em montes ou reservatórios e os transformam em *adubo composto* ao permitir que minhocas e uma multidão de bactérias os convertam em solo rico. No solo, energizadas pela luz solar e regadas pela chuva, as plantas crescem para alimentar a família e os animais domésticos, além de fornecer combustível destinado à cozinha e ao aquecimento. Os animais fornecem alimentos e vestimentas. As cinzas do combustível usado e os excrementos dos animais retornam ao solo, reabastecendo seu conteúdo em nutrientes. A fertilidade da terra diminui pouco, se é que de fato diminui, ao longo do tempo de vida da família.

Até mesmo algumas pequenas cidades primitivas são capazes de sustentar esse tipo de relação com a terra. Restos de alimentos e de excrementos humanos são cuidadosamente reunidos e transportados por coletores até os subúrbios, onde agricultores os misturam com resíduos vegetais e deixam que eles se transformem em adubo. Em seguida, adicionam o adubo ao solo para ajudá-lo a produzir alimentos (6.1). Se práticas adequadas de preparação de adubo composto são utilizadas, os resíduos ficam livres de organismos nocivos por volta da ocasião em que são entregues ao solo, não havendo transmissão de doenças ao longo do

6.1

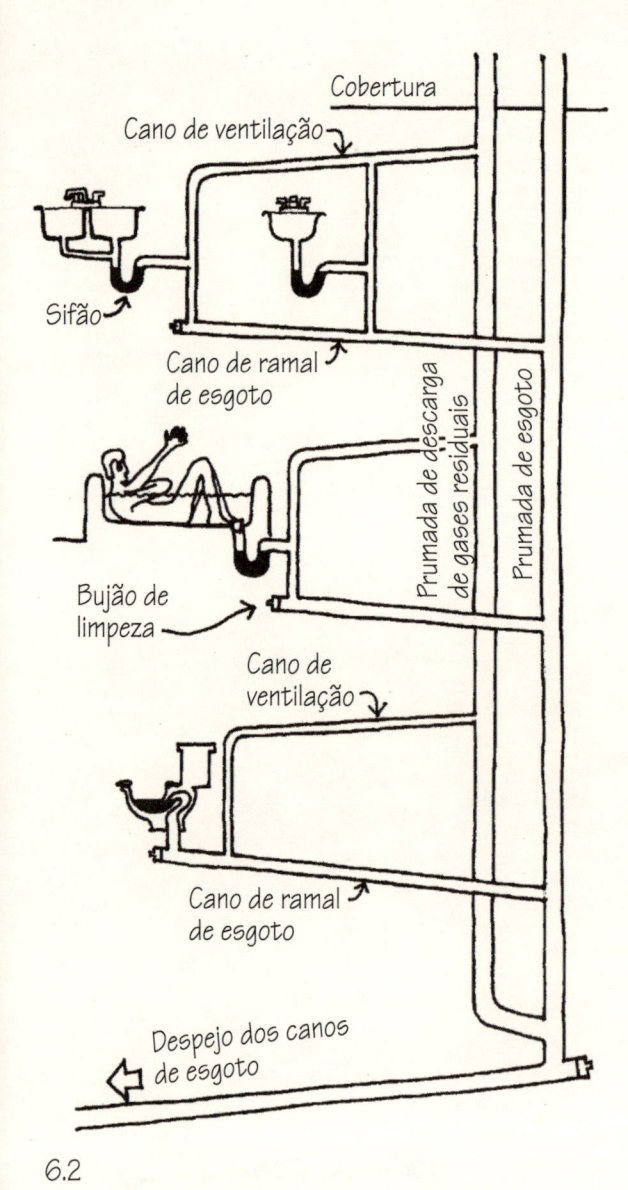

ciclo. Dessa forma, tanto a saúde da comunidade como a riqueza de sua agricultura são preservadas.

Infelizmente, é difícil garantir que práticas adequadas de produção de adubo composto sejam sempre utilizadas. A manipulação descuidada de dejetos humanos causou epidemias e pragas desastrosas ao longo de toda a história. A maioria das metrópoles não transforma seus produtos residuais em adubo porque a maior parte desse lixo não é utilizada, em grande escala, pelos agricultores nas imediações da região urbana; esses produtos residuais teriam de ser transportados ao longo de grandes distâncias para serem submetidos à reciclagem agrícola. Desse modo, nós rompemos a cadeia natural da reciclagem. Despendemos metade de nosso consumo de água urbano para descarregar lixo e excrementos para fora de nossos edifícios e, em seguida, misturamos essa metade com a metade que utilizamos para lavar e para outras finalidades. Esse procedimento é incrivelmente adequado e mantém os edifícios livres de doenças e de odores, mas cria novos problemas. A água que a municipalidade trouxe para a cidade com grande dificuldade e custo, de uma limpidez cintilante e livre de bactérias, agora é *água de esgoto*. Ela está totalmente contaminada com odores e doenças em potencial e apresenta um enorme problema de remoção.

Sistemas de remoção da água de esgoto nos edifícios

Como parte do próprio processo metabólico, um edifício precisa descartar seus produtos residuais líquidos. Convém examinar como isso é feito atualmente e como os edifícios poderiam contribuir para um sistema mais salutar de tratamento e reutilização do esgoto.

A remoção de resíduos líquidos de pias, lavatórios, banheiras, chuveiros, vasos sanitários, mictórios e escoadouros no piso é feita por meio de uma rede de *canos de esgoto* drenados pela gravidade (6.2). A fim de manter o fluxo acionado pela gravidade, são necessários canos de diâmetro relativamente grande em comparação com os pequenos diâmetros utilizados para os canos pressurizados para o abastecimento de água. Todos os canos de esgoto precisam ter inclinação descendente. A pressão do ar atmosférico deve se manter sempre constante, em todas as secções, para evitar o acúmulo de pressões mais elevadas que poderiam bloquear o fluxo em algumas partes da rede. Além disso, como o encanamento para a água de esgoto lida com dejetos sólidos de vários tipos em suspensão, ele está sujeito a entupimento, e por isso o acesso aos canos deve ser providenciado a intervalos frequentes para permitir a limpeza.

Um dispositivo hidráulico como um lavatório, uma pia ou uma banheira despeja as águas servidas na rede de encanamento por meio de um *sifão*, um pedaço de cano em forma de U que retém água suficiente e atua como vedação, impedindo que odores e gases de decomposição vindos dos canos de esgoto voltem para o dispositivo e penetrem no edifício (6.3). No entanto, a vedação de água no sifão pode se romper quando as águas servidas pelo dispositivo escoam totalmente ou quando a pressão de gases ou do ar aumenta no encanamento. Por essa razão, acopla-se um *cano de ventilação* ao encanamento de esgoto a uma curta

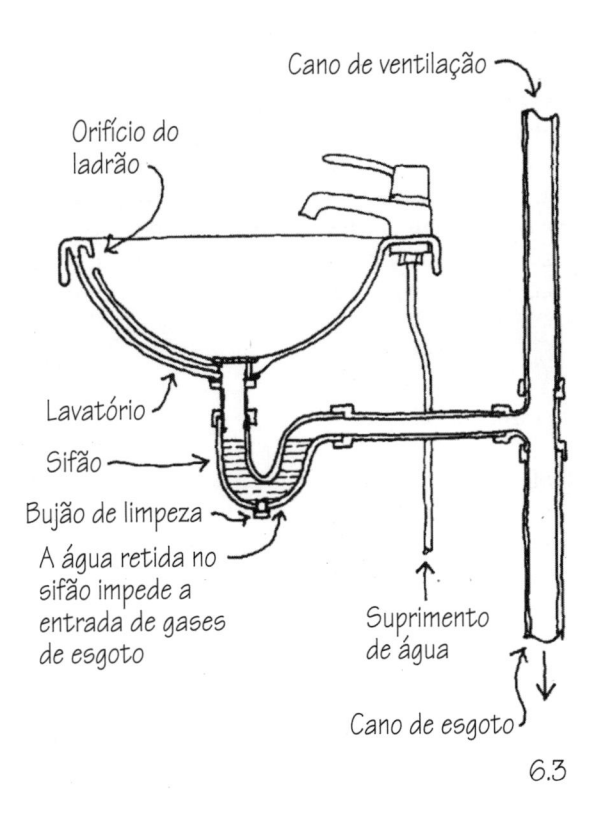

Figura 6.3 — Lavatório com sifão e ventilação:
- Cano de ventilação
- Orifício do ladrão
- Lavatório
- Sifão
- Bujão de limpeza
- A água retida no sifão impede a entrada de gases de esgoto
- Suprimento de água
- Cano de esgoto

distância de cada sifão. O respiradouro permite que o ar entre no cano de esgoto a fim de romper qualquer potencial ação de sifonagem, e libera na atmosfera alguns gases de decomposição, por exemplo, o metano e o sulfeto de hidrogênio. Desse modo, uma rede completa de encanamento de esgoto para um edifício inclui duas configurações em forma de árvore, uma que coleta a água de esgoto e a leva para baixo, e outra, no sentido inverso, que permite que o ar ingresse na primeira árvore pelas pontas de seus ramos. O encanamento em cada árvore aumenta progressivamente do dispositivo até o tubo de descarga, para servir ao número maior de dispositivos hidráulicos em cada andar.

O vaso sanitário contemporâneo é simplesmente um grande sifão que é forçado a funcionar rapidamente durante o processo da descarga para transportar dejetos sólidos. Depois da descarga, a porção em U do sifão volta a se encher automaticamente com água limpa para impedir a entrada de gases de esgoto (6.4). Como qualquer outro sifão, ele precisa ter um cano de ventilação nas proximidades a fim de impedir a sifonagem acidental entre descargas.

Em sua maioria, os novos vasos sanitários são planejados para usar menos da metade da água por descarga do que os vasos sanitários mais antigos. Muitas áreas dos Estados Unidos só permitem esse tipo de vaso sanitário nas novas instalações. No entanto, há opções disponíveis que são ainda mais eficientes no uso da água: um vaso sanitário com uma vedação mecânica em vez de um sifão de água usa apenas 5 por cento da quantidade comum, e uma privada que utiliza a recirculação de produtos químicos é ainda mais eficiente. Vários tipos não geram, em absoluto, água de esgoto. Um desses tipos incinera os excrementos com uma

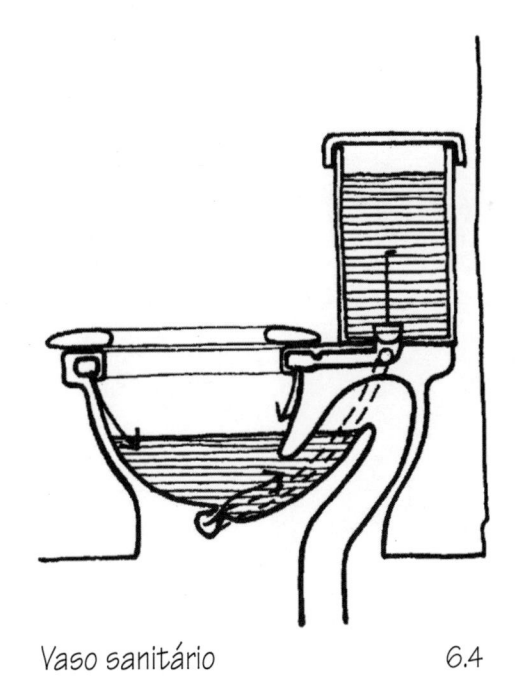

Figura 6.4 — Vaso sanitário

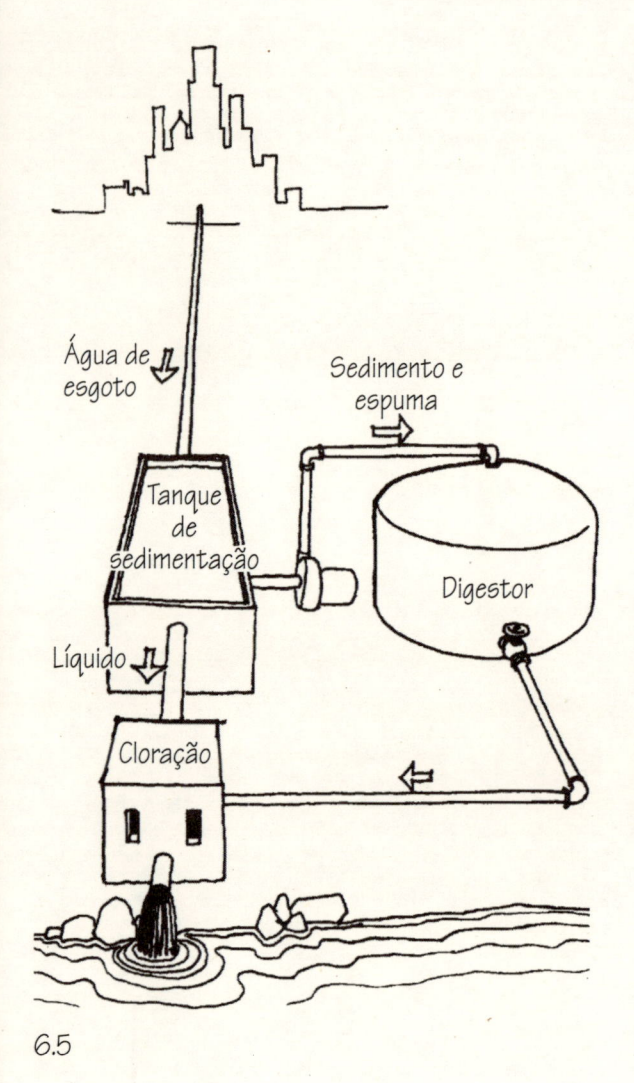

chama de gás ou um elemento elétrico depois de cada uso, deixando apenas um pouquinho de cinzas limpas. Outro tipo é uma versão muito melhorada da tradicional privada fora de casa, ventilada de tal maneira que ela pode ser mantida livre de odores dentro da casa e configurada internamente de modo a reduzir continuamente tanto os excrementos como o lixo da cozinha a um pequeno volume de adubo composto para jardim livre de agentes patológicos. Esse dispositivo pode oferecer, em pequena escala, uma maneira de compensar parte da ruptura da cadeia alimentar.

A *remoção do esgoto municipal*

Algumas cidades (como acontecia com quase todas não faz muito tempo) não tomam nenhuma medida para tratar seu esgoto. Elas simplesmente o descarregam, com bactérias e tudo o mais, num rio, lago ou oceano próximo. Mas atualmente a maioria das cidades efetua, pelo menos, o *tratamento primário* da sua água de esgoto em instalações apropriadas. Essas instalações mantêm durante algum tempo a água de esgoto em tanques onde o material sólido, o *sedimento*, se deposita no fundo. O líquido no topo do tanque é clorado para matar as bactérias e, em seguida, é descarregado num canal local. O sedimento é bombeado para outro tanque, onde fica fermentando anaerobicamente por várias semanas. Essa fermentação mata a maior parte das bactérias causadoras de doenças presentes no sedimento e precipita a maior parte dos minerais que ele contém. Em seguida, esse sedimento "digerido" é também clorado e bombeado para dentro de um canal (6.5).

Por meio desse processo, os nutrientes do solo – trazidos para a metrópole sob a forma de frutas, hortaliças, grãos, laticínios e carnes, e removidos para fora da metrópole como água de esgoto – são agora depositados não de volta no solo, mas em canais. Ao contrário do solo, que precisa dos nutrientes e é capaz, por meio de processos naturais, de completar a reconversão desses nutrientes em alimentos, os canais não podem completar o ciclo. Em vez disso, o conteúdo da água em nutrientes aumenta, acelerando o crescimento de algas e plantas aquáticas daninhas. A água logo fica sufocada com um crescimento vegetal tão denso que a luz solar não consegue penetrar mais que alguns centímetros dentro dela. Aglomerados de plantas morrem e se decompõem. O processo de decomposição consome grande parte do oxigênio dissolvido na água. Os peixes são sufocados nesse ambiente pobre em oxigênio, e o próprio canal começa a morrer. Ao longo de algumas décadas, ele se enche de plantas mortas, até, finalmente, se tornar um pântano e em seguida um prado. A essa altura, naturalmente, ninguém se lembra de que as pessoas outrora nadavam, andavam de barco e pescavam ali. Nesse meio-tempo, os nutrientes das terras agriculturáveis que produzem alimentos são gradualmente drenados. A produtividade agrícola cai, e as plantas que são cultivadas nesse local podem carecer de nutrientes essenciais à vida humana. É preciso então aplicar ao solo fertilizantes artificiais para substituir os fertilizantes naturais debilitados, que estão destruindo lagos e rios em vez de reabastecer o solo.

Muitas instalações municipais de tratamento de esgoto estão melhorando a eficácia de seus processos de tratamento, utilizando a digestão aeróbica e vários tipos de tratamento químico e de filtração para produzir, em alguns casos, um efluente adequado para o consumo. Em algumas metrópoles, faz-se o bombeamento de efluentes limpos no solo de modo que reabasteça camadas que contêm água e cujo conteúdo nutriente se esgotou. Na maior parte dos casos, os nutrientes acabam indo parar num rio ou no oceano. Algumas metrópoles tomaram algumas medidas para tentar recuperar e utilizar os nutrientes. Algumas secam o sedimento processado, ensacam-no e o vendem como fertilizante agrícola. Infelizmente, a maior parte da água de esgoto contém substâncias tóxicas que não são afetadas pelos processos de tratamento: metais pesados como o cádmio e o mercúrio, juntamente com vários compostos orgânicos. Essas substâncias têm suscitado sérias questões sobre a conveniência da utilização do sedimento como fertilizante. Outras metrópoles submetem o efluente provindo de suas estações de tratamento de esgoto à *biorremediação*, fazendo-o passar por tanques nos quais plantas aquáticas selecionadas se alimentam dos nutrientes e absorvem os metais pesados e outras substâncias tóxicas. Em algumas localidades, a água de esgoto processada é utilizada para fertilizar florestas.

Sistemas de remoção de esgoto no próprio local

Edifícios situados além do alcance da rede de esgoto metropolitana precisam tratar e descartar sua própria água de esgoto. Antigamente, isso era realizado por meio do uso de uma *fossa*, um recipiente subterrâneo poroso de pedras ou tijolos que permitia à água de esgoto se infiltrar no solo adjacente. No entanto, a fossa era insatisfatória, pois nada fazia para remover do esgoto organismos causadores de doenças, e entupia o solo adjacente com resíduos sólidos num período de tempo relativamente curto, após o qual ela transbordaria para a superfície do solo, fazendo com que a água de esgoto refluísse para dentro dos dispositivos hidráulicos do edifício. Sua sucessora muito mais satisfatória é a *fossa séptica* (6.6) não porosa. A fossa séptica é configurada de tal maneira que ela mantém a água de esgoto por um período de dias, permitindo que ela se decomponha anaerobicamente e se separe em um efluente líquido, claro e relativamente inofensivo e em uma pequena quantidade de matéria mineral sólida, que se deposita no fundo. O efluente escoa da fossa para um sumidouro ou para um conjunto de *valas de infiltração*, um sistema de canos ou de tanques porosos, de onde se permite que ele se infiltre no solo (6.7). O sedimento do fundo da fossa precisa ser bombeado para fora a cada período de poucos anos, para ser arrastado para longe e processado de modo que se torne inócuo em uma estação de tratamento remota.

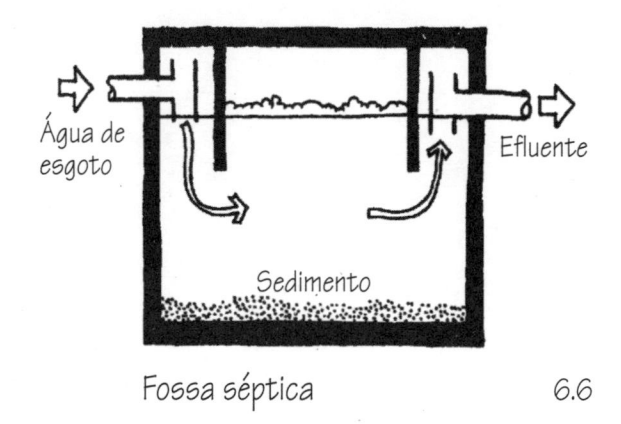

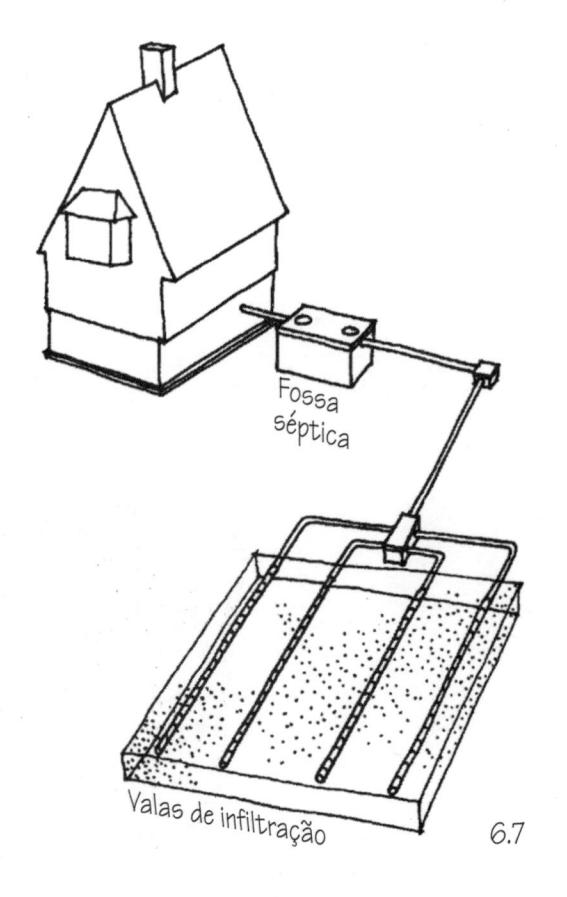

A fossa séptica e as valas de infiltração podem apresentar falhas de funcionamento e contaminar a água ou o solo. Isso pode acontecer por várias razões: talvez a fossa séptica seja demasiadamente pequena para o edifício a que ela serve. Talvez o solo nas valas de infiltração não seja suficientemente poroso ou o sistema esteja instalado muito perto de um poço, uma massa de água ou um declive íngreme. Para evitar essas falhas, a maioria dos municípios e estados tem regulamentos rigorosos que exigem testes do solo e a utilização de técnicas aprovadas de planejamento e construção na instalação de sistemas sépticos. Não é incomum acontecer que uma localização potencial de um edifício se comprove incapaz de acomodar um sistema séptico e, portanto, incapaz de comportar um edifício. Isso pode ocorrer se o solo for demasiadamente impermeável à água, se o local for pequeno demais para conter um número suficiente de valas de infiltração, ou se a água no solo estiver em um nível tão elevado que ela se misture com o efluente e fique contaminada.

No esforço para melhorar os pequenos sistemas de remoção de esgoto, novos dispositivos estão sendo introduzidos no mercado a cada ano. Alguns deles se propõem a melhorar a digestão do esgoto no tanque por meio de expedientes tais como a aeração dessa água para estimular a ação digestiva mais completa dos organismos aeróbicos. Outros tentam melhorar o processo de infiltração distribuindo o efluente de maneira mais uniforme ao longo de todo o conjunto das valas ou permitindo o acesso às superfícies de infiltração para inspeção e limpeza.

À medida que a água se torna um recurso mais precioso, vemos mais edifícios com sistemas para separar a água usada na limpeza da que é descartada no vaso sanitário. Depois de passar por uma filtração mínima dentro do edifício, a água usada para lavar pode servir para usos secundários tais como descargas nos vasos sanitários ou irrigação de gramados e jardins. Grande parte do calor proveniente do uso de água quente pode ser recuperada por meio de um trocador de calor para preaquecer a água antes que ela entre no aquecedor ou para contribuir para o conforto térmico do edifício.

A digestão anaeróbica de excrementos e de resíduos vegetais produz o gás metano, potencialmente valioso como combustível, enquanto subproduto natural. As quantidades de metano desenvolvidas a partir do esgoto doméstico não são significativas a ponto de justificar a construção de um aparelho gerador de gás para uso doméstico, mas para agricultores que produzem em grande escala e para operadores de grandes estações de tratamento de esgoto as possibilidades de obtenção de quantidades significativas desse gás são muito maiores. Muitas estações de tratamento municipais são atualmente aquecidas, iluminadas e acionadas por gás metano proveniente de seus digestores, e alguns agricultores têm seus próprios sistemas de produção de metano.

A *remoção do lixo sólido*

Nossa sociedade também produz enormes quantidades de lixo sólido, que criam diferentes tipos de problemas. Papéis, plásticos, vidros e metais entram nos nossos edifícios trazendo informações e contendo bens de vários tipos. Essas substâncias são logo descartadas, juntamente com cinzas e restos de carvão, poeira e sujeira, utensílios e aparelhos quebrados ou gastos, lixo de cozinha, roupas velhas, subprodutos industriais, pilhas usadas, óleo de motor usado e lixo radioativo e químico proveniente de laboratórios e indústrias (6.8). Centenas de quilos por pessoa por ano desses produtos residuais sólidos são produzidos nos Estados Unidos. Quase todo esse material representa ligações potenciais em cadeias de reciclagem biológica (tais como sobras de alimentos ou papel) ou quantidades finitas de recursos não renováveis (tais como metais e plásticos). Muitas das substâncias residuais contêm energia útil, e muitas podem ser recuperadas e reutilizadas, mas a separação e a reciclagem desse refugo de materiais misturados é uma tarefa imensa, quase impossível. Muitas metrópoles simplesmente queimam essa massa e enterram as cinzas em um aterro de lixo ou enterram a massa sem queimá-la. Os materiais orgânicos enterrados se decompõem no solo, liberando quantidades substanciais de gases combustíveis tais como o metano e a amônia. Vidros, metais e plásticos simplesmente se acomodam no solo, desperdiçados.

A maioria das cidades norte-americanas usa até a exaustão os aterros sanitários; em todo o caso, restrições legais estão transformando esses aterros num recurso cada vez menos atraente para a remoção do lixo sólido. Em vez disso, o lixo é levado para grandes instalações de incineração, onde é queimado. Isso reduz em muito o volume do lixo a ser enterrado. As instalações precisam ser cuidadosamente planejadas, construídas e operadas de modo que não contribuam para a poluição do ar. Locais de aterro sanitário abandonados, cuja maior parte se transformou em pequenas montanhas, são recobertos por uma espessa camada de solo. Canos de ventilação são instalados de modo que permitam o escape dos gases de decomposição. Em alguns casos, quantidades úteis de gás combustível são coletadas por uma rede de canos e utilizadas para o aquecimento de edifícios municipais. Esses locais são frequentemente transformados em parques ou campos de golfe.

Um número cada vez maior de municípios desenvolve e executa programas de reciclagem de resíduos de materiais como papel, papelão, vidro e plástico, que podem ser reprocessados e transformados em novos produtos. Esses programas geralmente dependem de que os proprietários e moradores dos edifícios selecionem os materiais recicláveis e os separem dos produtos residuais não recicláveis, evitando, assim, a necessidade de complicadas instalações centrais de seleção. No entanto, isso significa que cada casa ou edifício precisa de recipientes específicos para armazenamento e claramente rotulados para lixo, papel limpo, aço, alumínio, vidro e vários tipos de plásticos. O sistema de remoção de lixo sólido do edifício não pode mais ser uma ou duas latas de lixo num canto isolado, mas, em vez disso, deve ser cuidadosamente planejado e construído para o seu propósito. Tais programas, com frequência, resultam em uma redução de metade a dois terços no volume do lixo sólido que precisa ser incinerado. Eles também economizam quantidades substanciais de energia e de materiais que, de outro modo, estariam perdidas. Algumas metrópoles utilizam o calor da combustão do seu lixo para alimentar usinas elétricas ou instalações de aquecimento central. Outras têm sistemas para a recuperação automática de componentes valiosos do lixo, seja por meio de uma seleção mecanizada ou por pirólise. Algumas metrópoles conseguem até mesmo extrair quantidades úteis de metano dos seus velhos depósitos de lixo perfurando poços para aproveitar bolsas subterrâneas de gases de decomposição.

Lixos e entulhos são comumente coletados à mão dentro dos edifícios, para serem transportados até recipientes onde são deixados para remoção periódica por caminhões municipais ou particulares. Alguns edifícios têm sistemas de incineração, nos quais o lixo é atirado numa calha inclinada de transporte para ser consumido pelo fogo produzido por gás ou óleo no fundo. Apenas as cinzas precisam ser levadas embora, mas a poluição do ar gerada pela combustão incompleta em incineradores defeituosos sujeitou o seu uso a uma legislação rigorosa em muitas áreas. Moedores de lixo maceram e descarregam sobras de alimentos no sistema de esgoto, mas a instalação para remoção de lixo, seja ela municipal ou particular, precisa ser suficientemente grande para manipular essa carga adicional de água e material sólido. Em alguns edifícios, o laborioso transporte manual de lixo sólido foi, em grande medida, eliminado graças à instalação de sistemas de tubos de vácuo muito grandes que sugam todo o lixo levando-o até uma instalação central onde é incinerado ou comprimido em fardos para ser mais facilmente transportado de caminhão.

Leitura suplementar

Benjamin Stein e John Reynolds, *Mechanical and Electrical Equipment for Buildings*, 9. ed., Nova York, Wiley, 2000. pp. 669-745.

7
A garantia de conforto térmico

No Capítulo 2, discutimos os engenhosos mecanismos fisiológicos que o corpo humano utiliza para obter equilíbrio térmico. No entanto, esses mecanismos não conseguem competir com a extrema variação de temperaturas sob a qual vivemos. Para obter conforto térmico, precisamos contar com roupas e edifícios.

Roupas e edifícios são semelhantes no sentido de que ambos utilizam dispositivos passivos para controlar os fluxos naturais de calor, de ar e de vapor úmido para o aumento do conforto de quem usa a roupa ou de quem ocupa um edifício (7.1). Eles diferem em dois aspectos importantes: primeiro, os edifícios encerram um volume muitas vezes maior do que o contido pelas vestes, a fim de alojar não apenas os corpos dos ocupantes, mas também todo o espaço ocupado e transposto no decurso de suas atividades. Segundo, os edifícios são geralmente equipados para desempenhar um papel ativo, e também passivo, na criação de conforto térmico por meio da liberação controlada de energia a fim de criar um clima interno mais favorável.

Com frequência, nós caracterizamos os sistemas ativos de controle do conforto térmico nos edifícios como sistemas de "aquecimento" ou sistemas de "resfriamento". No entanto, exceto em casos raros, um sistema de "aquecimento" não cria um fluxo efetivo total de calor no corpo humano, mas apenas ajusta as características térmicas do ambiente interno a fim de reduzir a taxa de perda de calor pelo corpo até um nível confortável. Um sistema de "resfriamento" ou de "ar condicionado" aumenta a taxa de perda de calor pelo corpo quando o tempo está quente. Embora, por questões de conveniência, continuaremos a falar sobre sistemas de aquecimento e de resfriamento em edifícios, por motivos de estrita precisão devemos nos lembrar de que *ambos*, o sistema de aquecimento e o de resfriamento, são planejados para controlar a taxa em que o corpo se resfria.

O quadro a seguir (7.2) mostra os meios alternativos normalmente disponíveis para a regulação voluntária do conforto térmico humano. Ele é dividido horizontalmente em duas seções principais, uma que contém meios

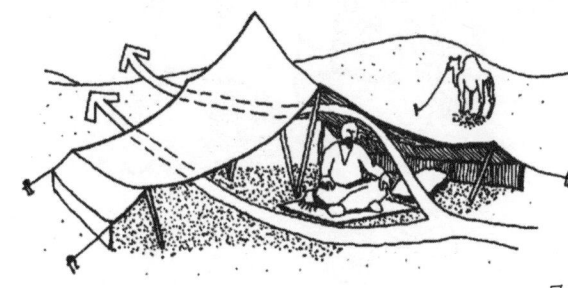

7.1

		Atividade física	Roupa	Radiação	Temperatura do ar	Umidade	Movimento do ar	Contato de superfície
Meios para esfriar o corpo mais rapidamente	Passivos	• Estender o corpo para maximizar sua área superficial	• Abrir ou remover camadas de roupas • Saturar a roupa com água	• O corpo fica na sombra de um objeto quente • O corpo é exposto a um objeto mais frio	• Impedir o sol de aquecer o espaço ocupado • Usar massa térmica para esfriar o ar • Evaporar H₂O para esfriar o ar	• Desumidificar o ar condensando água em superfícies frias de edifícios	• Permitir que ventos ou correntes de convecção passem pelo corpo	• Encostar o corpo em superfície fria e densa • Manter o corpo afastado de superfícies quentes ou isolantes
	Ativos	• Reduzir o nível de atividade muscular	• Roupa espacial resfriada por líquido	• Superfícies de edifícios resfriadas por processo mecânico	• Ar mecanicamente refrigerado	• Desumidificação mecânica	• Usar ventilador para movimentar o ar	• Tomar um banho frio ou nadar • Ingerir alimento ou bebida frios • Pisos e/ou assentos resfriados por processo mecânico
Meios para esfriar o corpo menos rapidamente	Passivos	• Contrair o corpo para minimizar sua área superficial	• Fechar ou colocar camadas de roupas • Secar roupas molhadas	• O corpo é exposto a um objeto quente • Superfície metálica reflete o calor do corpo de volta para ele	• Permitir que o sol aqueça o espaço ocupado • Usar massa térmica para liberar no ar o calor armazenado	• Permitir que o sol evapore água no ar	• Abrigar o corpo contra o vento	• Encostar o corpo em superfícies quentes ou isolantes
	Ativos	• Aumentar o nível de atividade muscular • Aconchegar-se com um amigo	• Cobertor elétrico • Meias elétricas	• Superfícies de edifícios aquecidas por processo mecânico • Fazer uma fogueira	• Aquecer o ar	• Liberar água no ar fervendo-a	• Reduzir a velocidade do ventilador	• Banho quente • Garrafa de água ou tijolo quentes • Pisos e/ou assentos aquecidos • Ingerir alimento ou bebida quentes

Meios voluntários para regular o conforto térmico
7.2

7.3

para resfriar o corpo *mais* rapidamente e a outra que contém meios para resfriar o corpo *menos* rapidamente. Cada uma das principais seções do quadro é novamente dividida em duas subseções horizontais, uma para os meios *passivos*, aqueles que não requerem a liberação artificial de energia, e outra para os meios *ativos*, aqueles que a requerem.

As duas primeiras colunas indicam os papéis da atividade física e da roupa. As colunas restantes listam meios de regular o conforto térmico que podem ser utilizados dentro ou ao redor dos edifícios, na maior parte das vezes pelos próprios edifícios. Esses meios serão explicados mais detalhadamente nos quatro capítulos seguintes, mas observe que cinco fatores específicos – radiação térmica, temperatura do ar, umidade, movimento do ar e as propriedades térmicas de superfícies com as quais o corpo entra em contato – estão envolvidos na criação do conforto térmico (7.3).

Em um edifício, esses cinco fatores são intensamente interdependentes. Quando a superfície de um piso é aquecida pelo sol, ela própria aquece o ar acima dela, irradia calor para o corpo humano e transmite calor para o pé humano que entra em contato com ela (7.4). O ar aquecido sobe acima do ar circundante, criando uma circulação convectiva, e a umidade relativa do ar é reduzida conforme a temperatura aumenta. Desse modo, uma única ocorrência – o aquecimento de um piso por um feixe de luz solar – pode afetar todos os fatores que tenham ligação com o conforto térmico. De maneira semelhante, um sistema comum de aquecimento do ar reduz sua umidade relativa, ventila o ar sobre os ocupantes de um aposento e aquece as superfícies desse aposento varrendo-as com ar quente. É impossível mudar qualquer um desses fatores sem afetar os outros em algum grau.

Além dessa interdependência, há também um considerável intercâmbio entre esses meios de regulação do conforto térmico. Como se pode ver no quadro, dois tipos de intercâmbio são possíveis: um deles ocorre entre as *colunas* do quadro. Podemos nos sentir muito confortáveis num aposento no qual a temperatura do ar é relativamente baixa, por exemplo, se há um fogo crepitante irradiando generosas quantidades de calor da lareira para a pele (7.5). As temperaturas do ar de verão no final dos anos 1980 (de 30 °C a 32 °C)* parecerão ideais se a umidade for baixa, se uma brisa moderada estiver soprando, se apenas roupas leves forem usadas, e se a pessoa estiver protegida da luz solar direta (7.6). Há limites para esse tipo de intercâmbio, mas, numa faixa bastante ampla, um parâmetro pode ser ajustado para compensar outro sem causar desconforto.

Um segundo tipo de intercâmbio ocorre entre *linhas* horizontais no quadro, entre meios ativos e passivos de variar o mesmo parâmetro de conforto térmico. Uma brisa que atravessa um quarto pode substituir um ventilador elétrico (7.7). Um tapete pequeno e espesso sobre um piso de concreto pode eliminar a necessidade de se aquecer o piso com a circulação de água quente (7.8). Quando se podem utilizar meios passivos em vez de ativos, o consumo de combustível no edifício é reduzido. É provável que ocorram economias de custo no longo prazo, dependendo dos custos relativos de instalar e manter os dispositivos passivos e ativos.

As pessoas se diferenciam muito com relação a fatores térmicos importantes tais como a taxa metabólica, a tendência para transpirar, a quantidade de gordura isolante sob a pele, a razão entre a área superficial da pele e o volume do corpo, e a quantidade de roupas que elas vestem. Além disso, a mesma pessoa usando a mesma roupa tem diferentes exigências térmicas em diferentes momentos do dia, como quando exerce mais vigorosamente atividades físicas, digere uma refeição pesada ou

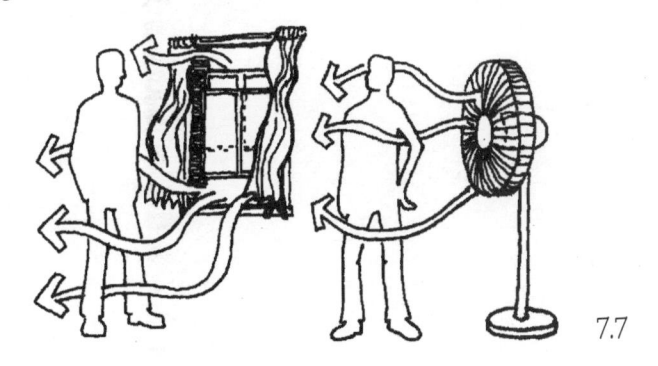

---

* Época em que foi publicada a primeira edição (em inglês) desta obra. (N. do T.)

7.8

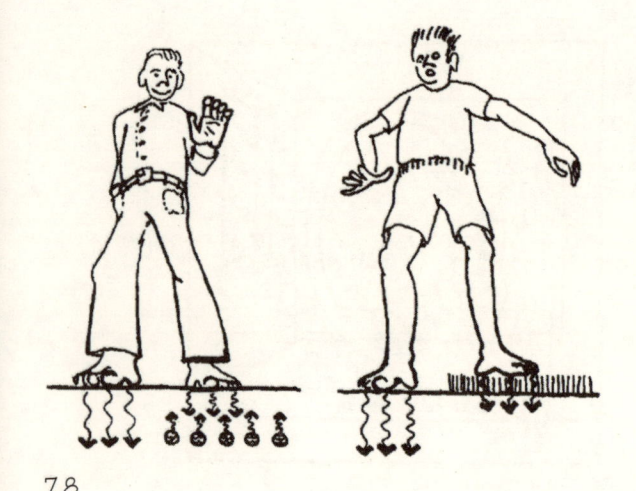

dorme. Como resultado de todas essas variáveis, é provável que cada pessoa em um aposento tenha uma opinião ligeiramente diferente de outra a respeito de que conjunto de condições térmicas a faz se sentir mais confortável. Em geral, o melhor que se pode fazer é procurar as condições que satisfaçam ao maior número de pessoas e permitir às pessoas restantes ajustarem suas roupas a fim de compensarem as diferenças. Em algumas circunstâncias nas quais as pessoas permanecem em um local durante um período prolongado, como num avião, teatro, escritório ou oficina, é possível proporcionar a cada uma o controle sobre, pelo menos, um fator térmico, por meios tais como respiradouros individuais, pequenas janelas que podem ser abertas ou fechadas ou pequenos aquecedores elétricos. Em outras circunstâncias, especialmente em moradias, tem-se a liberdade de se afastar um pouco da lareira ou do fogão, de se sentar exposto à luz do sol que entra por uma janela enquanto outras pessoas se sentam num local mais à sombra no aposento. Se o projetista de um edifício toma precauções no sentido de proporcionar tais oportunidades ao ajuste individual, pode haver muitas dessas oportunidades.

Leitura suplementar

Victor Olgyay, *Design with Climate*, Princeton, N.J., Princeton University Press, 1973. pp. 14-23.

8
Propriedades térmicas dos componentes dos edifícios

Cada material utilizado na construção de um edifício tem seu próprio conjunto único de propriedades físicas relativas ao fluxo de calor. Uma parte importante da tarefa de um projetista consiste em selecionar e combinar materiais de construção de maneira tal que resultem em um edifício cuja vedação desempenhe, tanto quanto possível, a função de controle do clima desse edifício, deixando o mínimo de trabalho possível para ser feito pelos sistemas de aquecimento e de resfriamento, que consomem energia.

Precisamos distinguir claramente os três mecanismos básicos de transferência de calor. *Radiação* é uma transferência de calor por meio de ondas eletromagnéticas que atravessam o espaço ou o ar e se dirigem de um objeto mais quente para um objeto mais frio (8.1). A pele é aquecida por radiação quando a pessoa fica exposta ao sol ou ao calor de uma fogueira, e é resfriada por radiação quando permanece perto de uma parede fria ou sob um claro céu noturno. *Condução* é um fluxo de calor através de material sólido (8.2). Há condução de calor para a pele quando essa é pressionada contra um objeto mais quente, como uma batata aquecida, ou para fora da pele quando ela é pressionada contra um objeto mais frio, como um cubo de gelo. *Convecção* é uma transferência de calor por meio do movimento de uma corrente de ar ou de água que é aquecida por um objeto mais quente e, em seguida, libera calor a um objeto mais frio (8.3). A pele é aquecida ou resfriada por convecção ao ser exposta ao ar quente ou frio. Um forno comum de cozinha emprega todos os três mecanismos de transferência de calor: a grelha aquece os alimentos basicamente por radiação, o forno o faz basicamente por convecção, e os bicos de gás o fazem basicamente por condução através do metal da panela.

Radiação

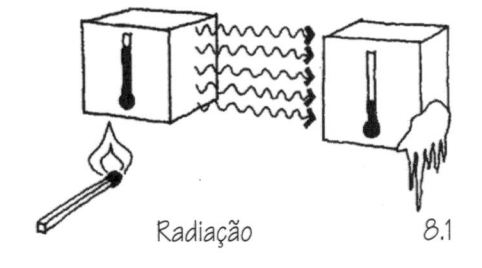

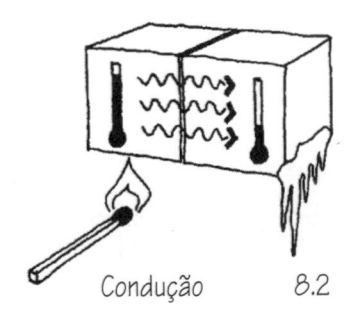

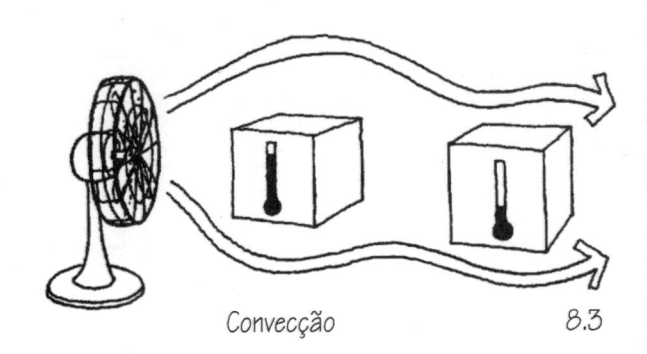

Todos os objetos liberam calor sob a forma de radiação eletromagnética, e todos recebem calor por radiação emitida por objetos vizinhos. Uma fonte em uma temperatura muito alta, tal como o sol, irradia grande parte de seu calor como luz visível. Fontes quentes na Terra não são nem de longe tão quentes quanto o sol e irradiam principalmente na faixa do infravermelho. Os raios infravermelhos (palavra que significa "abaixo do vermelho", pois esses raios têm comprimentos de onda menores que os dessa cor) constituem uma faixa invisível do espectro luminoso e se comportam exatamente como a luz visível. Dois objetos quaisquer que podem "ver" um ao outro através de um meio transparente à luz, tais como o ar e o vácuo, trocam energia radiante. Quando o contato entre os dois objetos ao longo da linha de visão é bloqueado, como acontece quando se insere entre eles, em qualquer posição, um objeto opaco como uma folha de papel, a troca é instantaneamente interrompida. É isso o que acontece quando você entra na sombra de uma árvore em um dia ensolarado.

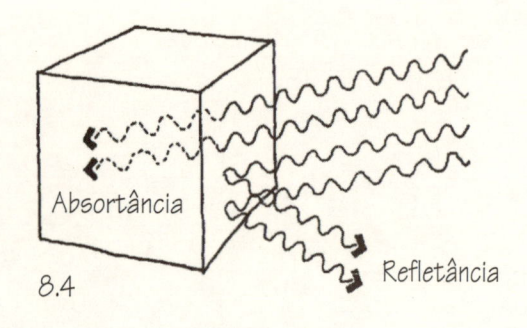

A taxa efetiva de troca de calor por radiação entre dois objetos é proporcional à diferença entre as quartas potências de suas temperaturas absolutas. Desse modo, dois objetos na mesma temperatura não apresentam nenhuma troca efetiva de calor. Se um objeto está mais quente em alguns graus, haverá um fluxo de calor relativamente pequeno se dirigindo do objeto mais quente para o objeto mais frio. À medida que aumenta a diferença de temperatura entre os dois objetos, o fluxo radiante também aumenta, e o faz a uma taxa progressivamente mais rápida.

As propriedades radiantes dos materiais de construção – as maneiras pelas quais eles afetam a radiação térmica que incide sobre eles – têm extrema importância para os projetistas. A *refletância* é a proporção da radiação incidente que é refletida por um material, deixando inalterada a temperatura desse material. A *absortância* é a proporção que penetra em um material e, com isso, aumenta a sua temperatura (8.4). A soma da refletância e da absortância para um dado material é sempre igual a um. A *emitância* é uma medida da capacidade de um material para irradiar calor para outros objetos fora dele. Em qualquer comprimento de onda, a emitância é numericamente idêntica à absortância (8.5).

A faixa de comprimentos de onda eletromagnéticos é muito ampla, e nós constatamos que os edifícios precisam comumente lidar com a radiação térmica em duas partes caracteristicamente diferentes do espectro. A radiação solar, emitida por uma fonte a uma temperatura de muitos milhares de graus, é composta de comprimentos de onda relativamente curtos. A radiação térmica proveniente da maior parte das fontes terrestres – terra ou pisos aquecidos pelo sol, superfícies quentes de edifícios, pele humana – é emitida em temperaturas muito mais baixas e, portanto, em comprimentos de onda muito mais longos. Os materiais de construção mais comuns reagem de maneira muito diferente a essas duas faixas de comprimentos de onda, e essas diferenças respondem por vários fenômenos térmicos interessantes. Examinando a tabela (8.6), nós observamos, por exemplo, que um edifício pintado de branco reflete cerca de 80 por cento da radiação térmica direta do sol. No entanto, ele reflete apenas cerca de 10 por cento da radiação térmica proveniente de gramados e pavimentos circunvizinhos aquecidos pelo sol, quase o mesmo que aconteceria se o edifício fosse pintado de preto. Se o edifício tivesse um exterior metálico brilhante, ele estaria muito mais bem

8.4

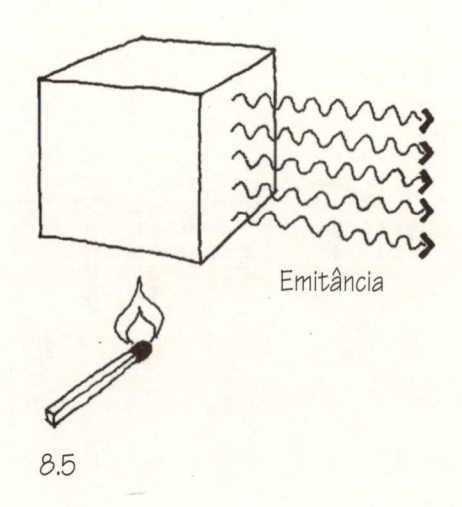

8.5

	Radiação solar		Radiação terrestre	
	Absort./Emit.	Reflet.	Absort./Emit.	Reflet.
Alumínio polido	0,05	0,95	0,05	0,95
Aço galvanizado	0,25	0,75	0,25	0,75
Tinta branca	0,20	0,80	0,90	0,10
Caiação recente	0,12	0,88	0,90	0,10
Tinta verde-clara	0,40	0,60	0,90	0,10
Tinta verde-escura	0,70	0,30	0,90	0,10
Tinta preta	0,85	0,15	0,90	0,10
Concreto	0,60	0,40	0,90	0,10

8.6

protegido contra essa reirradiação terrestre do calor solar. Ele também irradiaria menos calor para o exterior no inverno do que se fosse pintado de branco. Essa baixa emitância dos metais polidos em comprimentos de onda longos tem particular importância na construção de edifícios, porque nos permite utilizar folhas de metal brilhante como isolantes térmicos em paredes ou coberturas, contanto que as instalemos nas adjacências de uma camada de ar. Um material pode emitir ou refletir radiação apenas através de um gás que é transparente aos comprimentos de onda da radiação ou através do vácuo. Se uma folha de metal é firmemente instalada entre outras camadas da construção, ela não pode refletir radiação, mas apenas conduzir diretamente o calor. Como as folhas metálicas são excelentes condutoras de calor, segue-se daí que elas são valiosas como isolantes somente quando têm uma camada de ar adjacente de um lado ou do outro, ou preferivelmente de ambos os lados.

Condução

A resistência de um material à condução de calor é uma medida de seu valor como isolante. A taxa com a qual um edifício ganha ou perde calor através de qualquer porção de seu recinto sob temperaturas interna e externa estáveis é diretamente proporcional à diferença de temperatura do ar entre o interior e o exterior do recinto, e inversamente proporcional à *resistência térmica* total dessa porção de seu recinto. Em geral, tentamos construir paredes, coberturas e pisos de modo que eles tenham a máxima resistência térmica possível, tanto para o conforto do corpo como para a conservação da energia. Materiais sólidos têm resistências variáveis (8.7). Metais têm resistência muito baixa (isso é o mesmo que dizer que eles são bons condutores de calor, ou maus isolantes térmicos), ao passo que materiais de alvenaria têm resistência moderadamente baixa, e a madeira, resistência moderadamente alta. *Grosso modo*, as resistências térmicas dos materiais são inversamente proporcionais às suas densidades.

O melhor resistor térmico ao fluxo de calor, comumente disponível para uso nos edifícios, é o ar, contanto que ele possa ser impedido de se movimentar. Se nós aprisionarmos a camada de ar dentro da parede oca de uma casa comum com estrutura de madeira em um entrelaçamento folgado de fibras de vidro ou fibras minerais, que o impeçam de circular, o ar terá uma resistência térmica muito alta. As próprias fibras, obtidas em forma de fio a partir de um material denso, são termorresistores pobres ao fluxo de calor. Sua função é simplesmente criar tanta resistência à circulação do ar que elas aprisionaram, que esse ar permanece parado e age como um bom isolante. Quando se permite que esse mesmo ar circule livremente por dentro da parede, ele estabelecerá um padrão de fluxo convectivo que transferirá calor da superfície mais quente para a mais fria com eficiência surpreendente (8.8).

Como os vidros utilizados em janelas têm uma resistência notoriamente baixa ao fluxo de calor, a maioria das janelas é feita com *envidraçamento duplo* ou *triplo*, no qual o ar é aprisionado em finas camadas entre placas de vidro. As qualidades visuais do vidro são perceptivel-

Resistências térmicas, R

	$\dfrac{m^2\,°C}{W}$
Alumínio de 25 mm	0,00012
Pinheiro de 25 mm	0,23
Tijolo de 100 mm	0,14
Concreto de 200 mm	0,16
Estofo de fibra de vidro de 90 mm	1,96
Estofo de fibra de vidro de 150 mm	3,38
Espuma de poliestireno de 25 mm	0,76
Espuma de poliuretano de 25 mm	1,06
Vidro simples	0,16
Vidro duplo	0,32
Vidro triplo	0,50
Parede bem isolada	2,7-3,4

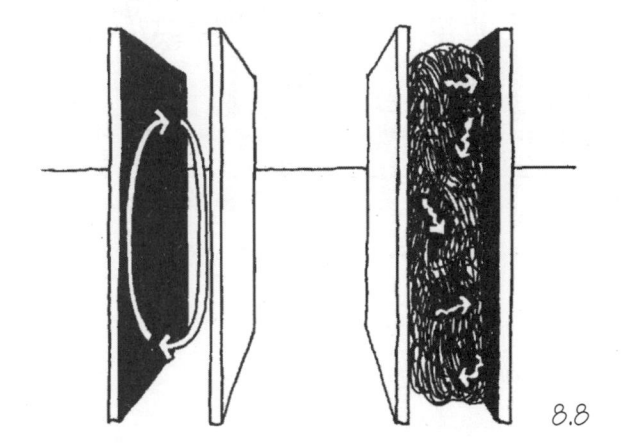

8.7

8.8

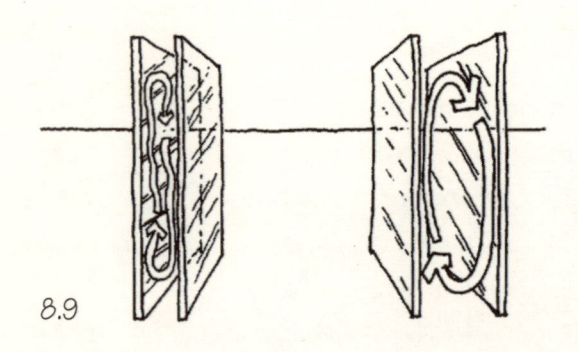

mente diferentes daquelas de uma única placa de vidro, mas a resistência térmica aumenta muito, embora não chegue a um valor próximo daquele de uma parede bem isolada. Num esforço para aumentar a resistência do envidraçamento duplo, os fabricantes tentaram aumentar progressivamente a espessura da camada de ar entre as vidraças. O que eles descobriram é que a resistência térmica aumenta ligeiramente quando a espessura da camada de ar é ampliada até cerca de 2 centímetros e então para de aumentar quando a espessura aumenta. Acontece que, quando a camada de ar é muito fina, o atrito entre as superfícies de vidro e o ar aprisionado impede que grande parte do fluxo convectivo transfira calor de uma vidraça para a outra, mas a própria finura da camada de ar a impede de ter uma resistência muito alta. Se a camada de ar for muito espessa, ela poderia, teoricamente, fornecer bastante resistência, embora o ar receba espaço suficiente para circular com relativa facilidade. Uma resistência total máxima pode, portanto, ser obtida com uma camada de ar de espessura intermediária (8.9). Pode-se aumentar a resistência até certo grau substituindo o ar entre as vidraças por um gás de capacidade térmica mais baixa ou introduzindo fibras de vidro emaranhadas dentro da camada de ar. No entanto, fibras de vidro afetam a qualidade óptica da janela, e por isso não podem ser utilizadas quando o que se quer é uma boa visibilidade. Elas também reduzem a quantidade de luz transmitida, forçando o projetista a escolher um meio-termo ótimo entre a resistência térmica e a transmissão luminosa.

A resistência de uma camada de ar aberta também é afetada pelas emitâncias das superfícies de cada um dos lados. Grande parte do calor que atravessa uma camada de ar é irradiada diretamente de uma superfície para a outra, independentemente da transferência convectiva pelo próprio ar. Desse modo, uma camada de folha metálica brilhante, não oxidante, usualmente de alumínio, dentro ou em cada um dos lados da camada de ar, pode eliminar a maior parte da transferência por radiação. No envidraçamento duplo, podem-se depositar delgados revestimentos metálicos sobre as superfícies de vidro voltadas para a camada de ar de modo que reduzam a emitância do vidro. Esses *revestimentos de baixa emissividade (baixa-e)* reduzem, por meio desse processo, a condutividade da estrutura toda. O envidraçamento duplo com revestimento de baixa-e é tão eficiente em reduzir a transmissão de calor como um envidraçamento triplo sem o revestimento.

A eficácia isolante de uma camada de ar ou de um material isolante também depende da posição do conjunto e da direção ao longo da qual o calor flui. Em uma parede ou janela, como já observamos, o fluxo de calor é horizontal e estimulado por uma circulação convectiva vertical do ar. Em um teto, o calor flui para cima no tempo frio, e o ar quente dentro do conjunto do teto sobe imediatamente para a superfície superior fria a fim de liberar o seu calor, um processo cuja eficiência é relativa (infelizmente) (8.10). No entanto, no tempo quente, o fluxo de calor através do teto é invertido. O ar aquecido pela superfície superior quente tende a permanecer estratificado contra essa superfície em vez de circular em direção à superfície mais fria embaixo, e a transferência de calor através do teto é relativamente lenta (8.11). Desse modo, se camadas de ar idênticas fossem instaladas nas estruturas do piso, da parede e do teto de um edifício, a transferência convectiva de calor no inverno seria mais rápida no teto, menos rápida no piso e de rapidez intermediária nas paredes. Ao contrário disso, a transferência de calor por radiação independe da direção. Uma superfície constituída por uma folha refletora elimina cerca de metade do fluxo de calor para fora através de tetos e paredes, e cerca de dois terços do fluxo para baixo através dos pisos. Uma folha refletora presa às vigas de uma casa com uma camada de ar acima dela reduz substancialmente a transmissão de calor para baixo, a qual ocorre porque uma cobertura aquecida pelo sol no verão introduz calor num edifício. Isso mantém o sótão mais frio e reduz a quantidade de calor que precisa ser removida da casa por meio de um sistema de refrigeração.

O ar desempenha um pequeno, mas significativo papel como isolante nas superfícies internas e externas dos edifícios. Cada superfície retém uma fina *película superficial* de ar por meio do atrito entre o ar e a superfície. Quanto mais áspera for a superfície, mais espessa será essa película e mais alto será o seu valor isolante (8.12). O pelo animal constitui uma superfície muito irregular que abriga uma espessa camada de ar; suas propriedades isolantes são amplamente apreciadas. No entanto, películas superficiais são seriamente afetadas pelo movimento do ar. Películas nas superfícies externas são varridas por ventos intensos, respondendo, assim, por parte das qualidades de economia de combustível de que são dotadas localizações de edifícios abrigadas contra o vento. (A outra parte dessa economia provém da infiltração reduzida do ar externo frio que penetra por rachaduras no edifício.) A transferência de calor convectivo através de uma película superficial é aproximadamente proporcional à raiz cúbica da velocidade do ar que passa pela superfície. As expectativas de perda de calor pelos edifícios são computadas com base nas velocidades máximas dos ventos predominantes na área.

Paredes e coberturas de edifícios geralmente não têm resistências térmicas uniformes ao longo de suas superfícies por causa da presença de *pontes térmicas*, que são membros estruturais, e de outros componentes que transmitem calor mais depressa do que as partes isoladas das estruturas. Isso não é um problema muito sério nas construções de madeira, pois a própria madeira é um isolante razoavelmente bom, mas construções de metal e alvenaria estão frequentemente crivadas por grande número dessas pontes térmicas, que podem aumentar em muito a perda de calor através de uma estrutura que, em outros aspectos, é bem isolada (8.13). Em paredes ou tetos, a presença de pontes térmicas pode geralmente ser detectada pelos *padrões de manchas*, nos quais áreas mais frias da superfície interna coletam uma camada mais espessa de poeira por causa da carga eletrostática maior que carregam. Em casas velhas, com frequência se veem faixas horizontais nas partes internas de paredes externas. Elas ocorrem entre as ripas de madeira às quais o reboco foi aplicado. O reboco que se instalou entre as ripas conduz calor muito mais depressa do que o reboco que tem madeira atrás dele. No tempo frio, condensações ou geada podem se formar sobre as porções das superfícies internas resfriadas por pontes térmicas.

Novas descobertas que reduzem a condução de calor através das estruturas externas dos edifícios estão gradualmente saindo do laboratório

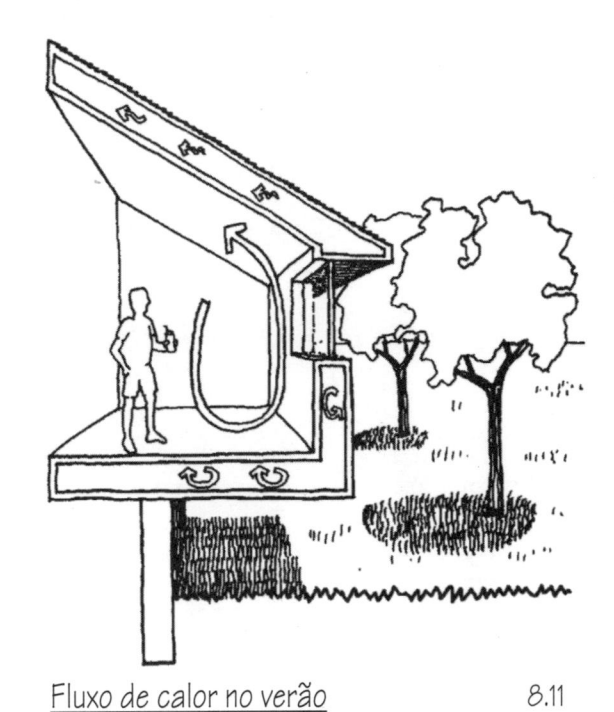

Fluxo de calor no verão 8.11

Resistências térmicas, R, de películas de ar superficiais

$\frac{m^2 \, °C}{W}$

Superfície de parede interna	0,12
Superfície externa, vento de verão	0,05
Superfície externa, vento de inverno	0,03

8.12

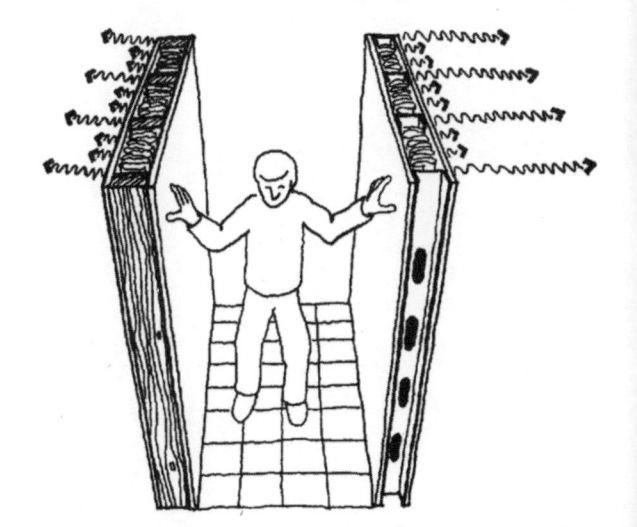

Tabiques de madeira   Tabiques de metal   8.13

e entrando em uso. O *gel de nuvem* (*cloud gel*) é um material estável e maleável. É a substância sólida de mais baixa densidade já criada pelo homem. Ele funciona de modo muito semelhante ao isolamento pela fibra de vidro, mas é um isolante muito mais eficiente. É muito frágil e precisa ser protegido contra danos físicos, o que limita seu uso a situações nas quais ele é colocado entre camadas rígidas que o protegem. Uma dessas situações é o envidraçamento duplo: o gel de nuvem colocado entre duas placas de vidro produz uma janela com uma resistência muito alta ao fluxo de calor. O gel é tão insubstancial que a janela parece de vidro transparente.

Placas de vidro ou de metal com vácuo entre elas formam um excelente conjunto isolante. Se as superfícies internas dessas placas têm revestimentos de metal refletor – como a superfície interna de uma garrafa térmica, que é utilizada para manter a temperatura de bebidas quentes ou frias –, o fluxo de calor é quase totalmente bloqueado. A dificuldade está no fato de que o vácuo faz com que a pressão atmosférica exerça uma tremenda força sobre as placas do material que contém o vácuo. Placas planas precisam ser mantidas separadas por meio de espaçadores rígidos separados por pequenos intervalos, e esses espaçadores atuam como pontes térmicas. Além disso, até mesmo o mais insignificante dos vazamentos permitirá que o ar entre e destrua o vácuo.

Alguns projetistas e construtores estão experimentando edifícios com *pele dupla* ou *pano duplo*, que têm duas camadas independentes, isoladas, de paredes externas e tetos, como se fossem um edifício construído dentro de outro com uma camada de ar, ou caixa de ar, entre eles (8.14). Em alguns casos, o espaço entre as camadas é aquecido no tempo frio e ventilado ou resfriado no tempo quente. Esses edifícios produzem níveis impressionantes de conforto térmico, mas sua economia é questionável. Os custos de construção para as paredes e tetos são quase duplicados. Além disso, as áreas de piso são substancialmente mais largas: uma casa com 7,3 metros por 16,2 metros na planta tem uma área de piso de 111 metros quadrados. Se 0,46 metro é acrescentado à espessura de cada parede para criar um pano duplo, a área do piso aumenta em 19 por cento, com um salto correspondente no custo que é quase igual a essa porcentagem. A energia gasta para aquecer ou resfriar o espaço entre as camadas de paredes externas poderia ser utilizada de maneira muito mais eficiente se ela se destinasse a aquecer ou esfriar o espaço habitado do edifício, com uma economia considerável de despesas operacionais. Em edifícios grandes, com duas camadas de janelas, o custo progressivo para se lavar as janelas é duplicado. Essas cifras indicam a necessidade de uma análise cuidadosa antes de se iniciar o planejamento e a construção de um edifício com pele dupla ou pano duplo.

Capacidade térmica

A *capacidade térmica*, a capacidade de armazenar calor, é uma importante propriedade dos materiais de construção. A capacidade térmica é aproximadamente proporcional à massa. Grandes quantidades de materiais densos retêm grandes quantidades de calor. Materiais maleáveis

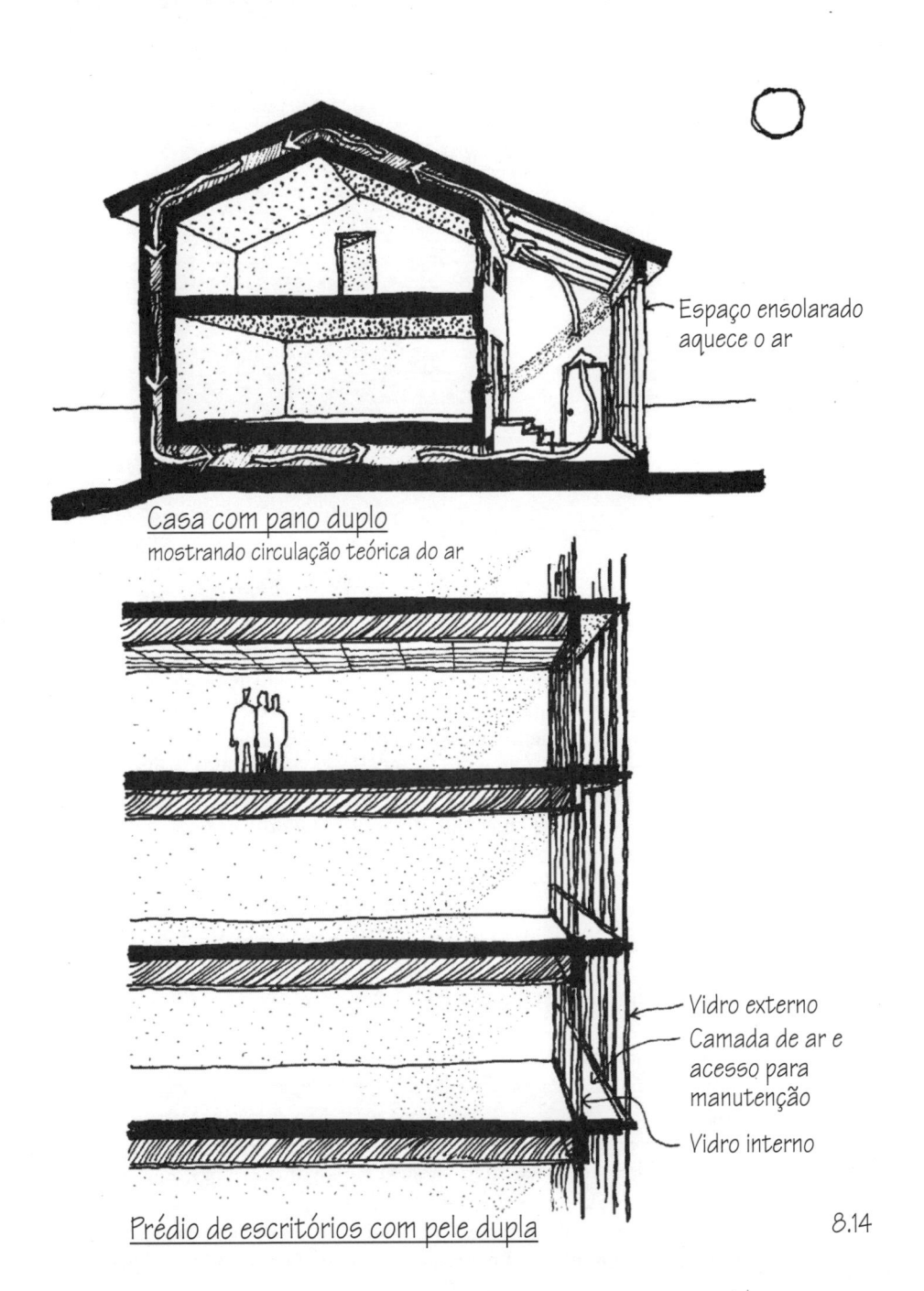

Casa com pano duplo
mostrando circulação teórica do ar

Espaço ensolarado aquece o ar

Prédio de escritórios com pele dupla

Vidro externo
Camada de ar e acesso para manutenção
Vidro interno

8.14

e pequenos pedaços de material retêm pequenas quantidades de calor. A capacidade térmica é medida como a quantidade de calor necessária para elevar em um grau a temperatura de uma unidade de volume ou unidade de peso de material. A água tem uma capacidade térmica mais elevada do que qualquer outro material em temperaturas comuns do ar (exceto para certas substâncias que congelam e descongelam em temperaturas comuns). Terra, tijolo, pedra, reboco, metais e concreto têm capacidades térmicas elevadas (8.15). Tecidos e materiais isolantes térmicos têm baixas capacidades.

Capacidades térmicas

	Por unidade de massa	Por unidade de volume
	$\frac{kJ}{kg\,°C}$	$\frac{kJ}{m^3\,°C}$
Água	4,19	4.160
Aço	0,50	3.960
Pedra	0,88	2.415
Concreto	0,88	2.080
Tijolo	0,84	1.680
Solo de argila	0,84	1.350
Madeira	1,89	940
Lã mineral	0,84	27

8.15

A fim de apreciar o efeito da capacidade térmica no desempenho do edifício, consideremos o caso hipotético de três câmaras de teste idênticas, muito bem isoladas, cada uma delas ligada ao seu próprio sistema de aquecimento a ar quente. Dentro da primeira câmara, nós colocamos mil tijolos, cada um deles apoiado de pé sobre o lado menor com muita camada de ar entre ele e os tijolos vizinhos. Na segunda câmara, empilhamos mais mil desses mesmos tijolos formando um cubo sólido. Na terceira câmara, colocamos mil blocos de madeira seca, cada um deles de tamanho idêntico ao de um tijolo, apoiado de pé sobre seu lado menor, num arranjo folgado idêntico ao dos tijolos na primeira câmara. Deixamos as três câmaras abertas ao ar do laboratório durante vários dias para termos a certeza de que o ar e os conteúdos de cada câmara se equilibrariam em uma temperatura idêntica. Em seguida, ajustamos os termostatos nas três câmaras em uma regulação idêntica: 30 graus acima da temperatura da sala do laboratório. Então, fechamos as câmaras e ligamos os três sistemas de aquecimento. Para cada câmara, um aparelho registrador plota um gráfico do consumo total de combustível *versus* tempo.

Depois de se corrigirem os três gráficos levando em consideração perdas de calor incidentais das câmaras para o ar do laboratório, surge de todo o conjunto um padrão notável (8.16). Inicialmente, a taxa de consumo de combustível necessária para se aquecerem as três câmaras é aproximadamente igual para as três na medida em que as temperaturas do ar são elevadas em alguns poucos graus. Em seguida, o consumo de combustível da terceira câmara, a que contém os blocos de madeira, começa a declinar à medida que o termostato exige cada vez menos calor. O termostato deixa totalmente de exigir calor depois de um período de tempo relativamente curto, indicando, assim, que tanto o ar como os blocos de madeira atingiram a temperatura para a qual o termostato foi regulado. Enquanto isso, a primeira câmara, com seus tijolos folgadamente distribuídos, continua a exigir calor e a consumir mais combustível e mais tempo do que a terceira câmara antes de a sua temperatura se estabilizar no nível mais alto. Entretanto, enquanto esse processo está

| Tijolos | Tijolos | Madeira |

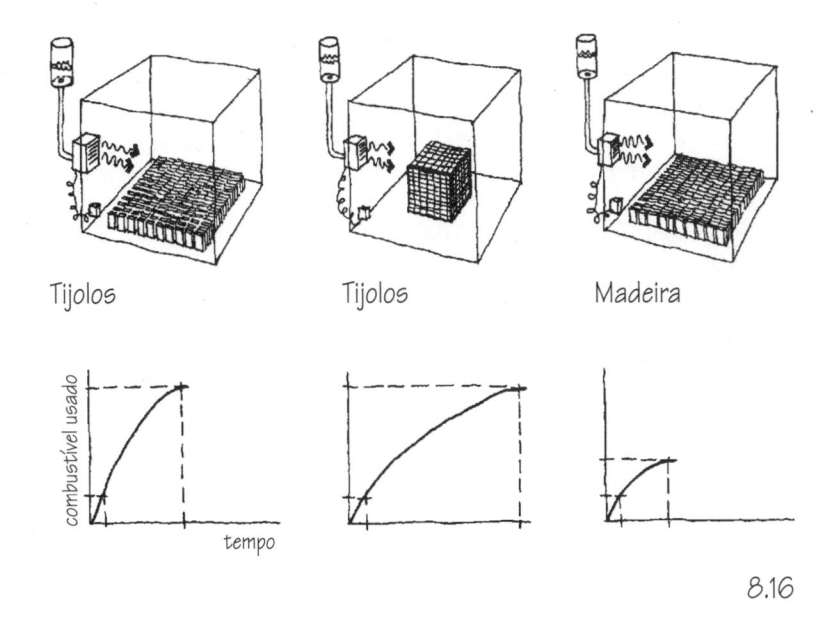

8.16

em andamento, a segunda câmara, com suas compactas pilhas de tijolos, queima combustível mais lentamente do que a primeira câmara, e continua a consumir combustível até muito tempo depois que as duas outras câmaras atingiram o equilíbrio. Depois de um tempo muito longo, ela também atinge o equilíbrio, após consumir exatamente a mesma quantidade de combustível consumida pela câmara que contém o mesmo volume de tijolos arranjados de uma maneira solta.

O que aconteceu foi o seguinte: os blocos de madeira, que têm uma capacidade térmica por unidade de volume de cerca de metade da dos tijolos, exigem apenas cerca de metade do calor para se aquecerem. Os tijolos, com sua capacidade térmica mais alta, exigem mais calor para serem aquecidos até a mesma temperatura, e a quantidade de calor é a mesma quer os tijolos estejam arranjados com folga entre eles ou formando um volume compacto. Entretanto, os tijolos arranjados com folga têm muitas vezes mais área superficial exposta ao ar do que os tijolos em um cubo e são, por isso, capazes de absorver calor do ar a uma taxa relativamente rápida. No cubo de tijolos, o calor que penetra a partir da superfície precisa aquecer cada camada de tijolos por vez, e os tijolos no próprio centro do cubo só atingirão a temperatura do ar da câmara quando todas as camadas circunvizinhas tiverem sido aquecidas. Esse processo é muito lento.

Como aplicação desse experimento, imagine três edifícios idênticos, bem isolados, em um clima frio. No primeiro, há delgadas divisórias internas de tijolos. O segundo contém o mesmo volume de alvenaria, mas ela está totalmente concentrada em uma lareira maciça e não utilizada, que se ergue livre no meio do edifício. O terceiro tem divisórias de madeira e não contém tijolos (8.17). Quando se acendem fornos nos três edifícios, o terceiro se aquecerá muito rapidamente; o primeiro se aquecerá muito lentamente; e o segundo alcançará a temperatura do ar desejada depois de um período de tempo intermediário, mas continuará, durante um período muito longo, a exigir incrementos adicionais de calor para aquecer sua massa de alvenaria. (Note que os gráficos na Figura 8.17 plotam a temperatura *versus* tempo, enquanto os da Figura 8.16 plotam o consumo em relação ao tempo.)

Se o calor é introduzido nesses três edifícios a intervalos esporádicos, mas idênticos, por exemplo, pela luz solar entrando através das janelas sempre que aconteça de o céu estar claro, o edifício com divisórias de madeira experimentará grandes flutuações em sua temperatura do ar, mas nos outros dois as flutuações tenderão a diminuir consideravelmente (8.18).

Quando uma lareira maciça está em atividade, uma parte do súbito e intenso calor de suas chamas é irradiada por convecção diretamente para

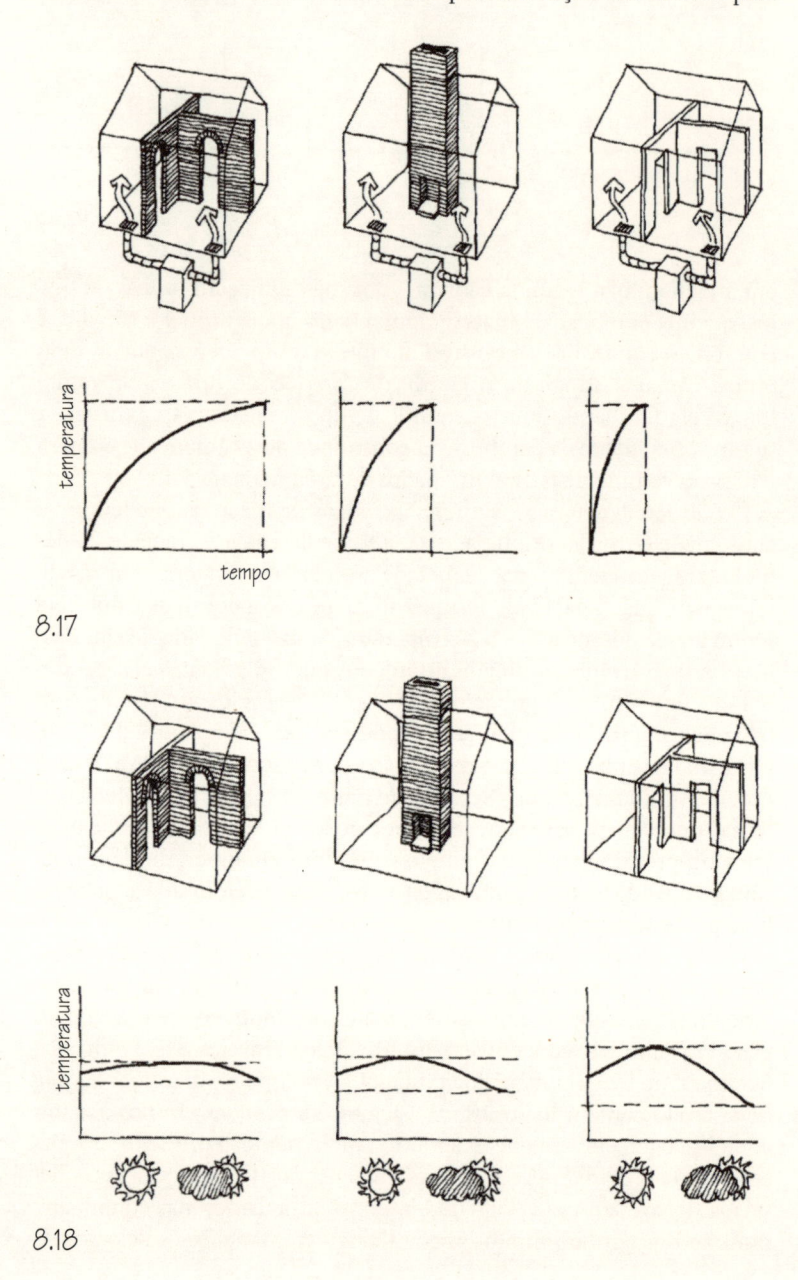

8.17

8.18

o interior do edifício, mas grande parte dele aquece a alvenaria da lareira e da chaminé. Esse calor é liberado lentamente quando o fogo está baixo ou depois que se extingue. Parte do calor sobe pela chaminé e deixa o edifício, e parte atravessa as paredes da chaminé e da lareira, e também a abertura da lareira, até o interior do edifício. Por esse meio, a própria lareira serve para equalizar e prolongar o fluxo de calor vindo do fogo. Alguns fornos que queimam combustível são construídos maciçamente de pedra ou cerâmica por razões semelhantes. Massas de alvenaria ou de água podem ser utilizadas para acumular calor vindo de coletores solares e liberá-lo à noite ou em dias nublados. Elas também podem servir para acumular calor proveniente de elementos de resistência elétrica durante horas de baixa demanda, quando as taxas de eletricidade são mais baixas, para uso no aquecimento da casa durante o restante do dia.

Considere uma parede externa de um edifício que é construído com uma espessa camada de um material de alta capacidade, por exemplo, adobe, pedra, tijolo ou concreto, e está sujeito a uma diferença de temperatura entre o exterior e o interior (8.19). A parede é aquecida lentamente pelo calor que nela penetra vindo do lado mais quente, à medida que cada camada interna da parede, por sua vez, o vai absorvendo. Finalmente, é atingida uma condição estável na qual a temperatura do lado mais frio da parede se aproxima da temperatura do ar do lado frio; a temperatura do lado mais quente se aproxima da temperatura do ar do lado quente; e um gradiente linear de temperatura ocorre através da espessura da parede. Até que essa condição estável prevaleça, a parede transmite calor de um lado para o outro a uma taxa menor do que aquela que se poderia prever somente com base na resistência térmica da parede. No entanto, uma vez que se obtenha uma condição estável, o calor é transferido na taxa prevista. Como os materiais de alta capacidade térmica se caracterizam por baixas resistências térmicas, essa taxa é bastante rápida em comparação com a de uma parede bem isolada.

Quando a temperatura do ar em um lado de uma parede de alta capacidade flutua, a parede atua no sentido de diminuir e retardar as flutuações da temperatura do ar no outro lado (8.20a). Um exemplo muito útil disso está na pesada arquitetura de barro ou de pedra que é comum em todos os climas desérticos quentes do mundo. Durante o dia, o ar externo esquenta e o calor migra lentamente através da parede ou da cobertura para o interior do edifício. Entretanto, antes que grande parte do calor possa penetrar na espessa construção e atingir o interior, o sol se põe. O resfriamento do solo por radiação resulta num rápido resfriamento do ar externo até temperaturas inferiores à do exterior quente do edifício. O ar mais frio esfria as superfícies externas do edifício. Também ocorre o resfriamento direto por radiação das superfícies externas, particularmente da cobertura. Grande parte do calor que se acumulou durante o dia nas paredes e coberturas dá uma guinada de 180° e flui lentamente de volta para as frias paredes externas, em vez de continuar sua migração para o interior. Esse processo tem como resultado efetivo tornar o interior do edifício mais frio do que suas imediações durante o dia e mais quente à noite, o que é precisamente o padrão que seus

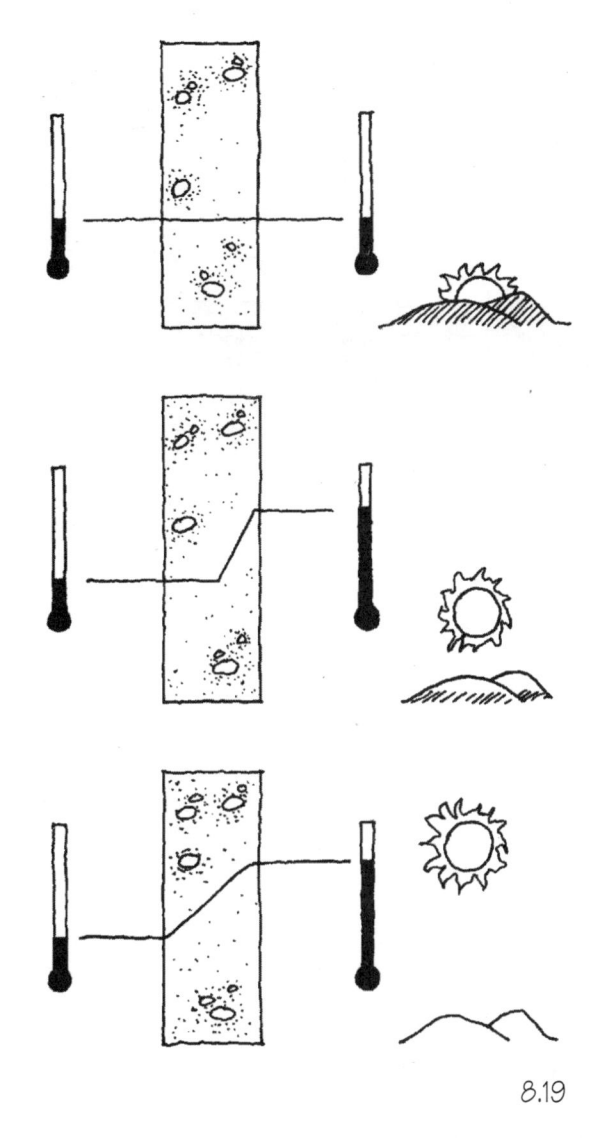

8.19

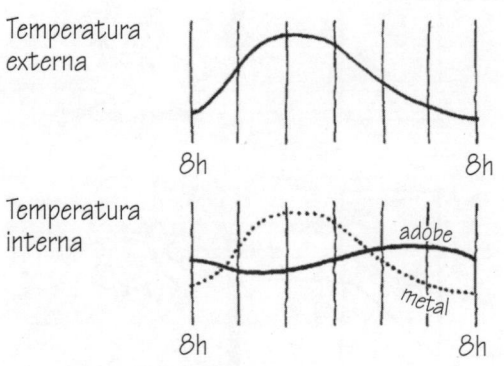

ocupantes exigem para permanecer confortáveis. Espessuras termicamente ótimas das paredes e coberturas para vários materiais e vários climas foram obtidas ao longo de séculos de tentativa e erro. Em muitas áreas geográficas, o efeito da massa térmica é intensificado pela caiação das superfícies externas dos edifícios. A caiação reflete a maior parte da radiação solar infravermelha, mas emite, com bastante eficiência, a radiação infravermelha de ondas longas das superfícies aquecidas dos edifícios para o céu noturno. As janelas são pequenas e ficam bem fechadas durante o calor mais intenso do dia ou o frio mais intenso da noite, de modo que não deixam a transferência convectiva de calor trabalhar contra as ações das paredes e coberturas.

Edifícios utilitários contemporâneos em muitas áreas quentes de desertos são construídos com coberturas de baixa capacidade, feitas de placas finas e onduladas de metal ou cimento-amianto. Esses edifícios têm desempenho térmico radicalmente diferente dos edifícios maciços do exemplo anterior (8.20b). As coberturas leves se aquecem quase instantaneamente ao sol. Grande parte desse calor é conduzida e reirradiada para o interior do edifício, aumentando rapidamente sua temperatura até níveis insuportáveis. À noite, tais coberturas perdem rapidamente o seu calor para o céu e esfriam o espaço interno e os seus ocupantes por meio de convecção e radiação. Quando se faz essa escolha equivocada de materiais, pode-se melhorar seus efeitos térmicos acrescentando uma espessa camada de material isolante e/ou de alta capacidade sob a cobertura, de preferência com uma camada de ar, generosa e ventilada, imediatamente abaixo do teto, para permitir a vazão do calor solar para o ar externo.

A frequente combinação de materiais de alta resistência térmica com materiais de alta capacidade térmica nos ajuda a obter um padrão desejado de comportamento térmico no recinto de um edifício. Edifícios pesados, para climas quentes, podem funcionar de modo ainda mais eficiente acrescentando uma camada isolante fora do recinto de alvenaria. O isolamento reduz a amplitude das flutuações de temperatura às quais a alvenaria está exposta, tornando extremamente estável a temperatura interna (8.21). A mesma quantidade de isolamento aplicada dentro do recinto de alvenaria é consideravelmente menos eficiente. Nessa configuração, a massa da estrutura ainda está plenamente exposta ao ganho de calor solar e a variações na temperatura do ar externo. O isolamento do interior é praticamente desperdiçado, pois lida apenas com as pequenas flutuações de temperatura das superfícies internas da alvenaria. O isolamento externo oferece a vantagem adicional de proteger o edifício, particularmente a estrutura da cobertura, de tensões extremas de expansão e contração térmica.

Mesmo em climas temperados, a capacidade térmica que se acrescenta ao interior de um recinto bem isolado, isolamento esse que é normalmente providenciado, ajuda a nivelar as flutuações da temperatura do ar na época do inverno, causadas por ganhos de calor solar através de janelas, perdas de calor através de janelas e ganhos de calor interno provenientes de lareiras, banhos e fogões em atividade de cozinhar e assar. No verão, a capacidade acrescentada ajuda a moderar altas temperaturas diurnas.

Por outro lado, em climas quentes e úmidos, onde as temperaturas noturnas permanecem altas, os edifícios funcionam melhor quando têm a menor capacidade térmica possível. Eles deveriam ser projetados de modo que refletissem o calor solar para o exterior e reagissem, tão depressa quanto possível, a brisas refrigerantes e a pequenas reduções na temperatura do ar. Sob esse clima, uma típica casa nativa é construída numa posição elevada acima do solo sobre mastros de madeira para apanhar vento, é encimada por uma cobertura leve de sapé ou palha, e tem paredes que são grades abertas de madeira ou bambu.

Em climas mais frios, edifícios como chalés para a prática de esqui nos fins de semana, que são ocupados apenas ocasionalmente durante o inverno, devem ter baixa capacidade térmica, mas alta resistência, de modo que se aqueçam rapidamente quando forem ocupados e se resfriem rapidamente depois que os ocupantes se forem, não desperdiçando calor armazenado em um interior vazio. Nesse caso, o apropriado seria uma construção bem isolada de estrutura de madeira, e com um espaço interno constituído de painéis de madeira.

Uma alta resistência térmica é um atributo desejável para recintos de edifícios sob quase todas as condições climáticas, especialmente em coberturas, que se encontram sujeitas tanto a grandes ganhos de calor solar como a grandes perdas de calor no tempo de inverno. Além de uma alta resistência térmica, também é desejável que se tenha uma alta capacidade térmica em locais onde variações de temperatura cíclicas diárias precisam ser abrandadas. Os efeitos de vários fatores combinados (a capacidade térmica, a resistência térmica, os ganhos e perdas por radiação através de janelas, os ganhos e perdas pela ventilação, e os ganhos de calor liberado dentro do edifício) sobre o ambiente térmico interno são complexos, especialmente quando alguns desses fatores variam independentemente do tempo. Porém, até mesmo na ausência de uma análise matemática detalhada, um projetista bem informado deve ser capaz de fazer seleções preliminares de materiais e tomar decisões de planejamento que sejam termicamente corretas num sentido qualitativo, e razoavelmente cuidadosas e econômicas quantitativamente.

Em consequência da alta capacidade térmica do solo, superfícies de edifícios que estão em contato com a terra situada abaixo do mais fundo ponto de penetração da geada, tais como paredes de porões ou paredes erguidas como barreiras contra a terra, permanecem dentro de uma estreita faixa de temperaturas durante todo o ano (8.22). Essa faixa é centralizada na temperatura média anual do ar em qualquer região geográfica. Em clima quente, as superfícies subterrâneas permanecem frias, e, em clima frio, elas permanecem quentes relativamente às temperaturas do ar externo. Por causa disso, geralmente é muito mais fácil, e mais barato, resfriar as porções enterradas dos edifícios no verão, e aquecê-las no inverno. No entanto, para se obterem essas importantes vantagens, as superfícies subterrâneas dos edifícios precisam ser isoladas até valores da resistência térmica que se aproximam daqueles considerados ótimos para as porções do recinto do edifício que ficam acima do solo. Onde isso for possível, a penetração da geada no solo adjacente ao edifício deveria ser minimizada ao se enterrarem folhas horizontais de um isolante de espuma de plástico logo abaixo da superfície do solo.

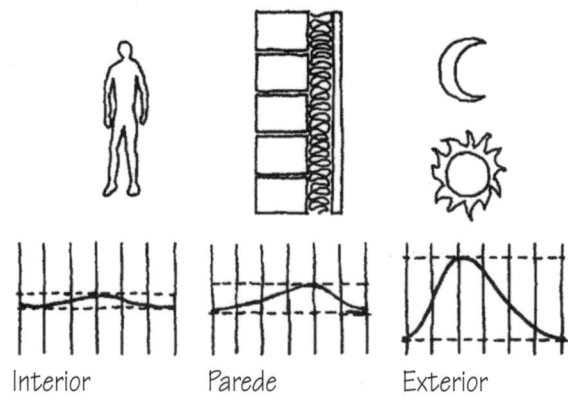

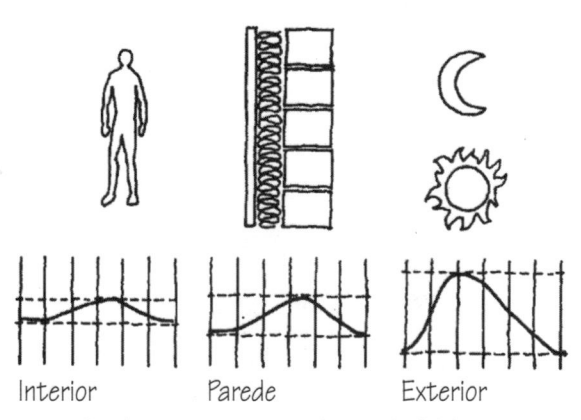

Interior   Parede   Exterior
Variação da temperatura ao longo de 24 horas

Interior   Parede   Exterior
Variação da temperatura ao longo de 24 horas

8.21

Em parte por causa de suas vantagens térmicas, em anos recentes foram projetados e construídos edifícios subterrâneos em todas as escalas, desde pequenas residências até complexos de escritórios e laboratórios muito grandes. Muitos edifícios são *abrigados pela terra*, o que significa que eles não são realmente subterrâneos, mas sim construídos muito abaixo do nível da superfície e têm uma barreira de terra amontoada ao redor de suas paredes. O maior problema que usualmente precisa ser superado em edifícios subterrâneos e abrigados pela terra é o de manter a água do solo fora do edifício. Soluções para esse problema são apresentadas no Capítulo 12.

Vapor de água

As interações entre vários materiais de construção e o vapor de água são de extrema importância para o comportamento térmico dos edifícios. O vapor de água é um gás sem cor e sem odor. Está universalmente presente no ar, mas em quantidades muito variáveis. Quanto mais quente estiver o ar, mais vapor de água ele será capaz de conter, mas o ar raramente contém tanto vapor de água quanto poderia a uma dada temperatura. A maneira mais conveniente de definir o conteúdo do ar em vapor de água é por meio da *umidade relativa*, uma cifra porcentual que representa a quantidade de vapor de água que o ar *efetivamente* contém dividida pela quantidade máxima de vapor que ele *poderia* conter a uma dada temperatura. Uma umidade relativa (UR) de 60 por cento indica que o ar contém seis décimos de todo o vapor de água que poderia conter a certa temperatura. Essa UR pode aumentar facilmente em um espaço fechado ao se acrescentar vapor de água ao ar. Isso pode ser feito fervendo a água para liberar vapor, lavando ou tomando banho, trazendo muitas plantas verdes para o interior do edifício – ou simplesmente respirando. Se a umidade relativa aumentar em 100 por cento, como às vezes acontece nos vestiários de um ginásio de esportes ou no recinto de uma piscina, o ar não consegue reter mais vapor de água, e por isso parte dele passa a se condensar como névoa.

Outra maneira de aumentar a umidade relativa consiste em reduzir a temperatura do aposento sem permitir que o ar escape. Quando a temperatura cai, a massa de vapor de água presente no ar permanece constante, mas a capacidade do ar para contê-lo diminui, o que significa que a umidade relativa aumenta. (Você deve se lembrar de que é isso o que acontece com o ar quando se escala uma montanha, o qual se resfria por meio de expansão.) Se a temperatura cair o suficiente, ela atingirá o *ponto de orvalho*, a temperatura na qual o ar contém 100 por cento de UR. Se o resfriamento continuar abaixo do ponto de orvalho, o vapor de água gasoso começará a se converter em líquido, usualmente sob a forma de gotículas de névoa. Apenas uma quantidade suficiente de vapor de água se condensará a certa temperatura para manter 100 por cento de UR, enquanto o restante permanecerá no ar como gás. Se a temperatura for reduzida ainda mais, outro incremento se condensará, apenas o suficiente para levar a massa de ar a 100 por cento de UR à nova temperatura. Naturalmente, o ponto de orvalho não é a única temperatura fixa;

8.22

cada massa de ar tem seu próprio ponto de orvalho, que é determinado pela proporção de vapor de água que o ar contém. Quanto mais seco for o ar, mais baixo será o seu ponto de orvalho, e, quanto mais úmido for o ar, mais alto será o seu ponto de orvalho.

O ar nos edifícios frequentemente se resfria abaixo do seu ponto de orvalho ao entrar em contato com superfícies frias. Vemos esse fenômeno no tempo úmido de verão, quando a umidade condensada aparece como "suor" em um copo que contém uma bebida fria, um cano que conduz água fria, um tanque de água fria na parte de trás de um banheiro, ou a parede fria de um porão. A água condensada que goteja de canos e tanques frequentemente provoca manchas, descoloração e deterioração nos edifícios. No tempo frio, as evidências mais visíveis de que o ar esfriou abaixo de seu ponto de orvalho se encontram nas vidraças frias das janelas, que ficam embaçadas e, às vezes, cobertas de geada por causa da condensação do vapor de água interno. Embora o embaçamento e a geada sobre as janelas sejam frequentemente pitorescos, eles acabam se acumulando sob forma líquida nos caixilhos das janelas, o que estimula a ferrugem e a deterioração.

Um dano muito mais sério pode ocorrer num edifício quando o vapor de água se condensa em um conjunto isolado, como uma parede externa. No tempo frio, a parede fica exposta ao ar quente e relativamente úmido do interior, e ao ar frio e relativamente seco do exterior (8.23). No tempo quente e úmido de verão, a situação pode se inverter, quando o ar dentro do edifício resfria e perde a umidade.

O vapor de água no ar exerce uma pressão de gás parcial conhecida como *pressão de vapor*. Quanto maior for o conteúdo de umidade no ar, mais alta será a pressão de vapor. Essa pressão leva o vapor de água a se expandir para áreas de menor pressão de vapor, procurando criar equilíbrio. Se o ar úmido estiver presente num dos lados de uma parede e o ar seco no outro lado, o vapor de água (um gás invisível, lembre-se disso) migrará através da parede do lado úmido para o lado seco, impelido por um diferencial na pressão de vapor entre os dois lados. Caso haja um vazamento de ar através da parede, correntes de ar também poderão transportar vapor de água, frequentemente em quantidades muito maiores do que as que são transportadas por diferenças na pressão de vapor. Os materiais de construção mais comuns oferecem apenas uma resistência leve a moderada à passagem do vapor de água, e quantidades consideráveis de vapor são bombeadas através da parede com perdas apenas leves a moderadas na pressão de vapor do lado úmido para o lado seco. Essas perdas se refletem num decréscimo progressivo na temperatura do ponto de orvalho à medida que o vapor se move do lado úmido para o lado seco.

Ao mesmo tempo, a temperatura no interior da parede cai gradualmente da superfície mais quente para a mais fria (8.24). A superfície de parede do lado quente, protegida por uma película de ar isolante, é ligeiramente mais fria do que o ar nesse lado. Através das várias camadas da construção, a temperatura cai em diferentes taxas, dependendo das várias resistências térmicas dos materiais, até que, no lado frio da parede, a superfície seja apenas ligeiramente mais quente do que o ar frio.

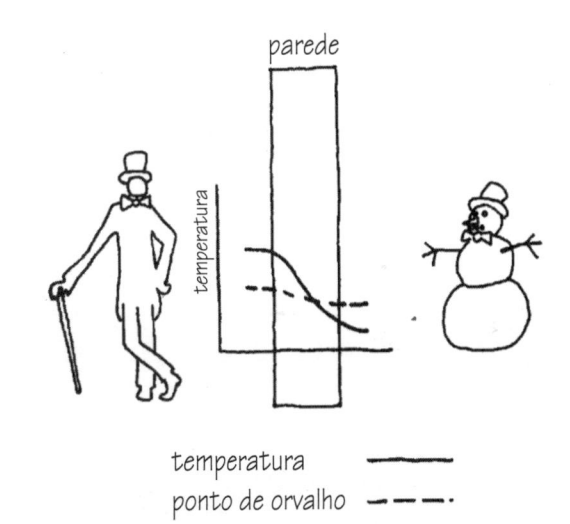

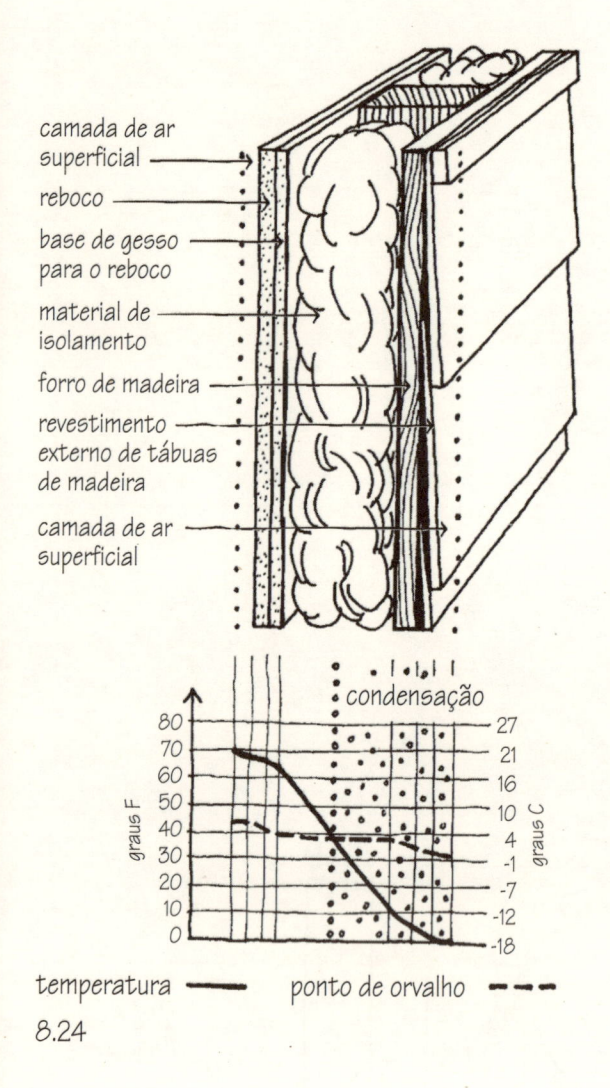

Surgem problemas dentro da parede sempre que sua temperatura cai abaixo do ponto de orvalho num dado local, fazendo com que o vapor de água se condense e umedeça a construção interna da parede. Sempre que a umidade se condensa a partir do ar, ocorre uma pequena diminuição local da pressão de vapor do ar, e o vapor proveniente de áreas vizinhas onde a pressão de vapor é mais elevada migra para a área de condensação. Por esse meio, o vapor de água continua a se mover incessantemente para a zona de condensação, e a água condensada continua a se formar, a não ser que a diferença na pressão de vapor, ou a diferença de temperatura, entre os dois lados diminua o suficiente para interromper a condensação. Nos lugares da parede onde o ar passa através de rachaduras, o mesmo fenômeno ocorre. O resultado é, com frequência, uma parede cujo isolamento térmico está saturado e cede sob o peso da água que absorveu. Nesse estado, o material de isolamento é quase totalmente ineficaz. A parede conduz calor muito mais depressa, e as exigências de aquecimento do edifício por meio de combustível aumentam proporcionalmente. A deterioração ou corrosão da estrutura da parede é um efeito colateral comum da condensação do vapor, um efeito ainda mais agravado pelo fato de que a deterioração frequentemente permanece oculta à visão até que se torne extensa o bastante para causar problemas estruturais.

Quando o vapor de água em migração encontra uma camada relativamente impermeável, por exemplo, um revestimento bem aplicado de pintura externa, a pressão de vapor pode produzir "bolhas" que, literalmente, soltam a pintura da parede. O descascamento da pintura externa em casas é visto com frequência em cozinhas e banheiros, onde a pressão interna do vapor é mais alta.

Para evitar essas situações problemáticas, deve-se instalar um *retardador de vapor* – também conhecido, menos precisamente, como *barreira de vapor* – o mais perto possível do lado quente da construção, mas, de qualquer maneira, entre a principal camada de isolamento e o lado quente. Um retardador de vapor típico é uma folha contínua, impermeável ao vapor, de plástico polietileno ou folha de metal. Para a obtenção dos melhores resultados na construção de casas comuns, ele deve ser aplicado ao longo da face interna da parede e do teto depois que o isolamento térmico foi instalado. Fendas devem ser vedadas com mástique ou fitas para vedação. O efeito do retardador de vapor é impedir que o vapor de água entre na cavidade da parede, de modo que mantenha o ponto de orvalho dentro da estrutura da parede bem abaixo da temperatura dos materiais da parede e do ar aprisionado (8.25). Isso impede que a umidade se condense dentro da parede.

Em edifícios mais antigos que tenham problemas com o vapor, nem sempre é viável instalar um retardador de vapor apropriado. O melhor que se pode fazer é tapar os vazamentos de ar nas paredes e aplicar um bom revestimento de tinta na superfície do lado quente. Tintas especiais que retardam o vapor, utilizadas para a pintura interna, estão disponíveis para esse propósito.

Canos para água fria com problemas de gotejamento devem ser bem isolados e em seguida envolvidos, para ficarem impermeáveis ao vapor, com um revestimento de plástico ou metal. O material de isolamento mantém o revestimento bem acima da temperatura do ponto de orvalho, e o revestimento impede que o vapor de água penetre e se condense dentro do material de isolamento.

Os tanques dos vasos sanitários também gotejam no tempo úmido. Estão disponíveis no comércio tanques com revestimento isolante de espuma de plástico que é instalado em seu interior; o revestimento aumenta a temperatura superficial externa do tanque até que ela fique acima do ponto de orvalho. O tanque de porcelana atua como um retardador de vapor.

A vidraça de uma janela, que já é bastante impermeável ao vapor, pode usualmente ter a sua temperatura elevada acima do ponto de orvalho instalando uma segunda placa de vidro com uma camada de ar entre ambas e que atua como material de isolamento. Essa segunda placa pode ser uma *storm window* (janela adicional para proteção contra o inverno) ou parte de um conjunto de envidraçamento duplo.

O retardador de vapor é *sempre* instalado no lado quente de qualquer estrutura do edifício. Para um edifício em um clima frio, ele fica na parte interna. Para um edifício artificialmente resfriado em um clima tropical, o lado quente é o lado externo. Nos edifícios em climas que nunca são muito quentes nem muito frios talvez não sejam necessários retardadores de vapor.

Coberturas com manta em climas frios apresentam um problema particular com relação ao vapor de água, pois a manta à prova de água está naturalmente instalada no topo de toda a estrutura da cobertura, que é o lado frio, para proteger a construção contra a chuva e a neve (8.26). No entanto, essa manta também é um retardador de vapor muito eficiente, mas está situada sobre o lado frio, que é o lado errado, do isolamento térmico. Por isso, se nenhum retardador de vapor adicional for instalado no lado inferior quente da cobertura, a manta da cobertura estará sujeita a formar bolhas por causa da pressão de vapor interna, e os materiais isolantes e estruturais do piso transitável da cobertura estarão expostos à condensação. E, se um retardador de vapor específico for instalado sobre o lado quente, qualquer umidade residual proveniente de chuvas ou do trabalho com o concreto durante a construção ficará aprisionada entre as duas camadas, e também é provável que cause problemas. Até recentemente, não havia solução adequada para esse dilema, mas, com a introdução de materiais de isolamento feitos de espuma rígida resistente à água, tornou-se possível a construção de *coberturas invertidas* (8.27). A manta da cobertura é assentada diretamente sobre a sua estrutura transitável. As chapas de isolamento de espuma rígida são então colocadas sobre a manta, onde são mantidas firmes e protegidas do sol por uma camada de cascalho. O resultado é uma cobertura na qual a manta fica perto do lado quente e é mantida a uma temperatura bem acima do ponto de orvalho. Como benefício suplementar, a manta também é protegida dos extremos da temperatura externa e da luz solar que atacam e acabam destruindo as coberturas com manta.

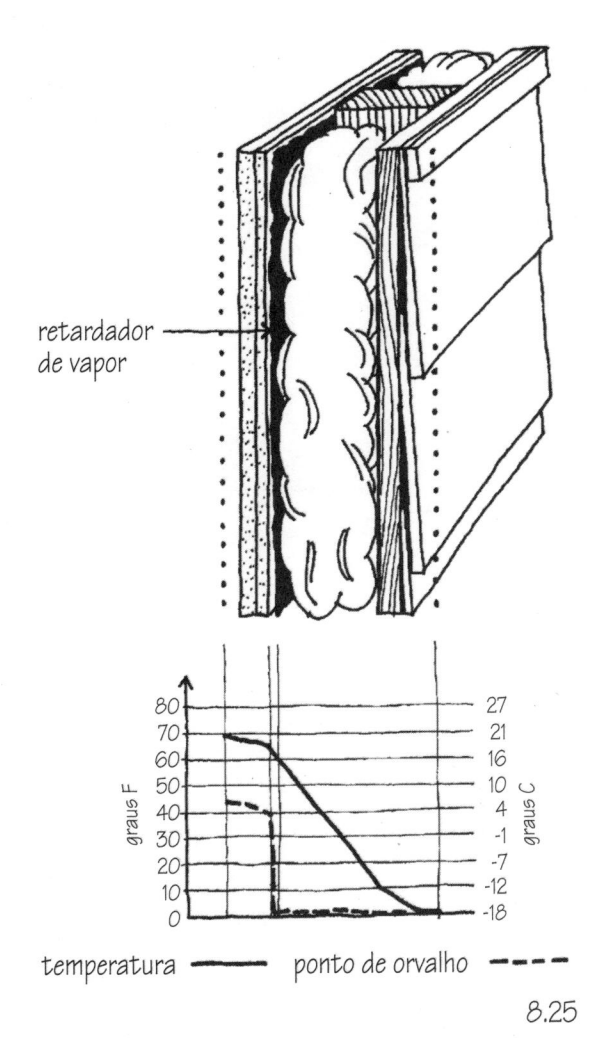

retardador de vapor

temperatura ——— ponto de orvalho - - - -

8.25

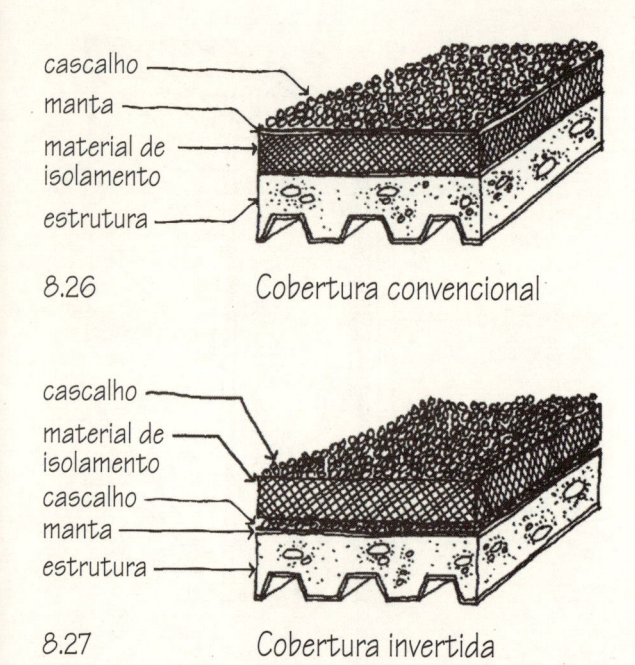

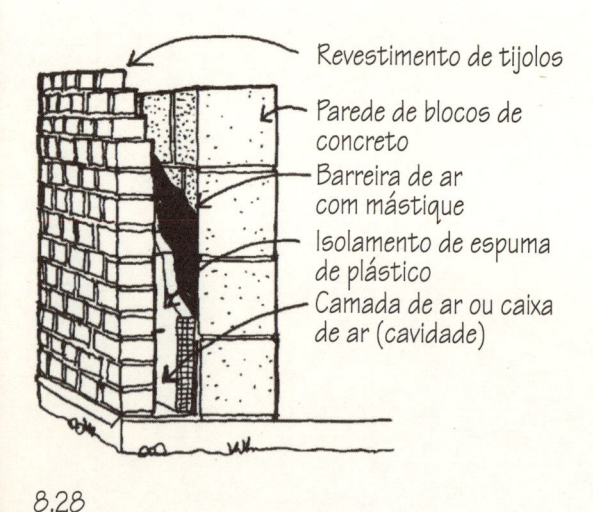

8.26 Cobertura convencional
- cascalho
- manta
- material de isolamento
- estrutura

8.27 Cobertura invertida
- cascalho
- material de isolamento
- cascalho
- manta
- estrutura

8.28
- Revestimento de tijolos
- Parede de blocos de concreto
- Barreira de ar com mástique
- Isolamento de espuma de plástico
- Camada de ar ou caixa de ar (cavidade)

Impermeabilidade ao ar

Vazamentos de ar através de paredes e coberturas desperdiçam energia de duas maneiras diferentes: deixando o ar externo entrar e o ar interno sair, e transportando vapor de água até lugares onde ele se condensa. A instalação de uma *barreira de ar* em paredes e coberturas é exigida pela maior parte das normas de construção por essas razões. A natureza da barreira de ar depende do tipo da construção. Em uma parede de alvenaria, com frequência uma camada de mástique viscoso é espalhada sobre a superfície da camada interna de alvenaria dentro da cavidade entre as camadas interna e de revestimento (8.28). Em muitos tipos de estruturas de parede, é um material membranoso contínuo que recobre o exterior do edifício imediatamente antes que o material de acabamento externo seja aplicado. Para funcionar adequadamente, a barreira de ar não pode permitir a passagem de correntes de ar, mas, como é frequentemente instalada junto ao lado frio da parede, ela deve permitir a livre passagem do vapor de água. Há vários produtos membranosos que são projetados especificamente para ter essas propriedades. Também é possível, em muitas situações, utilizar uma barreira de ar impermeável ao vapor sobre o lado quente da parede e fazer com que ela também sirva como um retardador de vapor.

Sensação térmica

Falta discutir outra importante característica térmica dos materiais de construção: a sensação que produzem quando nós os tocamos. Esse aspecto não tem importância nas coberturas, tetos e paredes externas, que provavelmente não são tocados pelas pessoas, mas é um fator importante na seleção de materiais para pisos, paredes internas, mesas, cadeiras, bancos e camas. A maioria de nós, instintivamente, faz julgamentos corretos ao perceber que certos materiais utilizados de determinada maneira darão a sensação de frio ou quente. Ao procurar um banco em um parque num dia frio, nós escolhemos um banco de granito ou de madeira? Você prefere sair de um banho quente e pisar num chão de tijolos de cerâmica ou num capacho de banheiro macio e aveludado? A maçaneta da porta de uma sauna de 90 °C deve ser feita de aço ou de madeira de sequoia? Uma sala de recreação infantil deve ter um piso de concreto ou de madeira?

Materiais quentes ao tato – madeira, tapetes, carpetes, roupa de cama, alguns plásticos – são aqueles que têm baixa capacidade térmica e alta resistência térmica. Por meio de condução, o corpo aquece rapidamente uma camada superficial delgada do material até uma temperatura que se aproxima da temperatura da pele, e por isso o material dá a sensação de ser quente. Materiais que dão a sensação de frio ao entrar em contato com o corpo têm características de alta capacidade térmica e baixa resistência térmica. Quando tocamos uma superfície de metal, pedra, reboco, concreto ou tijolo à temperatura ambiente, ocorre uma retirada rápida de calor do corpo durante um extenso período de tempo por uma massa relativamente grande de material mais frio, resultando daí uma sensação de frio. Um excelente exemplo desse fato é a diferença entre um quarto a 22 °C e um banho com água a 22 °C. O quarto dá a sensação de ser agradavelmente quente, mas a sensação do banho é desagradavelmente fria. O ar é mau condutor de calor e tem baixa capacidade térmica, enquanto a água é exatamente o oposto. O corpo libera calor para o ar a 22 °C a uma taxa confortável, mas perde calor muito mais depressa para a água a 22 °C. De maneira semelhante, uma parede de reboco a 22 °C dá a sensação de frio, e uma cadeira estofada a 22 °C é bastante aconchegante. Um piso atapetado a 22 °C dá uma sensação confortável aos pés nus, mas um piso de concreto precisa ser internamente aquecido a uma temperatura mais alta por meio de fios de resistência elétrica ou por meio de canos de água quente, ou então externamente aquecido, por exposição à luz solar, a fim de proporcionar o mesmo grau de conforto.

Leitura suplementar

B. Civoni, *Man, Climate, and Architecture*, Nova York, Elsevier, 1969. pp. 96-155.

9
O controle da radiação térmica

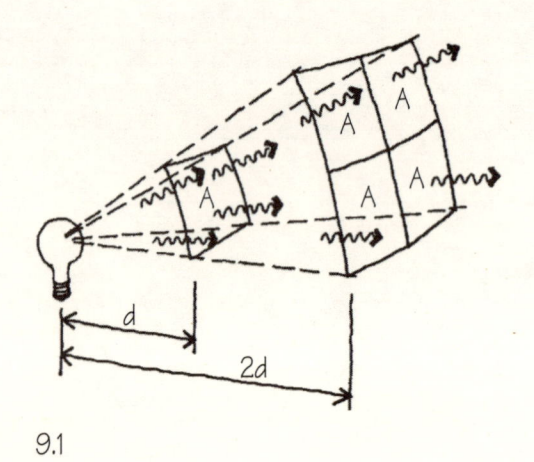

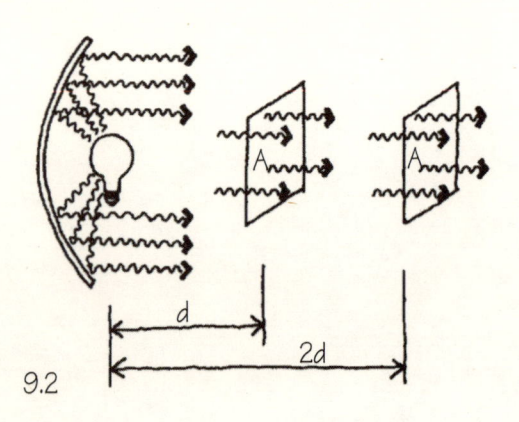

Papel essencial de um edifício em sua tarefa de proporcionar conforto térmico aos seus ocupantes tem o controle do fluxo de radiação térmica que entra e sai do corpo humano. Às vezes, um edifício precisa proteger o corpo contra um influxo excessivo do calor da radiação solar ou de objetos aquecidos pelo sol. Outras vezes, é necessário proteção para impedir que uma radiação térmica excessiva saia do corpo e vá para um ambiente externo frio. Trocas de radiação também ocorrem continuamente entre o corpo e as superfícies internas do edifício em cujo recinto ele se encontra, e isso exige que as temperaturas dessas superfícies sejam reguladas suficientemente para garantir conforto. Em algumas situações, a manipulação ativa da radiação é o principal mecanismo apropriado a um esquema que se propõe a oferecer conforto térmico para os ocupantes de um edifício.

Intensidade de radiação versus *distância da fonte de radiação*

No capítulo anterior, observamos que a radiação térmica consiste em energia eletromagnética na faixa de comprimentos de onda infravermelhos e que ela se comporta de maneira muito parecida com a luz visível. Uma fonte puntiforme, tal como o filamento incandescente de uma lâmpada, irradia calor para um objeto próximo numa taxa inversamente proporcional ao quadrado da distância entre o filamento e o objeto (9.1). (O sol atua por meio dessa lei do inverso do quadrado quando aquece a Terra.) Podemos receber um influxo muito intenso de radiação infravermelha colocando uma das mãos perto de uma lâmpada acesa, ao passo que, se a mão for afastada até um ponto distante alguns metros, o efeito térmico quase não é percebido.

Se a mesma lâmpada for colocada na frente de um refletor parabólico, a maior parte dos raios divergentes do filamento pode ser reunida num feixe paralelo de intensidade de radiação moderada (9.2). Dentro desse feixe, a taxa do fluxo de raiação é constante independentemente da distância, com exceção da energia absorvida pelas partículas de poeira no ar, e pelo próprio ar, e também pelas perdas causadas pela focalização imprecisa do feixe.

Uma superfície de extensão infinita também irradia para um objeto puntiforme numa intensidade que independe da distância. Um pássaro voando 150 metros acima do deserto do Saara e um viajante caminhando a pé recebem uma radiação de igual intensidade vinda das areias quentes.

Temperatura radiante média

Geralmente, estamos circundados por objetos de diferentes temperaturas superficiais. Suponha que você esteja sentado em uma poltrona estofada de encosto alto, de frente para o calor aconchegante de uma lareira à sua direita e uma grande janela que emoldura a paisagem de um lago congelado à sua esquerda (9.3). A poltrona serve como barreira para a radiação, de modo que nenhuma quantidade significativa de radiação é emitida ou recebida através das superfícies traseiras do seu corpo. As chamas e os carvões ardentes da lareira são objetos de alta temperatura, maiores do que fontes puntiformes, mas menores do que superfícies infinitas, que irradiam calor rapidamente para o seu corpo. A janela é um objeto grande e frio para o qual o seu corpo irradia calor. Acima dela está um grande teto que é um tanto mais frio que o seu corpo, o que causa outro fluxo efetivo do calor do seu corpo para fora dele. O piso e as paredes exercem efeitos de resfriamento por radiação semelhantes aos do teto. Em tal situação, não é evidente de imediato se a soma desses fluxos de radiação sobre o seu corpo é, no seu todo, um ganho ou uma perda efetivos de calor.

A fim de avaliar o fluxo total efetivo de radiação, nós medimos a temperatura de cada superfície (a lareira, a janela, o teto, as paredes e o piso) e o ângulo sólido esférico subtendido por cada uma das superfícies com relação ao seu corpo. A *temperatura de radiação média* (TRM) a que você está exposto é uma média das temperaturas de cada uma das superfícies ao seu redor, ponderadas de acordo com o ângulo sólido subtendido por cada uma delas e pela emissividade térmica de cada uma delas. Em nosso exemplo, talvez 40 por cento de seu corpo esteja blindado pela poltrona. Seu corpo "vê" a lareira intensamente quente abrangendo cerca de 3 por cento de seu campo esférico de "visão" térmica (9.4). A superfície fria da janela poderia constituir 15 por cento, e o piso, as paredes e o teto, o restante do campo esférico. A lareira é a única fonte de fluxo de radiação térmica efetivo dirigido ao seu corpo nesse exemplo. Como subtende um ângulo de apenas 3 por cento de uma esfera com relação ao seu corpo, ela precisa estar muito quente para sobrepujar o efeito de resfriamento das superfícies mais frias, que ocupam 57 por cento do campo de "visão" térmica de seu corpo.

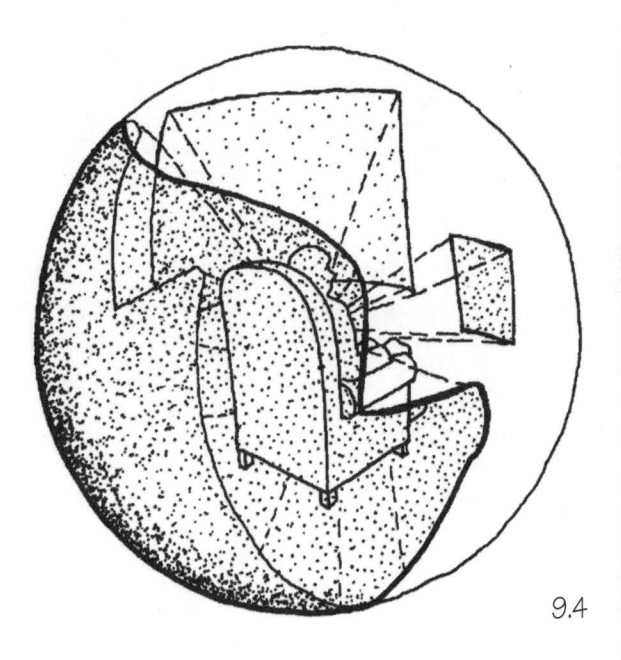

A TRM não é, em si, uma medida suficiente do conforto térmico que se pode esperar em resposta às condições de radiação de um ambiente. Qualquer pessoa está familiarizada com a experiência de receber um calor excessivo pela frente quando está perto de uma fogueira enquanto, pelas costas, se sente enregelada pela radiação emitida em direção ao frio céu noturno. A TRM pode ser apropriada ao conforto nesse caso, mas a distribuição das superfícies aquecidas ao redor do corpo não o é (9.5). Para impedir ganhos ou perdas excessivamente rápidos de qualquer área do corpo, deve haver um equilíbrio entre as temperaturas das superfícies às quais o corpo está exposto. É também necessário que haja um equilíbrio entre os ganhos e as perdas de calor por convecção, condução e evaporação. Em um edifício com paredes não isoladas ou janelas muito grandes, independentemente da temperatura em que o ar é aquecido e apesar do calor do fogo vindo da lareira, pode-se sentir desconfortável num tempo frio por causa do excessivo fluxo de radiação emitido pelo corpo para as superfícies grandes e frias do edifício. De maneira semelhante, o ar frio vindo de um aparelho de ar-condicionado não será suficiente para produzir conforto num clima quente se o corpo estiver exposto à luz solar direta que entra pela janela ou por uma claraboia. Se a TRM interna é alta no inverno, as temperaturas do ar podem ser um tanto mais baixas, reduzindo desse modo as perdas de calor através do recinto do edifício e economizando combustível para aquecimento. No verão, é provável que um edifício de alta capacidade térmica apresente temperaturas superficiais internas frias, permitindo a obtenção de conforto em temperaturas do ar mais altas, o que resulta numa economia nos custos necessários para assegurar o resfriamento.

A *manipulação da temperatura radiante*

Se quisermos aumentar a temperatura radiante média no interior de determinado local, podemos adotar qualquer uma das seguintes estratégias, ou todas elas:

1. Podemos permitir que o sol penetre nesse local. O sol é um dispositivo de aquecimento instável, mas prazeroso e econômico. Nós o utilizamos quase instintivamente, como o faz um cão ou um gato, que tiram uma alegre soneca num feixe de luz solar no inverno.
2. Podemos ajudar o sistema de aquecimento do edifício a aquecer suas superfícies internas até atingirem uma temperatura mais alta instalando um melhor isolamento térmico nas paredes e tetos, e várias camadas de vidro e/ou cortinas ou persianas isolantes nas janelas. Um bom isolamento térmico de um edifício traz como compensação um aumento do conforto térmico radiante, como também melhora todos os outros aspectos.
3. Podemos utilizar superfícies altamente refletoras para que reflitam o calor do corpo de volta a ele. (É assim que funciona um cobertor de emergência de folha refletora de plástico aluminizado.) Essa estratégia quase nunca é utilizada nos edifícios, mas tem um potencial de uso considerável quando o combustível de aquecimento se torna mais escasso, especialmente se as superfícies refletoras podem ser incorporadas nos móveis. Explorar essa área é uma tarefa fascinante para arquitetos e *designers* de móveis.

9.5

4. Podemos aquecer superfícies muito grandes, tais como pisos ou tetos, até atingirem poucos graus acima da temperatura da pele do nosso corpo.
5. Podemos aquecer pequenas superfícies, tais como filamentos elétricos, telhas de cerâmica aquecidas a gás, aquecedores metálicos ou lareiras a centenas de graus acima da temperatura da pele do nosso corpo.

Essas duas últimas estratégias merecem uma explicação mais detalhada. Esquemas para o aquecimento de pisos ou tetos são, relativamente, lugar-comum. Em geral, eles utilizam fios de resistência elétrica, aquecem o ar que circula ao longo de múltiplos dutos ou aquecem a água que circula ao longo de tubos plásticos. (Em geral, não se tenta utilizar o aquecimento de paredes, pois tendemos a introduzir pregos e parafusos nas paredes para pendurar quadros e prateleiras.) Antigamente, pisos que produziam calor radiante utilizavam canos de cobre encaixados em lajes de concreto. Mais recentemente, sistemas baseados em tubos de plástico tornaram possível converter até mesmo pisos de madeira em fontes térmicas radiantes. Os sistemas para pisos são atraentes porque aquecem os pés por condução e estabelecem correntes convectivas que aquecem o ar do aposento de maneira bastante uniforme. No entanto, eles têm várias limitações: mesas e escrivaninhas projetam sombras infravermelhas que prejudicam a capacidade do piso quente para aquecer as mãos e os braços (9.6). A eficiência de tais sistemas é reduzida por tapetes e carpetes. Em consequência da considerável capacidade térmica dos materiais do piso, estes não são capazes de reagir com rapidez a pequenas ou súbitas mudanças na demanda interna de calor por um edifício.

Sistemas que utilizam o teto têm seus problemas específicos. O ar aquecido por um teto quente tende a permanecer junto a ele, o que produz eficiências totais mais baixas e uma camada de ar frio no nível do piso, defeito que é agravado pelas sombras infravermelhas que as mesas e escrivaninhas projetam sobre as pernas e os pés das pessoas (9.7).

Pequenas fontes térmicas infravermelhas de alta temperatura com refletores que concentram o fluxo de calor são altamente eficientes se forem instaladas de modo que não projetem sombras. Elas são especialmente úteis nos locais onde altas temperaturas do ar não podem ser mantidas, como em grandes edifícios industriais ou mesmo em ambientes externos, porque podem produzir calor instantaneamente quando isso for necessário e direcioná-lo com precisão para os locais em que ele é necessário (9.8). O fogo direto, produzido em lareiras e aquecedores, é uma fonte menos eficiente de calor radiante porque o seu fluxo térmico se propaga em todas as direções, obedecendo à lei do inverso do quadrado da distância, e também por causa da quantidade relativamente grande de combustível que ele precisa converter em calor para aquecer o ar.

Em consequência de sua semelhança com a radiação solar, o calor infravermelho proveniente de fontes tanto de baixas como de altas temperaturas causa uma sensação muito agradável sobre a pele nua. Piscinas, duchas e banheiros são locais particularmente apropriados para a instalação de sistemas de aquecimento radiante.

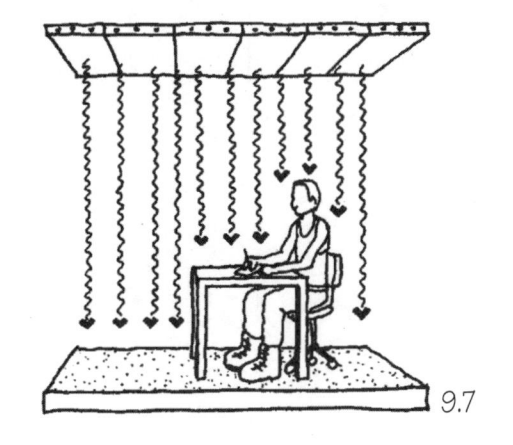

Resfriamento por radiação

Os meios que utilizamos para abaixar a temperatura de radiação média de um ambiente interno são um tanto mais restritos do que os meios que utilizamos para aumentá-la. Por exemplo, não podemos resfriar nosso corpo expondo-o a uma superfície pequena com temperatura muito baixa. Enquanto podemos facilmente aquecer um filamento elétrico ou uma chama de gás até uma temperatura de mil graus ou mais acima da temperatura do corpo, a margem de variação entre a temperatura do corpo e o zero absoluto é de apenas umas poucas centenas de graus, e, além disso, a construção e a operação de dispositivos que produzem temperaturas muito baixas são caras. Por outro lado, uma superfície muito fria rapidamente se cobre de gelo com a umidade que se condensa vinda do ar, perdendo por isso a maior parte de sua eficiência devido às propriedades isolantes da geada. Mesmo uma superfície moderadamente fria se torna úmida e desagradável no clima quente do verão, razão pela qual não resfriamos ativamente pisos e tetos exceto nos raros casos em que podemos controlar a umidade em um nível baixo o suficiente para eliminar a condensação. O que podemos fazer, em contrapartida, é sombrear coberturas, paredes e janelas contra o sol de verão, recobrir suas superfícies externas com revestimentos altamente refletivos sempre que for prático fazê-lo, isolá-los bem e fornecer capacidade térmica suficiente às superfícies internas do edifício para garantir a manutenção de temperaturas frias ao longo do dia. Em alguns casos, também podemos abrir o edifício ao céu noturno, permitindo que nosso corpo e as superfícies quentes do edifício irradiem calor para o espaço.

A fim de implementar muitas dessas estratégias destinadas a manipular para cima ou para baixo as temperaturas de radiação médias, precisamos utilizar o recinto do edifício e levar em consideração suas interações com as forças térmicas externas. Entre essas, as mais importantes são o fluxo de entrada das radiações solar e terrestre e o fluxo de saída da radiação noturna.

A cobertura de um edifício é uma barreira contra a radiação solar excessiva no verão, especialmente nas latitudes tropicais, onde o sol passa exatamente acima de nossas cabeças. A própria superfície da cobertura é de extrema importância. Uma superfície altamente refletora da radiação solar infravermelha é muito pouco aquecida pelo sol, enquanto uma superfície de cobertura que absorve a radiação infravermelha pode alcançar temperaturas extremamente elevadas. A transmissão de calor solar da cobertura para os tetos do interior do edifício pode ser reduzida graças ao uso da resistência térmica, da capacidade térmica e/ou da ventilação de espaços internos à estrutura da cobertura (9.9). Sob coberturas inclinadas, a corrente convectiva de ar aquecido pode proporcionar a força de ventilação necessária para remover o calor se a cobertura for apropriadamente planejada (9.10).

Nas latitudes tropicais, o sol passa tão alto pela vertical que as paredes norte e sul do edifício recebem relativamente pouca radiação solar, mas as paredes leste e oeste precisam de proteção do mesmo tipo geral exigido para as coberturas descritas no parágrafo anterior (9.11). Em locais situados mais ao norte, a cobertura e as paredes leste e oeste requerem

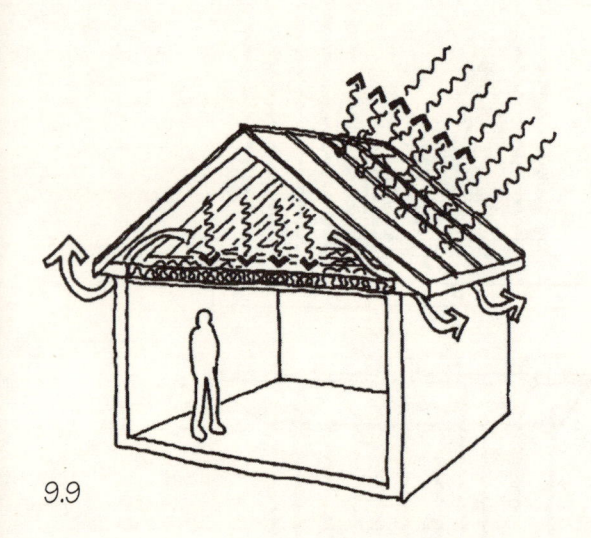

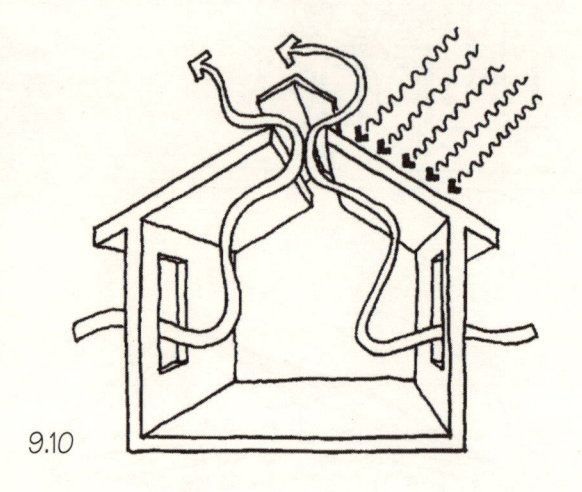

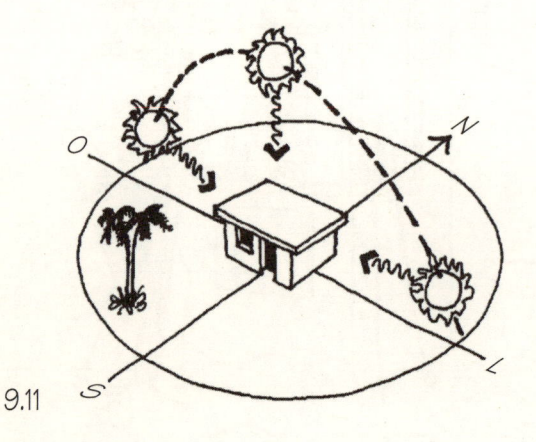

9.12

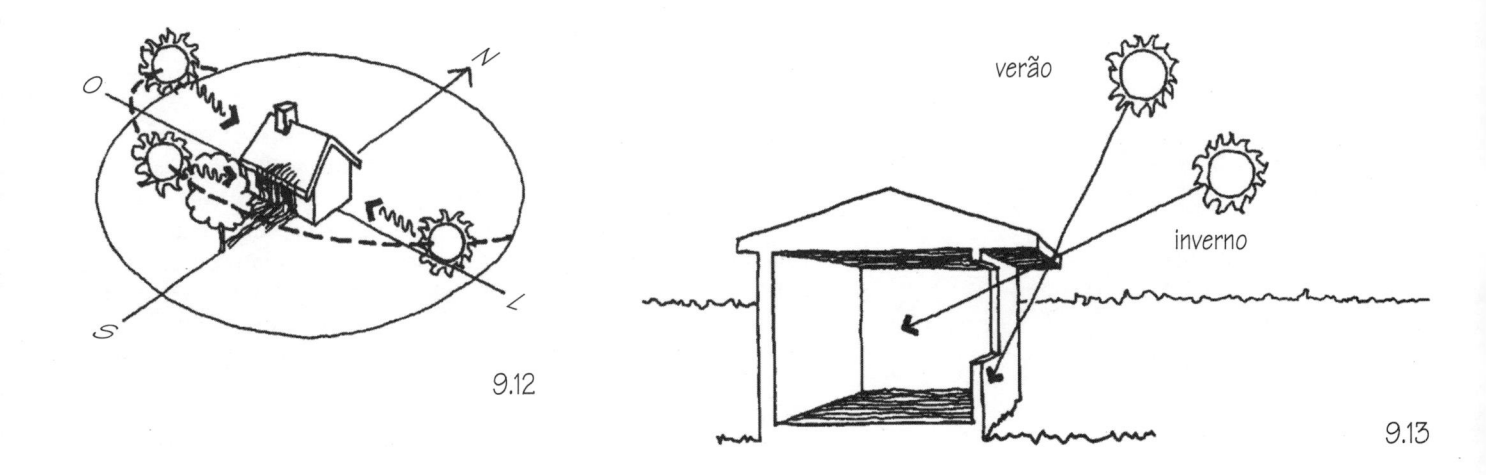

9.13

proteção contra o sol de verão, como também a parede sul. Para edifícios baixos, as sombras projetadas por trepadeiras e árvores de folhas decíduas constituem um dos métodos preferidos de controle da luz solar especialmente porque, durante os meses frios, elas soltam suas folhas e permitem que a maior parte da luz solar penetre através delas. Um beiral que prolonga a cobertura ou dispositivos horizontais de sombreamento instalados em cada piso podem bloquear a incidência do sol alto de verão sobre as paredes voltadas para o sul, mas admitem a incidência de luz e calor provenientes do sol baixo de inverno (9.12, 9.13).

Naturalmente, no tempo frio, como essa radiação solar pode ser absorvida pelas coberturas e paredes, ela é em geral um recurso suplementar bem-vindo ao conteúdo térmico do edifício. Alguns projetistas chegaram a ponto de não isolar os lados dos edifícios voltados para o sul. Esse é um esforço mal direcionado, pois o tempo nublado e as horas mais curtas de luz diurna oferecem relativamente poucas horas de luz solar no inverno, resultando no fato de que, em aproximadamente três quartos das horas de inverno, num típico clima setentrional, uma superfície voltada para o sul perde mais calor do que ganha. Uma estratégia mais produtiva consiste em isolar bem as superfícies das paredes voltadas para o sul e utilizar grandes janelas voltadas nessa direção para captar o calor solar, fechando-as com venezianas isolantes ou com pesadas cortinas ou persianas (de preferência refletoras das ondas longas do infravermelho) quando o sol não estiver presente. As superfícies de paredes bem isoladas não absorvem quantidades apreciáveis de calor quando o sol está presente, mas suas perdas de calor são reduzidas ou eliminadas pelo aquecimento solar de suas camadas externas.

As mesmas superfícies externas altamente refletoras, que são úteis para se reduzir o ganho de calor solar no verão, também podem ajudar a reduzir as perdas de calor pelo edifício no inverno por causa de sua baixa taxa de emissão de radiação térmica. Metais polidos são os únicos materiais de construção comuns que são emissores ineficientes de infravermelho de baixa temperatura. A pintura branca, excelente como barreira contra a radiação solar, oferece pouca ajuda para desacelerar a emissão de calor pelo edifício em tempo frio.

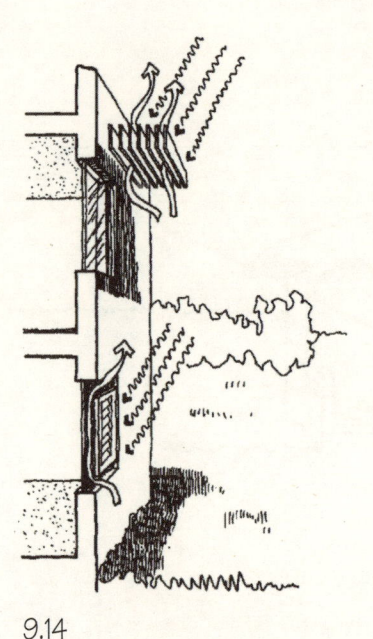

No tempo quente, a luz solar que entra pelas janelas pode produzir um efeito de aquecimento indesejável no interior do edifício ao aquecer as superfícies internas, as quais, por sua vez, aquecem o ar do aposento e irradiam calor para seus ocupantes. Sempre que possível, é melhor bloquear a luz solar do lado de fora da vidraça com árvores, trepadeiras, beirais, venezianas ou toldos (9.14). Assim, ocorre reirradiação e convecção de grande parte do calor absorvido pelo dispositivo de sombreamento para o ambiente externo, e não para o interno. No entanto, é difícil ajustar dispositivos de sombreamento externo a partir de dentro do edifício, e eles são vulneráveis às forças destrutivas da Natureza. Além disso, alguns arquitetos não estão dispostos a aceitar a instalação de dispositivos de sombreamento externo em seus edifícios. Por essas razões, dispositivos de sombreamento interno, tais como cortinas rolô, venezianas e cortinas comuns, são frequentemente utilizados em vez de dispositivos externos. O efeito desses dispositivos internos consiste, em grande medida, em absorver a radiação solar e convertê-la em calor convectado no ar interno enquanto cria sombras para os ocupantes e os móveis dentro do edifício. Dispositivos de sombreamento interno são, por isso, relativamente ineficientes para proporcionar uma redução do aquecimento solar do ar dentro do edifício. No entanto, esses dispositivos oferecem aos ocupantes uma proteção eficiente contra um alto ganho de radiação térmica solar, além de reduzir o intenso efeito de ofuscamento produzido pela luz solar direta.

Vidraças convencionais transmitem mais de 80 por cento da radiação infravermelha solar, mas absorvem a maior parte das ondas infravermelhas de comprimento mais longo vindas de superfícies internas aquecidas pelo sol. Em tempo frio, o vidro perde a maior parte desse calor absorvido por convecção para o ar externo. No entanto, o vidro serve para impedir que o ar interno aquecido pelo sol migre novamente para o exterior, e é basicamente por essa razão que as estufas, os automóveis nos estacionamentos e as placas coletoras solares são aquecidos com tanta intensidade pelo sol.

Vidros que absorvem ou *refletem calor* são frequentemente utilizados em edifícios para reduzir as despesas com ar-condicionado no verão. No entanto, os vidros que absorvem calor, geralmente de cor cinzenta ou parda, não são tão eficientes como se poderia supor à primeira vista, com base nas cifras publicadas referentes à absorção solar. Por exemplo, uma vidraça que absorve 60 por cento do calor solar não transmite apenas 40 por cento para o interior do edifício. Os 60 por cento que são absorvidos vão, em última análise, para algum lugar; ocorre irradiação e convecção de cerca de metade desse valor para o interior do edifício e da outra metade para o exterior, resultando numa redução total efetiva em ganho de calor solar de apenas cerca de 30 por cento (9.15). É claro que tal redução pode ser perfeitamente suficiente para muitas aplicações. De eficiência muito maior são os vidros refletores de calor, que refletem a maior parte do calor solar sem absorvê-lo. Mas uma grande parede de vidro refletivo pode filtrar uma quantidade de luz solar suficiente para sobreaquecer edifícios adjacentes e áreas externas, causando sérios problemas de ofuscamento nas ruas e nos espaços abertos da vizinhança. Um projetista que utilize vidro refletivo precisa usar de moderação e bom julgamento para evitar tais problemas.

Quando se dedica um cuidado suficiente à orientação das janelas, pode-se evitar grande parte das despesas com materiais, equipamentos e energia combustível para lidar com problemas de ganho de calor solar através de janelas. Em locais temperados do hemisfério norte, janelas voltadas para o norte perdem calor por radiação em todas as estações do ano, especialmente no inverno. Janelas voltadas para o leste ganham calor muito rapidamente no verão porque o sol brilha sobre elas num ângulo muito direto, mas esse ganho ocorre apenas de manhã, quando algum influxo de calor é frequentemente bem-vindo depois de uma noite fria. Janelas voltadas para o sul recebem calor solar durante a maior parte do dia no verão, mas com pouca intensidade, pois o sol alto incide sobre a vidraça num ângulo muito agudo. No inverno, o sol incide num ângulo pequeno sobre as janelas voltadas para o sul durante o dia todo, trazendo um calor que geralmente é benéfico para os ocupantes do edifício. As janelas do lado oeste recebem calor rapidamente nas tardes de verão, quando o edifício já está quente, e geralmente aquecem em demasia os aposentos onde estão situadas. Esse efeito é especialmente inadequado nos quartos voltados para o oeste, que atingem temperatura máxima na hora de dormir no verão. Tal fato é ainda mais agravado se as paredes da casa voltadas para o oeste forem deficientemente isoladas, permitindo que as suas superfícies internas se aqueçam e emitam radiação térmica. A sombra de árvores plantadas no lado oeste ou extensos toldos colocados acima das janelas podem ser de considerável ajuda para corrigir os problemas resultantes da exposição ao sol no flanco ocidental. Naturalmente, em latitudes tropicais, as janelas voltadas para o leste e para o oeste ganham enormes quantidades de calor solar e deveriam ser blindadas por meio de dispositivos de sombreamento externo.

O fluxo de calor que irradia para fora de um edifício é máximo em noites claras e secas, e é especialmente rápido nas superfícies de coberturas que "descortinam" grandes porções do céu noturno. Os materiais que compõem a cobertura frequentemente se resfriam por radiação noturna até atingirem temperaturas bem inferiores às temperaturas do ar circundante. Em áreas onde a umidade do ar noturno é geralmente baixa e o céu é claro no tempo quente, a água pode ser resfriada por contato com a cobertura à noite e então armazenada em um tanque isolado e utilizada para resfriar o edifício durante o dia. As superfícies do edifício podem ser resfriadas diretamente pela água se a umidade estiver bastante baixa, ou a água pode ser utilizada para absorver calor das serpentinas de um sistema mecânico de condicionamento de ar.

Um uso mais direto do resfriamento noturno por radiação é a construção de coberturas de alta capacidade térmica em climas quentes e secos. As coberturas perdem calor rapidamente à noite e ficam bastante frias, o que possibilita que absorvam uma grande quantidade de calor solar durante o dia sem permitir que grande parte dele chegue ao interior do edifício. No entanto, a mais direta de todas as aplicações consiste simplesmente em dormir ao ar livre em noites de tempo quente, como se faz habitualmente sobre coberturas planas em muitas áreas do mundo, superando, por meio disso, o efeito de aquecimento do ar graças à irradiação direta de calor pelo corpo em direção à escuridão infinita do espaço (9.16).

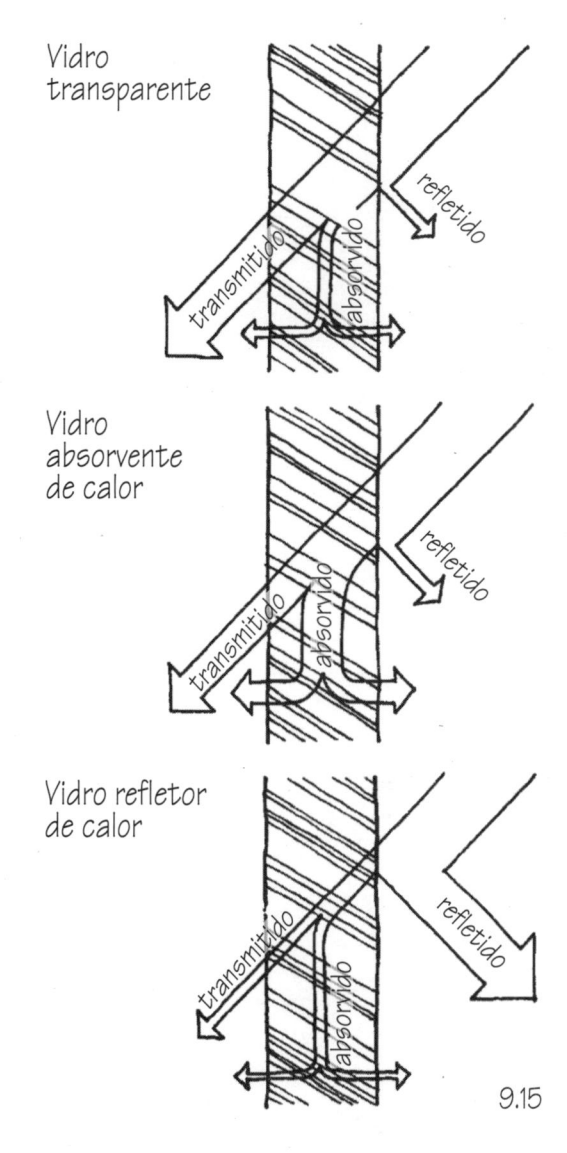

9.16

Por causa da opacidade do vidro e da maior parte dos plásticos à radiação térmica de ondas longas, nem janelas fechadas nem coletores solares cobertos de vidro ou de plástico são muito eficientes em irradiar calor para o céu noturno. Janelas abertas são mais eficientes do que janelas fechadas, mas uma grande proporção do que uma janela "revela" é em geral constituída de árvores, terra e edifícios vizinhos quentes, e não de céu frio. A placa negra de um coletor solar "revela" principalmente o céu, mas é um dispositivo de resfriamento muito ineficiente, a não ser que sua cobertura de vidro seja removida. Talvez o mais eficaz de todos os dispositivos de resfriamento por radiação simples seja a água depositada em tanque sobre uma cobertura plana. A água praticamente nada mais "revela" a não ser o céu, e o efeito de resfriamento por radiação é intensificado pelo resfriamento adicional, por evaporação, da superfície da água do tanque.

Leitura suplementar

J. F. van Straaten, *Thermal Performance of Buildings*, Nova York, Elsevier, 1967.

10
O controle da temperatura e da umidade do ar

É fácil entender os papéis que a temperatura e a umidade do ar desempenham no conforto térmico humano. No ar frio, o corpo perde calor depressa demais para se sentir confortável, e, no ar quente, ele o perde com excessiva lentidão. Nós procuramos um meio-termo adequado. Se o ar está muito úmido, a evaporação pela pele é excessivamente lenta para nos deixar confortáveis. Se o ar está muito seco, a pele e as superfícies respiratórias dos pulmões secam muito rapidamente, e a eletricidade estática se torna um incômodo. Desse modo, esperamos que os nossos edifícios regulem a temperatura e a umidade do ar, juntamente com a radiação térmica e o movimento do ar, dentro de níveis de tolerância razoavelmente estreitos.

O controle passivo da temperatura e da umidade do ar

O recinto de um edifício, independentemente de quaisquer sistemas mecânicos de aquecimento ou resfriamento, tem considerável importância na modificação da temperatura e da umidade do ar interior. A umidade é reduzida em um edifício bem planejado excluindo dele a umidade do solo e a precipitação. Além disso, a umidade depende da ventilação com o ar externo que apresenta uma umidade diferente do ar interno, da geração de umidade atmosférica pelos ocupantes do edifício e do aumento e diminuição da temperatura do ar dentro do recinto do edifício. Uma temperatura do ar em elevação resulta automaticamente numa redução da umidade relativa, e uma queda na temperatura resulta num aumento da umidade. Às vezes, o vapor de água é retirado do ar quando se condensa sobre uma superfície fria do edifício, por exemplo, uma vidraça, um cano de água, a parede de um porão ou a laje de concreto de um piso, o que reduz a umidade.

A temperatura do ar em um edifício onde não há aquecimento nem resfriamento é afetada por vários fatores. O calor *entra* no edifício pelas seguintes vias:

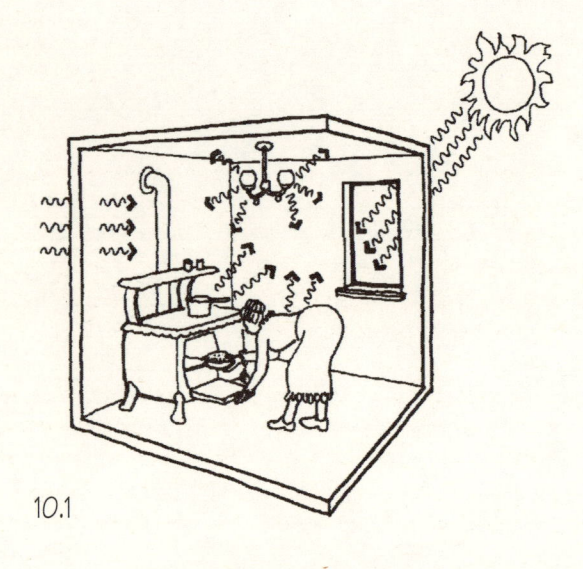

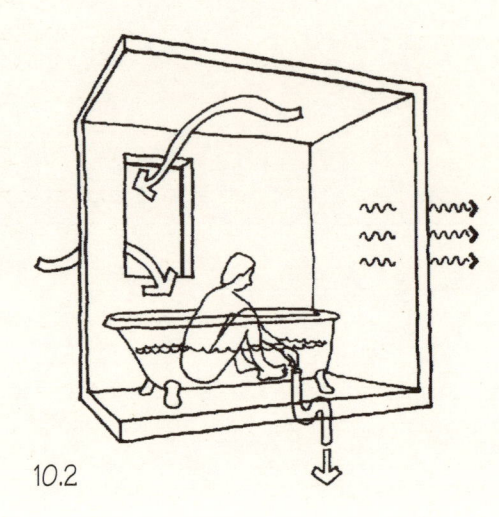

- calor metabólico de seus ocupantes (uma quantidade considerável em auditórios, salas de aula, estádios e lojas cheias de pessoas);
- calor gerado pelas atividades de seus ocupantes (cozinha, banhos e máquinas em operação, dispositivos de iluminação ligados; todas essas fontes são potencialmente intensas);
- radiação solar direta, especialmente a que atravessa janelas e aberturas;
- reirradiação terrestre do calor solar;
- condução do calor para dentro, a partir do ar externo, através de paredes, janelas e coberturas; e
- entrada do ar mais quente vindo de fora através de janelas, portas e sistemas de ventilação (10.1).

O calor *sai* do edifício por meio de

- escape ou vazamento de ar aquecido para o exterior;
- condução de calor para fora, para o ar exterior;
- radiação de calor do edifício para áreas externas mais frias, especialmente para o céu noturno; e
- descarga de água quente pelo esgoto (10.2).

Os efeitos dessas fontes e fluxos de calor sobre a temperatura interna do ar do edifício dependem, em grande medida, das características térmicas do recinto do edifício. Considere os efeitos de apenas dois parâmetros de um recinto, a resistência térmica e a capacidade térmica. A partir desses dois parâmetros, podem-se construir quatro combinações extremas de características térmicas (10.3) por meio de

1. alta resistência, alta capacidade (um pesado edifício de concreto com isolamento térmico);
2. alta resistência, baixa capacidade (um edifício de madeira com bom isolamento térmico);
3. baixa resistência, alta capacidade (um edifício de concreto sem isolamento térmico); e
4. baixa resistência, baixa capacidade (um edifício de madeira sem isolamento térmico).

O ar em um edifício baseado na combinação 1 se aquece lentamente em resposta às suas fontes internas de calor e atinge uma temperatura de equilíbrio que flutua lentamente e com atraso à medida que a intensidade térmica dessas fontes muda. Ele é relativamente pouco afetado por condições externas. O ar em um edifício construído de acordo com a combinação 2 também é relativamente pouco afetado por condições externas, mas se aquece rapidamente e sua temperatura flutua com rapidez. A temperatura do ar em um edifício que tem as características térmicas da combinação 3 é fortemente influenciada por condições externas, mas suas respostas são lentas e atenuadas. O edifício de madeira sem isolamento térmico, correspondente à combinação 4, tem apenas uma pequena vantagem, com relação à temperatura do ar, sobre um espaço externo protegido contra o vento. A temperatura do seu ar interno se ajusta a um valor que se aproxima rapidamente da temperatura externa em qualquer ocasião. É claro que esses são casos muito simplificados. Os projetistas controlam muito mais parâmetros da temperatura do ar interno, embora estes dois, a resistência térmica e a capacidade térmica, figurem entre os mais importantes.

Vale a pena examinar o que acontece ao longo de um dia frio, mas ensolarado, de inverno com as temperaturas do ar interno em um edifício hipotético, sem sistema de aquecimento, construído com madeira e moderadamente bem isolado, com uma grande janela de vidraça dupla voltada para o sul (10.4). À meia-noite, a temperatura externa é inferior à interna, e as superfícies internas, particularmente o vidro, são, portanto, mais frias do que o ar interno. Quando o ar interno se aproxima dessas superfícies, ele esfria e se torna mais denso. Com isso, ele cai ao longo das quatro paredes, perdendo mais calor nessa queda, que se acumula como uma camada fria ao longo do piso. Um ar mais quente se eleva no centro do aposento para substituí-lo, mas, por sua vez, ele também é resfriado pelo teto e pelas paredes, e desce, nas imediações do perímetro, em direção ao piso. O ar perto do teto é mais quente que o ar perto do piso; se o aposento fosse mais alto, essa estratificação das temperaturas do ar seria ainda mais pronunciada. Ao amanhecer, grande parte do calor armazenado no ar do aposento e nos materiais que estão dentro do recinto do edifício se exaure, e a temperatura interna se aproxima lentamente da temperatura externa.

À medida que o sol se levanta, as temperaturas do ar externo sobem ligeiramente, e a radiação solar direta aquece ligeiramente as superfícies externas do edifício voltadas para o leste e para o sul. A maior parte desse

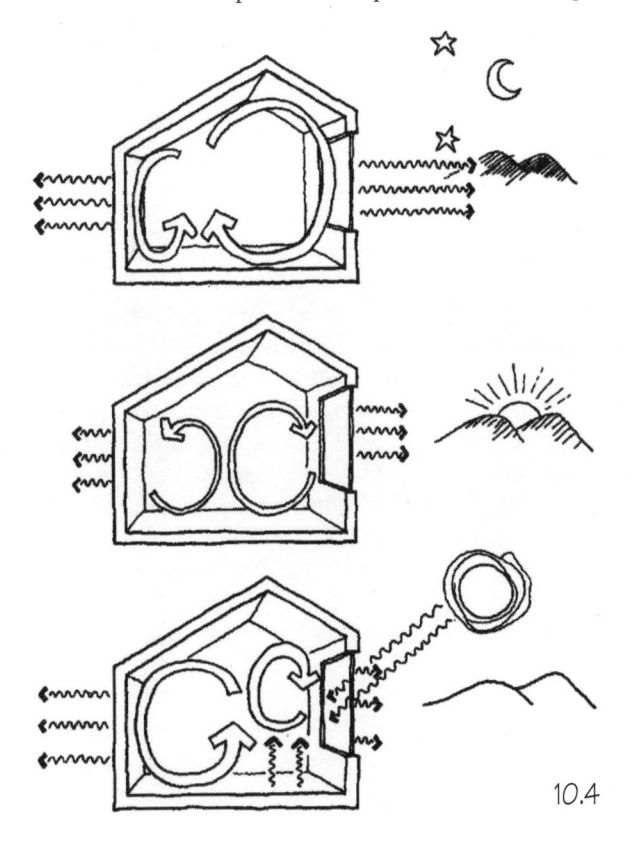

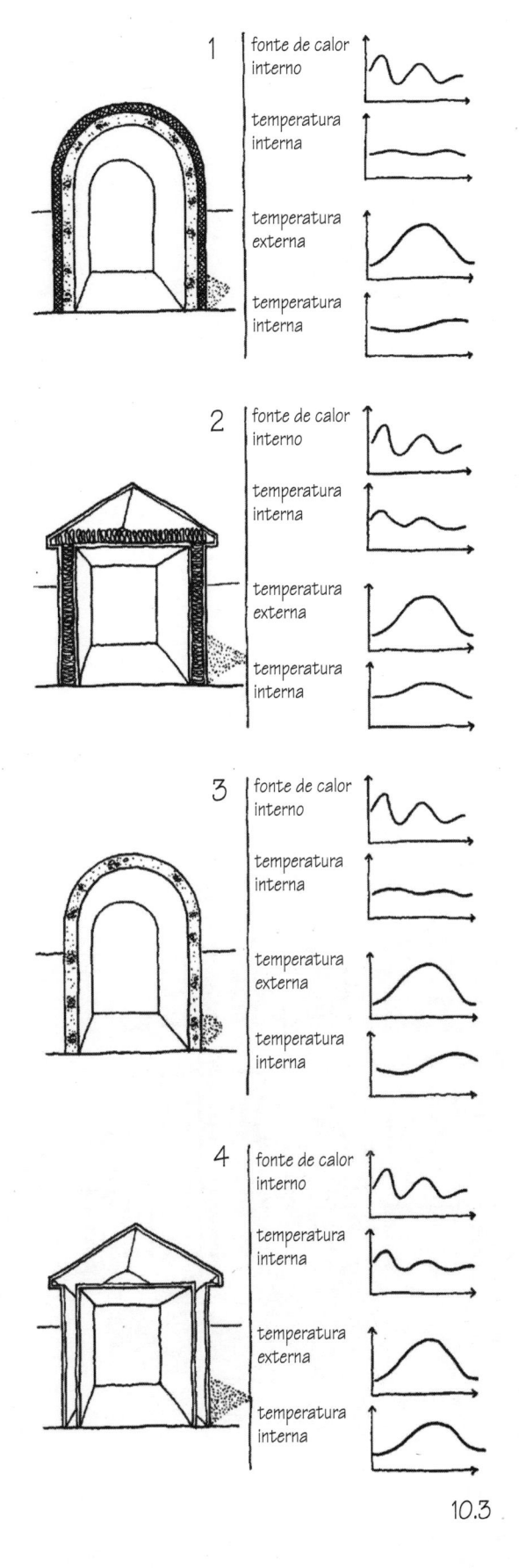

10.4

10.3

novo aquecimento é transmitida, por convecção, das superfícies externas para o ar externo ainda frio, e isso, junto com o aumento da temperatura do ar externo, ajuda a desacelerar a taxa na qual o calor interno é conduzido para fora através das paredes e da cobertura. Essa situação prevalece ao longo de todo o dia, com perdas contínuas, mas moderadas, do interior para o exterior. Enquanto isso, a luz solar, penetrando pela janela, atinge e aquece partes das paredes internas e do piso. Essas superfícies quentes aquecem o ar adjacente, que sobe e é substituído pelo ar mais frio que desce, o qual então também se aquece. Um novo padrão de convecção se estabelece, com um fluxo ascendente nas superfícies aquecidas pelo sol e um fluxo descendente, no qual o calor se perde através das paredes, especialmente nos lados mais frios e mais afastados do sol e junto à superfície interna do vidro mais quente, mas ainda frio. A temperatura do ar interno aumenta, atingindo um pico no início da tarde, e depois disso o sol poente, as temperaturas externas em declínio e a radiação do céu noturno se combinam, dando início a um resfriamento efetivo do espaço interno que é mais rápido no início da noite e aumenta mais devagar por volta da meia-noite.

Há várias maneiras de fazer com que o desempenho térmico do recinto desse edifício melhore de maneira considerável. O recinto poderia ser isolado melhor para reduzir sua taxa de perda de calor utilizando materiais para isolamento permanente ou capachos, tapetes e cortinas. As perdas de calor poderiam ser reduzidas ainda mais minimizando a razão entre a área da superfície exposta do edifício e o volume do seu recinto. Isso poderia ser feito reproporcionando o edifício até que ele se assemelhasse com mais precisão a um cubo ou, melhor ainda, a uma esfera, mas um reproporcionamento rigoroso poderia forçar uma redução, por razões de compensação, na área de vidro que poderia coletar o calor solar. O desempenho térmico também poderia ser melhorado prensando compactamente o edifício entre dois outros edifícios aquecidos (10.5). Uma pesada cortina poderia ser estendida ao longo da janela, ou as folhas da janela, ou então as persianas, poderiam estar fechadas quando o sol não estivesse no céu, a fim de desacelerar a condução do calor para fora através da vidraça. Isso tornaria proveitoso um aumento ainda maior do tamanho da janela a fim de se poder obter ainda mais calor solar, mas tal ampliação poderia resultar num superaquecimento bruto do espaço ao meio-dia – a não ser que a capacidade térmica do interior do edifício fosse aumentada de modo que ele pudesse absorver parte do ganho diurno de calor e retê-lo até a noite. Graças a esses meios, um ciclo diário de temperaturas consideravelmente diferente poderia ser obtido nos dias em que o sol brilha. Em dias nublados, algum calor é ganho através das janelas, vindo da luz difusa que penetra pelas nuvens, mas esse efeito é fraco. O edifício permanece frio ao longo de todo o ciclo de 24 horas.

O aquecimento ativo

Quando um dispositivo de aquecimento é instalado nesse edifício simples, ele acrescenta uma corrente ascendente de ar quente, em geral de intensidade considerável, ao padrão da circulação convectiva. Se o dis-

10.5

positivo (digamos, uma tubulação no formato de serpentina cheia de água quente em circulação) for colocado no centro do aposento, onde já esteja em ação uma corrente convectiva ascendente fraca, ele vai acelerar o padrão de circulação existente enquanto, pouco a pouco, aumentará a temperatura do ar, principalmente perto do teto (10.6). Correntes convectivas descendentes frias vindas das superfícies das janelas e paredes atravessarão o piso antes de serem aquecidas pela serpentina. Um posicionamento melhor para o dispositivo de aquecimento seria debaixo da janela, para contrabalançar as fortes correntes convectivas descendentes que vêm da janela, impedindo-as de atingirem o piso (10.7). Por esse meio, a rápida subida do ar quente também seria desacelerada. Um padrão mais suave de circulação se estabeleceria, evitando acúmulos excessivos de ar quente na zona desocupada perto do teto ou de ar frio na zona ao redor dos pés e tornozelos dos ocupantes. Quanto mais altos forem os níveis de isolamento térmico da estrutura do edifício, mais fracos serão esses movimentos convectivos do ar, e menos crítico será o posicionamento da fonte de calor sob a janela.

A capacidade de produção térmica do dispositivo de aquecimento tem muito a ver com o grau de conforto que pode ser obtido no aposento. Se nós sabemos que o aposento perderá 5 mil kJ por hora para o ambiente externo a uma dada temperatura interna e sob certo conjunto de condições meteorológicas, também sabemos que precisamos acrescentar 5 mil kJ por hora ao ar interno para repor essa perda. Se isso é feito por meio de um dispositivo de aquecimento que só pode produzir calor a uma taxa de 10 mil kJ por hora, o dispositivo precisa operar apenas durante 50 por cento do tempo para que se obtenha a produção necessária, utilizando, para isso, algum padrão de tempo, como dez minutos ligado, dez minutos desligado, e assim por diante. Durante os dez minutos em que o dispositivo está ligado, a temperatura média do aposento subirá de um nível ligeiramente abaixo do ótimo para determinado nível ligeiramente acima do ótimo, e as correntes convectivas frias serão efetivamente interrompidas. Durante os dez minutos em que o dispositivo está desligado, a temperatura cairá até um nível ligeiramente abaixo do ótimo, antes que o dispositivo fique novamente ligado. Por si só esse fato pode ter muito pouca importância para o conforto dos ocupantes; mais séria é a perda da ação circulante do dispositivo de aquecimento durante o tempo em que ele estiver desligado. O ar mais quente no aposento migrará para o teto, e o ar frio, mais denso, fluirá em direção ao piso, aos tornozelos e pés frios, e às crianças que brincam no chão. É preferível dispor de um dispositivo de aquecimento que opere continuamente, e cuja produção térmica possa ser ajustada em 5 mil kJ por hora, de modo que sua ação de agitar e misturar seja capaz de impedir continuamente a presença de correntes convectivas frias e distribuições desiguais de temperatura.

Combustíveis para o aquecimento

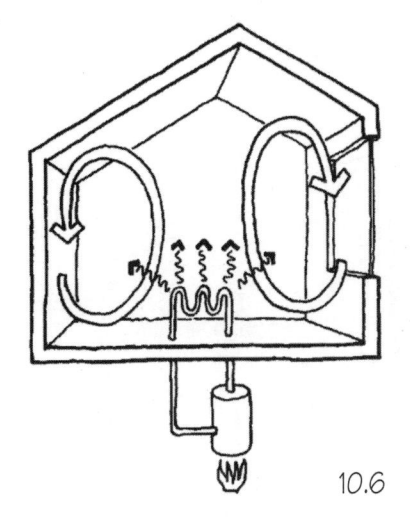

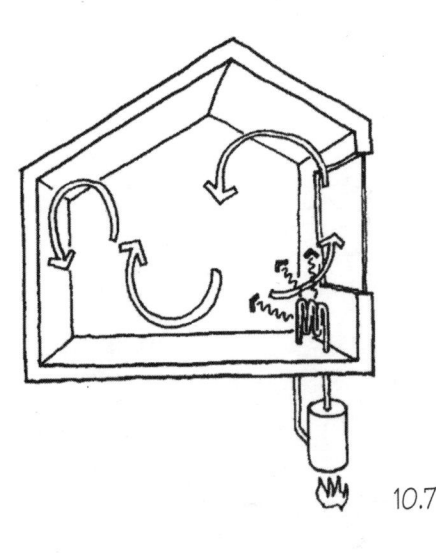

Atualmente, utiliza-se uma ampla variedade de dispositivos e sistemas de aquecimento. O mais primitivo e psicologicamente estimulante dentre eles é o fogo direto de lenha ou carvão, mas seu efeito de aquecimento é principalmente transmitido por radiação, e a maior parte de seu calor, juntamente com quantidades consideráveis de ar introduzido no aposento, se perdem subindo pela chaminé (10.8). Um aquecedor de metal ou cerâmica operando dentro do aposento é muito mais eficiente tanto com relação à radiação como à convecção. Alguns aquecedores modernos, com controle termostático, são altamente eficientes (10.9). As perdas de calor pela chaminé são relativamente baixas nos aquecedores, mas, com fogo direto, como nas lareiras, quantidades consideráveis de calor se perdem através do ar do aposento, que é puxado para dentro da chama a fim de produzir a combustão, a não ser que o ar de combustão seja canalizado diretamente de fora do edifício até a base da chama. Se um aposento não dispõe de um suprimento independente de ar de combustão nem espaço suficiente ao redor de janelas e portas que dê passagem a esse ar de combustão, uma lareira ou um aquecedor pode emitir muita fumaça a ponto de exaurir gravemente o ar dentro do recinto.

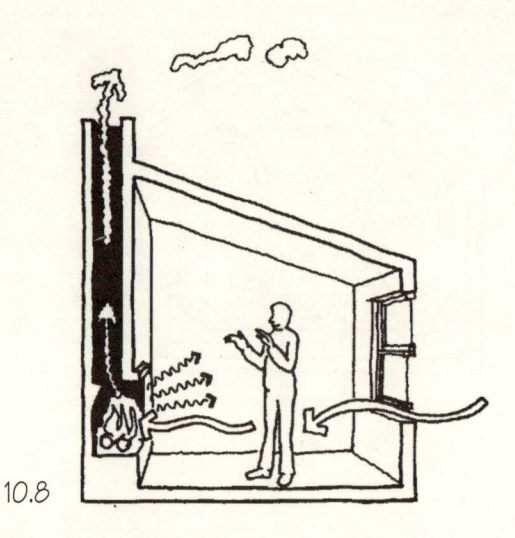

Os aquecedores a resistência elétrica são discretos, de construção e instalação baratas, fáceis de controlar, podem produzir (em vários modelos) qualquer mistura desejada de calor por radiação e por convecção, não precisam de ar de combustão e não causam perda de ar aquecido para o exterior. Eles convertem eletricidade em calor com total eficiência. Sua maior desvantagem está no fato de que, com exceção de locais onde há disponibilidade de energia hidrelétrica barata, a eletricidade é várias vezes mais cara do que qualquer outro combustível disponível. No que se refere à utilização dos recursos, quando a eletricidade é gerada a partir de combustíveis fósseis ou de energia nuclear, para cada unidade de calor liberado pela resistência elétrica num aposento, duas ou três unidades são descartadas nas vias por onde a água se escoa e na atmosfera, por causa das perdas na geração e na transmissão de eletricidade, e isso faz com que o calor elétrico, no todo, tenha aproximadamente metade da eficiência, no que se refere ao consumo de combustível, em comparação com a combustão direta de combustível em dispositivos de aquecimento dentro do edifício.

O carvão foi outrora o combustível preferido dos sistemas de aquecimento central. No entanto, é relativamente difícil distribuí-lo das minas para os edifícios, assim como lidar com ele dentro dos edifícios. Sua combustão produz uma cinza pesada e pulverulenta que precisa ser transportada para fora do edifício a fim de ser removida. Também é relativamente difícil queimar carvão de maneira eficiente e limpa. Por essas razões, o carvão é um combustível de aquecimento que, em grande medida, foi suplantado nos Estados Unidos pelo óleo combustível e pelo gás.

A manipulação do óleo combustível é muito mais fácil e mais limpa do que a do carvão porque ele pode ser bombeado por caminhões de abastecimento diretamente para um tanque de combustível no edifício e transportado automaticamente do tanque até o combustor. O gás é o combustível mais limpo e mais cômodo de todos, pois em geral é diretamente encanado até o combustor a partir do cano principal de distribuição que fica enterrado sob a rua. A princípio, a maior parte do gás combustível era produzida localmente com a destilação do carvão e distribuída por redes de encanamento puramente locais. Hoje, o gás natural é muito mais comum do que o gás artificial produzido localmente e, com frequência, é encanado ao longo de milhares de quilômetros diretamente da fonte até o consumidor.

Aquecimento solar

A energia solar é uma fonte atraente de calor por ser gratuita, não poluente e renovável, ao contrário de quaisquer outros combustíveis, com exceção da madeira e do vento. Mas tem várias desvantagens: ela chega ao local do edifício com uma intensidade muito baixa. Está disponível apenas durante uma fração do tempo nas temporadas quentes por causa das poucas horas de luz diurna e da presença frequente de tempo nublado. Além disso, para a maior parte dos edifícios existentes e uma grande proporção de locais potencialmente capazes de abrigar edifícios, sua disponibilidade fica seriamente limitada pelas construções, árvores e características geográficas circunvizinhas, e por uma orientação desfavorável do edifício ou da localização do edifício com relação ao sol.

Por causa da intensidade relativamente baixa da radiação solar, é preciso destinar grandes áreas da superfície do edifício à sua coleta por meio de um sistema de aproveitamento da energia solar. Coletores convergentes, que precisam se movimentar automaticamente de modo que acompanhem os movimentos diários do sol, são geralmente incômodos e caros demais para ser utilizados em edifícios. Em vez deles, coletamos a energia solar por meio de janelas de grande área ou de painéis coletores de placa plana. Embora nem as janelas nem os coletores de placa plana consigam obter a alta eficiência e a alta temperatura produzidas pelos coletores convergentes, ambos são capazes de reunir quantidades úteis de calor com temperatura adequada para o aquecimento confortável dos edifícios.

Se forem utilizadas janelas para coletar o calor solar no hemisfério norte, elas devem ser orientadas dentro de uma faixa de alguns graus em torno do verdadeiro sul a fim de captarem uma quantidade máxima de luz solar no inverno (10.10). Para evitar superaquecimento no inverno durante períodos ensolarados e armazenar calor para as noites e os períodos sem sol, é preciso prover capacidade de armazenamento térmico dentro do recinto do edifício utilizando grandes volumes de alvenaria, concreto ou água, ou volumes menores de determinados sais químicos que armazenam calor com eficiência. O sistema funcionará melhor se os materiais de armazenamento forem diretamente expostos à luz solar que entra pelas janelas. As perdas de calor noturno através do vidro precisam ser minimizadas graças ao uso de persianas isoladas, cortinas pesadas ou um envidraçamento especial, que seja altamente refletor do infravermelho de ondas longas. Um beiral convenientemente planejado ou uma marquise horizontal bloqueia o sol alto de verão impedindo-o de entrar no edifício e aquecê-lo, mas permite o pleno ingresso dos raios do sol baixo de inverno.

Sistemas de aquecimento solar baseados em janelas geralmente não têm partes móveis e são por isso classificados como sistemas *passivos*. Um sistema que admite a luz solar direta no espaço ocupado do edifício, tal como aquele descrito antes, é chamado de sistema de *ganho direto*. Sistemas de ganho direto têm sérias desvantagens: permitem que as tempe-

10.10

Sistema típico de aquecimento solar passivo

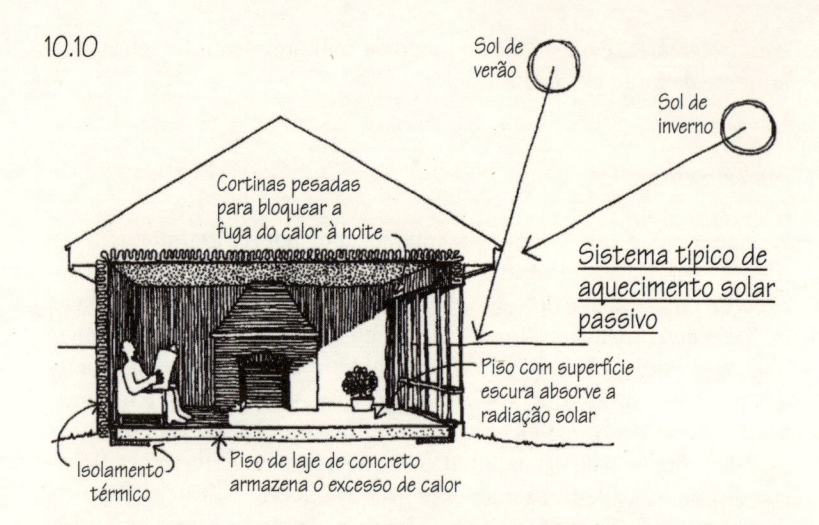

- Sol de verão
- Sol de inverno
- Cortinas pesadas para bloquear a fuga do calor à noite
- Piso com superfície escura absorve a radiação solar
- Isolamento térmico
- Piso de laje de concreto armazena o excesso de calor

raturas do ar interno flutuem numa larga faixa de variação. A luz solar direta no interior do aposento é demasiadamente brilhante para permitir a leitura ou outras tarefas. Além disso, os raios solares causam o desbotamento e a deterioração de tapetes, estofados, cortinas e madeira.

Uma maneira de reduzir esses problemas consiste em reunir o calor solar em uma *câmara solar anexa* (10.11). A câmara solar fica plenamente exposta à luz solar e se torna demasiadamente quente para permitir que o ambiente fique confortável quando o sol não está presente. O calor excedente é puxado para o interior da parte habitada do edifício por meio de convecção ou de um exaustor. A câmara solar pode ser utilizada como estufa ou solário, embora seja, com frequência, quente demais para qualquer um desses usos, a não ser que se agregue a ela um sistema de armazenamento térmico. Esse sistema pode ter a forma de uma parede de alvenaria, de recipientes de água, ou de um leito de pedras sob o piso através do qual o ar aquecido pelo sol é puxado por meio de convecção ou de um exaustor elétrico.

Outro método consiste em instalar uma maciça parede de alvenaria ou concreto, ou colocar recipientes cheios de água na caixa de ar com a parede de vidro voltada para o sul (10.12). Essa *parede de Trombe* (que leva o nome de seu inventor) bloqueia o interior do edifício contra a luz do sol e absorve e armazena calor solar. Quando o ar no edifício está mais frio que a parede, ele ganha calor da parede.

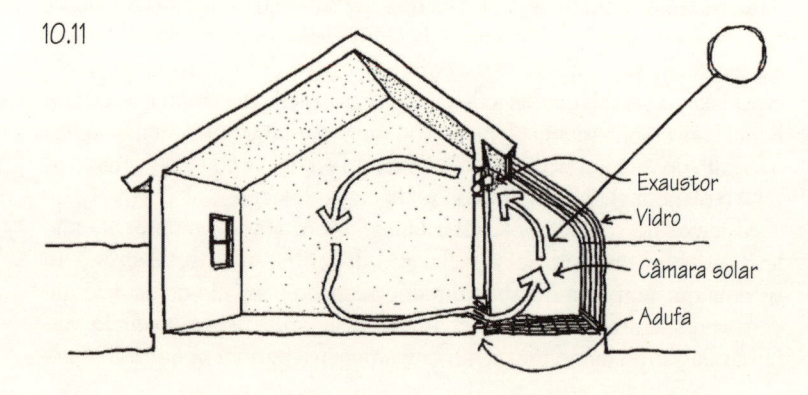

10.11

- Exaustor
- Vidro
- Câmara solar
- Adufa

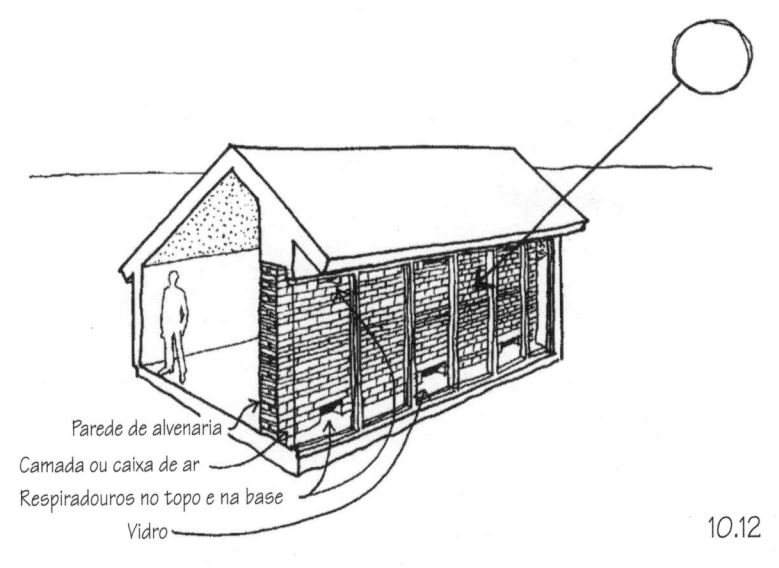

Parede de alvenaria
Camada ou caixa de ar
Respiradouros no topo e na base
Vidro

10.12

Todos esses métodos de aquecimento solar passivo acrescentam custos substanciais ao edifício para a instalação de uma área de janela adicional, de armazenamento térmico e de dispositivos isolantes para o fechamento das janelas. Nenhuma delas oferece um controle muito rigoroso da temperatura do ar interno. Nenhuma eliminará a necessidade de um sistema de aquecimento convencional para oferecer conforto durante longos períodos nublados. Com o dinheiro adicional que seria gasto com o aquecimento solar passivo, pode-se acrescentar um isolamento térmico considerável aos tetos, paredes e pisos de um edifício, e instalar uma área moderada de janelas muito eficientes, de preferência voltadas para o sul para coletar quantidades de calor solar pequenas, mas úteis. Esse método de *superisolamento térmico, temperado pelo sol*, pode resultar num edifício que utiliza quase a mesma quantidade de combustível para aquecimento que o sistema solar passivo, enquanto oferece melhor controle da temperatura do ar e da luz solar direta.

Os sistemas de aquecimento solar ativo geralmente injetam, no espaço sob as placas dos coletores de placas planas (CPPs), ar ou líquido, que leva consigo o calor absorvido (10.13). O calor é armazenado em líquidos, pedras ou sais em um recipiente isolado dentro do edifício, do qual ele pode ser retirado, na medida do necessário, pelo sistema de distribuição de calor do edifício. Os coletores são geralmente instalados de modo que formem um ângulo aproximadamente perpendicular aos raios de sol do meio-dia no solstício de inverno. A construção do coletor pode ser muito simples: uma ou duas placas de cobertura de vidro ou plástico permitem a entrada da luz solar e captam o seu calor; uma superfície metálica de cor escura absorve o calor; ar ou líquido percorre canos ou dutos internos ao coletor e presos à superfície de metal para levar consigo o calor; a parte traseira do coletor, constituída de material termicamente isolante, minimiza o desperdício de calor.

É praticamente impossível planejar um sistema de aquecimento solar ativo capaz de fornecer todo o calor necessário a um edifício sob todas as condições meteorológicas. Uma série de dias nublados na época do solstício de inverno pode exaurir o calor útil até mesmo do maior recipiente

Sistema típico de aquecimento solar ativo

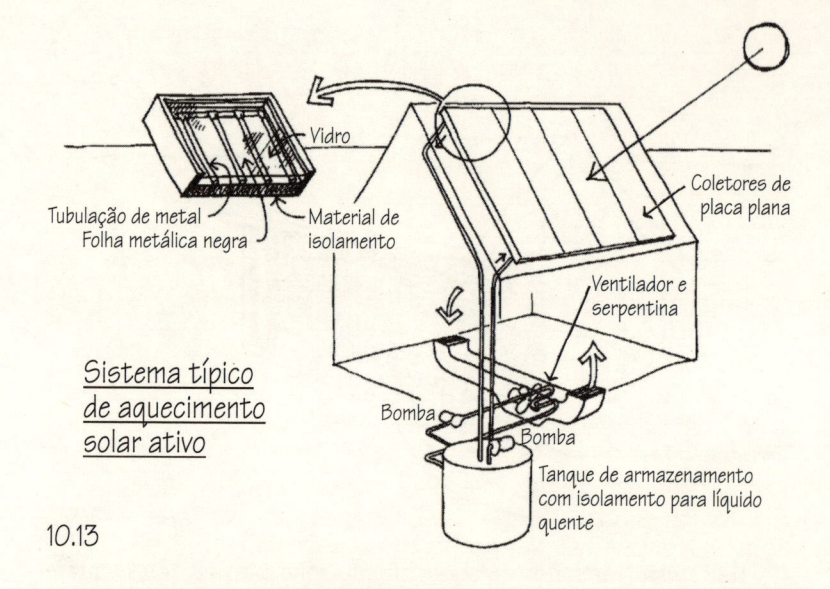

10.13

de armazenamento. Como acontece com um sistema de aquecimento solar passivo, é necessário um sistema de aquecimento sobressalente, que utilize combustível fóssil, lenha ou eletricidade como combustível. O sistema sobressalente precisa ter capacidade suficiente para aquecer o edifício durante um prolongado período sem sol. Isso significa que sua instalação é tão cara quanto a de um sistema de aquecimento em um edifício semelhante, mas sem sistema de aquecimento solar. Desse modo, é inerentemente muito mais caro construir um edifício com um sistema de aquecimento solar ativo do que sem ele. Como acontece com o aquecimento solar passivo, um melhor isolamento térmico do edifício pode, com frequência, conseguir a mesma economia de combustível de aquecimento a um custo inicial igual ou menor.

Energia eólica

É improvável que a energia eólica, embora seja a mais abundante nos meses frios do ano, e esteja com frequência disponível à noite, seja uma alternativa viável ao aquecimento solar ou por meio de combustíveis fósseis na maioria dos edifícios. Além de sua natureza esporádica, o vento é uma fonte de energia demasiadamente difusa e difícil de ser captada. Até mesmo uma casa pequena e bem isolada requer um moinho de vento muito grande, de difícil manutenção e sujeito a ser danificado pelas tempestades, para gerar energia suficiente para o aquecimento no inverno em um clima temperado. O custo do moinho seria da mesma ordem de grandeza do custo da casa.

Distribuição do calor

Vários meios podem ser utilizados para distribuir o calor de uma fonte central para os vários espaços em um edifício. Antigamente, o vapor de água era popular e ainda hoje continua a ser utilizado em muitos edifícios. Ele é produzido em uma caldeira, circula sob pressão ao longo de canos isolados e se condensa em "radiadores" de ferro fundido (na realidade, o efeito desse sistema de aquecimento é em grande parte convectivo), nos quais o calor latente de vaporização é liberado no ar do recinto. O líquido condensado é, em seguida, bombeado de volta à caldeira por meio de uma rede de canos de retorno (10.14). Os sistemas de aquecimento a vapor, embora razoavelmente eficientes, são difíceis de controlar com precisão por causa da rapidez com que o vapor, ao se condensar, libera calor.

A distribuição de água quente, em geral chamada de *aquecimento hidrônico*, é muito mais fácil de controlar (10.15). Esse sistema envolve a circulação de quantidades muito maiores de água do que aquela que circula em um sistema de aquecimento a vapor, pois apenas o calor sensível da água é transmitido para o ar, e não o abundante calor latente de vaporização. Porém, regulando tanto a temperatura da água como sua taxa de circulação, pode-se obter uma liberação muito uniforme e controlada de calor no ar, resultando num alto grau de conforto para os ocupantes. Os sistemas de água quente são silenciosos quando adequadamente instalados e ajustados.

Sistemas de aquecimento do ar para a distribuição de calor não são tão silenciosos quanto os sistemas de água quente, especialmente se as velocidades do ar utilizadas forem altas. A menos que estejam sob manu-

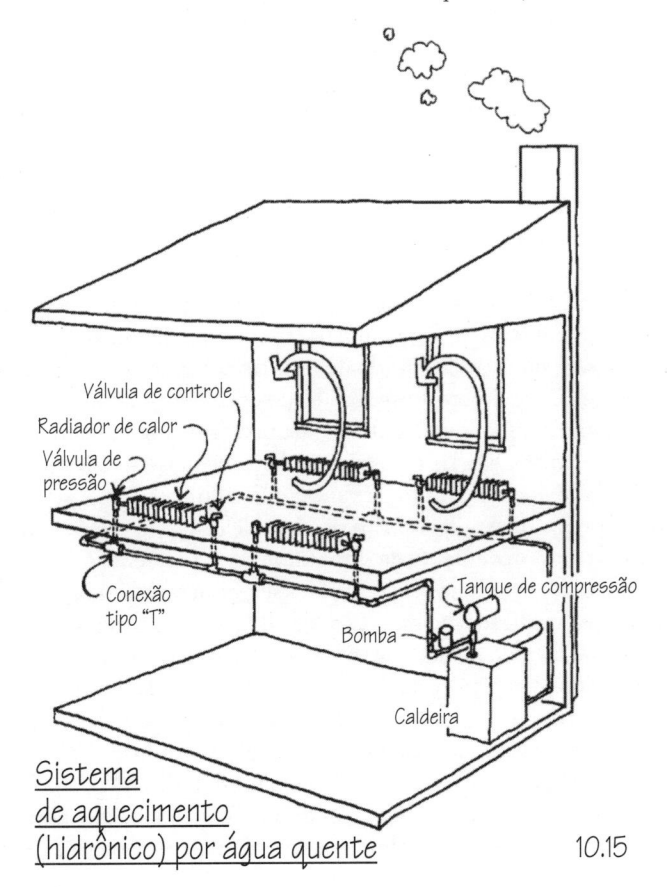

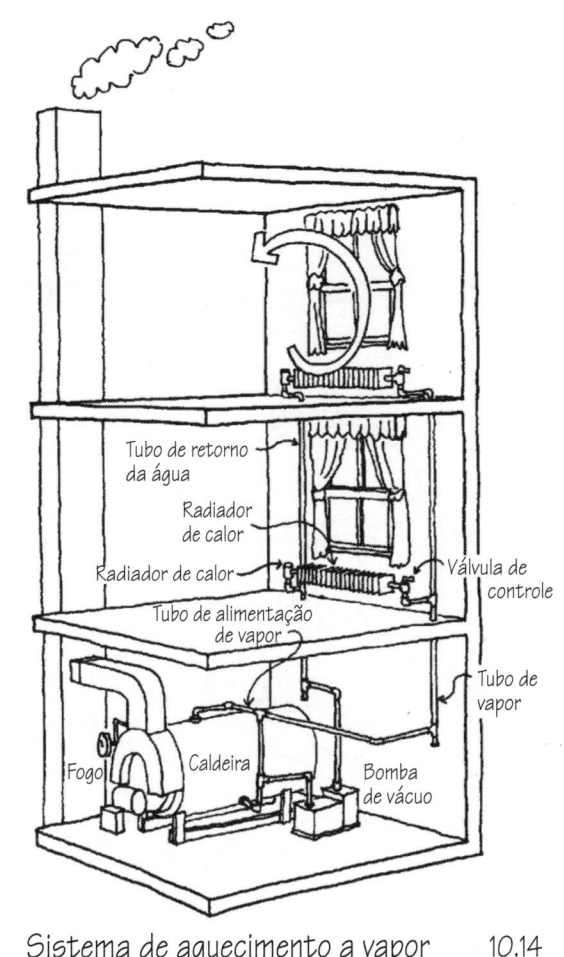

Sistema de aquecimento a vapor 10.14

Sistema de aquecimento (hidrônico) por água quente 10.15

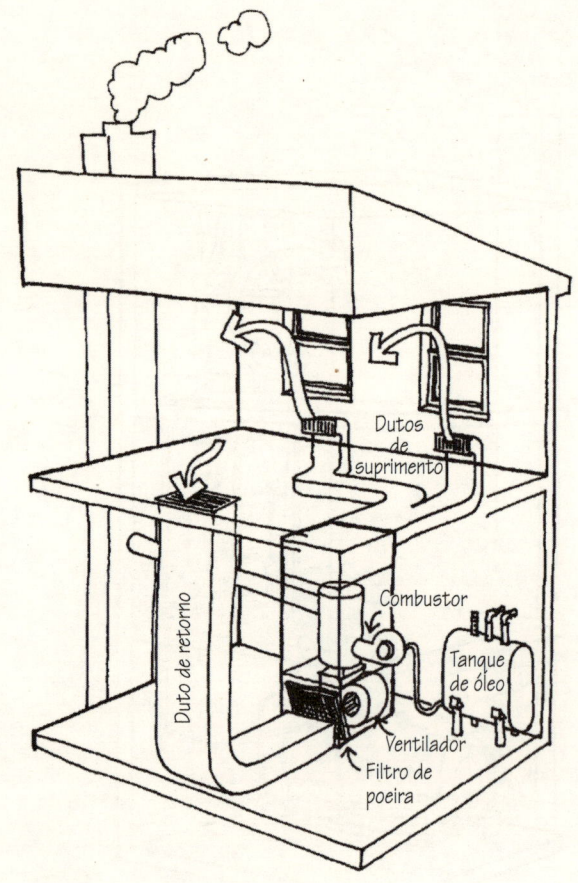

tenção constante, eles podem fazer com que não apenas ar mas também poeira circulem pelo edifício. Sua tubulação de dutos é volumosa e difícil de ser alojada em comparação com os encanamentos de água ou vapor. Mas os sistemas de ar quente têm fortes vantagens: o controle das condições de conforto pode ser, no mínimo, tão bom quanto o dos sistemas de água quente graças ao controle simultâneo da temperatura e do volume do ar e, especialmente, graças à maior capacidade de misturar e redistribuir a corrente de ar em um aposento. Esse fato é particularmente importante em espaços altos, onde a estratificação excessiva poderia constituir um problema. Além disso, os sistemas de ar têm outros atributos: eles são capazes de incorporar funções de filtração, umidificação, ventilação e resfriamento utilizando, para isso, a mesma tubulação de dutos. Qualquer proporção desejada de ar externo fresco pode ser acrescentada ao ar que circula pela caldeira de calefação, e, quando o tempo está quente, pode-se desligar o combustor e ativar as serpentinas de resfriamento para a circulação de ar frio.

Em sua origem, o sistema central de ar quente era apenas um grande aquecedor ou forno instalado no meio do porão, com grades nos pisos acima dele, que permitiam ao calor proveniente do aquecedor ser transmitido, por convecção, para os andares superiores do edifício. As temperaturas e fluxos de ar desiguais desse sistema foram melhorados pelo acréscimo de uma tubulação de dutos de suprimento e retorno, por meio da qual o ar em convecção podia ser dirigido para os locais onde ele era mais necessário. Com a adição suplementar de um ventilador para pôr o ar em movimento, os dutos foram reduzidos a um tamanho e volume mais manejáveis; filtros podiam ser instalados junto à caldeira para limpar o ar à medida que ele circulasse; e isso possibilitou obter uma mistura melhor do ar do aposento (10.16).

Sistema de aquecimento por ar quente
10.16

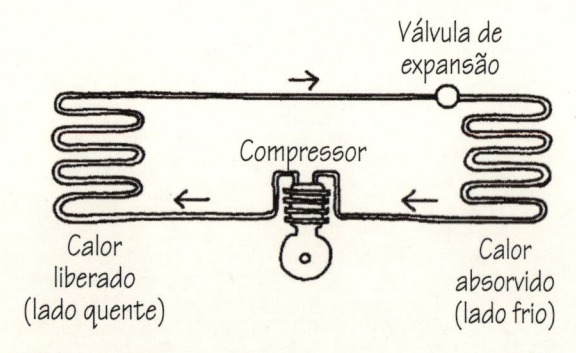

Sistemas de resfriamento

Qualquer um de dois sistemas básicos pode ser utilizado para produzir ar frio nos edifícios. O sistema mais comumente empregado é o *ciclo de compressão*, no qual um fluido de transmissão gasoso, em geral um clorofluorcarbono, é comprimido e liquefeito. Isso faz com que o fluido fique muito quente. Esse fluido quente percorre uma serpentina de tubos de cobre (10.17). Em sistemas de escala residencial, essa serpentina que fica do lado quente é resfriada ventilando-a diretamente com ar externo por meio de um ventilador. Em sistemas de resfriamento de grandes edifícios, o calor proveniente da serpentina do lado quente é absorvido por um fluxo de água bombeado sobre a serpentina. A água aquecida, por sua vez, é bombeada até uma *torre de refrigeração* situada no topo da cobertura ou ao lado do edifício, onde ela escoa devagar sobre uma treliça aberta exposta a uma corrente de ar externo soprada por um ventilador. Isso faz com que a água libere calor para o ar por meio de evaporação e convecção, e essa combinação é muito mais eficaz do que o resfriamento apenas convectivo do sistema de escala residencial. A água que vem do fundo da torre de refrigeração, tendo perdido o calor que absorvera da serpentina percorrida pelo fluido quente, é bombeada de volta para a ser-

Ciclo de compressão
10.17

Evaporador → *Absorvedor*

vapor de água

Saída da água fria — Água

água ←

Solução salina

Solução salina concentrada

vapor ←

Saída da água quente — Água

Solução salina

Calor

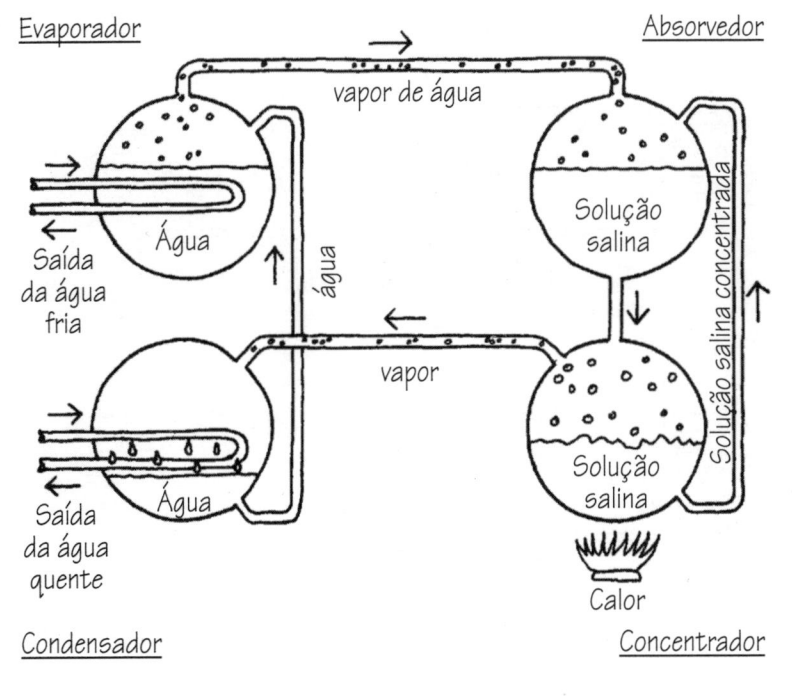

<u>Condensador</u>   <u>Concentrador</u>

<u>Ciclo de absorção</u>   10.18

pentina, onde novamente absorve calor. Enquanto isso, o fluido de transmissão, comprimido e resfriado (ainda ligeiramente quente), é liberado, por meio de uma válvula de expansão, para dentro de outra serpentina, onde, sob uma pressão mais baixa, ao passar do estado líquido para o gasoso, ele se torna muito frio. Depois que a vaporização estiver completa, o fluido de transmissão retorna ao compressor para recomeçar o ciclo.

A água ou o ar é resfriado ao circular, passando pela serpentina do lado frio. Ele é distribuído por todo o edifício, onde absorve calor proveniente de seus ocupantes, máquinas, lâmpadas e superfícies do edifício. Esse calor é transportado pelo ar antes de retornar para determinado ciclo de resfriamento.

Como alternativa para o ciclo de compressão, pode-se utilizar um *ciclo de absorção* (10.18). Uma solução concentrada de um produto químico higroscópico, em geral brometo de lítio salino, absorve água fazendo com que evapore de um recipiente. A água no recipiente se torna muito fria como resultado da evaporação. A água é resfriada ao circular por serpentinas nesse recipiente. Daí, essa água fria passa a circular por todo o edifício refrigerando instalações permanentes, por exemplo, de iluminação, que necessitem de resfriamento. Enquanto isso, a solução salina diluída precisa ser continuamente extraída do vaso do absorvedor e reconcentrada por meio de fervura antes de retornar para renovação do ciclo. O vapor que se ergue da fervura é condensado com a água que vem de uma torre de refrigeração e, em seguida, retorna ao recipiente de evaporação. O calor necessário para se ferver a solução salina pode ser fornecido por vapor ou por uma chama alimentada por gás ou óleo combustível.

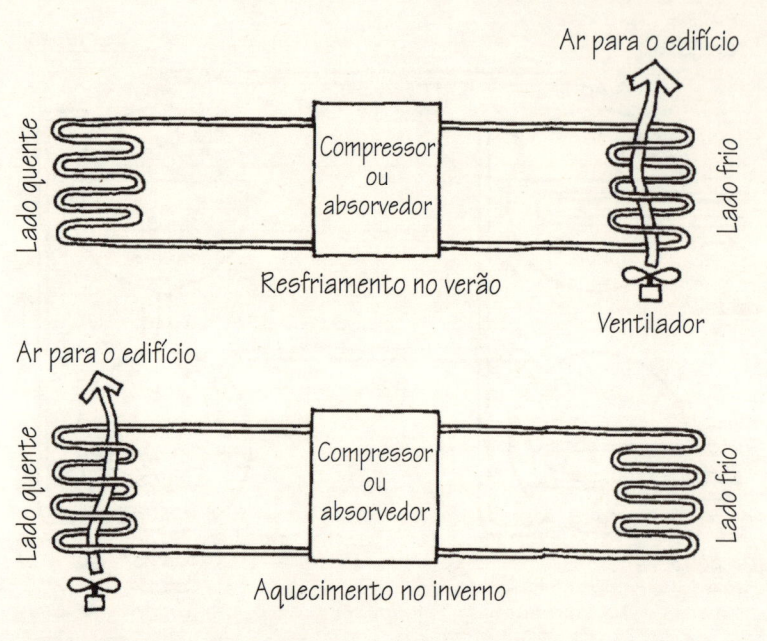

Princípio da bomba de calor
10.19

Note que esses dois sistemas, o compressor e o resfriador por absorção, têm um lado "quente" e um lado "frio". Para resfriar, fazemos o ar ou a água circular, passando pelo lado frio do sistema. Porém, é igualmente possível utilizar o lado quente como uma fonte de calor para o tempo frio, e isso é feito com frequência. Nessa aplicação, tal sistema é conhecido como *bomba de calor* (10.19). Uma quantidade relativamente pequena de energia é utilizada para "bombear" uma quantidade relativamente grande de calor "para cima", a partir de uma substância mais fria (geralmente a água, o solo ou o ar externo), para uma substância mais quente, o ar dentro do edifício. Bombas de calor são fabricadas em tamanhos que variam desde unidades que podem ser instaladas em janelas, passando por unidades convenientes para se aquecer ou se resfriar uma casa, até unidades grandes para edifícios maiores. Uma bomba de calor é, com frequência, instalada na parte central de um *sistema de energia total*, que concentra o calor residual proveniente de um sistema de geração de eletricidade a fim de aquecer os mesmos edifícios que são servidos pelos geradores.

Desumidificação

Quando o ar úmido de verão é esfriado nas serpentinas de um sistema de condicionamento de ar, ele geralmente atinge uma temperatura abaixo de seu ponto de orvalho. Isso suscita dois problemas: a umidade condensada precisa ser removida das serpentinas de resfriamento e o ar resfriado tem uma umidade relativa desconfortavelmente alta de 100 por cento. A água condensada goteja das serpentinas num recipiente de metal de onde ela é removida por meio de uma tubulação de drenagem. A umidade do ar é reduzida misturando o ar frio com o ar mais quente do interior do edifício. Se for necessário um controle bastante rigoroso da umidade, o ar frio e úmido pode ser levado a percorrer uma serpentina de aquecimento para aumentar sua temperatura em alguns graus e reduzir sua umidade antes que ela penetre no espaço habitado do edifício.

Sistemas de condicionamento de ar

O mais simples dos sistemas centrais de condicionamento de ar é o sistema de *volume de ar constante* (VAC), no qual um ventilador faz o ar circular ao longo de serpentinas de aquecimento e de resfriamento, e de um sistema de dutos que o distribui para todos os aposentos de um edifício (10.20). As serpentinas de aquecimento são ativadas apenas quando o edifício exige calor; em um sistema pequeno, elas são frequentemente substituídas por uma caixa de fogo na qual se queima gás ou óleo combustível. As serpentinas de refrigeração em um sistema de condicionamento de ar de escala residencial ficam no lado frio do fluido refrigerante e estão diretamente ligadas ao compressor. Em um edifício maior, as serpentinas de refrigeração transportam água que foi resfriada por outras serpentinas de refrigeração associadas a um resfriador (*chiller*) de compressão ou de absorção situado nas imediações. Flapes controlados eletricamente, chamados *válvulas borboleta*, esvaziam uma porcentagem de ar que vem da tubulação de dutos de retorno e deixam passar uma quantidade igual de ar fresco que vem do exterior para ventilar o edifício.

Em edifícios maiores, um sistema VAC, controlado por um único termostato, é geralmente incapaz de manter temperaturas confortáveis simultaneamente em partes do edifício que são expostas a diferentes quantidades de luz solar e que contêm um número diversificado de máquinas produtoras de calor, por exemplo, computadores. Uma maneira de superar esse problema consiste em dividir o edifício em *zonas*, cada uma delas com necessidades semelhantes de aquecimento e resfriamento, e instalar um sistema VAC separado para cada zona, o qual fornece, a todos os *aposentos com ventilador* acoplados ao sistema VAC, água quente e fria proveniente da caldeira e do resfriador de uma instalação central. Em cada um desses aposentos, um ventilador movimenta o ar ao longo de serpentinas de aquecimento e resfriamento, e o faz circular pela tubulação de dutos em sua zona.

Um sistema de *volume de ar variável* (VAV) permite um controle mais individual da temperatura do que um sistema VAC. Um sistema VAV guarda estreita semelhança com um sistema VAC, mas cada zona do edifício tem o próprio termostato, que opera uma válvula borboleta para controlar a quantidade de ar condicionado que entra na tubulação local de dutos nessa zona. Se uma zona precisar de mais resfriamento, um termostato abrirá sua válvula borboleta colocando mais ar frio em circulação. Se precisar de menos, a válvula borboleta se fechará parcialmente, e menos ar circulará. O ventilador, as serpentinas e a tubulação de dutos principal são idênticos aos de um sistema VAC.

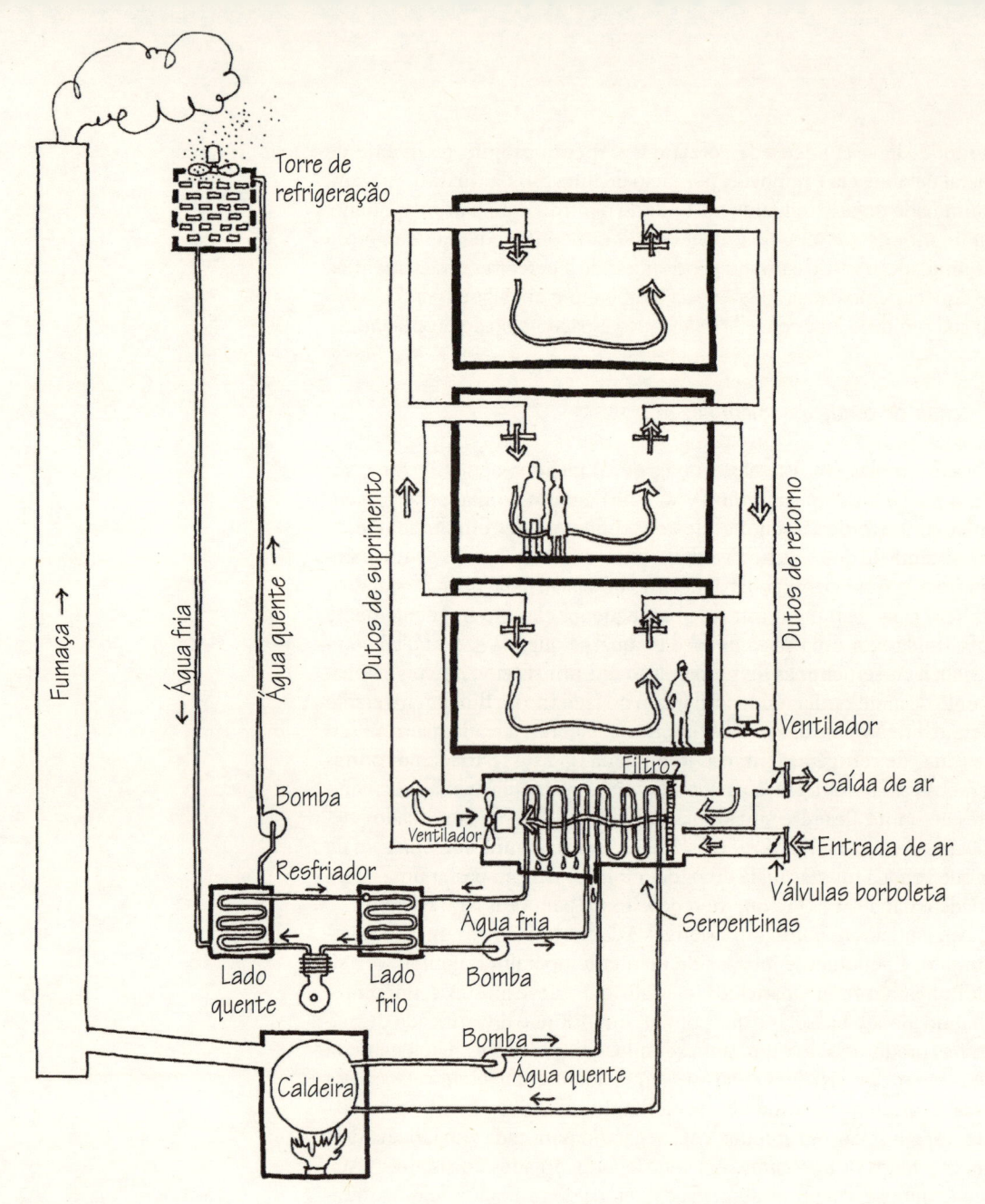

Diagrama esquemático de um sistema de volume de ar constante (VAC)

10.20

Em edifícios grandes, cujas temperaturas precisam estar sob estrito controle em grande número de zonas ou aposentos, outros tipos de sistemas podem ser instalados. Um sistema de *dutos duplos* faz circular ar aquecido e ar resfriado até uma caixa de controle em cada zona, onde um termostato regula as proporções relativas de ambos, que são misturados e fornecidos aos aposentos. Um sistema de *reaquecimento terminal* faz circular ar frio e água quente em cada zona. O ar é fornecido por meio de uma serpentina de água quente controlada termostaticamente que aquece o ar até a temperatura desejada. A instalação e a operação dos sistemas de duto duplo e de reaquecimento terminal são mais caras que as dos sistemas VAC ou VAV, e por isso o seu uso está geralmente restrito a ambientes rigorosos, por exemplo, laboratórios, fábricas de aparelhos eletrônicos e salas de cirurgia nos hospitais.

Outro tipo de sistema permite o controle da temperatura individual em cada aposento de um edifício fazendo circular por ele água resfriada ou aquecida que vai da unidade central até os aposentos. Em cada aposento, uma *unidade de ventilação* instalada em uma parede externa faz circular o ar do aposento acrescido de uma porcentagem de ar fresco vinda do exterior que passa por um filtro e uma serpentina de água (10.21). Quando a água fria circula ao longo da serpentina, gotas de condensação se formam sobre a serpentina e pingam em um recipiente de metal, de onde são removidas por meio de tubos de drenagem.

Pequenas unidades de condicionamento de ar acionadas a eletricidade e instaladas em janelas ou em paredes externas são muito utilizadas para resfriar tanto aposentos e edifícios novos como os já existentes (10.22). Elas são fáceis de escolher, fáceis de instalar, fáceis de usar e fáceis de serem substituídas. No entanto, não são tão eficientes quanto uma grande unidade central, em particular se essa unidade for alimentada por um combustível em vez de eletricidade. Além disso, elas são geralmente barulhentas e causam correntes de ar desagradáveis no aposento por causa das altas velocidades com que distribuem o ar.

Em climas moderados, unidades de condicionamento de ar são comumente configuradas de modo que o ar do aposento possa circular ao longo de serpentinas do lado frio ou do lado quente. Isso permite que cada unidade atue como uma bomba de calor que pode esfriar o aposento no tempo quente e aquecê-lo no tempo frio. Quando faz muito frio, o ciclo de aquecimento não pode operar de modo econômico, pois não há calor suficiente para ser "bombeado" do ar externo frio para o interior quente do edifício, e por isso as bobinas das resistências elétricas precisam ser ativadas para controlar a função de aquecimento.

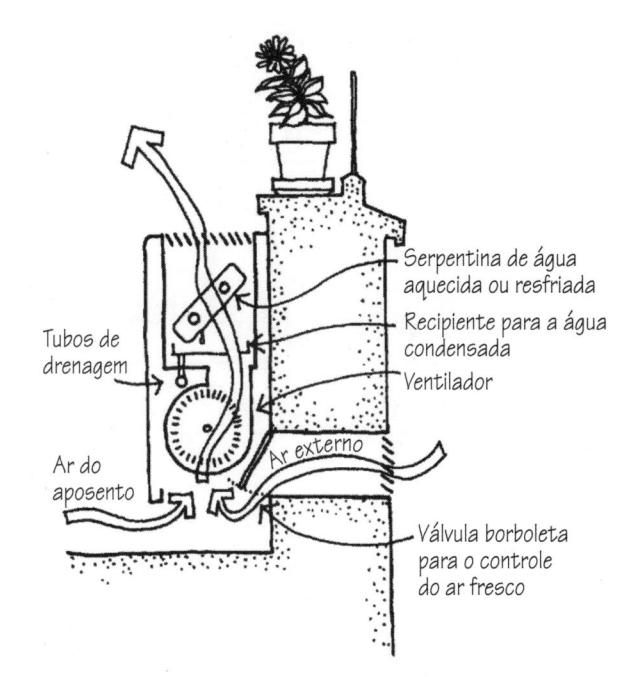

Unidade de ventilação esquemática   10.21

Resfriamento por evaporação

Em climas secos e quentes, um *resfriador por evaporação* simples e barato é, com frequência, suficiente para manter condições confortáveis em um edifício. O ar circula passando por uma almofada úmida, da qual ele absorve a umidade sob a forma de vapor de água (10.23), e é resfriado pelo calor latente de vaporização que ele fornece à água. Resfriadores por evaporação não são eficientes em climas úmidos, pois o ar já é tão úmido que não absorve muita água, e o efeito refrigerante é proporcionalmente fraco.

O resfriamento por evaporação pode ser utilizado para resfriar superfícies externas de coberturas e, por meio disso, desacelerar ou impedir o fluxo de calor solar nos aposentos sob elas. Pulverizações de água acima da cobertura são mais eficientes para reduzir as temperaturas da cobertura, mas um tanque raso sobre uma cobertura plana funciona igualmente bem.

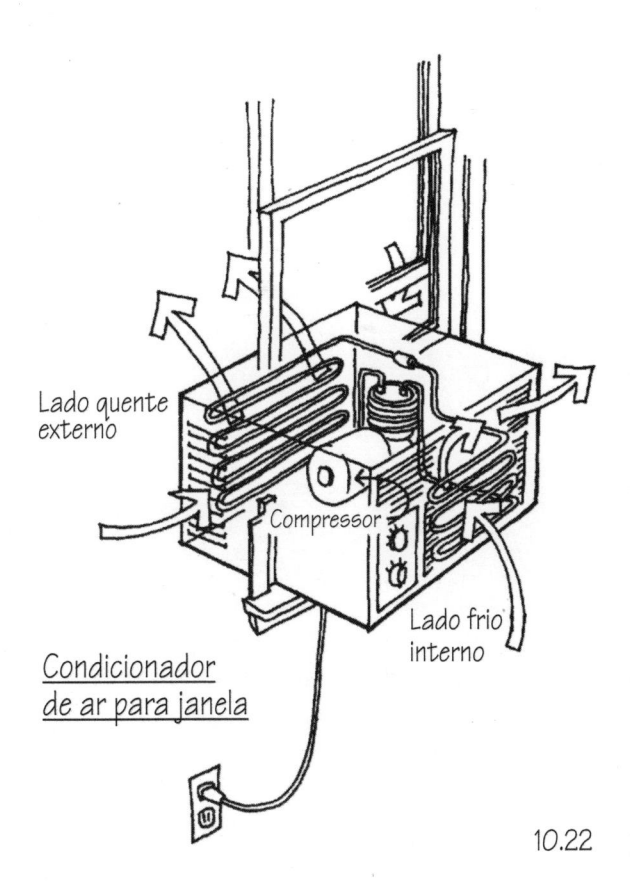

Controle da umidade

Com frequência, é necessário efetuar o controle ativo da umidade do ar em conjunção com seu aquecimento ou resfriamento. No inverno, o

Condicionador de ar para janela   10.22

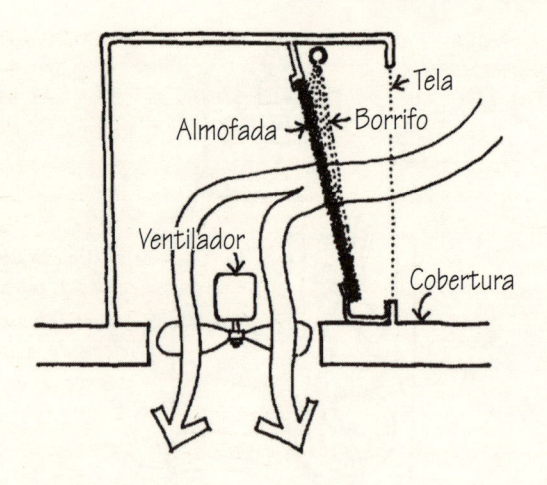

Resfriador por evaporação
10.23

ar aquecido se torna extremamente seco, a ponto de os componentes de madeira dos edifícios e dos móveis encolherem e racharem excessivamente, as folhas das plantas definharem, a eletricidade estática causar choques desagradáveis, nossa pele se tornar desconfortavelmente seca e as membranas mucosas de nosso nariz, garganta e pulmões se desidratarem e se tornarem mais suscetíveis a infecções. Essas condições podem ser mitigadas introduzindo umidade adicional no ar. Os níveis de temperatura do ar podem então ser ligeiramente reduzidos sem que isso afete o conforto térmico, devido à taxa mais lenta de perda de calor por evaporação pela pele. Desse modo, a umidade interna mais alta no inverno pode levar a uma diminuição dos gastos com combustível de aquecimento. Se um sistema de aquecimento a ar quente é utilizado, pode-se acrescentar umidade ao ar conforme ele atravessa o aquecedor por meio de borrifos de água ou de almofadas, ou placas absorventes que são automática e continuamente abastecidas com água. Com outros sistemas de aquecimento, recipientes de água podem ser colocados em convectores, ou unidades elétricas de umidificação podem ser instaladas em aposentos para ferver ou atomizar água e, assim, umedecer o ar. Níveis elevados de umidade interna precisam ser evitados em edifícios mais antigos porque podem levar a sérios problemas de condensação em paredes desprovidas de retardadores de vapor e em peitoris de janelas de vidraça única.

No verão, a umidade do ar externo costuma ser tão alta que pode reduzir a evaporação da pele até níveis desconfortavelmente baixos e facilitar vários tipos de descoloração e de crescimento de fungos nos edifícios. Quando o ar é resfriado por meio de um dispositivo de refrigeração, sua umidade se intensifica, com frequência a ponto de a água se condensar sobre as serpentinas de refrigeração e gotejar. Esse é o princípio de funcionamento de um desumidificador elétrico. O mesmo fenômeno ocorre, como vimos, em um sistema de condicionamento de ar no qual a umidade precisa ser continuamente drenada das serpentinas de refrigeração.

A umidade do ar pode desempenhar um papel importante na habitabilidade dos espaços externos. Um chafariz ou um aspersor de gramado pode reduzir e resfriar perceptivelmente a secura do ar externo por meio da vaporização de água. Campos de golfe, restaurantes junto a calçadas e outras áreas externas habitadas em climas desérticos são às vezes resfriados por meio de esguichos que geram nevoeiros. Por outro lado, em áreas onde a presença de mosquitos é um problema, um gramado ou pátio quente, seco e ensolarado, fornece um ambiente que não é atraente para os mosquitos, enquanto um gramado borrifado ou um jardim úmido os trazem em enxames.

Leituras suplementares

Benjamin Stein e John Reynolds, *Mechanical and Electrical Equipment for Buildings*, 9. ed., Nova York, Wiley, 2000. pp. 371-527.

Edward Mazria, *The Passive Solar Energy Book*, Emmaus, Pensilvânia, The Rodale Press, 1979.

11
O controle do movimento do ar

Respirar um ar limpo, rico em oxigênio, é a exigência ambiental mais premente para a vida humana. Animado de movimento contínuo, o ar também é uma exigência básica para se obter o conforto térmico, para que ele leve consigo, por convecção, o excesso de calor do corpo e para evaporar a transpiração. Embora o ar, num ambiente rural externo, contenha poluentes naturais, como odores, bactérias, polens, esporos, mofo e poeira, via de regra o percebemos como puro, e todas as pessoas, a não ser as alérgicas, o consideram ótimo para a respiração.

O movimento do ar no ambiente externo tem uma grande faixa de variação. Num dia comum de verão, quando há pouco ou nenhum vento, temos uma sensação claustrofóbica de abafamento e sufocação. Uma brisa leve tem um efeito prazeroso, refrescante e revigorante. Com o aumento de velocidade do vento, as perdas de calor por convecção e evaporação pela nossa pele podem se tornar excessivas, particularmente se o tempo estiver frio. Quando os ventos têm velocidade muito alta, o resfriamento do corpo é extremo; a respiração pode ficar difícil; objetos sólidos são apanhados e carregados pelo vento; e é provável que ocorram danos estruturais nas árvores e nos edifícios.

Nas cidades, poluentes produzidos pela indústria se acumulam no ar: monóxido e dióxido de carbono, óxidos de nitrogênio, hidrocarbonetos, dióxido de enxofre, sulfeto de hidrogênio, fuligem, cinzas, poeira e odores. A maioria dessas substâncias é gerada pela queima de combustíveis em veículos e instalações de aquecimento, e outras são liberadas por processos industriais. Nos espaços confinados dos edifícios, o ar perde parte de seu oxigênio e ganha dióxido de carbono em consequência da respiração produzida por pulmões humanos. Bactérias e vírus se acumulam nesses recintos, assim como cheiro de suor, fumaça de cigarro, odor dos dejetos dos banheiros, de cozinhas e de processos industriais. Poluentes gasosos, como o radônio e o formaldeído, podem ser liberados por materiais de construção. O conteúdo de vapor do ar aumenta em consequência da respiração, de suor, banhos, cozimentos, lavagem, secagem e de aparelhos que queimam gás combustível em aposentos sem ventilação. Poeira e partículas de sujeira flutuam suspensas no ar. A temperatura do ar interno pode subir acima de níveis confortáveis por causa do ganho de calor solar, iluminação elétrica, calor do corpo ou calor incidental liberado por processos industriais, fogões ou lavagem. O movimento do ar é limitado pelas paredes, pisos e tetos dos edifícios e pode se tornar desconfortavelmente lento. Por isso, os edifícios requerem sistemas de ventilação para assegurar uma velocidade ótima do movimento interno do ar, bem como para diluir e substituir o ar contaminado por ar novo, de temperatura, secura e limpeza aceitáveis.

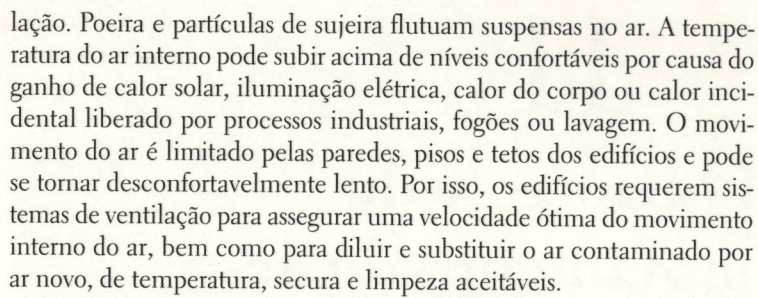

Ao mesmo tempo, o ar nos edifícios geralmente contém odores que consideramos agradáveis, como o aroma do pão da padaria, o perfume das flores ou a fragrância evocativa do incenso numa catedral, e uma ventilação muito rápida pode prejudicar essa experiência. Mas nos edifícios que estão particularmente sujeitos à umidade ou ao calor natural excessivo, ou em aposentos que geram calor e odores, por exemplo, as cozinhas de restaurantes, os vestiários dos ginásios de esporte, bares, laboratórios de química, estábulos, auditórios ou oficinas de fundição, são necessárias altas taxas de renovação de ar. Taxas mais baixas são, em geral, suficientes para a maior parte das atividades residenciais, escritórios pouco movimentados, armazéns e pequenas fábricas. No entanto, independentemente da taxa volumétrica de ventilação, as velocidades do ar interno não devem ser altas a ponto de carregar objetos pelos ares (11.1).

Ventilação natural

Qualquer sistema de ventilação de um edifício, do mais simples ao mais complexo, tem quatro componentes básicos:

1. Uma fonte de ar com temperatura, conteúdo de umidade e grau de limpeza satisfatórios.
2. Uma força que move o ar através dos espaços habitados do edifício.
3. Um meio de controlar o volume, a velocidade e o sentido do fluxo de ar.
4. Um meio de reciclar ou de descartar o ar contaminado.

O mais simples sistema de ventilação dos edifícios não é intencional: ele utiliza o ar externo como fonte, o vento como força motriz, as fendas e as linhas de junção sobre o lado do edifício voltado para o vento como orifícios que introduzem ar fresco numa velocidade e num volume controlados, e as fendas e linhas de junção do lado do edifício oposto ao vento como orifícios pelos quais o ar interno viciado vaza para o exterior (11.2). Em edifícios rigidamente construídos, essa ventilação por infiltração é lenta, mas em edifícios de janelas e portas com encaixes e ajustes folgados, ela pode se tornar excessiva sob condições externas de muito vento, provocando correntes de ar nos aposentos e desperdício de energia no tempo frio, em consequência do vazamento de ar quente para fora. Em geral, a infiltração deve ser minimizada utilizando fitas de vedação contra as intempéries nas portas e janelas, providenciando uma barreira de ar contínua ao redor do perímetro do edifício e juntas que vedam a passagem do ar nas linhas de junção da construção. Porém, mesmo quando se utilizam tais medidas, parte do vazamento de ar é inevitável, embora ele funcione como um sistema útil de reposição de ar em nível mínimo para um edifício simples.

A maioria dos esquemas de ventilação natural de um edifício utiliza janelas para controlar o volume, a velocidade, a direção e o sentido do fluxo de ar. Por essa razão, a maioria dos tipos de janela é planejada para se ajustar a qualquer grau de abertura. Na maior parte das áreas, uma tela de proteção contra insetos deve ser incorporada em cada abertura de janela para manter insetos, pássaros e pequenos animais fora do edifício ao mesmo tempo que admite o ingresso de ar e de luz. Em locais onde a segurança é um problema potencial, como em bancos, prisões, hospitais psiquiátricos e edifícios construídos em áreas onde a taxa de criminalidade é elevada, barras de aço ou pesadas telas de metal também podem ser instaladas nas aberturas.

Vários tipos de caixilhos têm vantagens específicas: uma *janela de abrir*, cujas duas folhas giram por meio de dobradiças presas aos batentes, tem acesso a toda a área de abertura da janela, e, além disso, seu caixilho giratório pode funcionar como um dispositivo para desviar brisas de passagem para dentro do aposento (11.3). Uma *janela guilhotina de duas folhas* dá acesso a apenas metade da sua abertura total, mas essa metade pode estar em cima ou embaixo, ou também pode oferecer duas aberturas parciais, em cima e embaixo (11.4). Uma *janela projetante de eixo horizontal inferior* admite a entrada de ar ao mesmo tempo que impede a chuva de entrar, função que outros tipos de janela só conseguirão desempenhar se estiverem protegidos por uma larga aba na cobertura ou por um toldo (11.5).

Janela de abrir

11.3

Janela guilhotina de duas folhas

11.4

Janela projetante de eixo horizontal inferior

11.5

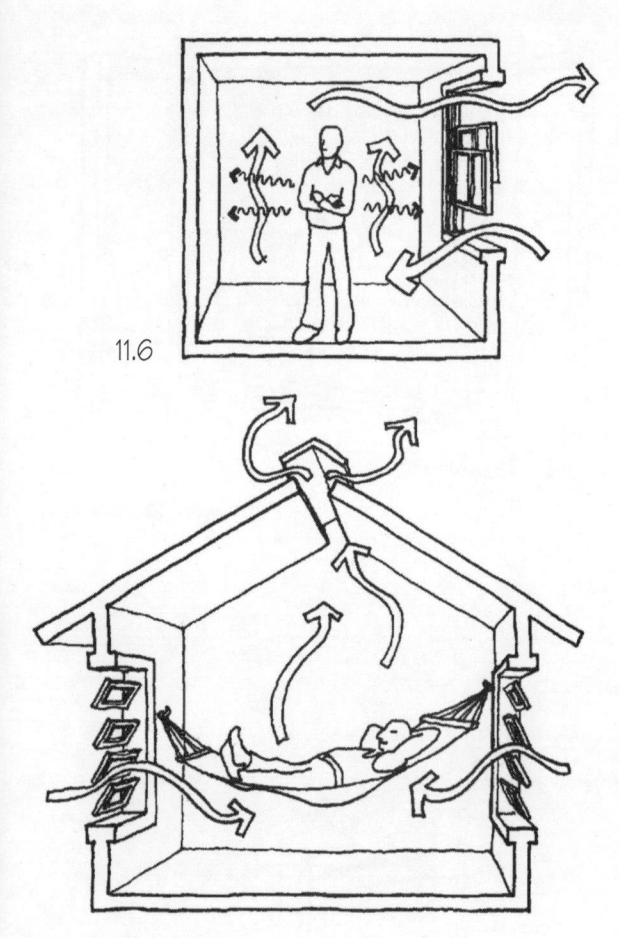

Uma ou duas forças motrizes podem ser utilizadas para promover a ventilação natural de um compartimento: uma delas é a convecção e a outra é o vento. O ar flui através de um edifício por causa da tendência do ar para migrar de uma área de alta pressão para outra de baixa pressão. Na ventilação convectiva, diferenças de pressão são criadas pelas diferenças de densidade entre o ar mais quente e o ar mais frio, o que faz com que o ar quente suba (11.6, 11.7). Na ventilação gerada pelo vento, o ar flui de uma área de pressão mais alta, de um dos lados de um edifício, para uma área de pressão mais baixa, do outro lado. Para esse tipo de ventilação, é mais eficiente que se disponha de janelas em pelo menos dois lados de um aposento, de preferência em paredes opostas (11.8). Onde há uma única parede voltada para o exterior, uma janela de abrir pode ser útil para criar um diferencial de pressão capaz de induzir um fluxo de ar interno (11.9)*. O edifício precisa estar situado e configurado de maneira que intercepte da melhor forma os ventos predominantes nas estações em que a ventilação se faz mais necessária.

A taxa de ventilação convectiva é proporcional à raiz quadrada da distância vertical entre as aberturas e à raiz quadrada da diferença entre as temperaturas do ar que entra e do ar que sai. As aberturas precisam ser relativamente grandes, uma vez que as forças de convecção não são normalmente tão intensas quanto as forças eólicas. Obstáculos ao fluxo de ar, como telas contra insetos, devem ser eliminados sempre que possível. É frequentemente recomendável que o planejamento de um edifício leve em conta tanto o vento como a convecção, colocando algumas aberturas em posição inferior no lado do edifício onde o vento bate e outras, em posição superior, no lado oposto àquele voltado para o vento, a fim de permitir que ambas as fontes atuem juntas.

Também se utilizam aberturas diferentes de janelas como dispositivos para promover a ventilação natural. *Exaustores eólicos de cobertura*, *vigias de cobertura* e *claraboias* são especialmente úteis (11.10) para esse fim. Alguns tipos de exaustores eólicos são planejados para girar por efeito do vento, criando um fluxo centrífugo que puxa o ar dos aposentos que ficam sob eles. Outros contam com um fluxo convectivo ou ins-

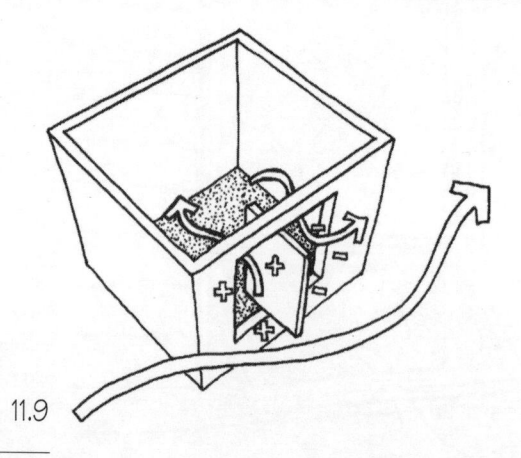

11.6

Ventilação convectiva
11.7

Ventilação gerada pelo vento
11.8

11.9

* Na verdade, a figura mostra uma janela do tipo pivoteante vertical, mas o processo é análogo, pois em ambos os tipos o diferencial de pressão é controlado pelo ângulo da folha com relação ao plano do vão da janela. (N. do T.)

talam um dispositivo semelhante a um barrete modelado de modo que faça que o vento crie uma área de baixa pressão atrás desse dispositivo, a qual puxa o ar interno para cima e para fora. Em qualquer um desses dispositivos, é recomendável que se utilizem amortecedores de comando para reduzir o tamanho da abertura ou fechá-la na medida em que isso se fizer necessário.

Uma porta não deve ser considerada um dispositivo de ventilação essencial de um edifício, a não ser que esteja equipada com um calço, peso, mola ou outro mecanismo que permita mantê-la aberta em qualquer ângulo desejado. Caso contrário, uma porta não é capaz de controlar a quantidade de fluxo de ar que passa por ela.

Ventilação de produtos de combustão

Dispositivos que queimam combustíveis, por exemplo, fogões, fornos e lareiras, precisam de oxigênio para alimentar a combustão. Esse oxigênio é geralmente retirado do próprio aposento onde o dispositivo está localizado. Se esse dispositivo não estiver equipado com um conduto de fumaça ou chaminé, os produtos da combustão vão se misturar com o ar do aposento para substituir o oxigênio que é consumido pela chama. Um fogão a gás funciona dessa maneira, consumindo oxigênio e liberando dióxido de carbono e vapor de água no ar da cozinha. Algumas lareiras a gás são projetadas para liberar seus produtos de combustão no aposento. Embora venham acompanhadas de equipamentos de segurança para proteger os ocupantes do aposento contra a liberação de produtos de combustão tóxicos, muitos profissionais de construção advertem contra o seu uso.

Dispositivos que consomem quantidades maiores de combustíveis – especialmente combustíveis diferentes do gás natural, muitos deles produzindo gases tóxicos como produtos da combustão – devem estar equipados com chaminés. Uma *chaminé* é um tubo de ventilação vertical acionado por convecção e movido pelo calor dos produtos da combustão, que ela descarrega no ar externo. Desse modo, o aposento que fornece o oxigênio para a chama de um dispositivo conectado a uma chaminé fica com uma pressão do ar reduzida com relação à do ambiente externo, um diferencial que faz com que o ar externo seja sugado para dentro por qualquer rachadura ou abertura disponível. O resultado é uma sucção contínua e, com frequência, surpreendentemente grande do ar externo para dentro do aposento. No tempo quente, essa sucção pode ser bem-vinda, mas no tempo frio ela perde uma parcela considerável do efeito de aquecimento produzido pelo dispositivo que está consumindo combustível no aposento. Se as rachaduras e aberturas pelas quais o ar entra estiverem fechadas, o fogo ficará lento e produzirá muita fumaça, e a chaminé não funcionará adequadamente, levando a um esgotamento do oxigênio e a um acúmulo de fumaça no próprio aposento, criando uma situação desconfortável e perigosa. A solução consiste em instalar um duto que permita a sucção direta de ar externo em quantidade suficiente para a combustão, e que vai do exterior até a base do fogo sem passar pelo aposento.

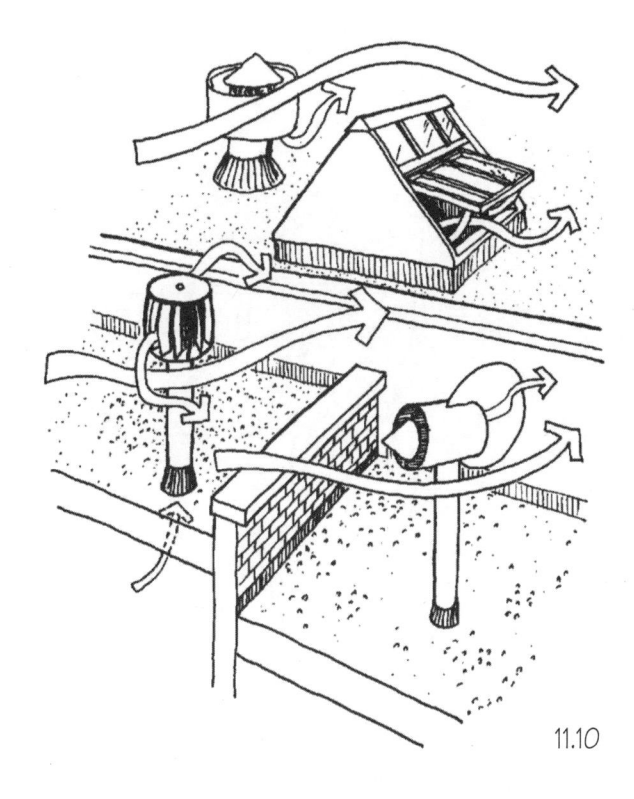

11.10

O controle do movimento do ar ao redor dos edifícios

Do lado de fora de um edifício, a preocupação de um projetista com o movimento natural do ar é normalmente a de reduzir a velocidade do vento. Nas ruas, nas calçadas ou em quintais, praças, jardins, *playgrounds*, pátios ou parques, as velocidades do vento precisam com frequência ser reduzidas se a área for habitável, mesmo em clima quente (11.11). No inverno, em climas setentrionais, o deslocamento da neve muitas vezes apresenta problemas nos locais onde o vento sopra ao redor dos edifícios e entre eles. As perdas de calor de um edifício no inverno são intensamente amplificadas pelo vento. Isso ocorre, em parte, por causa da maior infiltração do ar, e em parte por causa da transferência mais eficiente de calor entre o revestimento externo do edifício e o ar externo em rápido movimento. Quando, por qualquer uma dessas razões, é preciso reduzir as velocidades do vento ao redor dos edifícios, o dispositivo de proteção mais eficiente é uma alta e longa barreira erguida perpendicularmente à direção do vento, a qual também é perpendicular à parede do edifício, ou à área externa, a ser blindada (11.12). Uma barreira sólida, como uma parede, cria uma pequena área de calma relativa no caminho do vento. Barreiras porosas e *cinturões de blindagem* feitos de árvores que têm sempre folhas verdes são particularmente eficientes, permitindo que apenas ar de baixa velocidade os atravesse para preencher a área de baixa pressão atrás deles e desviar a força total do vento ao longo de uma distância considerável (11.13).

Edifícios altos criam problemas eólicos particularmente sérios. A velocidade natural do vento aumenta com a altura acima do solo. Isso expõe os pisos superiores de um edifício alto a intensas forças eólicas, que podem romper os revestimentos externos de madeira ou outro material do edifício. Essas forças eólicas também requerem uma consideração cuidadosa quando se deve escorar o edifício contra cargas estruturais laterais. No nível do solo, ao redor de um edifício alto, correntes de vento excepcionalmente intensas são criadas pelo rápido movimento do ar, que se dirige do lado do edifício que fica voltado para o vento, onde a pressão é mais alta, para as áreas de baixa pressão atrás desse lado. Quando se reserva um espaço aberto numa área no nível do solo contígua a um edifício alto, o fluxo de ar que atravessa o vão da abertura será tão rápido que dificultará caminhar por essa área quando os ventos forem de moderados a fortes, e as portas que ficam na abertura não se abrirão ou se abrirão com força destrutiva quando estiverem destravadas (11.14). Os problemas

11.14

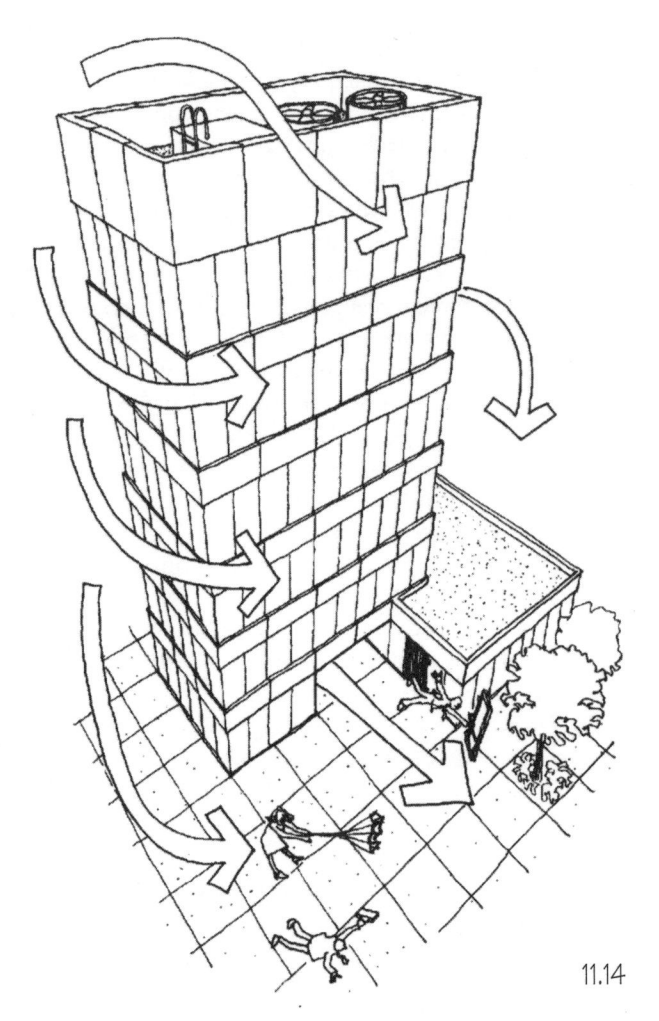

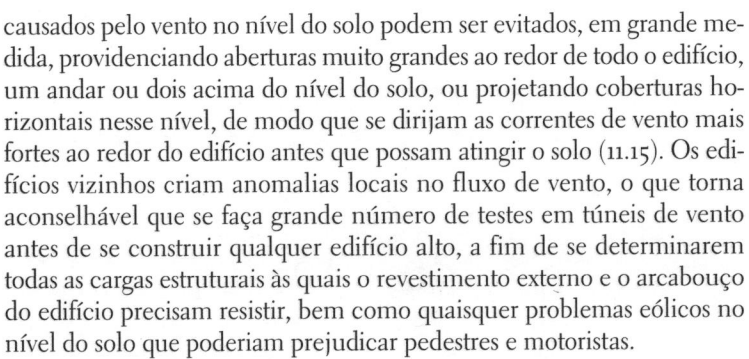

causados pelo vento no nível do solo podem ser evitados, em grande medida, providenciando aberturas muito grandes ao redor de todo o edifício, um andar ou dois acima do nível do solo, ou projetando coberturas horizontais nesse nível, de modo que se dirijam as correntes de vento mais fortes ao redor do edifício antes que possam atingir o solo (11.15). Os edifícios vizinhos criam anomalias locais no fluxo de vento, o que torna aconselhável que se faça grande número de testes em túneis de vento antes de se construir qualquer edifício alto, a fim de se determinarem todas as cargas estruturais às quais o revestimento externo e o arcabouço do edifício precisam resistir, bem como quaisquer problemas eólicos no nível do solo que poderiam prejudicar pedestres e motoristas.

Ventilação mecânica

Ventiladores instalados no edifício são úteis para a ventilação dos aposentos quando um fluxo de ar confiável e positivo se fizer necessário (11.16). Nas cozinhas e nos banheiros residenciais, exaustores simples removem diretamente o ar interno, ou o fazem por meio de uma pequena

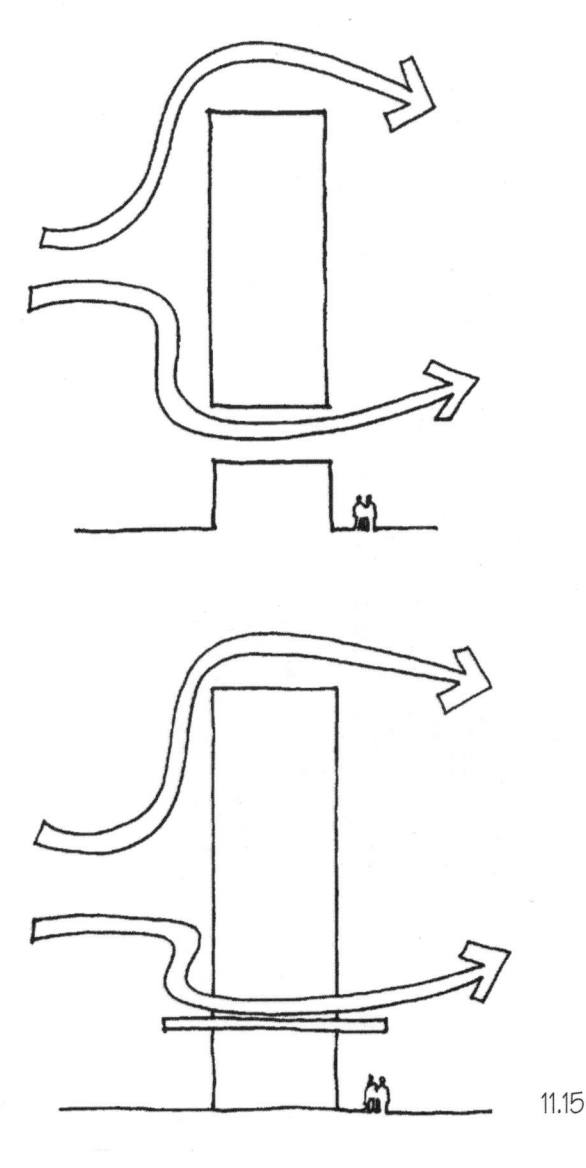

11.15

extensão de dutos que se abrem para fora da casa (11.17). Esse ar precisa ser reposto pelo ar vindo de fora e que vaza para o interior das várias partes da casa. Quando a casa está sendo aquecida ou resfriada, esse processo envolve uma perda considerável de energia. Por isso, tais exaustores só devem ser utilizados pelo menor tempo possível.

Em sistemas de ventilação mais complexos, os ventiladores são conectados a sistemas gêmeos de dutos para se obter uma melhor distribuição de ar através de todo o edifício (11.18). Um dos sistemas de dutos remove para fora do edifício o ar viciado enquanto o outro distribui ar limpo. Tais sistemas são geralmente combinados com os sistemas de aquecimento e resfriamento de tal maneira que o ar limpo é distribuído a uma temperatura adequada para o conforto térmico. Com exceção dos edifícios onde há grande perigo de contaminação química, bacteriana ou radioativa, esses sistemas filtram e recirculam a maior parte do ar interno que coletam, acrescentando-lhe continuamente uma fração predeterminada de ar externo e dele removendo uma fração correspondente para o exterior do edifício. A maior parte da energia utilizada para o aquecimento ou o resfriamento, e que antes havia sido consumida no ar, pode ser recuperada por meio de uma *roda regenerativa*, um dispositivo giratório feito de uma malha metálica que utiliza sua grande capacidade térmica para transferir calor de um duto para outro (11.19), ou por meio de um *trocador de calor ar/ar* (11.20). A malha na roda regenerativa é aquecida no inverno pelo ar que sai pelo duto de descarga, liberando em seguida esse calor para o ar que entra conforme essa parte aquecida da roda gira para dentro do duto de abastecimento. No verão, o mesmo processo esfria o ar que entra. O trocador de calor ar/ar mostrado na figura faz o ar que sai percorrer várias passagens bastante delgadas, que se alternam com passagens por onde é conduzido o ar que entra. O calor é transferido do ar mais quente para o ar mais frio através das paredes dessas passagens.

Um esquema alternativo de ventilação para edifícios utiliza uma ou mais unidades de ventilação junto à parede externa de cada aposento para fazer circular o ar desse aposento e repor uma fração dele por ar externo.

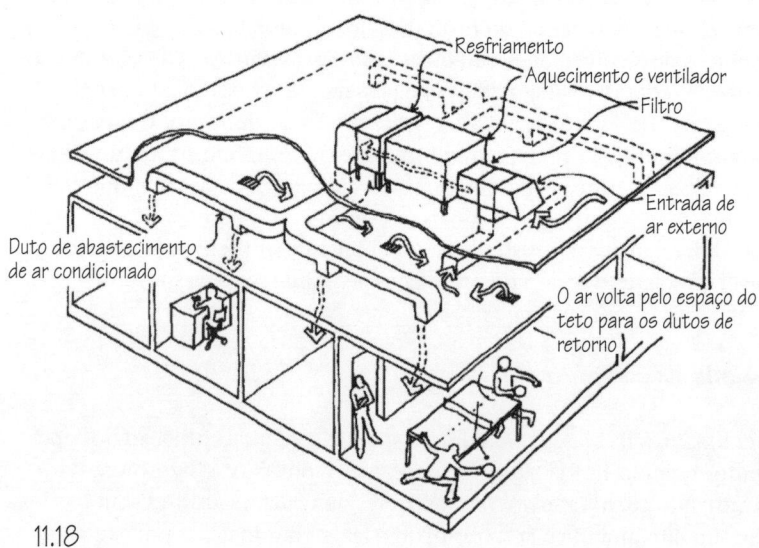

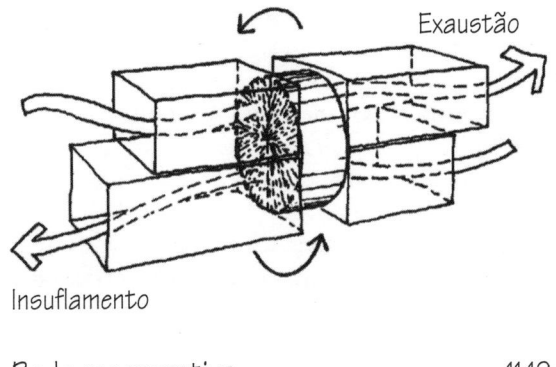

Roda regenerativa   11.19

Trocador de calor ar/ar   11.20

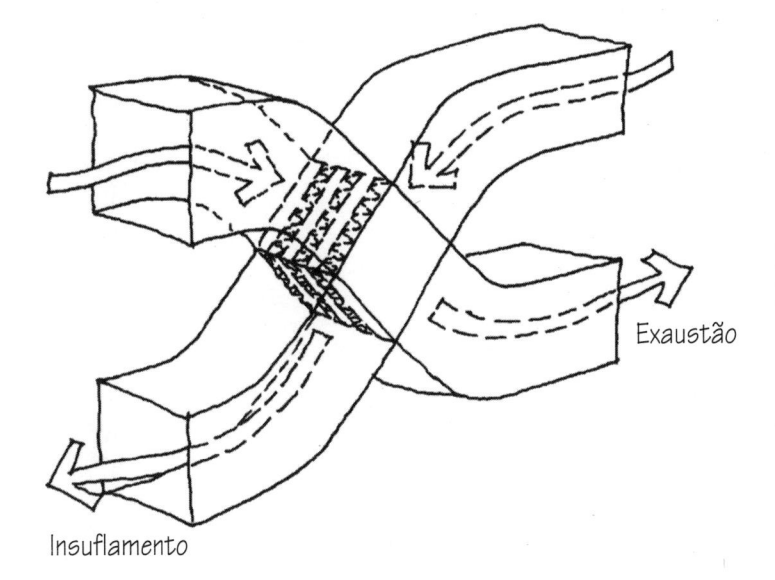

Uma janela ou um condicionador de ar que atravessa a parede funciona dessa maneira, assim como também o fazem os sistemas de aquecimento ou de resfriamento central, que utilizam serpentinas com água quente ou fria para temperar o ar nas unidades de ventilação do aposento.

O ar é usualmente filtrado nos dispositivos de ventilação de um edifício através de uma almofada fina e porosa de fibra que retém as partículas de poeira do ar que a atravessa. Pode-se obter uma filtragem de poeira muito mais eficiente utilizando *filtros eletrostáticos*, que, em primeiro lugar, acrescentam uma carga elétrica estática às partículas do ar e, em seguida, fazem o ar passar por placas de metal que contêm a carga de sinal oposto. As partículas de poeira são, assim, atraídas para as placas, onde ficam retidas.

Em sua maioria, os odores podem ser absorvidos por meio de filtragem com carvão ativo. O ar também pode ser "esfregado" por meio de borrifos de água para se remover a poeira em alguns grandes sistemas de ventilação. Muitas bactérias podem ser mortas irradiando o ar com a luz de lâmpadas ultravioleta. Essas lâmpadas não precisam ficar dentro dos próprios dutos, mas são com frequência colocadas diretamente nos aposentos onde devem agir, em particular nas cozinhas coletivas, nos quartos de doentes e nas moradias apinhadas de pessoas, onde atuam como meios eficientes para impedir a difusão de agentes patogênicos carregados pelo ar. Como os olhos e a pele são lesados pela luz ultravioleta, as lâmpadas desse tipo devem ser instaladas no alto do aposento e sua luz deve ser blindada de modo que não atinja os olhos de quem aí se encontra.

Renovação do ar natural

A natureza renova o ar externo de muitas maneiras. A luz solar mata bactérias no ar. As plantas verdes removem dióxido de carbono e reabastecem o ar com oxigênio. A chuva lava o ar e a gravidade remove os particulados mais pesados. O vento mistura e transporta o ar, diluindo e distribuindo as substâncias nocivas. Os pelos microscópicos nas superfícies das folhas das plantas apanham e retêm a poeira transportada pelo ar. Mas há um limite para a eficiência desses processos, especialmente quando as condições climáticas não são ideais. É importante que não se exija muito da atmosfera como conversora de substâncias nocivas levadas pelo ar. A queima de combustíveis deve ser minimizada conservando a energia e utilizando, na maior medida possível, fontes não poluidoras, por exemplo, a energia hidrelétrica e a energia solar. Os dispositivos de combustão precisam ser construídos e mantidos de tal maneira que queimem de modo limpo e completo. Os combustíveis que não queimam de modo limpo devem ser pré-processados para se remover as substâncias contaminadoras, ou, então, devem-se instalar filtros nas chaminés para que retenham essas substâncias depois da combustão. Exaustores de ar industriais devem filtrar as substâncias químicas e exaustores de cozinha devem reter a gordura a fim de que apenas os gases facilmente biodegradáveis alcancem a atmosfera. As aberturas para os exaustores e para a entrada de ar, em qualquer tipo de edifício, precisam estar localizadas de tal maneira que funcionem com os ventos predominantes e não misturem o ar que sai com o ar que entra. As ruas das cidades precisam ser largas e abertas o suficiente para que possam ser continuamente varridas pelo vento.

Apesar de todas essas medidas, nossos edifícios produzem quantidades maciças de dióxido de carbono e o liberam na atmosfera. Eles fazem isso queimando combustível com hidrocarbonetos, tanto no próprio edifício como nas usinas elétricas remotas que produzem eletricidade para os edifícios. Sabe-se hoje que o dióxido de carbono, que antes se considerava benigno, é uma das principais causas do *efeito estufa* – o aprisionamento de calor solar pela atmosfera da Terra. Ao que parece, esse efeito está causando um aquecimento da Terra, que terá efeitos catastróficos tais como condições meteorológicas severas, derretimento das calotas de gelo polares e subsequentes inundações e derretimento das geleiras. Enfim, devemos encontrar meios de liberar energia, mas que não liberem também dióxido de carbono.

É de extrema importância que mantenhamos e aumentemos nosso inventário de gramados, jardins, florestas, campinas, campos cultivados e cursos de água limpa, onde crescem plantas verdes que consomem dióxido de carbono e produzem oxigênio atmosférico. O ar e a luz solar são as únicas substâncias necessárias que penetram gratuitamente nos edifícios, mas nem mesmo elas são totalmente gratuitas, pois são obtidas à custa da vigilância humana necessária para garantir que estejam sempre disponíveis.

Leituras suplementares

Benjamin Stein e John Reynolds, *Mechanical and Electrical Equipment for Buildings*, 9. ed., Nova York, Wiley, 2000. pp. 331-69.

Victor Olgyay, *Design with Climate*, Princeton, N.J., Princeton University Press, 1973. pp. 94-112.

12
Como impedir a entrada de água no edifício

Nos edifícios, tomam-se precauções minuciosas e caras para impedir a entrada de até mesmo uma ou duas gotas de água, pois a água é um agente de destruição. Ela esfria a pele, destrói o valor isolante das roupas e do material do edifício, além de aumentar o conteúdo de umidade do ar nos edifícios até níveis insalubres. A água é o solvente universal, dissolvendo muitos materiais utilizados nas partes internas do edifício e estimulando o aparecimento de manchas ou a corrosão em outras. A água é uma necessidade para todas as formas de vida, inclusive bactérias, mofos e fungos, em particular aqueles que provocam descoloração, plantas e insetos. Um edifício com vazamento não apenas é desconfortável e insalubre como está destinado a uma morte precoce por causa da corrosão, da deterioração e do ataque de insetos.

Uma teoria da impermeabilidade à água

Para que a água penetre no recinto de um edifício, três condições são necessárias:

1. A água precisa estar presente na superfície do recinto.
2. Precisa haver uma abertura no recinto através da qual a água possa passar.
3. Precisa haver uma força para mover a água através da abertura.

Essas condições são simples e evidentes em si mesmas e, no entanto, elas constituem toda a fundamentação para se excluir sistematicamente a água de um edifício. A não ser que todas as três condições sejam satisfeitas, a água não consegue entrar. Ao se eliminar qualquer uma das três condições em dada localização no recinto do edifício, assegura-se uma condição de impermeabilidade.

A presença de água
A água está presente dentro e ao redor de um edifício de muitas formas. A chuva e a neve incidem diretamente no revestimento de um edifício e se acumulam no chão em torno dele, fazendo com que o escoamento da água superficial e subsuperficial as coloque em contato com as suas fundações. A água pode ser introduzida num edifício por pessoas ou veículos. Dentro de um edifício, a umidade atmosférica pode se condensar sobre superfícies frias e gotejar no piso. Tubulações, encanamentos, instalações hidráulicas, atividades como cozinhar, lavar, tomar banho e processos industriais podem causar vazamento ou derramamento de água. Materiais de construção colocados em lugares úmidos, por exemplo, concreto, tijolos, telhas e reboco, liberam grandes quantidades de vapor de água quando secam, produzindo frequentemente abundante condensação, que se escoa de janelas e de canos de água fria.

Aberturas
Os edifícios contêm um grande número de aberturas através das quais a água pode passar. Algumas delas, como juntas que articulam partes móveis, juntas entre peças de materiais de revestimento e fendas ao redor de portas e de caixilhos de janelas, são intencionais. Outras aberturas, embora não sejam intencionais, são inevitáveis: fissuras de retração no concreto, negligências no trabalho operário, defeitos nos materiais, orifícios para canos e fios metálicos, e rachaduras e buracos criados pela deterioração de materiais de construção ao longo do tempo.

Forças que podem movimentar a água
Várias forças podem levar a água a penetrar em um edifício. A *gravidade* puxa constantemente a água para baixo e causa pressões hidrostáticas nos lugares onde se permite que ela se acumule em depósitos de qualquer profundidade. *Diferenciais de pressão do ar* causados pela ação do vento podem empurrar a água para qualquer direção, inclusive para cima. A *ação capilar* pode puxar a água ao longo de qualquer direção através de materiais porosos ou de rachaduras estreitas. Até mesmo o impacto de uma gota de chuva ao cair é suficiente para fazer com que a gota e seus respingos penetrem fundo numa abertura.

O problema de evitar a penetração da água é agravado, em muitos casos, pelo congelamento da água no inverno. O gelo pode entupir as vias normais de drenagem e causar a formação de poças de água na cobertura ou no solo. A expansão que ocorre durante a transformação da água em gelo pode abrir caminhos rumo ao recinto de um edifício e é um fator comum em vários tipos de deterioração dos edifícios.

Vamos examinar um edifício, começando do topo e nos movendo para baixo, a fim de verificar que tipos de estratégia são utilizados para impedir a penetração da água.

Coberturas

Uma cobertura perfeitamente nivelada ou que tenha uma declividade menor do que um para quatro espalha lentamente a água e, portanto, oferece uma oportunidade máxima para a penetração da água. Essas *coberturas de baixa declividade* são geralmente recobertas por uma manta contínua e impermeável. Essa manta pode consistir em camadas de feltro compactadas por alcatrão ou asfalto, lâminas metálicas soldadas umas às outras, lâminas de borracha sintética ou de plástico fundidas pelo calor ou estreitamente cimentadas umas nas outras, um composto de borracha sintética aplicado em forma líquida, ou, em edifícios primitivos em climas relativamente quentes, uma espessa camada de solo de argila. Essas mantas de cobertura contínuas, aparentemente o meio mais simples e mais seguro de manter a água do lado de fora do edifício, constituem, na realidade, os mecanismos de cobertura menos confiáveis que podemos utilizar. Elas são altamente suscetíveis a perfurações, que podem ser produzidas, em particular, pela queda de materiais ou ferramentas durante a construção. Estão expostas a tensões térmicas extremas provocadas pelo sol de verão, pelo frio do inverno, por mudanças de temperatura entre os períodos diurno e noturno e por diferenciais de temperatura do ar entre os ambientes interno e externo. Às vezes, elas se rasgam em consequência do movimento térmico resultante. Elas não permitem a passagem de vapor de água, o que às vezes provoca o aparecimento de bolhas e a ruptura da manta. É provável que um pequeno orifício na manta causado por algum desses mecanismos permita a entrada de uma quantidade enorme de água no edifício, pois a água escoa lentamente, quando o faz, a partir de uma cobertura de baixa declividade, e a drenagem lenta apresenta oportunidades máximas para que as forças da gravidade e da capilaridade realizem o seu trabalho. Mas em geral não há alternativas para uma cobertura com manta, e, se forem tomadas precauções durante a construção, se forem providenciadas, a intervalos apropriados, juntas de movimento térmico e se um retardador de vapor for instalado no lado quente para se evitarem problemas de pressão de vapor, uma cobertura com manta pode proporcionar um serviço longo e satisfatório.

Uma *cobertura de inclinação acentuada* é muito mais facilmente impermeável do que uma cobertura com pequeno ângulo de inclinação. Quanto mais acentuada for a inclinação, mais depressa a água escoará, menor será a probabilidade de o vento empurrar a água para cima, fazendo-a subir pela superfície inclinada, e mais fácil será manter a água fora do edifício. Praticamente qualquer material espalhará a água se a inclinação for suficientemente acentuada, como se pode comprovar segurando uma toalha de rosto ou uma esponja plana sob uma torneira aberta e testando várias inclinações. Qualquer que seja o material utilizado em coberturas de inclinação acentuada, ele é geralmente instalado em pequenas unidades conhecidas como *shingles*, ou telhas planas.

Essas telhas são feitas de muitos materiais – ardósia, calcário, madeira, feltro impregnado de asfalto, argila refratária, folha de metal – e utilizadas em diferentes partes do mundo. Cada telha plana é uma pequena unidade, fácil de ser manejada e instalada pelo construtor do telhado, fácil de ser futuramente substituída se apresentar defeito, e capaz de se

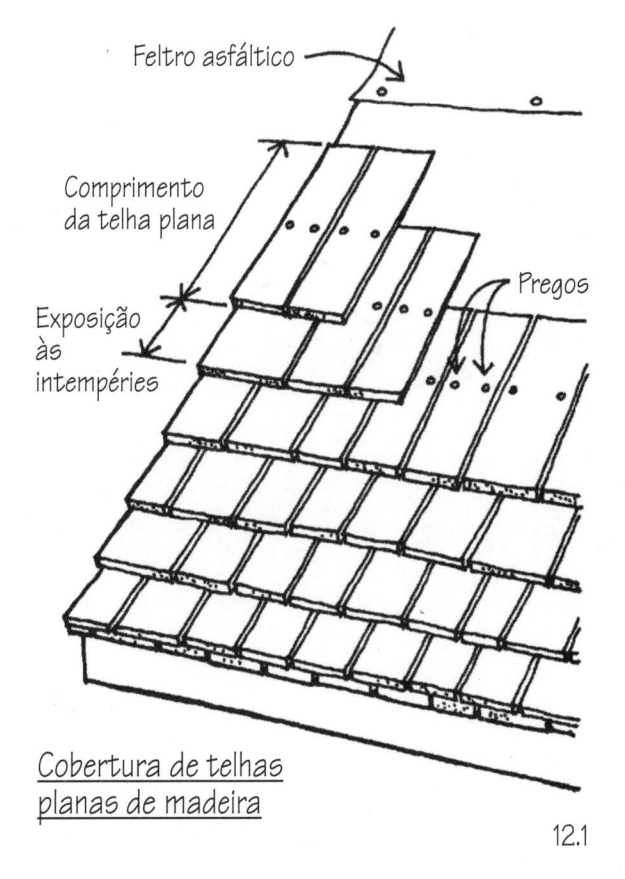

Cobertura de telhas planas de madeira

12.1

ajustar livremente às tensões térmicas ou de umidade na estrutura do telhado. Cada telha plana permite que a água passe por três de seus quatro lados sob a força da gravidade e do vento, mas essas telhas são assentadas de tal maneira que cada uma delas capta e drena rapidamente a água que desce, espalhando-a para as telhas que se alojam abaixo dela, e esse processo vai se sucedendo até a borda inferior da cobertura (12.1). O ponto fraco de um telhado plano é sua vulnerabilidade à água que sobe vertical ou obliquamente pela sua superfície inclinada por efeito de um vento muito forte. Essa fraqueza é combatida por uma dupla estratégia: colocar lâminas de algum material debaixo das telhas, em geral lâmina de feltro impregnado de asfalto, para bloquear a passagem de ar através do plano do telhado, e dar uma inclinação bastante acentuada ao telhado para que entre em jogo uma atuação mais vigorosa da gravidade contra o fluxo ascendente da água. Por meio da experiência, determinaram-se as declividades de telhados que oferecem um mínimo de segurança para telhas planas de vários materiais sob variadas condições eólicas, e se constatou que o vazamento é improvável até mesmo sob efeito de uma pesada tempestade se esses critérios forem satisfeitos. Em locais varridos pelo vento – litorais e topos de montanhas – muitas vezes convém utilizar ângulos de inclinação até mais acentuados do que os recomendados ou aumentar a sobreposição das telhas planas.

A força adesiva da água é utilizada como o principal mecanismo de resistência à água de uma *cobertura de sapé ou palha* (12.2). Se uma espessa camada de palha, folhas ou bambus se inclina em ângulo suficiente, as gotas de água aderem às fibras e escoam ao longo delas até a borda inferior da cobertura, da mesma forma que se pode transferir a água de uma proveta para um tubo de ensaio num laboratório derramando-a ao longo de um bastão de vidro. Uma cobertura de palha ou sapé absorve considerável quantidade de água e precisa secar entre quedas consecutivas de tempestade para minimizar sua deterioração. Por isso, o sapé ou a palha nunca é colocado diretamente sobre uma superfície de cobertura sólida, mas, em vez disso, é amarrado em varas ou ripas de madeira horizontais sobre um sótão bem ventilado. A mera espessura dessa camada de varas estreitamente compactadas é suficiente para dissipar a energia eólica que, caso contrário, poderia empurrar a chuva através dela se não fosse utilizada uma camada de material laminado por baixo.

Em edifícios de um ou dois andares, largos beirais de coberturas podem proteger paredes e janelas contra a chuva. No entanto, paredes de estruturas mais altas não podem ser protegidas contra ataques diretos da chuva, o que torna supérfluo o uso de beirais.

As bordas das coberturas são particularmente problemáticas. A água pode se infiltrar sob o material da cobertura ou penetrar no topo de muros de parapeito. O problema se agrava em coberturas inclinadas e em algumas coberturas com pequeno ângulo de inclinação, pois toda a água reunida pela cobertura escoa até suas bordas, onde é descartada. Na maioria dos casos, coberturas inclinadas simplesmente se prolongam além das paredes, de modo que a água vinda da cobertura respinga a uma boa distância das paredes, um recurso simples e eficiente. No entanto, a água que goteja depois de se escoar pela cobertura provoca erosão no solo onde ela cai, o que muitas vezes permite que ela penetre no porão, arraste consigo partes do solo situadas ao redor das fundações e sob elas, e respingue terra sobre as paredes do edifício. No mínimo, seria preciso providenciar uma valeta cheia de cascalho bem debaixo do beiral para impedir a erosão e permitir a drenagem (12.3).

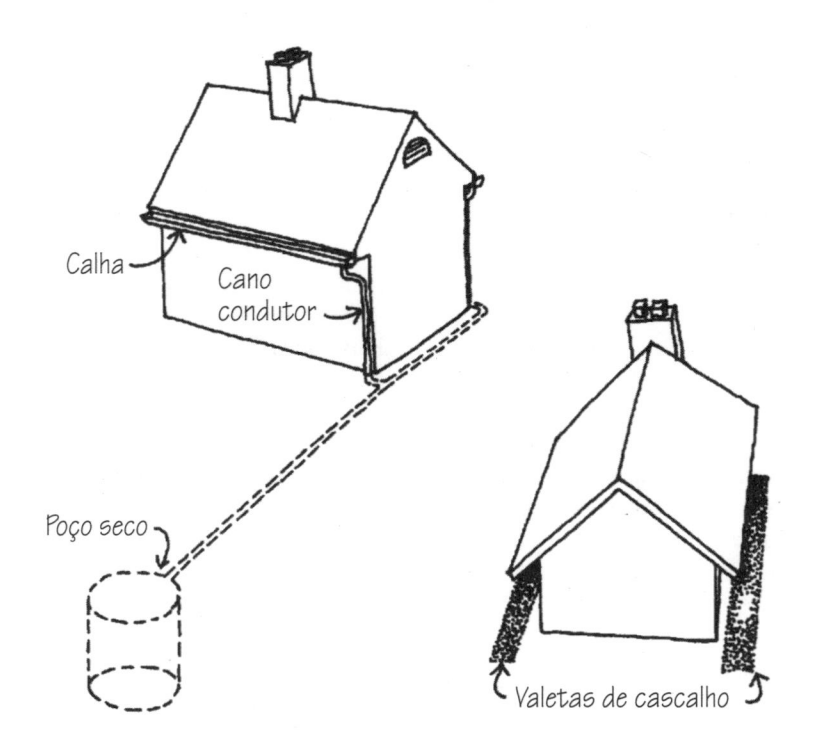

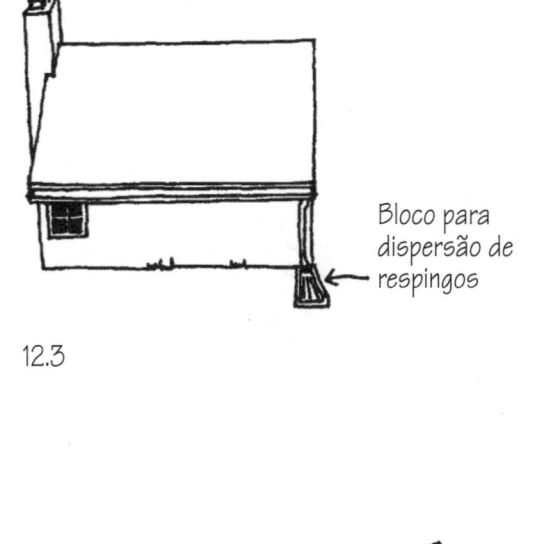

Uma abordagem alternativa consiste em captar, por meio de *calhas*, a água que se escoa pela borda da cobertura. As calhas têm uma leve declividade para drenar a água dentro de canos verticais chamados de *coletores de descida de águas pluviais* ou *canos condutores*, que, por sua vez, a descarregam sobre blocos para dispersão de respingos, em uma rede municipal para coleta de água pluvial ou em poços secos (cheios de cascalho) para que a água seja absorvida pelo solo. Mas tais sistemas tendem a ficar entupidos de folhas, lama, escórias, agulhas de pinheiros e outros entulhos, e é um transtorno limpá-los, problema que até certo ponto pode ser mitigado instalando telas grosseiras nas calhas.

A neve causa problemas específicos nas bordas de telhados de inclinação acentuada nos climas frios. Um desses problemas é provocado pela tendência da neve a deslizar para fora da borda, rasgando calhas e pondo em perigo pessoas e objetos debaixo delas. É melhor reduzir esse perigo retendo a neve sobre o telhado por meio de pequenas cercas de metal ou madeira instaladas para esse propósito (12.4). Além disso, a neve é um isolante térmico razoavelmente bom, e se ela for mantida no seu lugar é possível economizar combustível de aquecimento. A estrutura de suporte do telhado precisa ser suficientemente forte para reter uma considerável espessura de neve sem provocar danos.

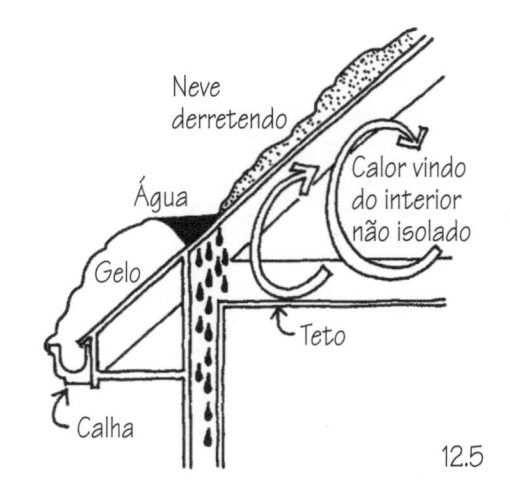

Um segundo problema é causado pelo derretimento de neve em telhados de inclinação acentuada, em particular quando o isolamento térmico do edifício é inadequado. O calor que vem do interior do edifício derrete gradualmente a neve a partir de baixo. A água que resulta da neve derretida escorre pelo telhado até atingir o beiral e a calha, que são muito mais frios que o telhado situado acima dos espaços internos, e em vários casos mais frios que a temperatura de congelamento da água. A água volta a se transformar em gelo sobre o beiral, entupindo o coletor de descida de águas pluviais e a calha. Uma poça de água se forma acima dessa *obstrução de gelo* (12.5). Infelizmente, telhados com telhas planas não são resistentes a água estagnada. A água penetra ao redor e debaixo das telhas planas e, com frequência, é notada pela primeira vez quando descolore as superfícies internas das paredes e goteja da parte superior das aberturas das janelas exatamente abaixo do telhado. A solução contra as obstruções de gelo consiste em providenciar melhor isolamento térmico do sótão e também aberturas para a ventilação debaixo dos beirais e das cumeeiras dos telhados, que permitirão ao ar frio levar embora rapidamente qualquer calor que atravesse o isolamento térmico (12.6). Se por alguma razão for impossível ou ineficaz adotar essas medidas, as últimas fileiras de telhas planas, na margem inferior do telhado, podem ser substituídas por uma manta impermeável, ou podem ser instalados cabos elétricos nos beirais para o derretimento do gelo.

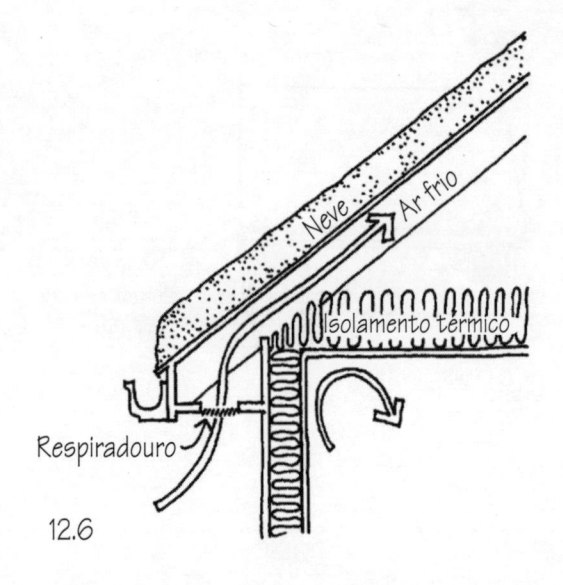

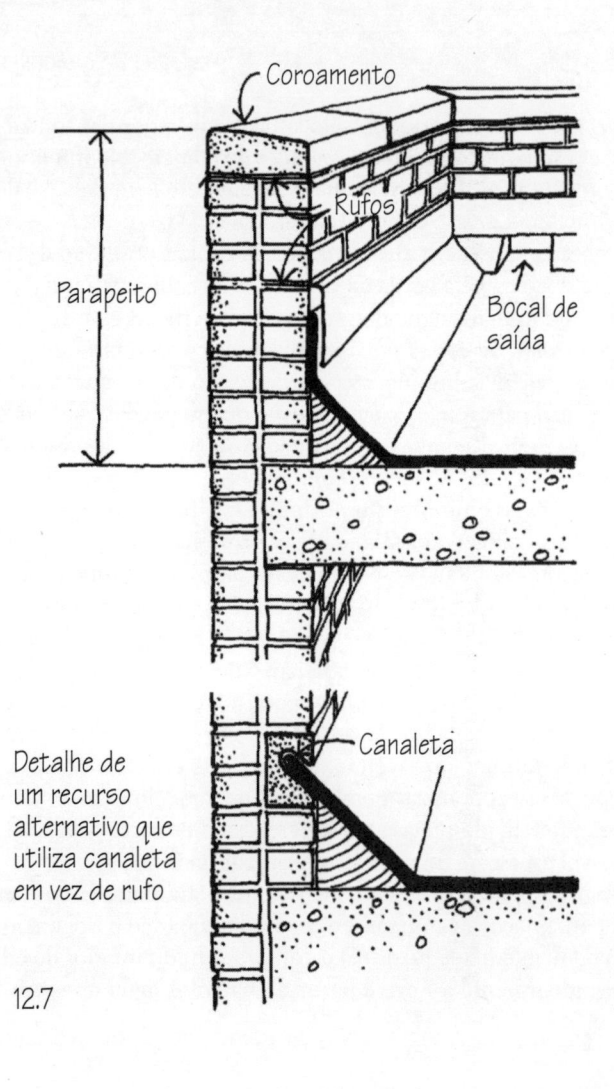

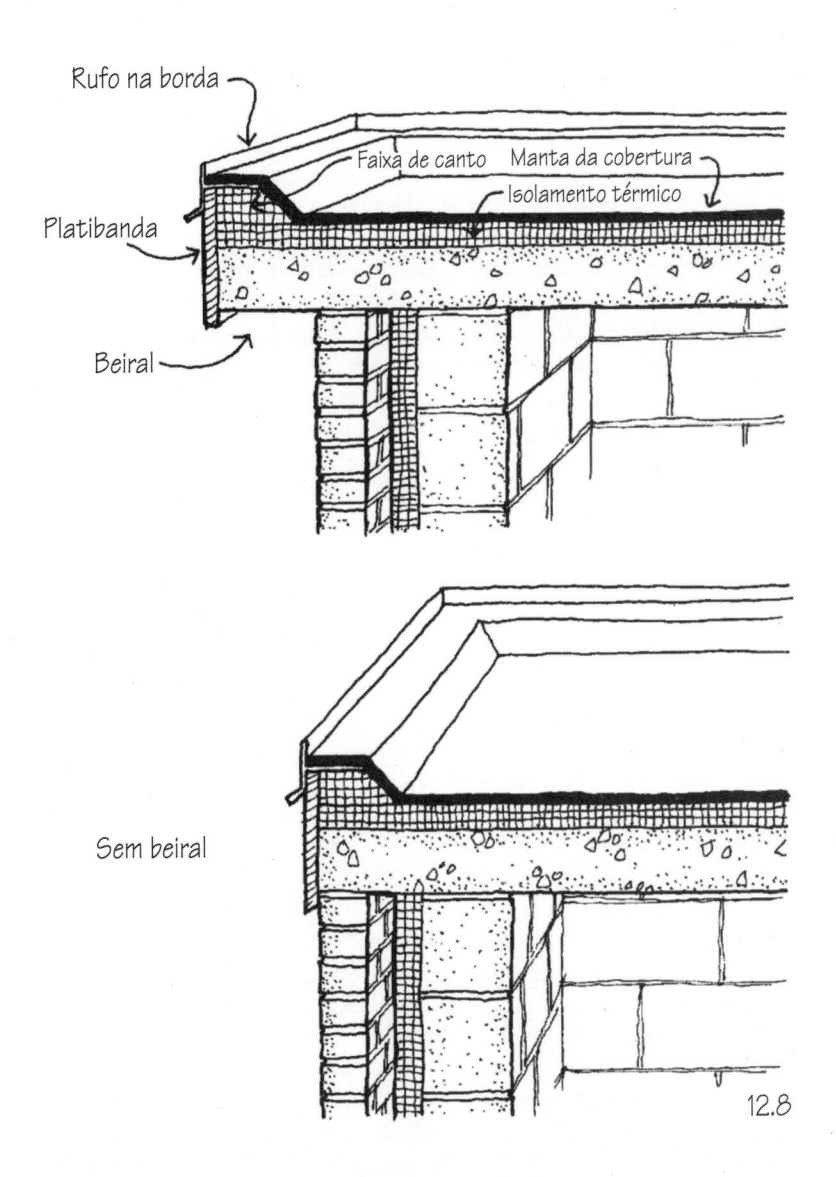

As bordas de telhados de pequeno ângulo de inclinação podem ou não se projetar em beirais para além das paredes, ou então podem se juntar a um muro de parapeito, ou peitoril (12.7, 12.8). Em qualquer dos casos, é importante que a borda da manta da cobertura seja levantada em pelo menos 100 mm ou mais, a fim de impedir a água de se derramar sobre ela e de cair ou penetrar na estrutura sob ela. A manta é dobrada em duas metades de 135 graus cada, com uma faixa de canto para evitar ter de fazer uma dobra de 90 graus sujeita a sofrer rachaduras. A margem vertical da manta é protegida sobrepondo a ela *rufos* feitos de folha metálica ou então é colocada dentro de uma canaleta. A água pluvial pode ser removida do edifício por meio de drenos que atravessam a cobertura e estão regularmente espaçados ao longo dela, ou por meio de *bocais de saída* (12.7) e de coletores de descida de águas pluviais dispostos ao redor das paredes externas.

Paredes

As paredes, sendo verticais, não estão sujeitas a pressões da água induzidas pela gravidade a não ser que uma rachadura ou junção na parede se incline para o interior do edifício. Além disso, a gravidade opera a favor das paredes, delas removendo a água antes que esta tenha muito tempo para penetrar. Mas a ação das forças eólicas sobre as paredes é, em geral, muito maior do que sobre as coberturas, atirando com força as gotas de chuva contra as superfícies das paredes, deslocando a água lateralmente e, às vezes, para cima ao longo das superfícies, e bombeando água até mesmo através das aberturas mais diminutas, onde a pressão do ar dentro do edifício é inferior à pressão externa. Com frequência, construímos paredes com materiais mais porosos do que as coberturas, e, invariavelmente, perfuramos nossas paredes com fendas ou junções entre partes de materiais e com aberturas para acomodar janelas e portas, de modo que surgem com frequência problemas de penetração de água.

Todos os materiais de alvenaria absorvem e transmitem água até certo ponto. Juntas de argamassa que se deterioraram ao longo dos anos propiciam caminhos particularmente fáceis para a água passar. A água adere às superfícies internas dos poros dos materiais, e se, como acontece na maior parte dos casos, a força adesiva entre as moléculas de água e o material das paredes for maior do que a força de coesão entre as próprias moléculas, a água será puxada para dentro por ação capilar. Um vento forte pode aumentar a rapidez de absorção. Uma solução possível para esse problema seria aplicar um revestimento impermeável, tal como uma espessa camada de pintura ou uma borracha sintética, à face externa da alvenaria. Isso repeliria com muita eficiência a água pluvial, mas também interromperia a migração do vapor de água para fora do edifício, levando, assim, à ruptura do revestimento e a um subsequente descascamento e vazamento. O revestimento também estaria sujeito a se rasgar por causa do movimento térmico na parede subjacente.

Um método mais seguro para impermeabilizar uma parede de alvenaria consiste em supor que certa quantidade de água penetrará na sua camada externa; por isso se deve deixar, logo atrás dessa camada externa, uma cavidade contínua cuja função é de obstruir qualquer capilaridade que poderia conduzir a água para o interior do edifício. É essa a lógica da *parede oca* de alvenaria, na qual uma *parede de meio-tijolo* (camada vertical) externa de pedra ou tijolo mantém uma separação de 50 mm ou 60 mm com relação a uma parede de meio-tijolo interna por meio de tiras rígidas de metal (12.9). A eficiência da cavidade depende de se mantê-la livre de respingos de argamassa durante a construção e de providenciar *barbacãs* a intervalos horizontais frequentes para drenar a água da chapa de proteção contínua na parte inferior da cavidade. Chapas de proteção de folha metálica ou de plástico também precisam ser instaladas ao redor das molduras das janelas e das portas para se evitar atalhos capilares através da cavidade. Um benefício incidental da parede oca está no fato de ela transmitir o calor muito mais lentamente do que uma parede sólida. Também é comum se instalar um isolamento térmico de espuma de plástico na cavidade para intensificar esse efeito.

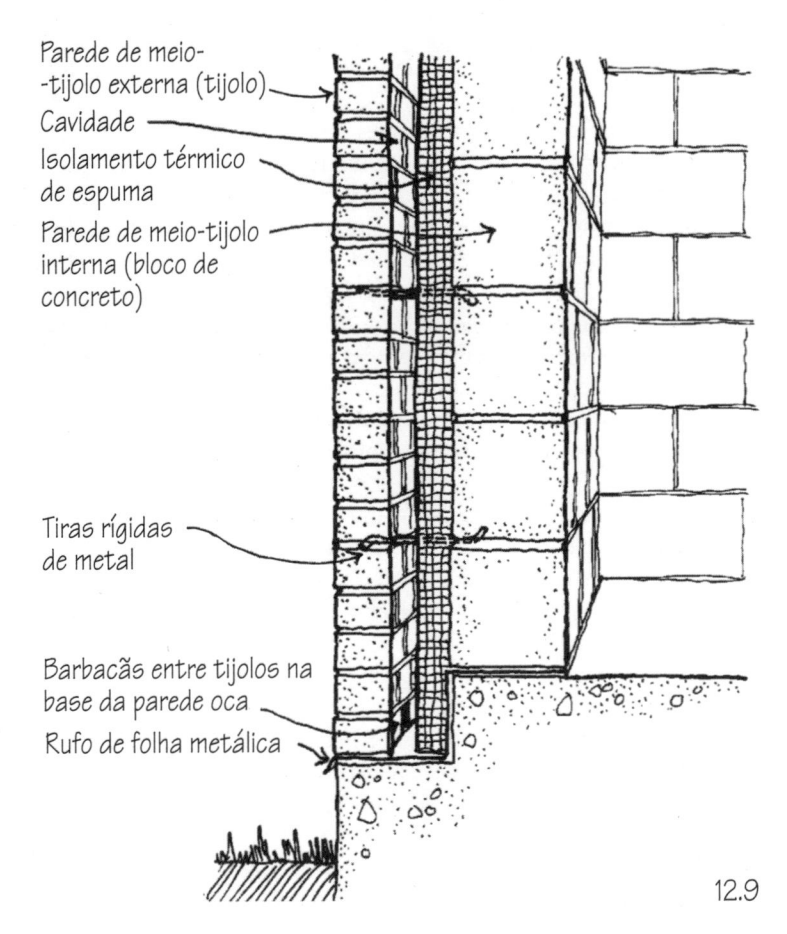

Parede de meio-
-tijolo externa (tijolo)
Cavidade
Isolamento térmico
de espuma
Parede de meio-tijolo
interna (bloco de
concreto)

Tiras rígidas
de metal

Barbacãs entre tijolos na
base da parede oca
Rufo de folha metálica

12.9

Se a água penetrar no tijolo, na pedra ou no concreto e aí se congelar, ela pode causar *fissuramento*, o descascamento de lascas da superfície por causa da expansão da água conforme ela se congela. O fissuramento era uma das principais forças responsáveis pela destruição de paredes e pavimentos de concreto até que se descobriu que o concreto deliberadamente produzido com o objetivo de conter bolhas de ar microscópicas (*concreto com ar incorporado*) oferece um espaço de expansão para a água quando ela congela, e assim praticamente elimina o fissuramento. É óbvio que o fissuramento também pode ser eliminado mantendo a água afastada da parede por meio de beirais ou de outros dispositivos protetores.

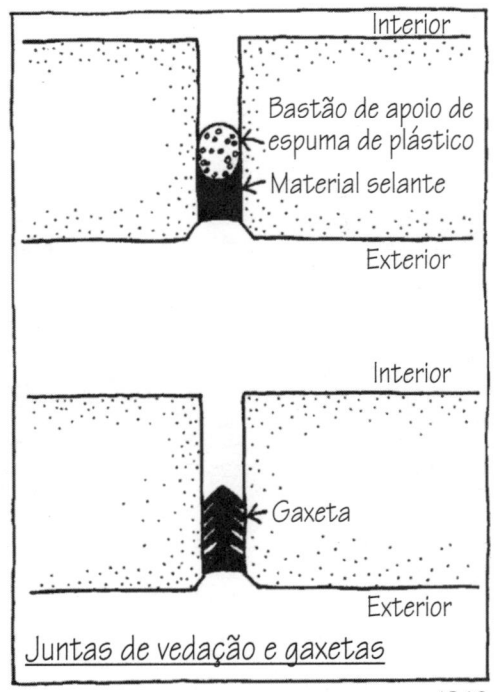

Paredes de painéis
Com frequência, revestimos paredes com grandes peças de materiais menos porosos, tais como painéis de granito ou concreto pré-moldado denso, placas de metal ou de vidro. Com esses materiais, o problema não consiste em interromper uma lenta infiltração total, como no caso das paredes de alvenaria, mas em impedir o vazamento através das juntas entre as peças. Esses painéis grandes não podem ser estreitamente ajustados uns aos outros por causa de sua quantidade relativamente grande de expansão e contração térmicas, e também por causa das imprecisões

Interior
Bastão de apoio de
espuma de plástico
Material selante
Exterior

Interior
Gaxeta
Exterior

Juntas de vedação e gaxetas

12.10

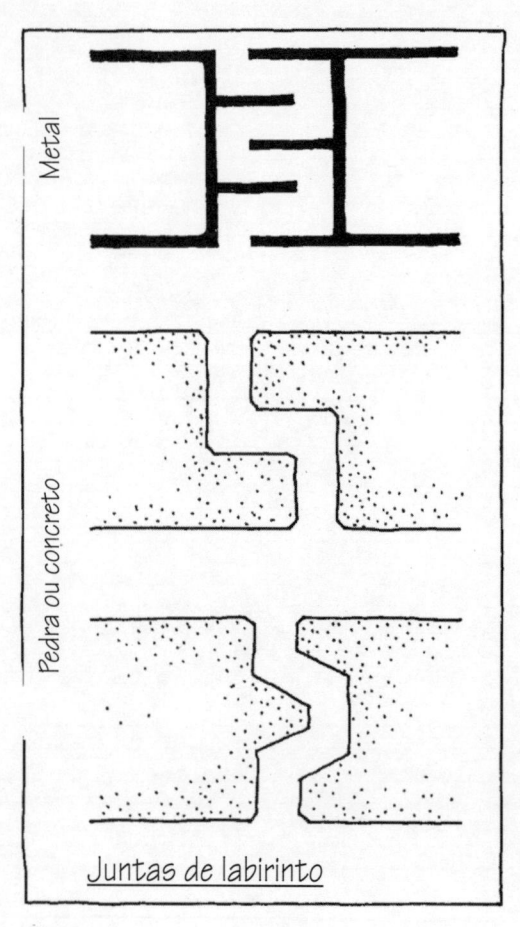

inevitáveis que ocorrem em sua fabricação e em sua instalação. É preciso deixá-los com folgas de 6 mm a 19 mm em todos os lados e também é preciso tornar essas folgas resistentes à passagem da água.

A maneira mais fácil de tornar essas frestas à prova d'água, embora não seja a mais confiável, é preencher cada fresta com um *material de vedação* impermeável ao ar e à água, uma borracha sintética líquida que é injetada contra um *bastão de apoio* de espuma de plástico e, ao endurecer, se transforma num selador elástico contínuo que adere aos dois lados da fresta. Alternativamente, pode-se comprimir uma gaxeta de borracha sintética moldada dentro da folga (12.10). Em teoria, a substância vedante ou a gaxeta se expande e contrai prontamente com qualquer movimento dos painéis, mantendo durante o tempo todo uma rígida vedação contra o vento e a água. Na prática, até mesmo as melhores juntas de vedação ou gaxetas se deteriorarão ao longo dos anos, em particular se estiverem expostas às intempéries, e acabarão por rachar ou perder a força com que aderem aos painéis. Juntas vedadas com qualquer coisa, sem o mais esmerado trabalho de acabamento, apresentarão falhas muito antes; com frequência, elas vazarão a partir do momento em que forem instaladas.

Juntas mais seguras entre painéis de parede são produzidas reduzindo ou eliminando a dependência da junta com relação a um material selante para sua resistência à água. Voltando à nossa teoria da impermeabilidade à água, isso significa que esta deve ser mantida afastada da junta ou então que as forças que deslocam a água através da junta precisam ser neutralizadas. É quase impossível manter a água completamente afastada das juntas nas paredes. Por isso precisamos voltar a atenção para meios de neutralizar as forças que poderiam mover a água através de tais juntas.

As três forças básicas que movimentam a água através das juntas das paredes são o impacto das gotas de chuva contra a parede, a ação capilar e os diferenciais de pressão do ar. O impacto das gotas de chuva pode ser efetivamente barrado por meio de um *labirinto* simples consistindo em defletores ou septos intercalados, distribuídos de tal maneira que uma gota não pode se arremessar através da junta sem colidir com uma superfície que bloqueia sua passagem (12.11). Note que os septos em um labirinto não se tocam. Em vez disso, eles estão espaçados suficientemente longe um do outro para que uma gota de água não possa se estender entre eles, impedindo, assim, que ela ingresse tanto por via capilar como cinética. É importante que as juntas de labirinto drenem livremente para se livrarem da água que em geral aprisionam no desempenho de sua função. Ângulos e intersecções de painéis precisam ser planejados com cuidado especial para que drenem as juntas verticais sem inundar as horizontais.

Diferenciais de pressão do ar são criados sempre que o vento golpeia a superfície de um edifício. A face externa de um edifício voltada para o vento sofre, com frequência, uma pressão do ar maior que a dos cômodos logo atrás dessa face. Nessa condição, a água presente em uma junta na parede, mesmo que seja uma junta de labirinto, pode ser levada para dentro do edifício pela força do ar em movimento. Para interromper o movimento do ar através da junta, poderíamos aplicar uma substância vedante às bordas externas da junta, mas qualquer imperfeição nessa substância permitiria que uma corrente de ar carregasse água para dentro do edifício (12.12). Se, em vez disso, aplicássemos a substância vedante às bordas internas das juntas, essa substância ficaria exposta ao ar, mas não à água, que é excluída pelo labirinto. Por exemplo, mesmo que essa substância apresente um defeito, se ela não aderir perfeitamente a um dos lados da junta, é provável que apenas pequenos volumes de ar consigam passar; não, porém, o suficiente para transportar água ao longo do labirinto. Além disso, a junta vedante, nesse caso, está protegida dos efeitos de deterioração pela luz solar e pela água, e, se for convenientemente planejada, pode ser acessível do lado de dentro do edifício para inspeção e manutenção. Desse modo, uma junta seguramente impermeável à água é obtida com um mínimo de meios.

Pode-se conseguir o mesmo efeito sem o uso de uma substância de vedação. Para isso, uma camada contínua de ar é "instalada" por trás de uma fachada de painéis externos não vedados, com juntas de labirinto, a fim de se criar uma parede que funciona pelo *princípio do anteparo contra chuva*. A parede de apoio por trás da camada de ar precisa ser impermeável ao ar, precisa ser vedada aos painéis ao redor das bordas da fachada, e precisa ser estruturalmente forte o bastante para resistir às pressões do vento que poderão atuar sobre o edifício. Quantidades muito pequenas de ar passando de um lado para o outro através das juntas servem para manter, durante o tempo todo, a pressão na camada de ar exatamente no mesmo nível da pressão do vento fora do edifício. Isso elimina efetivamente qualquer movimento de água induzido pelo ar através das juntas. Nessa disposição, os painéis formam um *anteparo contra chuva* para desviar as gotas de chuva. A parede de apoio forma uma *barreira de ar*. O espaço entre ambas é uma *câmara de equalização de*

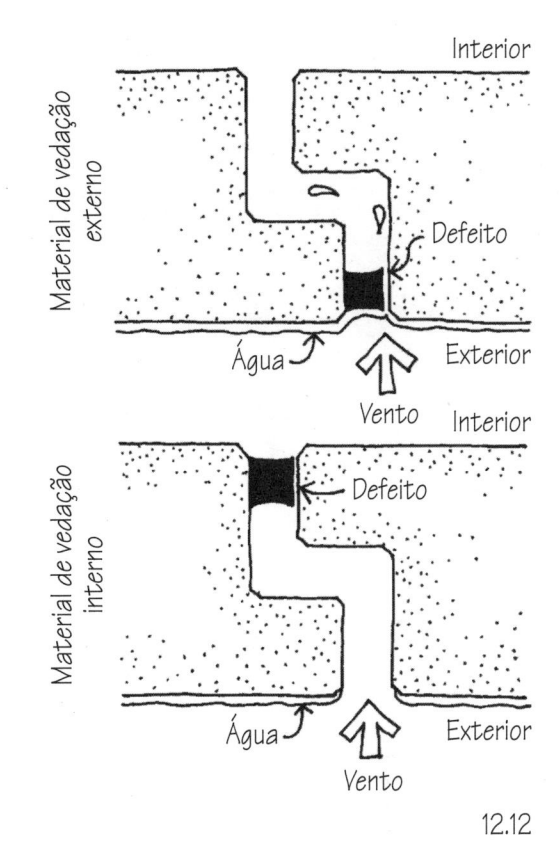

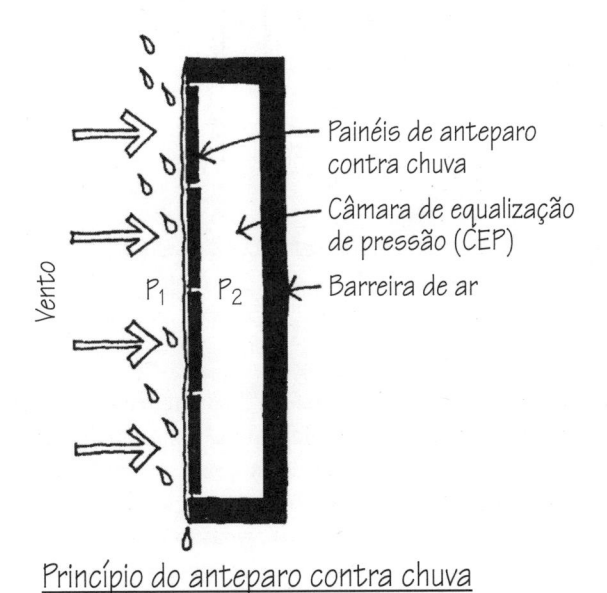

12.12

Princípio do anteparo contra chuva

A pressão do vento $P_1 = P_2$, a pressão na CEP

Portanto, o vento não pode forçar a água através das juntas no anteparo contra chuva

12.13

Anteparo contra chuva
CEP
Barreira de ar
Estrutura e isolamento

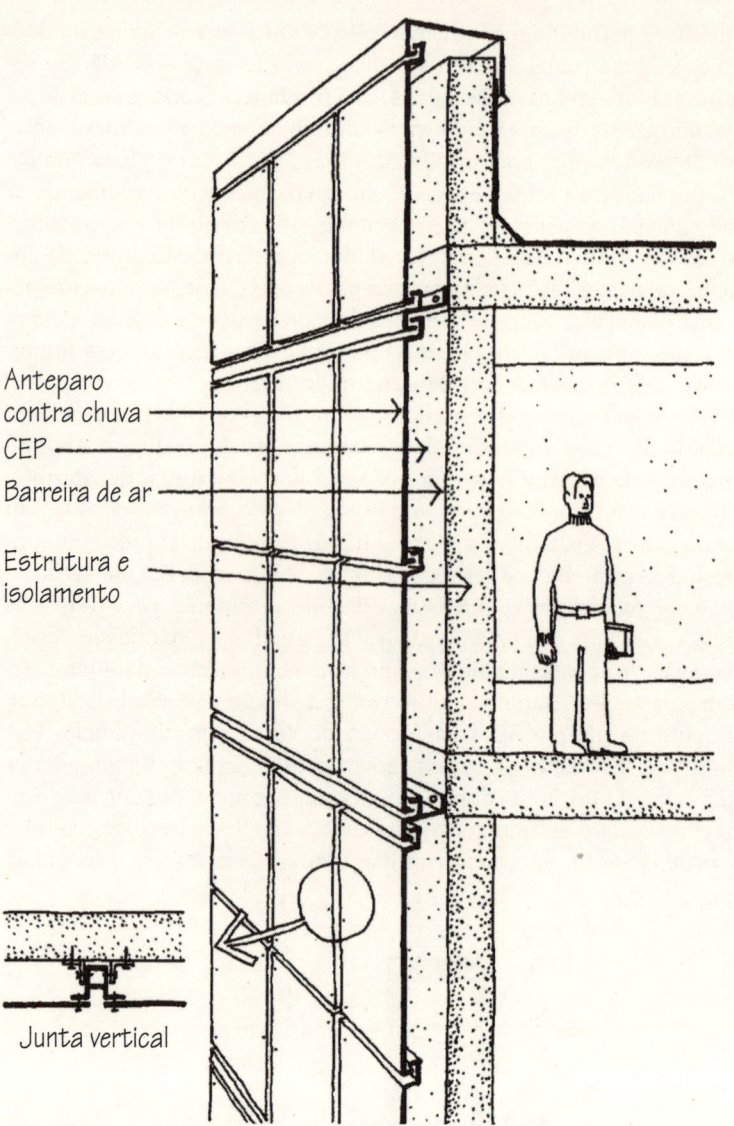

Junta vertical

Edifício com parede de anteparo contra chuva (de acordo com Anderson e Gill)
12.14

pressão (CEP), que impede a formação de diferenciais de pressão do ar entre as partes interna e externa das juntas no anteparo contra chuva (12.13). A construção da parede de apoio pode ser muito simples – por exemplo, utilizando blocos de concreto revestidos de um mástique impermeável ao ar, ou madeira leve, ou armação de aço com painéis de blindagem cobertos por uma barreira de ar feita por papel resistente, impregnado de asfalto e cimentado junto às vedações.

No exemplo de revestimento por anteparo contra chuva mostrado aqui (12.14), um edifício de vários andares é revestido com painéis de espessas folhas de alumínio. Nenhuma junta de vedação é utilizada. As juntas abertas entre os painéis são configuradas de modo que neutralizem sistematicamente todas as forças que poderiam movimentar a água através delas. A gravidade é vencida inclinando as superfícies horizontais das juntas para o exterior do edifício. Elimina-se a ação capilar mantendo os painéis a distância suficiente uns dos outros nas juntas. As juntas de labirinto impedem a entrada, no edifício, da água que é transportada por força cinética. As diferenças de pressão do ar são neutralizadas pela câmara de equalização de pressão atrás dos painéis. A CEP é dividida em compartimentos pelos componentes horizontais de alumínio junto a cada linha do piso e pelas nervuras de alumínio que sustentam as bordas verticais dos painéis. Essa compartimentação é desejável porque as pressões do vento variam consideravelmente ao longo da fachada de um edifício, particularmente nas proximidades dos ângulos e da borda do topo. Se a CEP não fosse dividida em compartimentos, o ar poderia se precipitar através dela a partir de uma área de mais alta pressão para uma área de mais baixa pressão, arrastando a água através das juntas na área de mais alta pressão. A parte inferior da CEP deve permitir a livre drenagem para se livrar de qualquer água que poderia, de algum modo, passar pelo anteparo contra chuva.

O princípio do anteparo contra chuva pode ser aplicado efetivamente até mesmo a detalhes externos muito pequenos, tais como armações de portas e janelas (12.15). O peitoril externo de uma janela deve ter a superfície do topo, ou *travessa de peitoril*, inclinada para desviar a água para fora do caixilho (a porta deve dispor de um recurso semelhante), e deve se projetar sobre a parede abaixo dele, com um sulco chamado *pingadeira*, destinado a impedir que a água que adere ao peitoril retorne para dentro da parede sob o peitoril. Deve-se providenciar um *interruptor da ação capilar* na junção do caixilho com o peitoril, a fim de impedir a água de ser arrastada através da fenda por ação capilar. Se o caixilho for guarnecido contra intempéries no lado interno do interruptor da ação capilar, este também atuará como uma câmara de equalização de pressão, tornando muito difícil que o vento impulsione a água através da

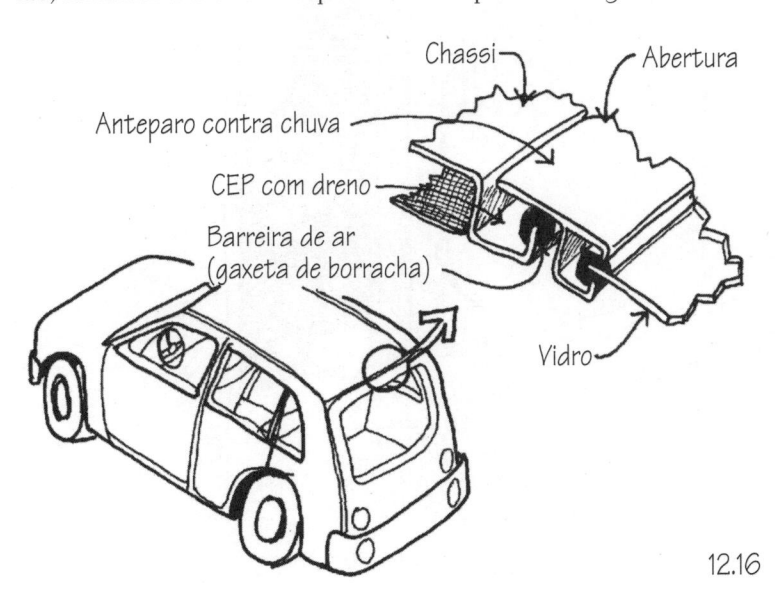

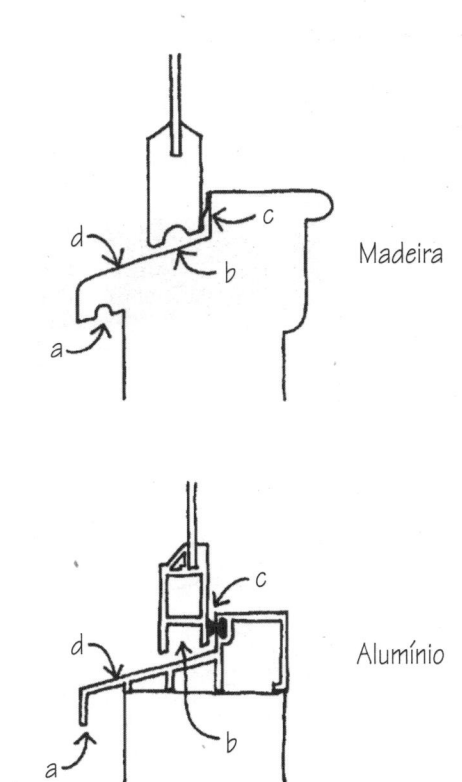

Madeira

Alumínio

Lado externo

Perfis de peitoril de janela

a Pingadeira
b Interruptor da ação capilar
c Guarnição contra intempéries (barreira de ar)
d Travessa de peitoril

12.15

12.16

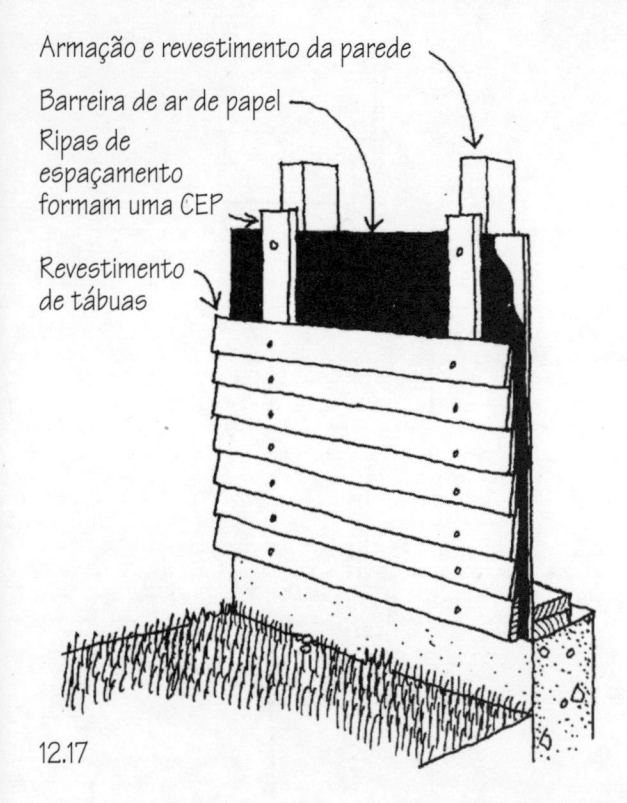

fenda junto ao caixilho. A *guarnição contra intempéries* é a barreira de ar que mantém a pressão na CEP.

Os fabricantes de automóveis utilizam habitualmente algumas características do anteparo contra chuva ao redor das bordas das portas, das tampas dos porta-malas e das aberturas (12.16). Gaxetas são utilizadas como barreiras de ar e são colocadas bem no interior da grande folga entre a porta e o chassi do automóvel, atrás de uma CEP.

Com um revestimento à prova de água da parede externa, constituído de tábuas horizontais de madeira ou telhas planas, a sobreposição horizontal é suficiente para tornar a parede impermeável à água, a não ser sob sérias condições não comuns de água empurrada pelo vento. O revestimento de tábuas ou telhas planas deve estar apoiado contra uma barreira à passagem de ar, por exemplo, uma camada de feltro impregnado de asfalto ou fibras de plástico aglutinadas. Para se obter um desempenho melhor, as tábuas ou telhas planas devem estar espaçadas, com relação à barreira de ar, por meio de ripas verticais de madeira (12.17). Quando configurado dessa maneira, o revestimento de tábuas se torna um anteparo contra chuva e a camada de ar é uma CEP.

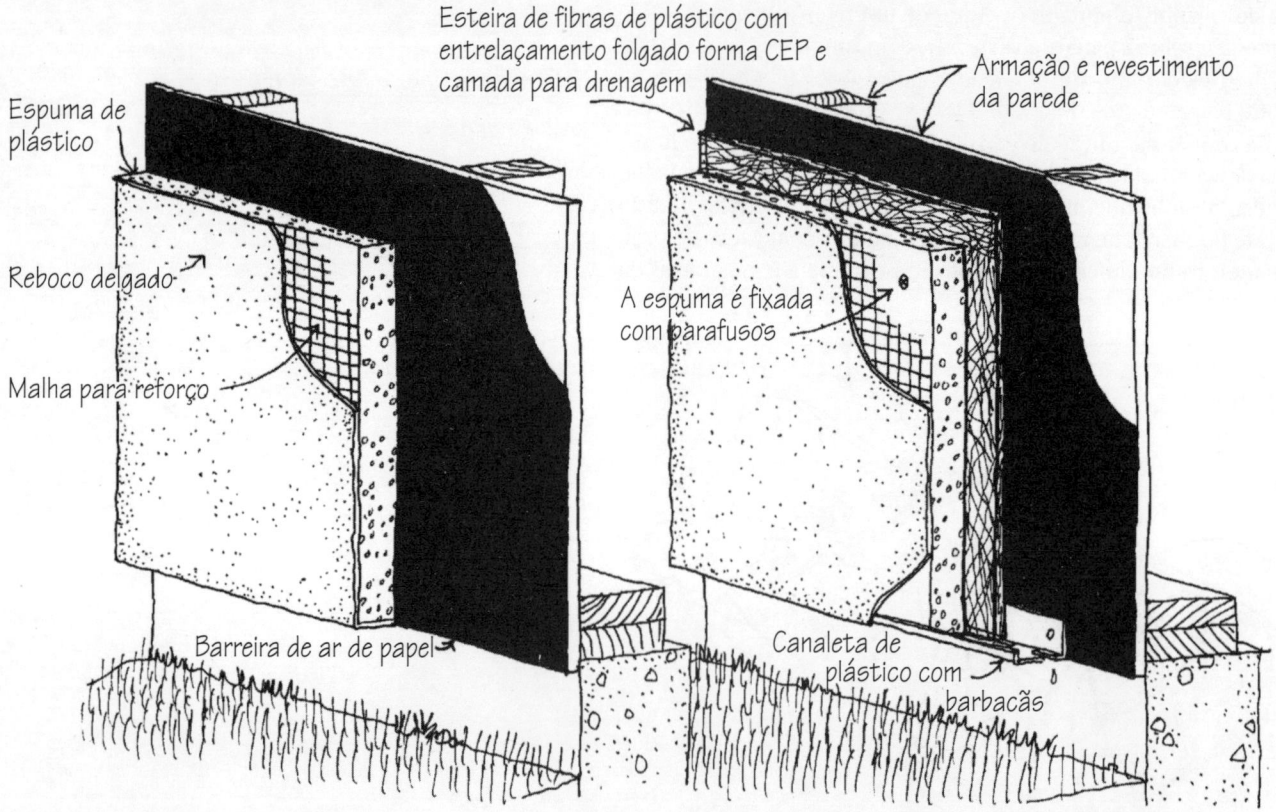

Ocorrem muitos problemas de vazamento de água nos climas mais úmidos da América do Norte por causa de um sistema de revestimento denominado *sistema de isolamento e acabamento externo* (SIAE). O SIAE consiste em uma camada de placas isolantes de espuma rígida de plástico, revestida por uma camada muito delgada de reboco sintético reforçado com uma malha de fibra de vidro. Nos edifícios que tiveram os piores problemas, as placas isolantes aderem diretamente à camada de barreira de ar que está presa à parede (12.18). O vazamento pode ocorrer em consequência de danos sofridos pela camada delgada de reboco ou então por causa de um acabamento precário ao se fazer juntas de vedação nas posições onde o reboco se junta às armações das janelas e portas. Esse vazamento teria consequências relativamente pequenas se houvesse um espaço de ar drenado por trás das placas isolantes, pois então o sistema funcionaria essencialmente como uma parede de anteparo contra chuva (12.19). No entanto, quando as placas isolantes estão diretamente presas à parede do edifício, não há lugar para onde a umidade possa ir, uma vez que tenha vazado para dentro. Ela permanece na parede, causando deterioração, ferrugem, descoloração por fungos e mofo. Milhares de casas precisaram ter paredes inteiras removidas e substituídas, e os custos do conserto totalizam dezenas de milhões de dólares.

A lama que respinga da linha de gotejamento de uma cobertura impõe apenas um problema estético de fealdade no caso de paredes de concreto ou de alvenaria, mas os microrganismos do solo podem causar sérios problemas de deterioração nos revestimentos à prova d'água das paredes externas. Uma sábia precaução consiste em nunca permitir que a madeira fique a uma distância menor do que 150 mm do solo. Um espaço livre de 200 mm a 300 mm é ainda melhor. A umidade que vem do solo pode subir através das paredes de alvenaria ou de concreto da fundação por meio de ação capilar, causando umidade e deterioração nos aposentos do andar térreo. Uma placa de proteção revestindo a parede imediatamente acima da linha do solo resolve esse problema.

Pisos e porões

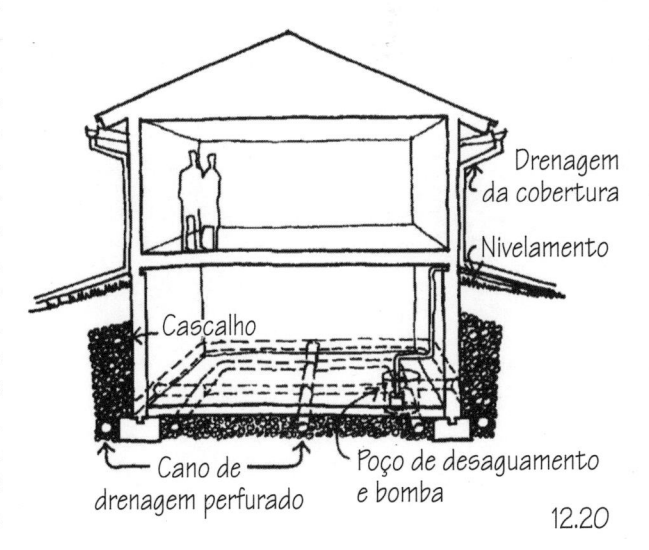

Não há lugar melhor para se aplicar a estratégia de manter a água do lado de fora de um edifício, afastando-a das suas superfícies, do que às porções de um edifício que penetram no solo. Um edifício que está constantemente exposto a água parada ou corrente precisa contar com métodos caros e inerentemente não confiáveis de se impedir a penetração da água, enquanto um edifício em um local bem drenado precisa apenas de um mínimo de precauções para permanecer seco. É necessário um sistema adequado de drenagem da cobertura para levar a água escoada até uma distância segura do edifício antes de descartá-la. A superfície do solo deve ser inclinada para fora do edifício de modo que o escoamento superficial seja dirigido para longe e ao redor dele, não em direção a ele. Uma série de canos perfurados deve ser estendida ao longo de uma vala cheia de cascalho afastada da fundação, logo abaixo do nível do piso do porão. A água que, de outra maneira, poderia se acumular ao redor da fundação se infiltra pelo cascalho e entra nos canos pelas suas perfurações (12.20). Se as condições da água subsuperficial são sérias, mais canos perfurados devem ser instalados ao longo de intervalos sob a laje do piso do porão. A partir do sistema de canos perfurados, a água é conduzida para longe por um cano não perfurado. Se o local tiver uma área ampla e for inclinado, esse cano poderá se inclinar para baixo da elevação até emergir do solo, para drenar a água, espalhando-a por meio da gravidade. Em um local pequeno ou plano, os canos drenam por meio da gravidade para dentro de um poço de desaguamento, um fosso pequeno e cilíndrico no piso do porão. Uma bomba elétrica automática no poço de desaguamento descarrega a água acumulada de volta à superfície do solo ou até um coletor de águas pluviais.

Se o nível do lençol freático for baixo e se a drenagem for boa, um simples *revestimento à prova de umidade*, feito de asfalto e aplicado sobre a parte externa da parede do porão, é suficiente para impedir a umidade. Sob condições mais severas, é preciso instalar uma manta contínua ao redor de todo o porão e mantê-la livre de defeitos enquanto a escavação estiver sendo aterrada. Uma manta composta de asfalto e feltro, semelhante àquela utilizada em uma cobertura plana, ou folhas de borracha sintética cuidadosamente cimentadas nas junções podem ser utilizadas, ou então uma camada contínua de argila pode ser colocada contra as paredes. Quando são utilizadas mantas de feltro ou de borracha, deve--se prestar particular atenção às junções entre o piso e as paredes, e às juntas nas paredes, a fim de se evitar vazamentos reais ou potenciais.

Para impedir que a pressão da água se intensifique ao redor de um porão, o espaço entre as paredes do porão e o solo circunvizinho deve ser preenchido com cascalho. Melhor ainda, uma camada de *elemento para drenagem* deve ser colocada sobre a parte externa de todas as paredes e terminar no fundo de modo que ela envolva os canos de drenagem perfurados. O elemento para drenagem é uma delgada esteira de plástico resistente à deterioração, que tem uma estrutura interna bastante aberta através da qual a água se movimenta livremente. Quando a água no solo se aproxima da parede do porão, ela penetra no elemento de drenagem, dentro do qual ela cai por ação da gravidade até o cano de drenagem.

A melhor maneira de se isolar uma parede de porão de concreto ou alvenaria consiste em colocar painéis de espuma de poliestireno de células fechadas, que não absorvem água, sobre a parte externa da parede entre o composto de drenagem e a camada à prova de umidade ou à prova d'água. A porção desse isolamento de espuma de plástico que fica visível acima da superfície do solo pode receber um acabamento por meio de um revestimento patenteado fornecido pelo fabricante da espuma ou por meio de uma tela metálica e reboco.

Se um porão precisa ser isolado em sua parte interna, ele deve ter provisões convenientes para manter a parede seca, como foi resumido antes. Os painéis de isolamento feitos de espuma de poliestireno devem aderir diretamente às superfícies da parede interna, com ripas de madeira sobre eles a fim de criar uma camada de ar ventilada. Os materiais de acabamento da parede – usualmente placas de gesso acartonado ou de madeira – são pregados ou parafusados nas ripas de madeira com folgas junto ao piso e ao teto para proporcionar ventilação (12.21).

Se nenhum porão é construído, constrói-se em vez dele um *espaço para aeração* ou uma *laje de concreto assentada diretamente no solo*. O nível do solo em um espaço para aeração deve ter altura suficiente para não acumular água que possa se infiltrar nele vinda de fora, e também se deve instalar uma folha de membrana de plástico sobre o solo, no es-

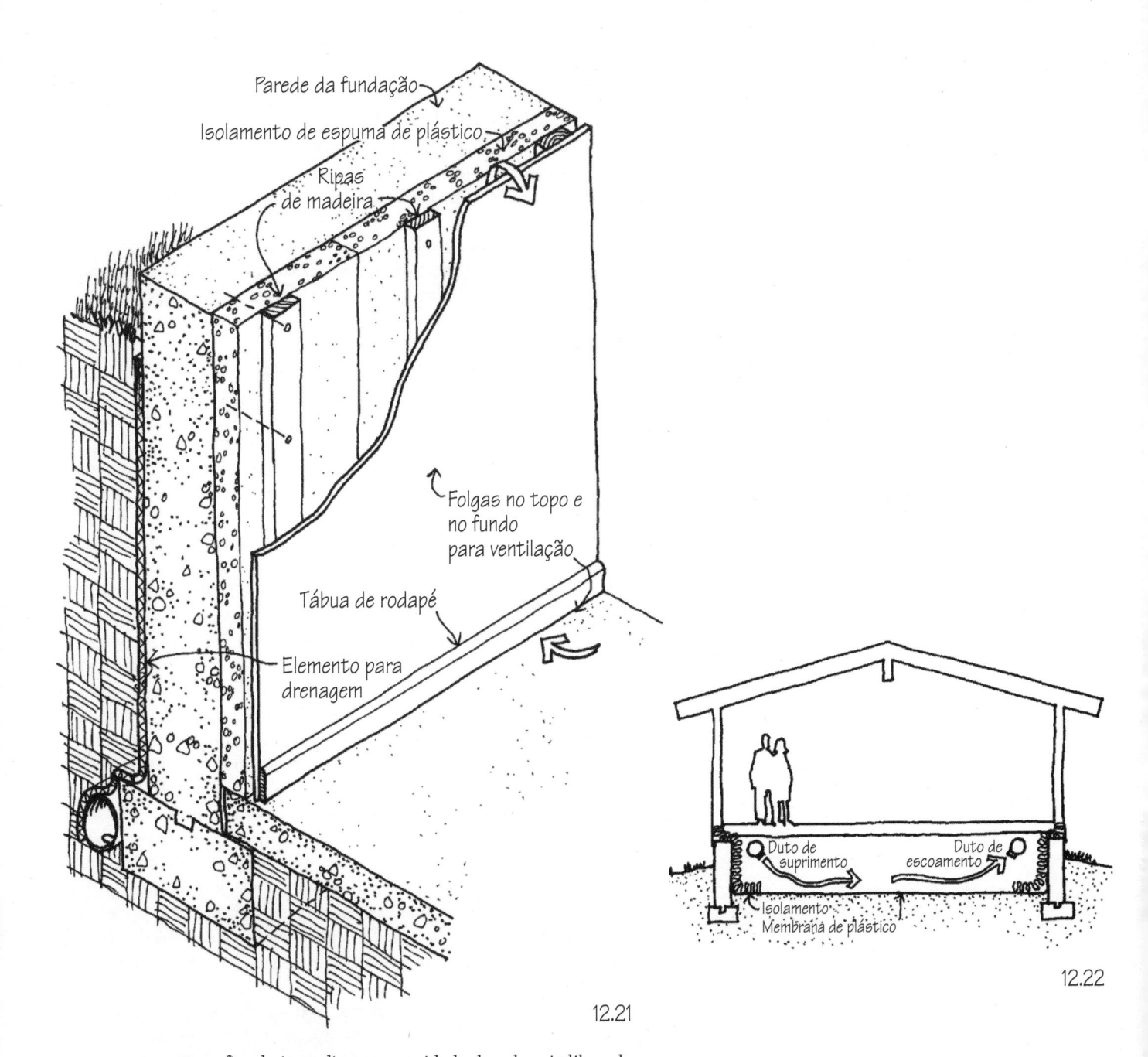

Parede da fundação
Isolamento de espuma de plástico
Ripas de madeira
Folgas no topo e no fundo para ventilação
Tábua de rodapé
Elemento para drenagem

12.21

Duto de suprimento
Duto de escoamento
Isolamento
Membrana de plástico

12.22

paço para aeração, a fim de impedir que a umidade do solo seja liberada no ar. As paredes perimétricas do espaço para aeração devem ser isoladas, e este deve ser aquecido no inverno e refrescado com ar-condicionado no verão para se controlar sua umidade (12.22). A maioria das normas de construção ainda contém uma cláusula especificando que um espaço para aeração deve ser naturalmente ventilado com aberturas dotadas de telas ao redor de seu perímetro. Essa é uma abordagem equivocada, pois o ar úmido de verão carrega a umidade para dentro do espaço para aeração, onde ela se condensa nas superfícies resfriadas pelo solo e leva à deterioração da estrutura do piso. De maneira semelhante, um porão deve ser mantido rigorosamente fechado e refrescado por ar-condicionado no verão, ou pelo menos equipado com um desumidificador. Se for naturalmente ventilado, um porão ficará extremamente úmido no clima de verão.

No caso de uma laje de concreto assentada diretamente no solo, uma espessa camada de pedras amarroadas para drenagem estendida sob a laje impedirá que a água se acumule, e uma manta contínua colocada entre as pedras trituradas e a laje bloqueará a migração para cima do vapor de água vindo do solo. É provável que a umidade se condense no topo da laje fria em tempo úmido, a não ser que o edifício seja fechado e refrescado por ar-condicionado ou desumidificado.

Deslocamento do solo provocado pela geada

Quando o solo úmido congela, ele se expande ligeiramente. Embora essa expansão não seja grave, às vezes ela é suficiente para rachar pavimentos, lajes ou fundações. É possível que ocorra um dano muito mais sério quando a umidade do solo migra para a superfície por causa de uma diferença na pressão de vapor entre o ar nos poros do solo e o ar livre acima de sua superfície. No tempo frio, quanto mais fundo se escava, mais alta será a temperatura do solo. Desse modo, o vapor úmido em movimento ascendente quando a temperatura está abaixo do ponto de congelamento encontra camadas de solo cada vez mais frias até que seja atingido um nível no qual a temperatura do solo iguala-se ao ponto de congelamento da água. Nesse caso, longos cristais de gelo se formam e crescem verticalmente, empurrando o solo com uma força enorme. O movimento ascendente do solo, que o desloca em 50 mm ou mais, é bastante comum nessas circunstâncias, e os pavimentos e fundações podem ser seriamente danificados. Esse fenômeno é conhecido como *deslocamento do solo provocado pela geada*. Em uma fundação, ele é geralmente impedido apenas colocando o fundo da fundação abaixo do nível no qual o solo se congela no inverno. Com pavimentos, uma generosa camada de pedras de tamanho uniforme debaixo da laje geralmente basta para levar embora a umidade e permitir qualquer expansão por congelamento. Em climas subárticos, isso nem sempre é suficiente. Pavimentos assentados sobre isolamento térmico de espuma de plástico, a qual mantém a temperatura do solo subjacente acima do congelamento, são geralmente satisfatórios.

Áreas externas planas de qualquer tipo – rodovias, quadras de tênis, coberturas totalmente niveladas, campos de atletismo, calçadas, pátios – nunca podem ser construídos perfeitamente planos. Por causa das limitações inerentes às ferramentas, dispositivos de medida e materiais de construção, locais afundados e locais elevados sempre ocorrem na superfície, mesmo sob as condições mais cuidadosamente controladas. Isso resulta no acúmulo de poças durante a precipitação, levando à deterioração prematura do material sob as áreas das poças. Por essa razão, nós raramente tentamos construir uma área externa ao edifício perfeitamente plana. Em vez disso, introduzimos uma inclinação suficiente na superfície para drenar os locais afundados. Um declive de cerca de um para cinquenta, ou um desnível de cerca de 6 mm para pouco mais de 30 cm de extensão horizontal geralmente basta para deixar uma superfície razoavelmente bem-feita livre de água parada. Coberturas de pequeno ângulo de inclinação são usualmente inclinadas em direção aos drenos da cobertura. No entanto, se tentamos fazer uma cobertura perfeitamente horizontal, precisamos utilizar materiais mais duráveis e caros na cobertura para resistir aos esperados efeitos deletérios da água parada. Superfícies simétricas, tais como rodovias e campos de atletismo, em geral não são inclinadas em uma única direção, mas levemente abauladas no centro, e se inclinam igualmente para ambos os lados (12.23).

Fontes internas de água

A presença de água não desejada pode se originar dentro do edifício em decorrência de vazamentos no encanamento ou em sistemas de aquecimento, do espalhamento de água por pias e chuveiros, e da condensação de água em superfícies frias. O vazamento em canos só pode ser impedido por meio de uma instalação cuidadosa. Instalações de encanamento que tendem a desenvolver vazamentos, por exemplo, drenos internos da cobertura e receptores de água de chuveiro embutidos, são equipados com folhas de metal ou de plástico subjacentes que reúnem a água espalhada e a afunilam em direção aos canos de drenagem. Onde se espera que ocorra espalhamento de água, devem-se instalar superfícies impermeáveis e, se necessário, drenos no piso para se manter a água fora da estrutura do edifício. O gotejamento da água que se condensa em tanques de água e em canos de água fria é uma causa frequente de danos ao edifício em climas úmidos. Encanamentos e tanques devem ser isolados e equipados com um retardador de vapor.

A água condensada que escorre pela superfície interna das vidraças resulta na deterioração ou na ferrugem do caixilho. A vidraça dupla tem uma temperatura superficial interna suficientemente alta para evitar a condensação na maior parte das circunstâncias. As armações metálicas das janelas e portas às vezes acumulam água condensada no tempo frio. Se tais armações têm espaços internos ocos, a condensação pode se formar dentro delas e causar danos, a não ser que ela seja continuamente drenada para fora do edifício por meio de orifícios ou a não ser que os espaços ocos sejam completamente preenchidos com uma substância vedante ou com argamassa para impedir que o ar úmido ocupe o espaço. A condensação sobre as superfícies internas expostas das estruturas de metal pode ser geralmente evitada instalando um *dispositivo de ruptura da ponte térmica* na seção dessas estruturas, o qual permite que a superfície interna seja mantida em uma temperatura acima do ponto de orvalho (12.24).

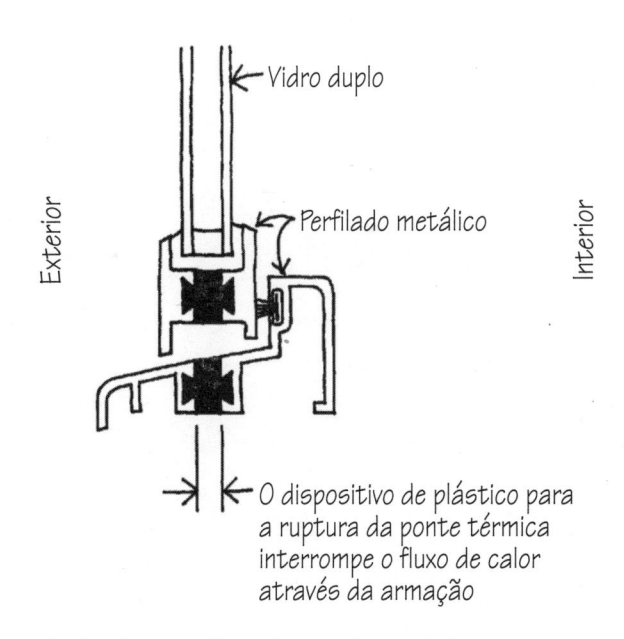

Leituras suplementares

Edward Allen, *Architectural Detailing: Function, Constructibility, Aesthetics*, Nova York, Wiley, 1993. pp. 5-36.

J. M. Anderson e J. R. Gill, *Rainscreen Cladding*, Londres, Butterworths, 1988.

13
Visão e iluminação

Reunimos a maior parte de nossas informações a respeito do mundo por meio de nossos olhos. Os olhos são órgãos sensoriais capazes de perceber uma parcela do espectro das radiações eletromagnéticas que chamamos de luz. Percebemos os mais longos comprimentos de onda visíveis como vermelhos e, progressivamente, os comprimentos de onda mais curtos como alaranjados, amarelos, verdes, azuis e violeta (13.1). A luz "incolor", que percebemos como branca, é, na realidade, uma mistura equilibrada de todos os comprimentos de onda, ao passo que o negro é uma ausência de luz.

Luz e visão

A luz que nos é útil tem sua origem no sol ou em fontes artificiais. Como nossos olhos evoluíram para o propósito de ver sob a luz solar, eles percebem essa luz como a cor normal. A maior parte das fontes artificiais gera luz que tem, perceptivelmente, cor diferente da que se manifesta por efeito da luz solar. Fontes *incandescentes*, tais como uma fogueira, uma vela, uma lâmpada a óleo ou o filamento brilhante de uma lâmpada, emitem luz precária em comprimentos de onda mais curtos e, portanto, são mais avermelhadas que a luz solar. A luz *fluorescente* é criada em um tubo de vidro hermeticamente fechado e cheio de vapor de mercúrio. Uma descarga elétrica entre as extremidades do tubo excita o vapor de mercúrio e o faz descarregar energia num revestimento de fósforo aplicado sobre a superfície interna do tubo, induzindo o fósforo a brilhar. A cor da luz emitida por um tubo fluorescente depende da composição química do fósforo. Porém, em sua composição mais comum, essa luz é um tanto deficiente nos comprimentos de onda mais longos e mais "quentes", e parece azulada, mas também existem lâmpadas fluorescentes revestidas com um material à base de fósforo e que emitem luz mais quente.

Quando a luz incide sobre um objeto, este absorve uma parte da luz e reflete o restante de volta para o ambiente. Nossos olhos reúnem uma

O espectro eletromagnético

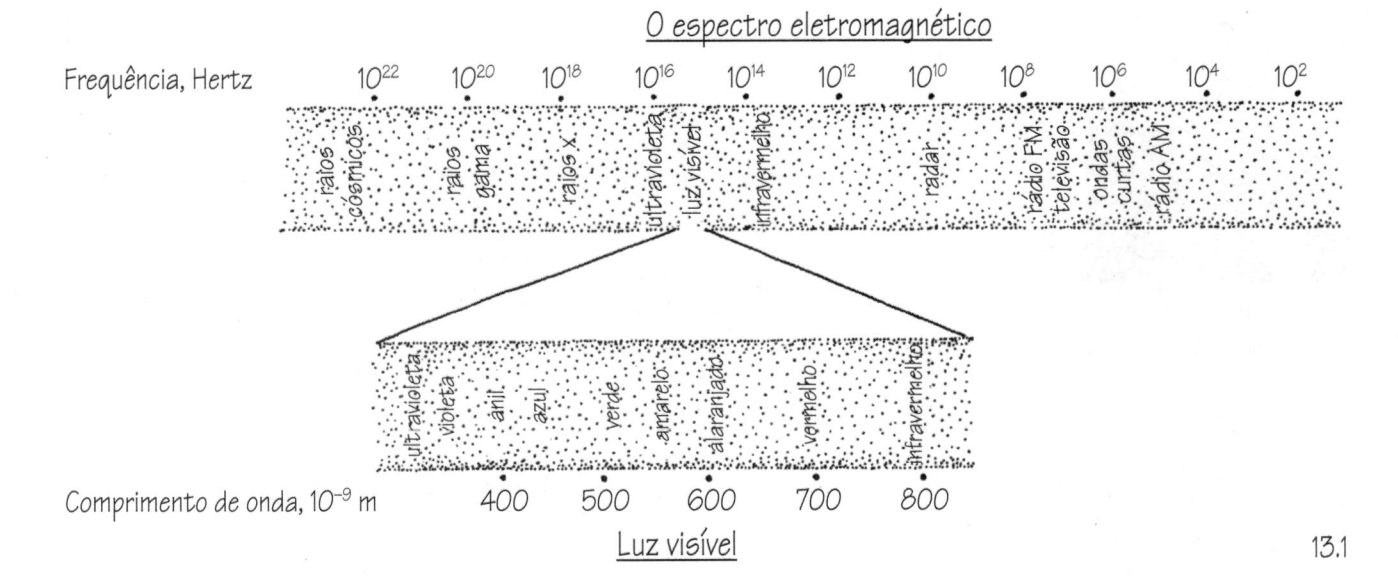

Frequência, Hertz: 10^{22} 10^{20} 10^{18} 10^{16} 10^{14} 10^{12} 10^{10} 10^{8} 10^{6} 10^{4} 10^{2}

raios cósmicos, raios gama, raios x, ultravioleta, luz visível, infravermelho, radar, rádio FM, televisão, ondas curtas, rádio AM

ultravioleta, violeta, anil, azul, verde, amarelo, alaranjado, vermelho, infravermelho

Comprimento de onda, 10^{-9} m: 400 500 600 700 800

Luz visível

13.1

pequena porção dessa luz refletida, organizam-na por meio de lentes e a convertem, em nossas retinas, em impulsos nervosos que nossos cérebros traduzem em imagens visuais. A cor dos objetos é causada pela maneira seletiva como eles absorvem a luz (13.2). Um objeto que absorve mais os comprimentos de onda mais curtos do que os mais longos reflete luz mais rica em comprimentos de onda mais longos; isto é, ele tem uma cor quente. Nossos olhos percebem objetos como áreas formadas por várias cores.

Em uma luz sob a qual um objeto tem níveis de brilho muito baixos, o olho é capaz de reconhecer apenas formas grandes e simples, mas não consegue distinguir cores umas das outras (13.3). Em uma luz um pouco mais brilhante, ele é capaz de enxergar formas um pouco menores, mas ainda não consegue distinguir cores. Com um pouco mais de luz, as cores começam a ficar discerníveis, mas ainda são muito amortecidas e acinzentadas. Podemos ler grandes letras pretas impressas em papel branco, mas com dificuldade. Quando a intensidade do brilho do objeto aumenta com uma iluminação progressivamente maior, podemos ler letras impressas de traço mais fino com mais rapidez e maior precisão. As cores ficam cada vez mais brilhantes e podemos distinguir gradações de matizes cada vez mais sutis. No entanto, quando as intensidades se tornam muito altas, a eficiência visual tem apenas aumentos marginais. Nossos olhos começam a ficar cada vez mais ofuscados por objetos intensamente brilhantes. Começamos a sentir dor e precisamos manter os olhos semicerrados na tentativa de reduzir a quantidade de luz que entra em nossos olhos. Podemos olhar para a luz brilhante apenas durante um breve período antes de os olhos se fecharem por causa da fadiga visual. Quando somos forçados a olhar para objetos cujo brilho nos causa dor, a retina pode ficar lesada.

Nossos olhos se ajustam automaticamente a mudanças na intensidade da luz. Pálpebras, cílios e sobrancelhas constituem um sistema externo de ajuste. Internamente, as pupilas mudam de tamanho muito rapida-

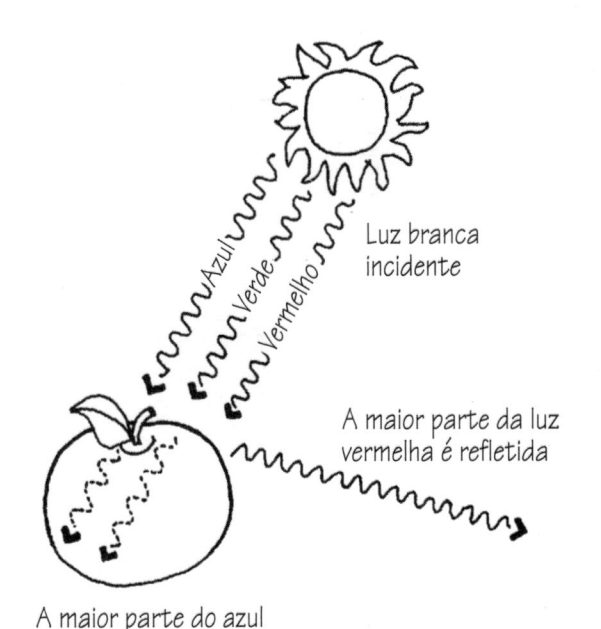

Luz branca incidente

A maior parte da luz vermelha é refletida

A maior parte do azul e do verde é absorvida

13.2

Iluminação média de 0,01 pé-vela (0,11 lux) sobre um sujeito

100 pés-velas (1.076 lux)

1 pé-vela (10,8 lux)

10 mil pés-velas (107.600 lux)

13.3

mente em resposta a condições de iluminação variáveis, regulando a quantidade de luz recebida pelos olhos. No entanto, o principal mecanismo de ajuste interno é muito mais lento e ocorre na retina. Os olhos se adaptam rapidamente a pequenas alterações de brilho mudando a abertura das pupilas, mas precisam de um tempo de adaptação medido em minutos para grandes mudanças. Na Natureza, onde as mudanças de iluminação são graduais, isso causa poucos problemas. Mas quando, ao caminhar, saímos da luz solar brilhante e entramos no ambiente escuro de um teatro ou porão, experimentamos um estado de "cegueira noturna" por alguns minutos.

Nossos olhos podem se ajustar apenas a um nível de brilho. Isto é, se um objeto muito brilhante e um objeto escuro forem colocados lado a lado, a visão do objeto brilhante será muito desagradável aos olhos e ele poderá ser brilhante demais para que os olhos suportem fixá-lo por muito tempo. Será difícil discernir o objeto escuro e, no melhor dos casos, ele será visto como uma silhueta (13.4, 13.5). No entanto, quando o mesmo objeto escuro é colocado contra um fundo ainda mais escuro, e na ausência do objeto muito brilhante, ele parece muito brilhante e um número considerável de detalhes pode ser discernido nele, pois o olho se ajustou ao seu nível de brilho. Quando olhamos para uma pessoa ou um objeto próximo de um objeto brilhante, como o sol, uma lâmpada ou uma porção do céu diurno, nossos olhos se ajustam ao clarão do objeto brilhante na medida em que são capazes de fazê-lo, e vemos o restante do campo visual como um borrão acinzentado. Vemos melhor quando o objeto que queremos ver, chamado de *tarefa visual* pelos projetistas de iluminação, é a coisa mais brilhante em nosso campo de visão e todo o resto é menos brilhante, embora ainda esteja dentro da mesma faixa geral de brilho.

13.4

13.5

Iluminação diurna

Na história, até muito recentemente, as pessoas iam para a cama quando o sol se punha. Lareiras, velas e lâmpadas a óleo eram fontes de iluminação muito fracas e muito caras para que a maioria das pessoas se desse ao luxo de tê-las. Nessas condições, a presença da luz natural nos edifícios era uma necessidade que chegou a ser bem entendida de maneira intuitiva. As orientações e configurações do edifício, a configuração dos vãos das janelas e os acabamentos internos passaram a ser selecionados de maneira que assegurassem níveis suficientes de iluminação diurna nos espaços internos. Os edifícios também foram desenvolvidos com dispositivos arquitetônicos, por exemplo, beirais, sacadas, frontões, cordões de pedra, frisos, cunhais, nichos e vários tipos de cornijas, que se utilizavam para criar padrões agradáveis e cambiantes de penumbras e de sombras em suas fachadas, os quais se manifestavam à medida que o sol se movia pelo céu, e essa arte está em grande parte esquecida nos dias atuais (13.6).

Somos forçados a adotar uma atitude ambivalente com relação ao sol na iluminação diurna dos edifícios. O sol é, naturalmente, a fonte da iluminação diurna, e um feixe de luz solar que entra por uma janela, em particular no inverno, exerce uma influência muito agradável e estimulante, fazendo brilhar as cores no interior do edifício e trazendo aquecimento físico e psicológico. No entanto, não podemos olhar diretamente para o sol, e é quase impossível executar tarefas visuais mais sutis, tais como a leitura e a costura, sob o clarão intenso da luz solar direta. Até mesmo o céu, com o brilho da luz dispersa vinda do sol, é com frequência suficientemente brilhante para ofuscar os olhos. Além disso, em climas quentes, não conseguimos tolerar o calor da luz solar direta nos edifícios. O efeito de descoloração provocado pela luz solar nos tapetes, tecidos e madeira pode ser um problema em qualquer época do ano. E, finalmente, precisamos encarar o fato de que o sol é com fre-

Roma, Santa Susanna, 1597-1603
Carlo Maderno, arquiteto

13.6

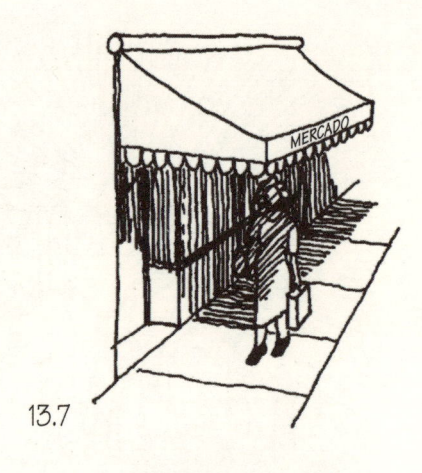

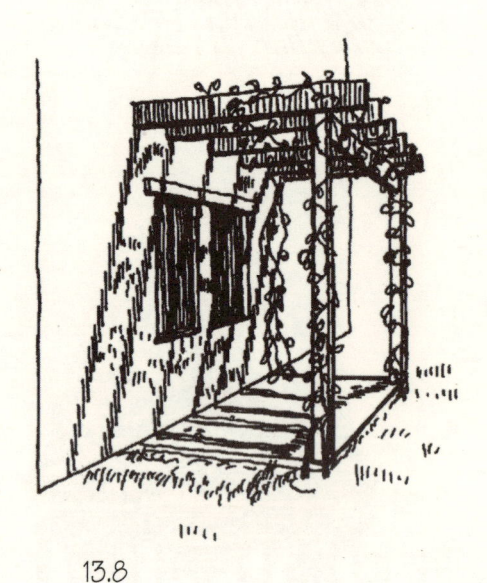

quência obscurecido, parcial ou totalmente, por nuvens. Por essas razões, contamos, em grande medida, com a luz solar difusa ou com a luz indireta, refletida, para a iluminação dos interiores dos edifícios. A superfície refletora absorve grande parte do calor e espalha a luz visível com uma intensidade muito menor do que a da luz solar direta.

Um grande vocabulário de dispositivos de sombreamento e reflexão se desenvolveu ao longo dos milênios. Árvores, trepadeiras, beirais, toldos, persianas de todos os tipos, claraboias, gelosias, anteparos, cortinas semitransparentes e cortinas opacas estão entre os dispositivos de sombreamento mais comuns (13.7-13.9). Dispositivos situados acima das cabeças para produzir sombreamento bloqueiam ou filtram a luz solar direta, permitindo que apenas a luz refletida vinda do céu e do solo entre pelas janelas. Persianas e anteparos podem atuar como dispositivos de sombreamento ou podem converter a luz solar direta numa luz refletida mais suave. Superfícies externas caiadas e armações de janelas refletem a luz através das vidraças. Janelas e claraboias voltadas para o norte nas latitudes temperadas setentrionais recebem pouca ou nenhuma luz solar direta e, desse modo, são úteis para captar luz indireta vinda do céu brilhante sem ganho térmico significativo.

Quando o sol não penetra diretamente num aposento, a quantidade de luz natural disponível em um dado ponto do aposento é determinada por vários fatores. O mais importante deles é a proporção da área total do céu que pode ser "vista" diretamente desse ponto através das janelas e claraboias, e também o brilho relativo das partes do céu que são "visíveis". O céu no horizonte tem apenas cerca de um terço do brilho direto do céu sobre nossas cabeças. Por essa razão, quanto mais perto do teto está uma janela, mais luz ela reunirá, supondo, naturalmente, que não haja árvores ou outros edifícios para obstruí-la. Claraboias, que captam luz vinda do alto do céu brilhante, são fontes particularmente eficientes de iluminação natural (13.10). Em algumas situações, quantidades significativas de luz também são refletidas para dentro das janelas pelo solo ou por superfícies de edifícios vizinhos e atingem determinado ponto interno diretamente ou depois de ser novamente refletidas pelas superfícies internas do aposento.

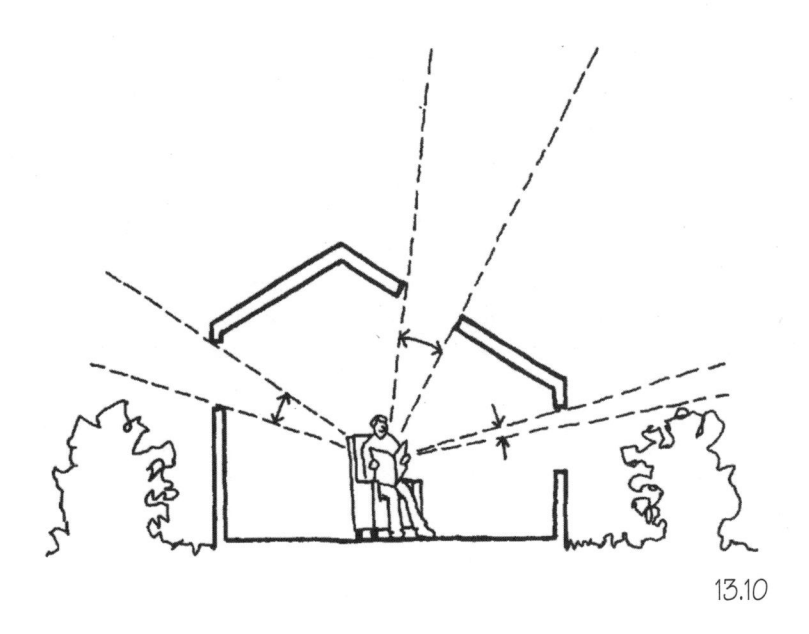

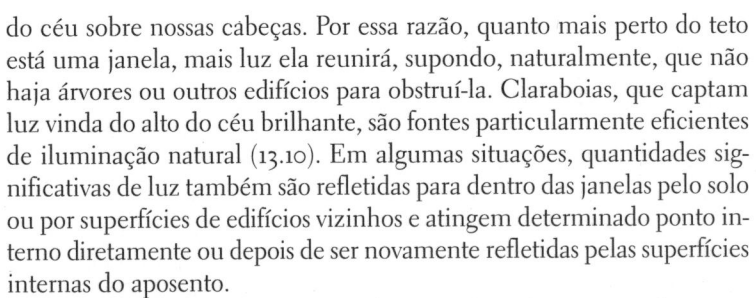

As proporções e os acabamentos das superfícies do aposento desempenham um papel importante na iluminação diurna. Em geral, a altura, a pequena profundidade e uma alta refletância superficial ajudam a manter os aposentos mais brilhantes (13.11). Aposentos baixos, aposentos fundos com janelas na extremidade mais estreita e aposentos com superfícies de cor escura são mais difíceis de se iluminar com a luz diurna (13.12). Quanto mais afastado alguém está da janela, e mais perto do fundo do aposento, menor é o segmento de céu que ele poderá "ver" diretamente, e maior o número de reflexões sucessivas que serão necessárias para conduzir a luz até a tarefa visual. Superfícies altamente refletoras – branco, cores claras, superfícies metálicas – absorvem menos luz em cada reflexão, permitindo que mais luz alcance o interior do aposento. Tetos mais altos reduzem o número de reflexões necessárias para transportar a luz ao longo de uma dada distância em direção ao interior. Janelas em um segundo lado do aposento, vigias de cobertura, claraboias ou clerestórios ajudam a equilibrar os níveis de luz diurna em todo o aposento (13.13). Uma *prateleira de luz* é um dispositivo refletor particularmente eficaz, que projeta luz bem no fundo de um aposento (13.14).

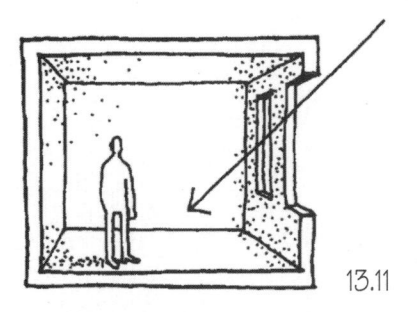

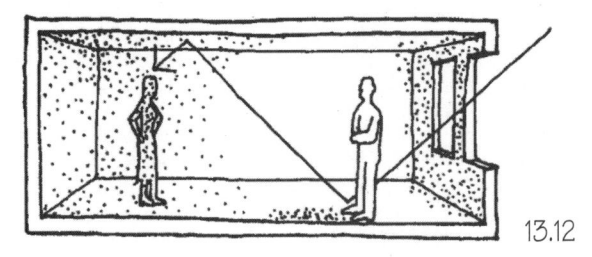

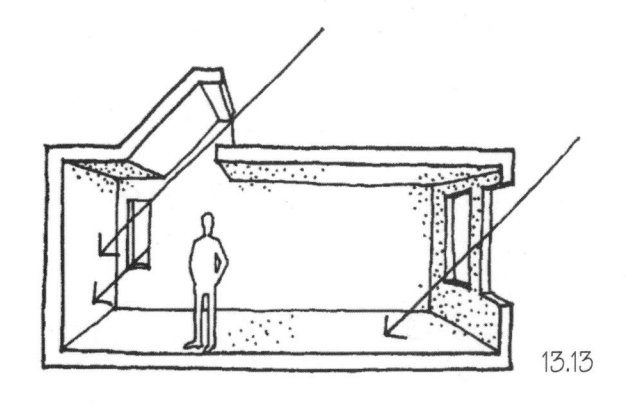

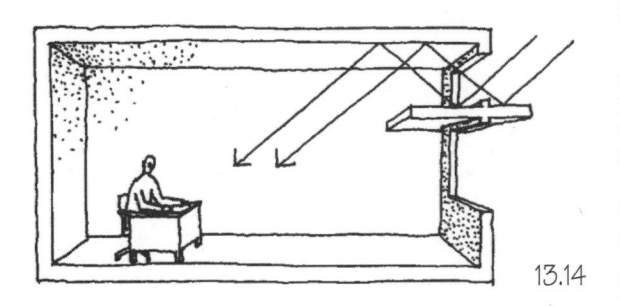

Se as janelas ou claraboias ficam dentro do campo de visão normal das pessoas que se encontram em um aposento, é provável que elas se tornem brilhantes a ponto de distrair a visão dos ocupantes de outras coisas que eles queiram ver. Por exemplo, é provável que uma janela perto de um quadro-negro em uma escola seja muitas vezes mais brilhante do que o quadro-negro; seu clarão torna inútil o quadro-negro. Em geral, as janelas deveriam ser colocadas longe dos pontos focais do interior dos aposentos. Se as janelas ou claraboias estão voltadas para grandes áreas de céu, persianas ou cortinas deverão ser instaladas para reduzir seu brilho aparente. Janelas com armações de cores claras, em especial se forem oblíquas, ajudam a reduzir os contrastes desconfortáveis entre panoramas externos brilhantes e um interior mais escuro (13.15).

A iluminação pela luz diurna é um conceito atraente por várias razões. Ela fornece uma agradável ligação psicológica entre o interior e o exterior de um edifício. Ela tem uma cor "natural" e varia de maneira interessante com a situação meteorológica, com a hora do dia e com a época do ano. Em geral, custa um pouco mais caro instalar janelas e superfícies apropriadas a um bom esquema de iluminação diurna do que instalá-las aleatoriamente, e o custo da energia da iluminação diurna é sempre gratuito. Alguns custos de manutenção são necessários para se manterem limpos os vidros e as superfícies internas do edifício, mas apenas um pouco maiores do que o custo normal de manutenção de um edifício, ou até mesmo iguais a ele.

Iluminação artificial

A principal desvantagem da iluminação diurna é sua inconstância, e especialmente sua total indisponibilidade entre o pôr do sol e o alvorecer. A luz elétrica artificial está disponível constante e instantaneamente, é facilmente manipulável por um projetista e pode ser controlada pelos ocupantes do edifício. Isso sugere fortemente que a iluminação diurna e a artificial podem ser boas parceiras, com a luz artificial sendo utilizada principalmente para a iluminação noturna e também como um suplemento para as horas diurnas quando a luz natural for insuficiente.

O fluxo total de luz produzido por três fontes de luz artificiais comuns (coletivamente chamadas de *lâmpadas*) é aproximadamente o seguinte:

Vela de cera	13 lumens
Lâmpada incandescente de 100 watts	1.500 lumens
Lâmpada fluorescente de alta eficiência de 87 watts	6.600 lumens

A lâmpada de 100 watts produz cerca de cem vezes mais luz do que uma vela, a um custo horário de energia de aproximadamente um centavo de dólar nas taxas vigentes de eletricidade. Sua eficiência é de 15 lumens por watt. A lâmpada fluorescente é cerca de cinco vezes mais eficiente, com 75 lumens por watt. Isso significa que ela pode produzir o mesmo nível de iluminação de uma lâmpada incandescente com um custo muito menor de energia. Também indica que a lâmpada fluorescente introduz uma perda muito menor de calor dentro do aposento por lúmen produzido do que uma lâmpada incandescente, característica que é de importância considerável em um edifício que precisa se manter frio em tempo quente.

Mas a eficiência não é o único critério para a escolha de uma fonte de luz. Lâmpadas incandescentes projetam uma luz de cores quentes um tanto semelhante à luz do fogo ou de uma vela. A pele de uma pessoa parece quente e rosada sob iluminação incandescente, a comida parece apetitosa e um aposento adquire uma claridade agradável, especialmente se suas paredes forem feitas de materiais de cores quentes, por exemplo, a madeira natural ou o tijolo avermelhado. A reflexão do filamento incandescente produz cintilações convidativas em objetos de cristal, porcelana, prata ou no acabamento de um automóvel. Ao contrário disso, pessoas e alimentos parecem um pouco doentios e pálidos sob a luz azulada da iluminação de uma lâmpada fluorescente de um branco frio, e a fonte fluorescente de brilho escasso não cria tais cintilações intensas. Luminárias incandescentes também são simples e baratas para se instalar e manter. Por isso, a iluminação incandescente ainda predomina em casas, restaurantes, igrejas e em muitos estabelecimentos de varejo, nos quais as cores e brilhos quentes intensificam a aparência da mercadoria. Mas a iluminação fluorescente é, sem dúvida, superior sob o aspecto econômico em grandes aplicações comerciais, industriais e institucionais. Com a introdução de lâmpadas fluorescentes em uma faixa mais ampla de espectros de cores e de modelos, a escolha entre os dois sistemas não é mais tão clara.

Na mesma faixa de eficiência, destacando-se como os melhores tubos fluorescentes, estão as *lâmpadas de alta intensidade de descarga* (HID, *high-intensity-discharge*), que incluem lâmpadas de haleto metálico, de vapor de sódio de alta pressão, de vapor de sódio de baixa pressão e de vapor de mercúrio. No entanto, apesar de sua alta difusão de luz, a produção de cores por muitas dessas fontes é precária, o que limita o seu uso basicamente à iluminação externa. Mas algumas lâmpadas de vapor de sódio de alta pressão e de haleto metálico com características cromáticas aceitáveis foram desenvolvidas especificamente como substitutas de alta eficiência para as lâmpadas incandescentes em aplicações internas. Ao contrário das fontes incandescentes, as lâmpadas fluorescentes e as HIDs requerem *reatores* ou *balastros*, que são componentes eletromagnéticos ou eletrônicos instalados junto a cada uma das luminárias e que regulam a voltagem, a corrente e a forma da onda da corrente elétrica para acender e pôr em operação as lâmpadas.

As lâmpadas incandescentes *halógenas de tungstênio* são menores e operam em temperaturas mais altas do que as lâmpadas incandescentes convencionais. Elas também são mais eficientes (embora não tanto quanto as fluorescentes e as HID). Elas produzem bom cromatismo e brilho, o que as torna particularmente atraentes para lares, restaurantes e lojas de varejo.

Saber onde colocar fontes de luz artificiais em um edifício é uma questão de grande importância. Às vezes, instalar uma luminária num local inapropriado expõe uma pessoa ou um objeto "numa luz ruim", como acontece quando uma luz que vem diretamente de cima ou de baixo projeta sombras sinistras até mesmo sobre o mais agradável dos rostos. Às vezes, uma lâmpada mal posicionada pode colocar um objeto na sombra, como acontece quando uma pessoa destra tenta escrever sob uma luz vinda de uma lâmpada que está do lado direito da escrivaninha.

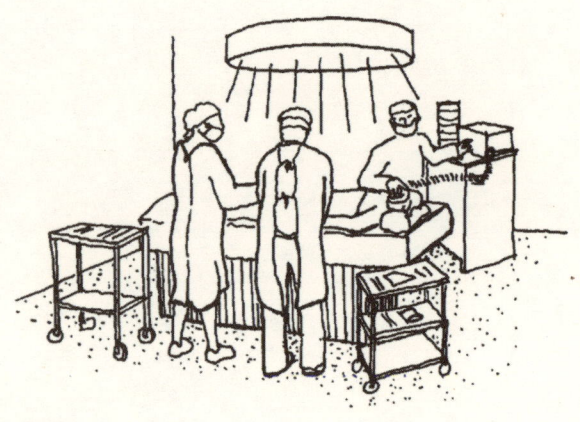

Às vezes, uma fonte de luz invade o campo de visão e provoca um clarão que perturba, ofusca ou prejudica a visão. Dispositivos que bloqueiam ou difundem a fonte luminosa podem ser muito úteis para contrabalançar esse clarão, mas em geral é preferível posicionar essa fonte fora do campo de visão normal de pessoas que utilizam determinada área.

Projeto de iluminação

Um importante objetivo do projeto de iluminação consiste em se obter um brilho apropriado (mais propriamente chamado de *luminância*) da tarefa visual. A luminância apropriada pode ser muito turva se a tarefa visual é um prato de comida em uma mesa de jantar, muito brilhante se é o apêndice de alguém numa mesa de operação, ou variar entre as duas na maior parte das outras tarefas visuais (13.16, 13.17). Para se obter a luminância desejada, deve-se providenciar uma densidade de fluxo luminoso apropriada para a superfície. Isso é obtido selecionando e distribuindo fontes de luz cujo padrão e quantidade de produção luminosa funcionam em conjunção com superfícies do aposento de refletâncias apropriadas. Como no caso da iluminação diurna, superfícies de aposentos de cores claras e altamente reflexivas ajudam a fornecer mais iluminação a partir da mesma quantidade de energia.

As cores das superfícies também desempenham um importante papel na tarefa de se evitar clarões ofuscantes: uma folha de papel branco sobre uma mesa preta provoca fadiga visual por causa do grande contraste de brilho entre ambas, enquanto uma folha de papel branco sobre uma mesa cinza-clara pode ser observada confortavelmente durante longos períodos de tempo. A outra providência essencial para impedir o clarão ofuscante consiste em se evitarem contrastes acentuados entre os níveis de fluxo de luz em que se encontram a tarefa visual e o ambiente ao seu redor. Com frequência, é uma boa ideia ter uma pequena lâmpada que projeta uma luz brilhante sobre uma tarefa visual precisa, mas, a não ser que o restante do aposento esteja iluminado num nível intermediário de brilho, é provável que ocorra fadiga visual.

A correlação entre quantidades de iluminação crescentes e aumento de eficiência visual, que foi estabelecida em testes de laboratório, levou alguns projetistas a instalar sistemas de brilho extremo e elevado consumo de eletricidade em escritórios e fábricas. No entanto, testes de campo mostraram que, uma vez que se tenha estabelecido um nível mínimo de iluminação aceitável num aposento, é mais provável que a satisfação e o desempenho humanos se baseiem em fatores qualitativos do que na mera quantidade de iluminação fornecida.

Quando planejamos um sistema de iluminação para um edifício, precisamos começar perguntando se o propósito do sistema consiste em criar certo estado de ânimo, em intensificar a aparência do edifício a partir de dentro ou de fora, em exaltar rostos humanos, em chamar a atenção para um objeto ou uma pessoa, em facilitar a leitura ou o trabalho, ou em uma combinação desses fatores. De que maneira as pessoas entrarão no edifício, se moverão por ele e o deixarão, de noite e de dia, e como o projeto de iluminação pode ajudar seus olhos e suas emoções a se ajustar a essas transições? Quando uma pessoa passa certo tempo no interior de um edifício, como a luz pode contribuir melhor para o conforto e prazer dessa pessoa? Uma vez que essas questões tenham sido respondidas, as opções de projeto podem ser analisadas: Qual o papel que a iluminação diurna pode desempenhar e onde seria preferível utilizar a iluminação artificial? Que espectro cromático de luz artificial seria mais eficiente? Como a iluminação do edifício e de suas tarefas visuais deveria mudar entre o dia e a noite? Deveria a luz em determinada área do edifício ser distribuída uniformemente ao longo de toda a área ou deveria ser, em grande medida, concentrada em locais específicos? Quais tipos de janelas e instalações de luminárias criarão os padrões de iluminação adequados e onde deveriam ser posicionados? Essas decisões têm importância crucial, pois é por intermédio da iluminação que o olho percebe um edifício a partir de dentro e de fora, e é por intermédio do ambiente luminoso dos edifícios que o olho humano é capaz de funcionar e de desfrutar as experiências estéticas exclusivas da visão.

Leitura suplementar

M. David Egan, *Concepts in Architectural Lighting*, Nova York, McGraw-Hill, 1983.

14
Ouvir e ser ouvido

Sentimos prazer com o som de uma música favorita, com o som da voz de um amigo, com os cantos dos pássaros numa manhã de verão, e com as palavras proferidas pelos atores numa peça ou num filme. Sentimos grande satisfação quando criamos música com a voz ou com instrumentos, quando conversamos com um amigo, ou quando transmitimos uma mensagem importante para uma plateia interessada. Nessas circunstâncias, queremos ouvir e ser ouvidos. Porém, em outras circunstâncias, também queremos ter a opção igualmente importante de não ouvir e não sermos ouvidos, queremos poder optar por paz e privacidade. Queremos não ser obrigados a ouvir o barulho alto e contínuo do tráfego ou a música que agrada ao gosto de um vizinho, mas não ao nosso, especialmente se esses ruídos interferem com nosso sono, nossa capacidade de concentração ou de ouvir e sermos ouvidos em nosso entorno imediato. Não queremos que nossos segredos sejam conhecidos por ninguém, a não ser por quem nós queremos que o sejam, e podemos até mesmo querer produzir sons desagradáveis – como aprender a tocar violino ou cortar madeira com uma serra elétrica – sem ficar constrangidos ou perturbar os outros.

Às vezes, ficamos frustrados em nossas tentativas de ouvir e ser ouvidos por causa da debilidade do som ou porque ele fica obscurecido e confuso ao se misturar com ruídos indesejados ou com o próprio eco. Com frequência, nossa privacidade acústica é invadida por vizinhanças barulhentas ou, ao contrário, tão silenciosas que sabemos que cada sussurro pode ser ouvido por um vizinho. Qualquer edifício, planejado ou não levando em conta suas condições acústicas, exerce inúmeros efeitos importantes sobre a propagação do som. Se esses efeitos forem plenamente entendidos, podem ser explorados e manipulados por um projetista para criar condições acústicas internas que sejam apropriadas às diversas funções humanas executadas dentro de um edifício.

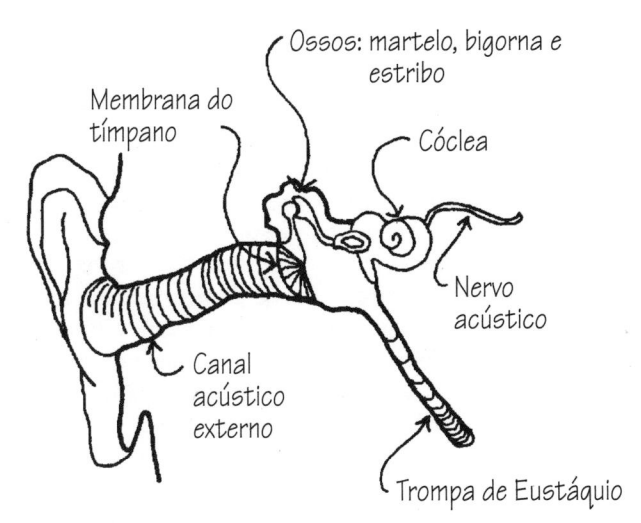

Figura 14.1: Diagrama do ouvido humano com legendas: Membrana do tímpano; Ossos: martelo, bigorna e estribo; Cóclea; Nervo acústico; Canal acústico externo; Trompa de Eustáquio.

Som

O som é uma sensação induzida através do ouvido por ondas de pressão do ar variáveis que emanam de uma fonte vibratória. Dentro do ouvido, as ondas sonoras atingem a membrana do tímpano, criando vibrações que são transmitidas mecanicamente por minúsculas alavancas ósseas para um mecanismo interno do ouvido extraordinariamente sensível (cóclea), onde são convertidas em impulsos nervosos, que são interpretados pelo cérebro (14.1). Os ouvidos de um ouvinte jovem são capazes de detectar frequências de vibração que variam de 20 a 20 mil ciclos por segundo (Hz), mas, com o avanço da idade, perdemos a capacidade de ouvir as frequências mais altas; desse modo, 10 mil a 12 mil ciclos por segundo são limites superiores típicos de audição para os ouvintes de meia-idade.

Quanto à pressão das ondas sonoras, o ouvido médio pode resistir aos sons mais altos da Natureza e também detectar sons cujas pressões são muitos milhões de vezes menores. A fim de comprimir essa ampla faixa de níveis de pressão sonora em uma escala de medida com que se possa lidar, utiliza-se uma escala logarítmica de *decibéis* (db). (Um decibel é um décimo de um bel. A unidade traz esse nome em homenagem a Alexander Graham Bell, que, além de inventar o telefone, fez pesquisas muito significativas a respeito da audição e do som.) O diagrama anexo nos dá uma ideia mais clara de como o ouvido humano é afetado por sons de diferentes pressões (14.2).

Os sons da fala humana são produzidos por vibrações das cordas vocais que são modificadas pelas ações da garganta, do nariz e da boca. Os diferentes sons variam em duração de cerca de um quinquagésimo a um terço de segundo. As frequências fundamentais da voz se situam, na maioria das vezes, entre 100 e 600 ciclos por segundo, mas muitos sons, em particular as consoantes, têm frequência muito mais alta e precisam ser ouvidos claramente para permitir uma inteligibilidade máxima. Entre o sussurro mais tímido e o grito mais alto, há uma ampla faixa de níveis de pressão do ar, mas o locutor médio cobre uma faixa de apenas

$\dfrac{\text{watts}}{\text{cm}^2}$	Decibéis	
10^{-2}	140	Avião a jato a curta distância
10^{-3}	130	Limiar de dor
10^{-4}	120	Trem em ferrovia elevada nas proximidades
10^{-5}	110	Orquestra sinfônica em fortíssimo
10^{-6}	100	Serra elétrica
10^{-7}	90	Rua no centro de uma cidade grande
10^{-8}	80	Grito a curta distância
10^{-9}	70	Interior de um automóvel a 88 km/h
10^{-10}	60	Conversa face a face
10^{-11}	50	Escritório de tamanho médio
10^{-12}	40	Sala de estar silenciosa
10^{-13}	30	Quarto silencioso
10^{-14}	20	Ruído de ambiente rural
10^{-15}	10	Folhas farfalhando
10^{-16}	0	Limiar de audição

14.2

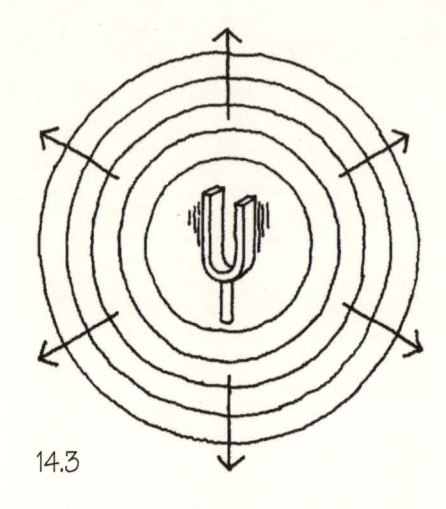

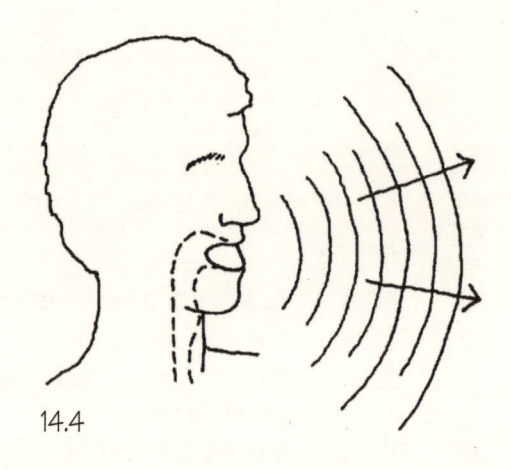

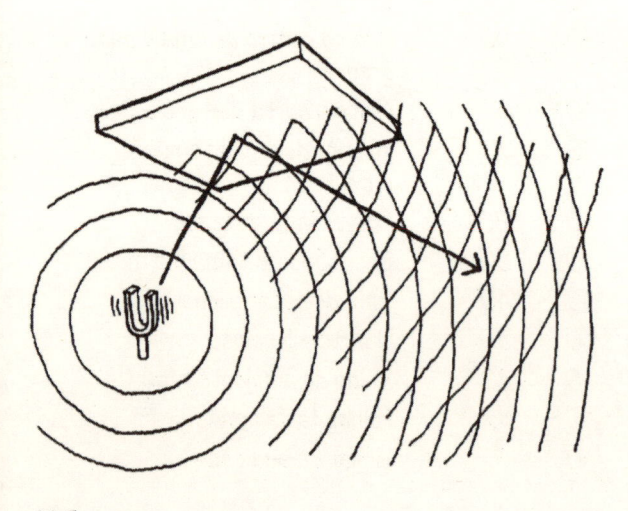

cerca de 30 db. Como se poderia esperar, a fala mais alta é geralmente mais inteligível do que a fala mais suave.

Sons musicais têm em geral duração maior do que sons da fala e cobrem faixas muito mais amplas tanto de frequência como de pressão sonora, especialmente no caso da música instrumental. Alguns grandes órgãos são capazes de produzir alturas sonoras cujas frequências estão próximas do extremo limite inferior do espectro auditivo. Frequências muito altas ocorrem rotineiramente nos tons harmônicos muito altos de todos os instrumentos musicais. Os trechos mais suaves de música sinfônica são quase inaudíveis, e o rock mais alto excede o limiar da dor.

Ruído é o som indesejado. Ele pode ser uma fala ou uma música, sons de forças naturais, por exemplo, o vento e a chuva, ou sons mecânicos de motores, engrenagens, ventiladores, pneus derrapando no asfalto, freadas bruscas, zumbidos de equipamentos elétricos ou canos que estouram. As fontes potenciais de ruídos na sociedade contemporânea são tão variadas em suas características sonoras que é impossível oferecer qualquer generalização sobre suas propriedades; cada problema de ruído deve ser analisado individualmente para se determinar sua fonte, sua faixa característica de frequências e sua pressão sonora antes que se possam tomar medidas para resolver o problema.

Em teoria, as ondas sonoras se irradiam esfericamente a partir de uma fonte puntiforme (14.3). Se a fonte estivesse suspensa em um volume ideal de ar, a pressão sonora diminuiria proporcionalmente ao quadrado da distância entre o ouvinte e a fonte sonora. Na prática, as ondas sonoras se originam frequentemente de fontes tais como a voz humana, que irradia com mais vigor em algumas direções do que em outras. As ondas sonoras são invariavelmente afetadas de várias maneiras pelo solo ou pelas superfícies dos edifícios, resultando na formação de campos sonoros que não podem ser descritos por meio de expressões matemáticas simples (14.4, 14.5).

Os comprimentos de onda para frequências audíveis variam de mais de 15 m, para alturas muito baixas, a menos de alguns milímetros, para as muito altas. Quando ondas sonoras atingem um objeto menor que o comprimento dessas ondas, ou que tem dimensão comparável a esse comprimento, ocorre uma difração, que espalha as ondas em muitas direções. Quando uma onda sonora atinge uma superfície grande em comparação com seu comprimento de onda, parte da energia sonora é refletida, de maneira muito parecida com a reflexão da luz por um espelho, e parte é absorvida pela superfície. Quanto mais dura e rígida a superfície, maior será a proporção que ela vai refletir. Materiais macios e porosos absorvem uma grande proporção da energia sonora incidente, dissipando-a na forma de fluxos de calor imensuravelmente pequenos, criados pelo atrito das moléculas de ar em movimento com as paredes dos poros dos materiais. Para uma dada frequência, a absorção ótima é obtida por poros colocados a uma distância de um quarto de comprimento de onda de uma superfície rígida e dura, onde a velocidade das moléculas do ar, tanto nas ondas sonoras que incidem como nas refletidas, é máxima. Isso significa que são necessárias maiores espessuras de materiais porosos para absorver frequências menores. Uma parede revestida com um tecido delgado absorve apenas as frequências próximas ou acima do limite da faixa audível. Um carpete almofadado ou cortinas espessas absorvem a maior parte do som incidente na porção mais alta da faixa audível. Estofamentos fundos e porosos absorvem a maior parte do som desde as frequências intermediárias para cima. As frequências musicais mais baixas não podem ser absorvidas eficientemente pelas espessuras comuns dos materiais porosos. Uma janela aberta ao ar livre absorve todos os sons que incidem nela, e é o caso limite de absorção total. Uma parede de concreto, lisa, densa e pintada, ou de reboco, absorve menos de 5 por cento do som incidente; ela é uma excelente superfície refletora.

O som é capaz de induzir respostas ressonantes em vasos ocos ou em construções cujas frequências naturais se igualam às do som. O ar dentro do vaso atua como uma mola, oscilando com uma frequência que é característica do volume e do comprimento do vaso. Como um corpo ressonante absorve energia das ondas que o excitam, dispositivos ressonantes oferecem um meio útil para absorver energia sonora. Na prática, é mais fácil construir ressonadores para as frequências menores, o que os torna acessórios úteis para os absorvedores porosos utilizados no tratamento de aposentos em que a faixa completa das frequências precisa ser controlada. Nas novas salas de concerto, os ressonadores são normalmente construídos como cavidades escondidas nas paredes.

O som é capaz de viajar por outros meios além do ar – ele pode ser transmitido através de aço, madeira, concreto, alvenaria e de quase todos os materiais de construção rígidos (14.6). O som dos passos (em especial o produzido por sapatos de salto alto) é prontamente transmitido através de uma laje de piso de concreto para o ar do aposento abaixo dele. Um cano de metal pode carregar o ruído do encanamento ao longo de todo um edifício. Uma viga pode carregar as vibrações sonoras para um aposento adjacente ou o ronco de um motor elétrico através de um edifício.

Cada edifício produz sons próprios, tais como o do gotejar da chuva e o som do granizo em suas superfícies; o assobio do vento penetrante; o bater das portas com força; o rangido dos assoalhos de madeira velha sob os pés; os ruídos mecânicos dos sistemas de aquecimento, sistemas de encanamento, maquinário dos elevadores, trituradores de lixo e várias outras máquinas; e os rangidos ocasionais, ruídos de rachadura e gemidos de uma estrutura empurrada e puxada pelo vento, pelo calor e pela umidade. Podemos reduzir os ruídos mecânicos escolhendo aparelhos silenciosos, instalando-os o mais longe possível das áreas habitadas do edifício, montando-os com isolamento permanente para eliminar ruídos transmissíveis pela estrutura e alojando-os em recintos à prova de som para eliminar a transmissão dos ruídos pelo ar. Podemos normalmente reduzir os ruídos do vento com um melhor isolamento das janelas e portas contra a ação das intempéries, o que nos proporciona os benefícios adicionais de uma transmissão menos intensa de ruídos externos para o interior e custos mais baixos de aquecimento e resfriamento. Os sons da chuva e do granizo, se constituírem problemas, poderão ser reduzidos utilizando uma construção mais maciça dos telhados e das janelas. Ruídos estruturais produzidos pelo deslizamento de componentes do edifício se transmitem uns nos outros durante liberações esporádicas de

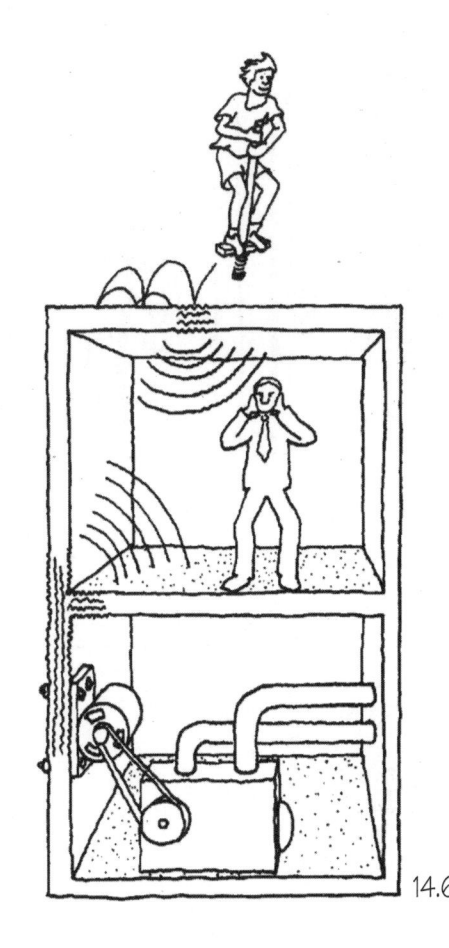

14.6

tensões acumuladas, e são, em grande medida, inevitáveis e difíceis de remediar. Às vezes, se a fonte do atrito puder ser localizada com precisão, um componente do edifício pode ser pregado ou parafusado com mais força, ou partículas de grafite podem ser aplicadas na junta móvel como lubrificante.

Um edifício conduz o som de um ambiente para outro de várias maneiras. O som passa entre os ambientes sempre que houver uma abertura, mesmo que ela seja muito pequena, como o buraco de uma fechadura, a fenda na parte de baixo de uma porta ou a separação entre uma divisória e o teto (14.7). Janelas e portas abertas ou mal ajustadas transmitem facilmente o som. Tubulações de dutos para os sistemas de aquecimento, resfriamento ou ventilação frequentemente fornecem um caminho para o ar de um ambiente a outro, e, a menos que sejam revestidas com materiais para a absorção do som, transmitem facilmente conversas e outros sons (14.8). Se quisermos privacidade, devemos guarnecer as fendas ao redor das janelas e portas com material de isolamento acústico e fechar todas as outras rachaduras e aberturas com materiais de vedação herméticos ao ar. As divisórias devem ir do topo da laje de um piso até o lado inferior do piso seguinte para se obter um isolamento sonoro máximo e devem ser construídas de uma maneira tão maciça e hermética ao ar quanto possível. Uma espessa parede divisória de tijolos proporciona uma boa barreira sonora entre aposentos. Uma divisória de blocos de concreto não é tão boa quanto uma de tijolos, pois os blocos são relativamente porosos, e os poros permitem que uma parte do som os atravesse. Aplicar reboco em uma das superfícies de uma divisória de blocos, ou em ambas, para torná-la hermética ao ar resolve esse problema.

A maioria das divisórias é constituída de partes estruturais delgadas e verticais, às quais se prendem placas de gesso acartonado em ambos os lados, ou sobre os quais se aplica reboco. Uma divisória comum desse tipo não é uma barreira muito eficiente contra o som. Para melhorar seu desempenho acústico, camadas de placas de gesso podem ser acrescentadas a um ou ambos os lados para aumentar sua massa. Se uma dessas camadas foi fixada com parafuso com isolador, em vez de ser fortemente parafusada à moldura, a transmissão do som através da estrutura da divisória será reduzida substancialmente. Pode-se obter um isolamento acústico ainda melhor inserindo placas de fibras para abafar a transmissão sonora através das camadas de ar dentro de uma divisória.

Telhas "acústicas", que têm uma capacidade excelente de absorver o som incidente dentro de um ambiente, ajudam a reduzir os níveis de ruído ao absorver parte da energia sonora gerada no cômodo, mas, por causa de sua extrema porosidade e de sua baixa densidade, elas de nada valem para reduzir a passagem de ruídos de um aposento para outro através de um teto ou parede. O mesmo é verdadeiro para as cortinas e tapetes, exceto no que diz respeito à ação dos tapetes em amortecer os impactos, pois tal ação também impede a geração de ruídos. Uma excelente maneira de reduzir a transmissão de ruídos de impacto através do piso consiste em instalar sobre ele um carpete ou tapete espesso e almofadado. Para se obter um nível de silêncio ainda maior, pode-se acrescentar uma camada isolante à construção do piso, tal como uma manta de plástico compressível, entre a laje e o material de acabamento do piso, ou parafuso com isolador com os quais o teto de gesso é fixado na parte inferior da laje.

A criação de boas condições de audição

A conveniência acústica de uma sala para um concerto, uma peça teatral, uma palestra ou um serviço religioso depende principalmente da forma, do tamanho e das proporções da sala e das quantidades de som de várias frequências que são absorvidas, refletidas e disseminadas por suas superfícies e pelos móveis e objetos que ela abriga.

A forma de um ambiente é extremamente importante porque determina os caminhos ao longo dos quais o som é refletido. Em cômodos pequenos com paredes paralelas, *ondas estacionárias* são às vezes evidentes, pois certas frequências da voz ou da música são acentuadas de modo exagerado à medida que se refletem repetidas vezes de um lado para o outro entre paredes opostas. As ondas estacionárias podem ser eliminadas inclinando ou enviesando duas paredes adjacentes do cômodo ou acrescentando a elas materiais acusticamente absorventes. Ambientes com superfícies côncavas tendem a focalizar as reflexões do som em uma ou mais áreas, deixando "pontos mortos" acústicos em outras áreas. Uma "galeria de sussurro" é um ambiente no qual dois participantes podem permanecer nas proximidades de uma superfície curva e ouvir os sussurros um do outro com surpreendente altura e clareza (14.9). Ou, então, pode ser um ambiente com uma superfície côncava em cada extremidade, com os participantes permanecendo de pé nos focos das superfícies curvas. As superfícies côncavas devem geralmente ser evitadas em salões de espetáculos de qualquer tipo porque elas concentram o som em algumas áreas e deixam outras áreas com som insuficiente. As superfícies convexas, por outro lado, espalham muito o som refletido, ajudando a reforçar os níveis sonoros em todas as partes de um ambiente (14.10). Superfícies de ambientes aleatoriamente distribuídas e irregu-

14.11

lares podem ser planejadas para espalhar e refletir o som em padrões que o distribuem mais ou menos uniformemente para todos os ouvintes. Desse modo, um projeto acústico para um salão destinado a apresentações musicais frequentemente inclui superfícies convexas e irregulares (14.11).

O *reforço do som*, a amplificação do som para que ele seja ouvido a partir de vários pontos de reflexão, assim como diretamente de sua fonte, é uma função muito importante das propriedades reflexivas de um ambiente. Os tetos das salas de reunião, das salas de aula e dos auditórios são, com frequência, completamente cobertos com materiais que absorvem o som por pessoas bem-intencionadas, mas mal informadas. Isso elimina qualquer reforço sonoro por meio de reflexões vindas do teto e resulta em níveis sonoros inadequados no fundo do ambiente. A medida seguinte que geralmente se toma, a instalação de um sistema eletrônico de reforço sonoro, muitas vezes poderia ser desnecessária se a maior parte do centro do teto fosse deixada descoberta como superfície refletora. Por outro lado, em alguns salões muito grandes, um som refletido pode levar tanto tempo para chegar aos ouvidos de um ouvinte, que esse tempo é significativamente maior do que aquele que transcorre para a recepção do som direto que vem do palco; então, ele é ouvido como um eco distinto, que confunde o som em vez de reforçá-lo. Esses longos percursos de reflexão precisam ser eliminados melhorando a geometria do salão ou fazendo um uso seletivo de superfícies absorventes. No entanto, é importante reforçar o som criando caminhos curtos de reflexão, que não possam criar ecos.

O período durante o qual um som reflete dentro de um ambiente antes de se tornar inaudível é conhecido como *tempo de reverberação* do ambiente. Em geral, o tempo de reverberação é maior quanto maior é o volume do ambiente porque cada onda sonora precisa percorrer um caminho mais longo entre suas sucessivas reflexões, e é menor quando revestimos o ambiente com materiais que absorvem o som, os quais interceptam e "engolem" as ondas. A reverberação é importante nas salas de conferência, nos teatros, nos templos religiosos e nas salas de concerto porque ela sustenta e mistura os sons, um efeito que os torna muito mais suaves e ricos do que quando se propagam ao ar livre. A obtenção de um tempo de reverberação apropriado para determinada sala é de grande importância. Para a fala, um tempo de reverberação curto é o melhor, a fim de que os sons curtos das consoantes permaneçam claros. Mas certa quantidade de reverberação ajuda a enriquecer a voz do palestrante e lhe permite perceber quão bem a sua voz está sendo transmitida para a plateia. Para a música, tempos de reverberação mais longos prolongam e misturam os sons dos instrumentos e/ou das vozes da maneira como os compositores, os músicos e a plateia esperavam e pediam. Numa sala com um tempo de reverberação muito curto, a música soa abafada e não se percebe a ligação entre os sons. Já numa sala com um projeto acústico ideal, a música ganha brilho e cor sem perder a clareza de articulação. Os templos religiosos nos quais o sermão é de importância fundamental precisam de tempos de reverberação relativamente curtos, ao passo que os templos onde há mais serviços cerimoniais precisam de tempos mais longos. Acredita-se que graças à prática das religiões mais cerimoniais, que utilizam cânticos, a liturgia surgiu da necessidade de se obter uma comunicação clara em edifícios cavernosos, com tempos de reverberação muito longos. A música litúrgica, desde o tempo medieval até o presente, sempre dependeu de espaços internos grandes e com muito eco para conseguir obter boa parte de seu efeito emocional.

Por isso, a fim de planejar um salão com boas condições de audição, precisamos desenvolver uma forma de salão que distribua e reforce o som uniformemente para toda a plateia, e precisamos determinar para o salão um volume que lhe proporcionará um tempo de reverberação apropriado aos usos que se pretende para ele. Pode-se prever a distribuição do som no salão traçando as trajetórias dos raios sonoros e suas reflexões nos desenhos da planta e das seções do salão ou utilizando computação gráfica. O tempo de reverberação é calculado com base no volume do salão e na quantidade de som que será absorvida por cada uma de suas superfícies. Essas previsões podem ser refinadas e elaboradas testando eletronicamente um modelo em escala do salão, ou por meio de uma simulação de computador.

Para obtermos boas condições acústicas num salão, também precisamos reduzir ao mínimo o nível de ruído, para evitar interferência com os sons do espetáculo. Para tanto, a estrutura das paredes, tetos e pisos deve ser pesada e hermética ao ar, de modo que evite o ruído externo; e devemos instalar sistemas muito silenciosos de ventilação, aquecimento e resfriamento do salão.

Dispositivos eletrônicos sofisticados intensificam nossa capacidade de planejar a acústica das salas de espetáculo. Quando criamos um salão em um edifício já existente, que foi projetado para outros propósitos, às vezes é impossível obter a configuração e as proporções ótimas para oferecer boas condições de audição. Nesse caso, um sistema de alto-falantes e amplificadores geralmente pode ser projetado para corrigir as falhas na acústica natural. Tal sistema poderia direcionar o som adicional para as áreas "mortas" do salão, ou poderia acrescentar uma fração de segundo ao seu tempo de reverberação. É possível prever de antemão as características acústicas de qualquer salão modelando-as com equipamentos eletrônicos por meio dos quais podemos fazer uma simulação precisa de como a música ressoará em qualquer ponto desse salão. Isso permite que a administração, os músicos e os projetistas "façam um teste" do salão antes de ele ser construído, a fim de proporem mudanças em seu ambiente acústico e poderem ouvir os resultados dessas mudanças.

O controle do ruído

Ruído é o som indesejável. Em dormitórios ou salas de estudos, onde precisamos de silêncio, o ruído deve ser mantido no mínimo. O controle de ruído começa com o planejamento de um edifício, de tal maneira que os ambientes que tenham necessidade de silêncio fiquem o mais distante possível das fontes de ruído, tais como ruas movimentadas, estabelecimentos públicos, cozinhas, oficinas, quadras de esportes ou salas de máquinas em funcionamento. Desse modo, os ambientes intermediários bloqueiam os quartos silenciosos contra boa parte do clamor. As paredes, o piso e o teto dos quartos silenciosos devem ser pesados e herméticos ao ar.

Se o ruído vem de fora, através do espaço aberto que separa o edifício de uma fábrica, aeroporto ou rodovia, aumentar a distância ajuda a reduzir sua intensidade. Grupos de árvores sempre verdes, frondosas e densas podem absorver parte do ruído, embora árvores individuais ou fileiras isoladas de árvores sejam de pouca utilidade. Cercas comuns de madeira são leves demais para bloquear ruídos. Uma pesada parede de concreto ou de alvenaria pode ser mais eficiente, mas precisa ser alta e larga o suficiente para bloquear todas as linhas de visão diretas entre o aposento silencioso e a fonte do ruído, e precisa estar próxima do aposento ou da fonte do ruído. As barreiras contra o ruído das rodovias, que se vê ao redor de muitas grandes metrópoles, estão em geral próximas da rodovia, e são suficientemente altas para bloquear todas as linhas de visão diretas. Essas barreiras são feitas de peças estreitamente ajustadas de concreto, alvenaria ou madeira de lei pesada. Os edifícios próximos de aeroportos estão expostos a ruídos excepcionalmente altos e que partem de aviões em diferentes posições no céu e no solo, o que torna difícil em particular manter o ruído afastado. Pode-se obter algum alívio com a substituição de todas as janelas por unidades vedadas feitas com duas ou mais camadas de vidro laminado com espaços de ar entre elas. O vidro laminado tem uma camada de plástico bem macio entre duas placas de vidro. A camada interna macia ajuda a amortecer a passagem das vibrações sonoras através do vidro. Naturalmente, quando um edifício é vedado, ele deve ser ventilado e resfriado artificialmente. O nível baixo de ruído do sistema de ar condicionado ajuda a mascarar o ruído dos aviões.

Às vezes, quando o ruído é particularmente persistente e irritante, um edifício não pode ser eficientemente protegido contra ele, ou pode não haver dinheiro suficiente para um tratamento destinado a reduzi-lo.

E, às vezes, um ambiente é tão silencioso que até mesmo um sussurro pode causar perturbação, e os sons da respiração, das batidas do coração e dos movimentos do corpo de uma pessoa podem incomodar. Em qualquer um desses casos, a introdução de um *ruído mascarador* de nível baixo pode ajudar a obscurecer os sons indesejáveis. Os melhores ruídos mascaradores são os naturais, dos quais quase todas as pessoas gostam: ondas quebrando na praia, um vento soprando entre árvores, uma fogueira com lenhas estalando, a chuva tamborilando no telhado, uma correnteza ou fonte jorrando água. Nenhum desses sons relaxantes tem as qualidades de distração inerentes à música ou à fala. Mas, se eles não estão disponíveis, um leve ruído de um sistema de ventilação pode ser eficiente. Em muitos edifícios comerciais, o ruído mascarador é introduzido eletronicamente por meio de um sistema de alto-falantes distribuídos por todo o local. Qualquer ruído mascarador deve ser forte nas frequências que predominam no som a ser mascarado.

O silenciamento de um aposento ruidoso

Por que alguns restaurantes são tão barulhentos que precisamos gritar para conversar com nossos companheiros de mesa, enquanto outros restaurantes são silenciosos e tranquilos? Um restaurante barulhento é aquele rodeado de superfícies rígidas: paredes e tetos de reboco e um piso sem revestimento. Os primeiros clientes que chegam para jantar são capazes de conversar normalmente. Quando mais pessoas chegam e começam a conversar, os níveis sonoros aumentam com a ajuda considerável dos sons que são refletidos pelas superfícies do recinto. À medida que os níveis sonoros aumentam ainda mais, todos precisam falar mais alto para serem entendidos. Isso cria um nível de ruído ainda mais alto, as pessoas precisam aumentar o volume da voz ainda mais, e se estabelece no recinto um círculo vicioso que atinge seu clímax com todo mundo gritando em meio a um nível de ruído geral que se aproxima do de uma pista de aeroporto. Se o mesmo restaurante tivesse painéis acústicos no teto, cortinas pesadas nas janelas, um estofamento fundo nas cadeiras e um carpete espesso e almofadado no piso, ele se tornaria um restaurante silencioso. Se você estiver procurando um lugar silencioso para uma refeição, procure por um que tenha carpetes e painéis acústicos, e evite os restaurantes com superfícies duras.

A *criação de privacidade*

Se um edifício precisa ter privacidade acústica – para impedir a escuta casual de conversas – boa parte dessas estratégias entra em jogo: a construção precisa ser pesada e hermética ao ar. Os níveis sonoros dentro do ambiente podem ser reduzidos até certo ponto pelo uso de materiais que absorvem o som. Um ruído mascarador pode ter importância inestimável. Um bar onde há muita proximidade entre as pessoas é, na verdade, um ambiente bastante privativo para uma conversa íntima. Há simplesmente tanto ruído gerado na faixa de frequências da fala humana que apenas o ouvinte mais próximo e mais atento pode entender as palavras que o outro diz. Também é por isso que os mestres da espionagem e os diplomatas, sejam eles fictícios ou reais, aumentam o volume do rádio ou da televisão antes de conduzir discussões em um quarto suspeito de estar "grampeado".

Ouvir, ser ouvido, não ouvir e não ser ouvido são fatores importantes que devemos levar em consideração no projeto de um edifício. Na maior parte das circunstâncias, os materiais comuns com os quais construímos os edifícios são suficientes para esse propósito. Mas precisam ser utilizados de modo correto e cuidadoso.

Leitura suplementar

Madan Mehta, Jim Johnson e Jorge Rocafort, *Architectural Acoustics*, Upper Saddle River, N.J., Prentice-Hall, 1999.

15
Fornecimento de energia concentrada

Até o final do século XIX, somente duas formas de energia estavam normalmente disponíveis nos edifícios comuns para a realização de trabalho útil: o fogo e a força muscular humana. Hoje, na maior parte do mundo, a eletricidade está disponível em cada aposento de cada edifício como uma forma de energia limpa, confiável, excepcionalmente conveniente para a iluminação, o aquecimento, a operação de ferramentas e de aparelhos elétricos e de equipamentos de comunicação eletrônica e de lazer.

A geração e a transmissão de eletricidade

A geração de eletricidade ocorre em grandes instalações movidas por turbinas hidráulicas alimentadas por reservatórios ou, mais comumente, por turbinas a vapor (15.1). O vapor é gerado por carvão, óleo combustível, gás ou combustível nuclear. As melhores instalações a vapor têm rendimentos de cerca de 40 por cento. Isso significa que a quantidade de calor que se perde pelas chaminés da usina e nas vias fluviais usadas para resfriar os condensadores é uma vez e meia maior que a que se transforma em energia elétrica potencialmente útil nas linhas de transmissão. Perdas posteriores ocorrem durante a transmissão de eletricidade ao usuário, resultando em um rendimento total de cerca de um terço para um sistema de geração e distribuição de eletricidade. Felizmente, os dispositivos elétricos nos edifícios convertem a eletricidade em energia útil com eficiência, mas isso não muda o fato de que dispositivos para a produção de calor que podem queimar combustíveis em um edifício, em geral com rendimentos de 80 a 95 por cento, têm uma capacidade inerente de consumir menos combustível e são mais baratos para operar do que suas contrapartidas elétricas, exceto em algumas áreas onde há energia hidrelétrica em abundância.

A geração de eletricidade nos próprios locais dos edifícios está se tornando mais comum, embora ainda seja relativamente rara. Grandes

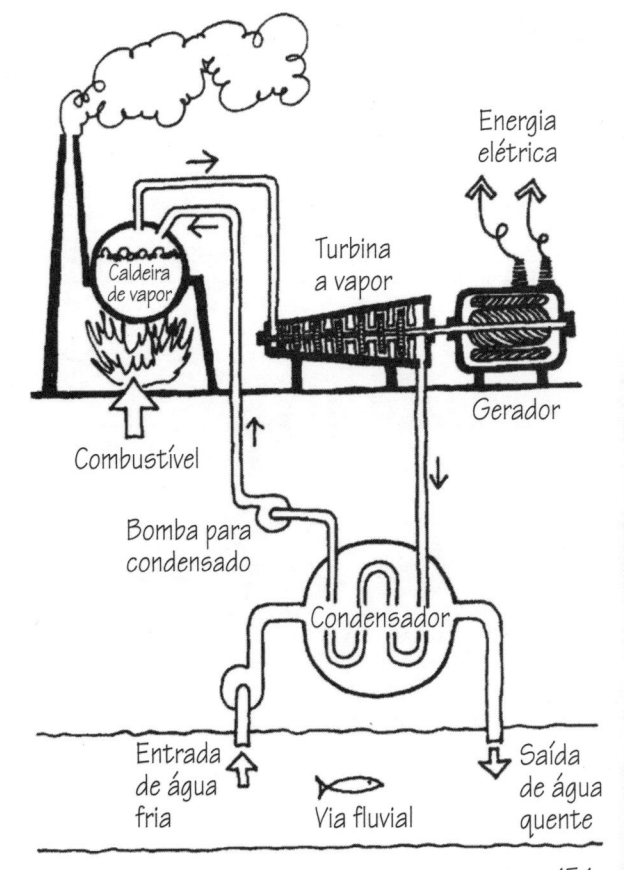

15.1

complexos de edifícios às vezes produzem sua própria eletricidade como parte da produção de um *sistema de energia total*. Um típico sistema de energia total aciona geradores elétricos por meio de motores de combustão interna alimentados por gás natural. A água de refrigeração que provém dos motores é utilizada para aquecer a água doméstica ou os edifícios. O rendimento total do sistema é alto porque ele utiliza até mesmo o calor que é incidental ao processo.

Unidades geradoras locais, independentemente de serem alimentadas por motores de combustão interna, água, sol ou vento, geralmente são caras e têm manutenção também cara; têm capacidade limitada em comparação com a capacidade que costumamos esperar dos sistemas elétricos e são menos eficientes e confiáveis do que as usinas elétricas. Elas também podem ser barulhentas e produzir mau cheiro, além de não serem capazes de gerar corrente alternada constante nem de fornecer eletricidade quando o nível da água ou a velocidade do vento forem baixos, quando nuvens estiverem presentes ou quando apresentarem falhas.

Os preços dos *painéis fotovoltaicos* de estado sólido, que convertem a luz solar diretamente em eletricidade, abaixaram a tal ponto que estão sendo utilizados sobre as paredes externas ou sobre as coberturas de muitos edifícios novos. Os painéis fotovoltaicos se tornaram populares devido também à sua disponibilização na forma de telhas e de vidro transparente. A produção elétrica de um conjunto fotovoltaico é, em geral, insuficiente para suprir todo o edifício, de modo que uma quantidade suplementar de eletricidade precisa ser comprada na empresa de serviço público local. Durante os períodos em que os painéis estão gerando mais eletricidade do que o edifício pode utilizar, o excedente é em geral revendido para a empresa de serviço público.

Edifícios com taxas de ocupação críticas, por exemplo, hospitais, laboratórios científicos e instalações de computadores centrais geralmente contêm *unidades sobressalentes de geração de eletricidade* a fim de manter ininterrupta a produção de energia elétrica durante panes de potência. Sempre que as linhas elétricas deixam de fornecer eletricidade ao edifício, o gerador passa a funcionar automaticamente, e comuta a energia fornecida ao edifício pela empresa de serviço público pela energia do gerador sobressalente.

Praticamente toda a eletricidade é gerada como *corrente alternada* (CA), na qual a voltagem dos fios oscila entre valores máximos de polaridade positiva e negativa. A frequência de alternância é de 60 ciclos por segundo (Hz) nos Estados Unidos, mas em alguns países ela é inferior a esse valor. A principal vantagem da CA sobre a *corrente contínua* (CC) está no fato de que é fácil e eficiente mudar sua voltagem por meio de *transformadores* simples e eficientes. Os geradores produzem correntes com muitos milhares de volts. Essa voltagem é aumentada ainda mais por meio de transformadores na usina elétrica antes que a eletricidade ingresse nas linhas de força principais a fim de reduzir a amperagem ao mínimo. Quando as amperagens se mantêm baixas e as voltagens são altas, grandes quantidades de energia podem ser transmitidas até distâncias muito longas por meio de fios elétricos relativamente pouco espessos e com perdas de transmissão mínimas. (A amperagem é análoga

1/60 de segundo
CA monofásica   15.2

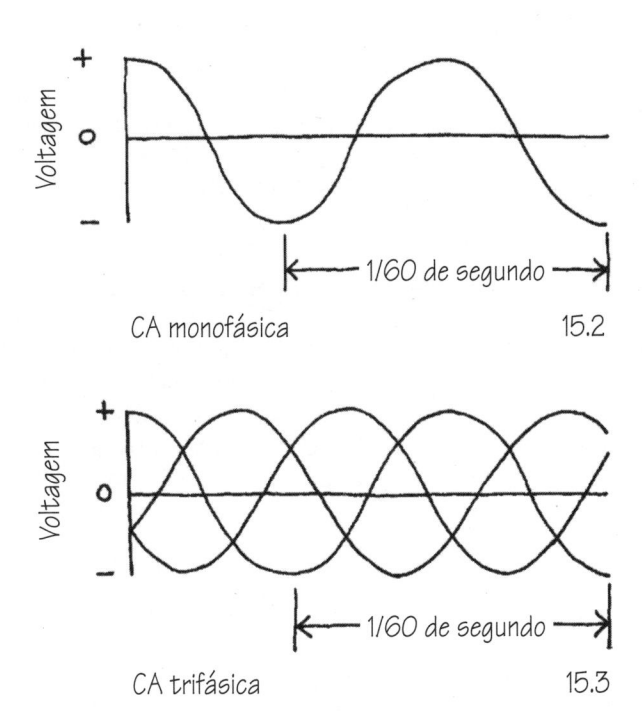

1/60 de segundo
CA trifásica   15.3

ao volume de água que flui em um cano. A voltagem é análoga à pressão da água.)

A maior parte da corrente alternada é utilizada como eletricidade *monofásica*. Isso significa que a voltagem varia como uma única onda senoidal, que atinge o zero duas vezes em cada ciclo (15.2). Para a maioria dos propósitos, esse padrão é inteiramente aceitável, mas os motores elétricos mais potentes são relativamente grandes, volumosos e ineficientes quando planejados para produzir os pulsos intermitentes da eletricidade monofásica. Por essa razão, a CA *trifásica* é distribuída em áreas industriais, a qual utiliza três conjuntos de bobinas geradoras para superpor três ondas senoidais defasadas de 120°. Isso produz um fluxo de energia mais constante e uniforme, e permite o uso de motores menores e mais eficientes (15.3).

Antes que a energia elétrica seja transferida das linhas de força de alta voltagem e longa distância para as linhas locais, que a distribuem para os edifícios, sua voltagem é reduzida em subestações transformadoras locais (15.4). Isso resulta em perdas de transmissão por quilômetro, nas linhas locais, um pouco superiores às perdas nas linhas de longa distância, mas as linhas locais não podem ser tão bem isoladas ou protegidas quanto as linhas de longa distância. Além disso, as linhas locais são muito mais curtas, de modo que perdas de transmissão superiores por quilômetro não se somam às altas perdas totais. No entanto, até mesmo a voltagem nas linhas locais é muito alta para ser utilizada pelo consumidor, e por isso cada edifício ou grupo de edifícios é equipado com um pequeno transformador destinado a reduzir ainda mais a voltagem antes que a eletricidade ingresse no edifício. Em moradias individuais e outros pequenos edifícios, o serviço é usualmente fornecido em 230 volts ou 240 volts e provém de transformadores que são montados em postes para

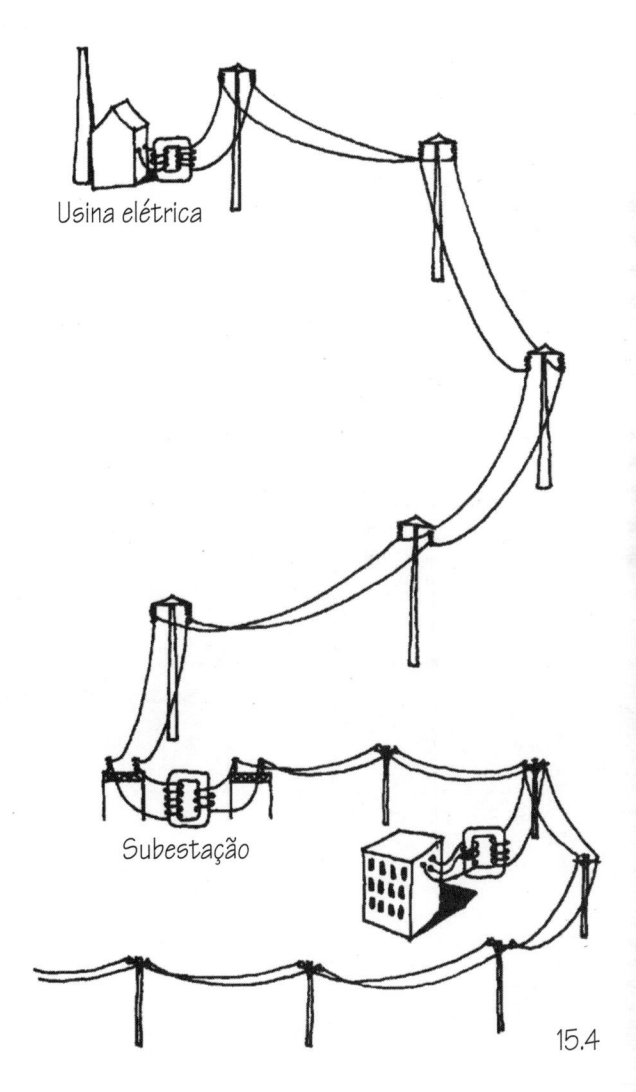

Usina elétrica

Subestação

15.4

linhas de alta-tensão, na superfície do solo ou em galerias subterrâneas. Grandes edifícios e complexos de edifícios frequentemente compram eletricidade em voltagens de linhas locais para uma distribuição interna mais eficiente, reduzindo sua voltagem com transformadores internos conforme isso se faça necessário antes do uso.

Distribuição da eletricidade em edifícios pequenos

O cobre e o alumínio são excelentes condutores, comumente utilizados como material para fios elétricos. O cobre é um condutor melhor que o alumínio, mas o fio de alumínio é um pouco mais barato, mesmo levando em consideração que é necessário utilizar tamanhos de fio ligeiramente maiores que os de cobre. Uma desvantagem do alumínio está no fato de que o seu óxido, ao contrário daquele do cobre, é um isolante elétrico, e isso tem causado problemas de superaquecimento e incêndios em alguns edifícios onde o fio de alumínio é inadequadamente ligado a artefatos elétricos, permitindo que a corrosão interfira com o fluxo da corrente. O cobre é geralmente utilizado para fios de diâmetros menores, que são empregados em circuitos locais dentro de um edifício, enquanto o alumínio é utilizado para fios de diâmetros muito grandes.

    O conceito de sistema elétrico em um pequeno edifício é bastante simples. Três fios saem de um transformador montado sobre um poste ou instalado no nível do solo e entram no edifício (15.5). Um deles é um fio neutro. Isso significa que não existe diferença de potencial elétrico entre ele e a terra. Isto é, uma pessoa poderia ficar de pé sobre um solo úmido e tocar no fio neutro sem levar um choque elétrico. Para garantir isso, o fio neutro fica firmemente ligado a uma ou mais barras longas de aço recobertas de cobre e enterradas no solo perto do ponto em que o fio entra no edifício (15.6). O segundo e o terceiro fios são "quentes", energizados de tal maneira que haja uma diferença de potencial de 230 volts entre eles, mas de apenas 115 volts entre qualquer um deles e o fio neutro. Antes de entrarem no edifício, os energizados atravessam um medidor elétrico que mede o consumo em unidades de quilowatts-hora.

    Dentro do edifício, os três fios que vêm do transformador entram em um quadro de força principal. O fio neutro está ligado com a caixa de aço que aloja o quadro e com uma barra de cobre ou alumínio, por meio da qual todos os circuitos do edifício são ligados à terra. Cada um dos fios energizados, codificados nas cores preta e vermelha em suas camadas isolantes, está ligado a uma barra de cobre ou alumínio provida de conectores por meio dos quais disjuntores de circuito podem ser conectados. Essas duas barras, cuidadosamente isoladas do quadro aterrado e isoladas uma da outra, são configuradas de tal maneira que um único disjuntor de circuito liga um único fio a uma das barras ou à outra, e um duplo disjuntor de circuito, ocupando duas posições adjacentes no painel, liga um fio a uma barra e o outro fio à outra. Por meio disso, um único disjuntor de circuito permite a ligação de um único circuito de 115 volts ou 120 volts, consistindo em um fio energizado, isolado, preto e conectado ao disjuntor e um fio neutro, isolado, branco e conectado à

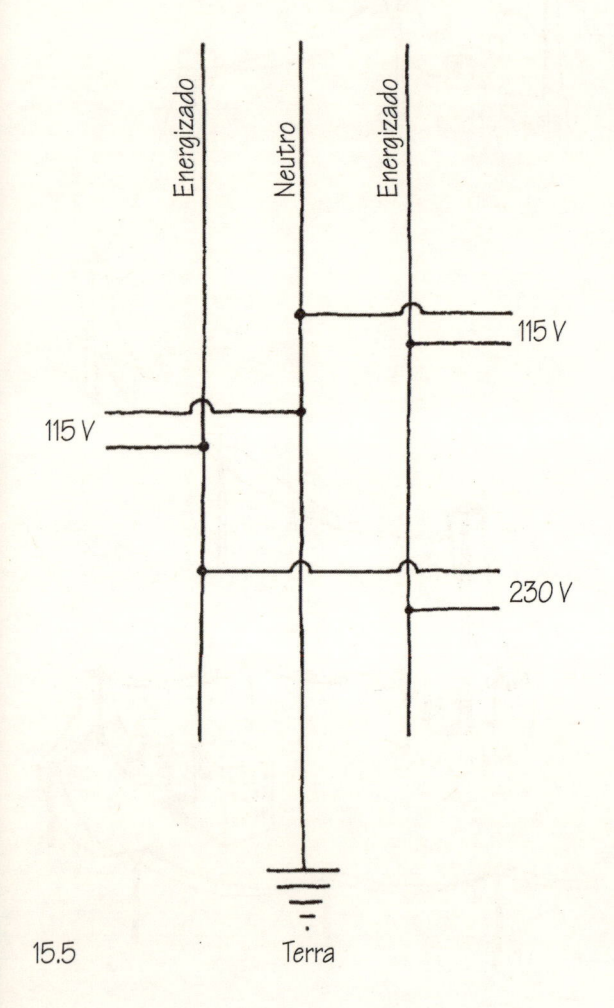

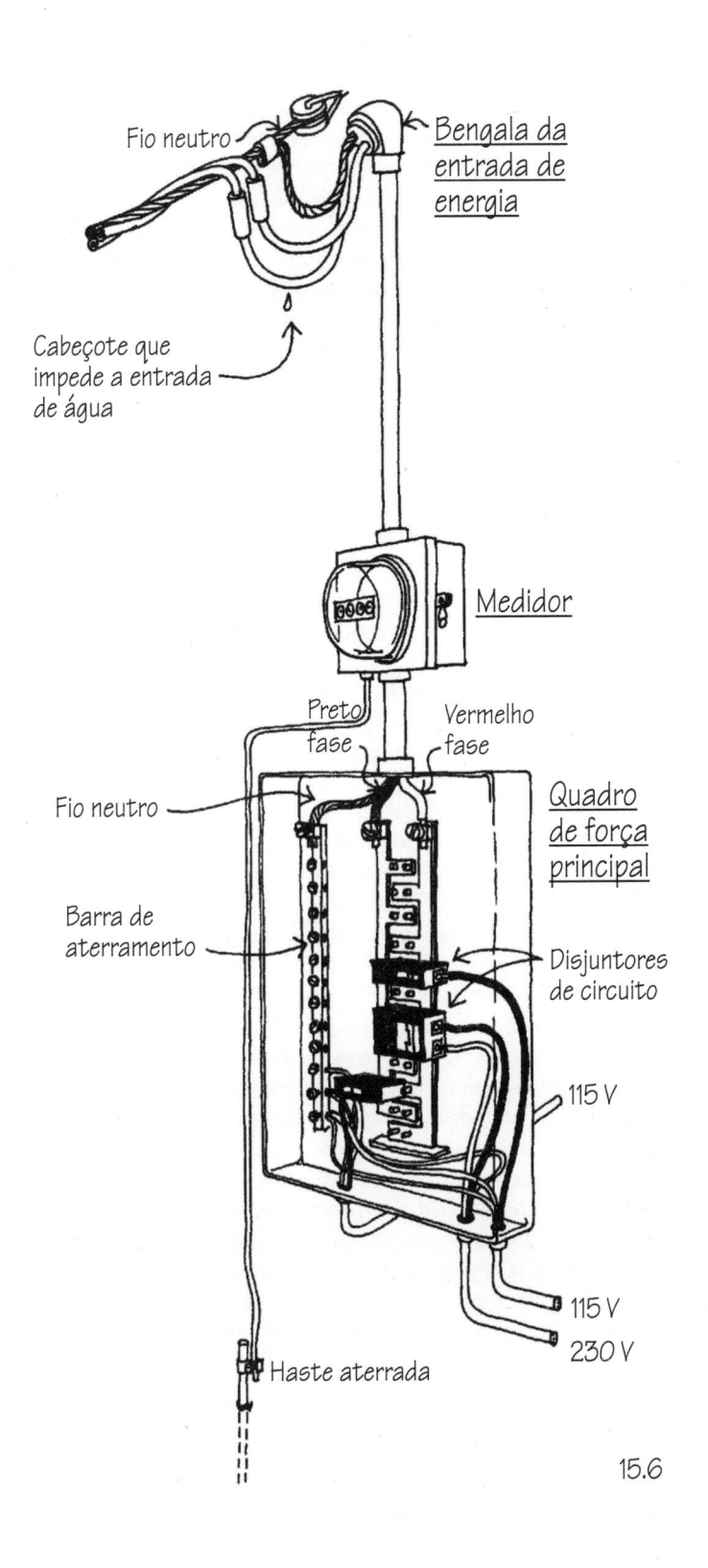

Fio neutro

Bengala da entrada de energia

Cabeçote que impede a entrada de água

Medidor

Preto fase

Vermelho fase

Fio neutro

Quadro de força principal

Barra de aterramento

Disjuntores de circuito

115 V

115 V

230 V

Haste aterrada

15.6

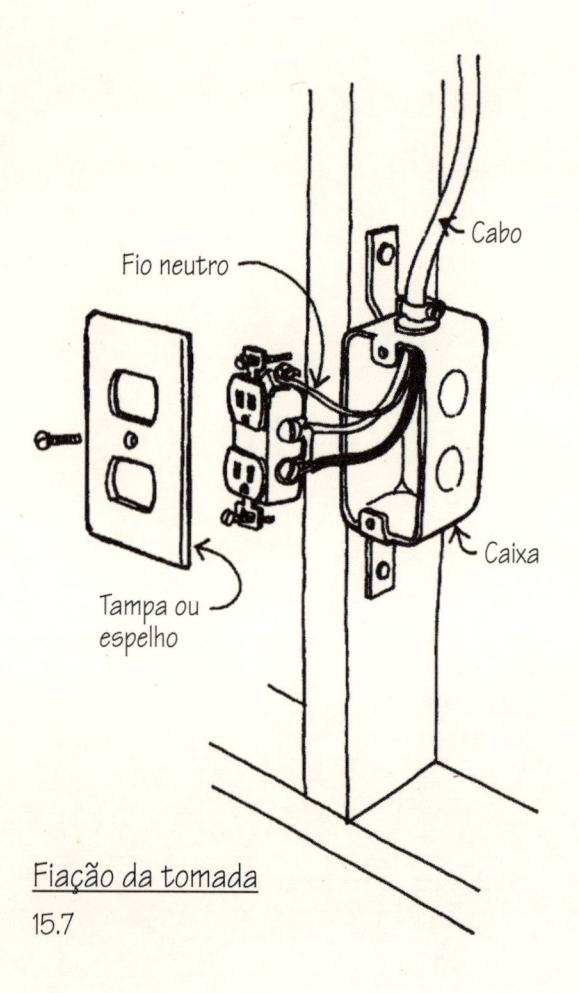

barra metálica de aterramento. Dependendo da posição onde o disjuntor é colocado no quadro, o fio energizado para um circuito de 115 volts pode ser ligado a um fio vermelho ou preto vindo do medidor, não importa qual. Um duplo disjuntor se conecta a esses dois fios e é utilizado para circuitos de 230 volts e 240 volts. (As voltagens exatas não têm importância crucial; diferentes empresas de energia elétrica fornecem eletricidade em voltagens ligeiramente diferentes, e há sempre alguma perda de voltagem nos fios que transportam a eletricidade.) Disjuntores podem ser facilmente instalados na medida em que se fizerem necessários para conectar os vários circuitos de um edifício. Cada disjuntor faz as vezes de uma chave de liga-desliga conveniente para o trabalho de manutenção em seu circuito, além de realizar a importante função de segurança de desligar automaticamente a corrente que alimenta o circuito se, por qualquer razão, começar a fluir mais corrente do que o fio é capaz de transportar sem produzir superaquecimento e causar um incêndio. Tal condição pode ser provocada por um número muito grande de aparelhos elétricos plugados de uma só vez, ou por um curto-circuito criado por fiação defeituosa ou aparelho elétrico defeituoso.

Há, em geral, três fios que servem a qualquer circuito, seja ele de 115 volts ou 230 volts: um fio preto isolado, um fio branco isolado e um fio não isolado ligado à barra de conexão aterrada no quadro. Esses fios precisam ser protegidos contra danos em sua passagem ao longo da estrutura do edifício. Em construções residenciais de madeira, isso é geralmente feito por meio de um resistente revestimento de plástico protetor que abriga os três fios. Em tipos de construção mais pesados, os fios são alojados em canos de aço ou de plástico chamados *conduítes*. Um conduíte oferece melhor proteção aos fios do que o revestimento de plástico, e num edifício cuja fiação está abrigada em conduítes, novos fios podem ser instalados puxando-os ao longo dos conduítes existentes, algo que não é possível fazer com cabos revestidos de plástico.

Em cada tomada elétrica, bocal de luz ou interruptor, uma caixa de metal ou de plástico precisa ser parafusada com firmeza na estrutura do edifício para suportar o dispositivo e proteger suas ligações (15.7). Cada cabo ou conduíte é firmemente preso à caixa onde entram os fios, o que, desse modo, os protege, impedindo que eles sejam puxados e arrancados de suas ligações no caso de o cabo ou conduíte ficar sujeito a perturbações. O fio neutro desencapado é ligado à caixa e à armação do dispositivo para se assegurar que eles nunca serão capazes de causar choques se o dispositivo apresentar defeitos. O revestimento isolante dos fios preto e branco é descascado em suas extremidades, expondo a parte metálica para ser ligada ao dispositivo por meio de parafusos ou presilhas. Depois que o circuito é testado para garantir uma operação segura e satisfatória, o dispositivo é parafusado com firmeza na caixa, e uma tampa, ou espelho, de metal ou plástico a fecha, para mantê-la afastada dos dedos e protegida contra a poeira e a sujeira, e também para proporcionar ao dispositivo uma aparência limpa.

As normas de eletricidade especificam uma distância horizontal máxima entre as tomadas de um aposento, com o objetivo de garantir que uma lâmpada ou aparelho elétrico com um fio de tomada de tamanho-padrão possa ser localizado em qualquer ponto do perímetro do apo-

Fiação da tomada
15.7

sento sem exigir uma extensão do fio de tomada. Elas também especificam um número mínimo de tomadas por aposento e um número máximo de tomadas por circuito a fim de se evitar uma sobrecarga dos fios com fluxos de corrente excessivos.

A dimensão dos fios utilizados em um sistema elétrico é determinada de acordo com a quantidade máxima de corrente que será transportada e com o comprimento de fio necessário, a fim de se evitar aquecimento excessivo do fio e perda excessiva de energia. Fios bastante delgados são utilizados em circuitos para serviços de carga leve de 115 volts, enquanto uma entrada de energia residencial utiliza, às vezes, fios elétricos da espessura de um dedo.

Um dispositivo de segurança, denominado *disjuntor residual* – DR (do inglês GFI, *ground fault interrupter*), é necessário em circuitos que servem áreas onde é maior o perigo de choques elétricos acidentais, por exemplo, banheiros, cozinhas, piscinas e tomadas instaladas no exterior do edifício. Se um DR (GFI) detectar qualquer vazamento de corrente de um circuito, por menor que seja, ele desligará o circuito completa e instantaneamente. Os *disjuntores de circuito da falha do arco* (do inglês AFCIs, *arc fault circuit interrupters*) são necessários em circuitos que fornecem eletricidade a dormitórios, onde a ocorrência de um arco elétrico em um dispositivo elétrico em curto-circuito poderia incendiar roupas de cama e tecidos em geral. Os disjuntores desligam o circuito se for detectada a formação de faíscas.

Sistemas elétricos para grandes edifícios

Em suas extremidades, os sistemas elétricos em grandes edifícios se parecem muito com o sistema de pequena escala que acabamos de descrever. Um edifício grande tem muitos quadros elétricos para cada um de seus vários pisos e zonas, e cada uma dessas zonas tem uma fiação muito semelhante à de uma casa. Quando quantidades muito grandes de corrente precisam ser transportadas, nas voltagens comumente adotadas, para abastecer várias dessas zonas, grandes *barras de distribuição* retangulares de cobre ou alumínio são utilizadas em vez de fios elétricos, cada uma delas encerrada em um duto protetor de metal. Os quadros elétricos são então ligados a essas barras, e os fios se ramificam a partir dos quadros até as instalações elétricas de cada piso ou zona.

Como já se mencionou, edifícios grandes são geralmente abastecidos com eletricidade transmitida em voltagens superiores às tensões típicas de 120/240 volts utilizadas nos serviços domésticos. Graças a isso, esses edifícios podem comprar eletricidade em uma taxa por atacado e distribuí-la pelo edifício em voltagens superiores e com eficiência correspondentemente superior. Em um edifício muito grande, um ou mais transformadores grandes reduzem a voltagem para distribuí-la aos quadros locais, e transformadores pequenos suplementares dentro do edifício podem ser utilizados para facilitar a distribuição interna de longo alcance em voltagens intermediárias entre a da eletricidade fornecida ao edifício e a da distribuição local final. Alguns edifícios comerciais e industriais, além da eletricidade de 120/240 volts destinada a finalidades comuns, também requerem eletricidade em voltagens superiores, tais como 277 volts para instalações de iluminação e 440 volts para motores elétricos grandes.

Se a fiação tiver de ser mudada frequentemente, como acontece em alguns edifícios de escritórios e na maior parte das instalações de computadores, os fios podem se estender ao longo de eletrodutos retangulares especiais que ficam sob o piso e são fornecidos com inúmeras caixas de acesso às quais as instalações elétricas podem ser facilmente ligadas. Às vezes, pode-se providenciar um *piso de acesso elevado*, constituído de pequenos painéis para o assoalho, facilmente removíveis, suportados por pedestais, sob os quais conduítes podem se estender aleatoriamente. Os projetistas de qualquer edifício muito maior que uma residência precisam providenciar espaços horizontais e verticais para os conduítes, eletrodutos coletores gerais, quadros, cabos e fios de comunicação, além de acesso para os eletricistas de manutenção através de portas, alçapões ou painéis removíveis.

Com frequência, utiliza-se uma fiação de baixa voltagem, em geral de 12 a 14 volts, nos circuitos de campainhas de portas, nos circuitos de termostatos, e, por meio de relés, nos interruptores dos circuitos de iluminação, especialmente em locais onde são necessários painéis complexos de interruptores ou de dispositivos de controle remoto. A vantagem de uma fiação de baixa voltagem está no fato de que ela é incapaz de provocar choques graves ou de causar incêndios, e por isso pode se estender ao longo de um edifício em fios com isolamento leve sem que haja necessidade de se recorrer a cabos ou conduítes. Como as amperagens requeridas também são baixas, o próprio fio é pequeno e barato. A corrente é produzida por meio de um pequeno transformador ligado a um circuito de 115 volts. A maior parte da fiação telefônica e daquela que alimenta dispositivos de comunicação também é de baixa voltagem, com a corrente fornecida pela empresa de comunicações.

As comunicações contemporâneas estão sendo realizadas, cada vez mais, por meio de fibras ópticas em vez de fios de cobre. Cabos de fibras ópticas se estendem através de um edifício como se fossem fios elétricos.

Outros sistemas de energia nos edifícios

Formas de energia concentrada diferentes da eletricidade são frequentemente canalizadas dentro dos edifícios. Dessas, a mais comum é o gás combustível, que em geral é canalizado diretamente da fonte para o edifício. Alguns edifícios situados em lugares remotos queimam gás comprimido, que é vendido em estado líquido dentro de tanques pressurizados, os quais são conectados ao encanamento para gás dos edifícios. O líquido ferve em temperaturas comuns e libera propano e outros gases em estado gasoso. Para qualquer tipo de gás, o sistema de encanamento é extremamente simples, envolvendo um regulador para reduzir a pressão alta do cano mestre ou do tanque, um registro para medir o consumo e canos de tamanho apropriado para suprir os vários utensílios.

Vapor a alta pressão, em geral vapor de escapamento proveniente da usina elétrica local, que é reaquecido de algum modo e distribuído aos usuários por meio de canos mestres e de registros, é disponibilizado a partir de canos mestres subterrâneos em muitas áreas urbanas. Ele é utilizado por muitos grandes edifícios para o aquecimento e a refrigeração por absorção, evitando desse modo a necessidade de se instalar caldeiras e chaminés individuais. Antigamente, o vapor também era utilizado para acionar elevadores, ventiladores e bombas nos edifícios, mas hoje em dia está sendo substituído pela eletricidade para quase todas essas funções.

O ar comprimido é frequentemente fornecido por encanamentos que o levam até estações de trabalho em lojas e fábricas, onde é utilizado para acionar ferramentas portáteis, dispositivos para fixação e borrifadores de tinta. Ferramentas acionadas a ar tendem a ser mais baratas, mais leves e mais robustas do que seus equivalentes elétricos. O ar é geralmente fornecido por um compressor alimentado a eletricidade no próprio recinto do edifício. Tubulações de vácuo são comuns em laboratórios científicos. Em algumas localidades urbanas, linhas de vácuo, linhas de ar comprimido ou canos mestres que transportam água a alta pressão para uso em máquinas motrizes ficavam outrora enterrados sob as ruas como sistemas de serviço público. A eletricidade, o gás e o vapor são as únicas formas de energia de uso comum ainda hoje fornecidas por serviços de utilidade pública.

Leitura suplementar

Benjamin Stein e John Reynolds, *Mechanical and Electrical Equipment for Buildings*, 9. ed., Nova York, Wiley, 2000. pp. 853-1.045.

16
Adaptação dos edifícios às pessoas

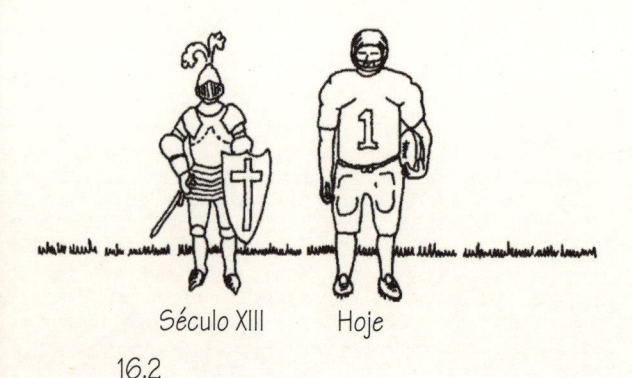

Nos edifícios, as pessoas são a verdadeira medida de todas as coisas. Os edifícios são planejados e construídos por pessoas para serem habitados por pessoas. Em ambas as extremidades do processo arquitetônico, o projeto e a habitação, as dimensões e os movimentos do corpo humano são os principais fatores determinantes das formas e tamanhos das coisas. Esse fato introduz o problema de que as pessoas variam muito em tamanho, forma e mobilidade. Na média, os homens são maiores do que as mulheres, e há crianças de todos os tamanhos (16.1). O ser humano médio de hoje é consideravelmente maior do que o ser humano médio do século passado, e nós crescemos de modo mensurável a cada geração (16.2). Não existe o que se poderia chamar de figura humana "média". Muitos homens que parecem ter uma altura média variam numa faixa de pelo menos 300 mm, e muitos outros, excepcionalmente altos ou baixos, caem fora dessa faixa. A mesma afirmação também é verdadeira no caso das mulheres. A constituição corporal em ambos os sexos varia em estrutura óssea, musculatura e distribuição de gordura. Crianças pequenas são muito menores, e menos fisicamente coordenadas, do que os adultos, porém são mais ativas. Adolescentes são quase tão altos quanto os adultos, mas são mais ativos e, em muitos casos, mais bem coordenados. Os adultos se tornam progressivamente menos ágeis por volta da meia-idade, até que, em idade mais avançada, muitos deles ficam bastante restritos em seus movimentos. É provável que pessoas de qualquer idade, usando muletas, confinadas a uma cadeira de rodas ou apresentando qualquer outro tipo de invalidez, tenham dimensões físicas e necessidades muito diferentes das pessoas dotadas de plena mobilidade. Então, em vista dessa clientela diversificada, com base em quem deveríamos construir os edifícios?

A resposta fácil é que deveríamos projetar cada edifício sob medida para as pessoas que vão utilizá-lo. Mas isso nem sempre é possível, pois precisamos frequentemente construí-lo para moradores desconhecidos. Até mesmo quando conhecemos intimamente os ocupantes de um edifício, é quase certo que algum dia eles se mudarão para outro lugar e um novo grupo de pessoas de tamanhos e formas diferentes passarão a ocupá-lo.

16.3

As crianças apresentam um problema especial porque elas crescem. Em uma escola, podemos resolver esse problema até certo ponto reduzindo ou aumentando o tamanho das salas de aula e dos banheiros para diferentes grupos etários (16.3), embora comprometendo-nos de algum modo com o conforto dos professores adultos, mas em uma residência uma criança frequentemente cresce no mesmo cômodo ao longo de um período de muitos anos. Um cômodo dimensionado especificamente como um quarto de crianças ficará obsoleto quando a criança crescer.

Não há resposta plenamente satisfatória para esse dilema. O melhor que podemos fazer, na maior parte dos casos, é dimensionar os componentes do edifício de modo que acomode a população adulta predominante enquanto deixamos algumas pessoas de tamanho ou forma excepcionais, juntamente com as crianças mais jovens, na posição de ter de fazer continuamente adaptações no edifício. Pode-se reduzir boa parte dessa dificuldade graças ao fornecimento de móveis de dimensões apropriadas, como se vê de modo particularmente nítido no caso das crianças. Em residências, bibliotecas, salas de estar ou de espera, e em outros edifícios nos quais os moradores têm a liberdade de se situar em qualquer um dentre vários lugares, espaços de várias escalas de tamanho e de vários graus de clausura podem fornecer importantes oportunidades para que pessoas de diferentes dimensões físicas e psíquicas tenham um entorno apropriado.

Dimensões dos edifícios

As dimensões de um edifício crescem, em última análise, a partir das dimensões da figura humana. No nível mais básico, uma mulher sentada numa poltrona confortável estabelece certas dimensões importantes (16.4). O espaço da poltrona que o corpo pode ocupar deve ser amplo o

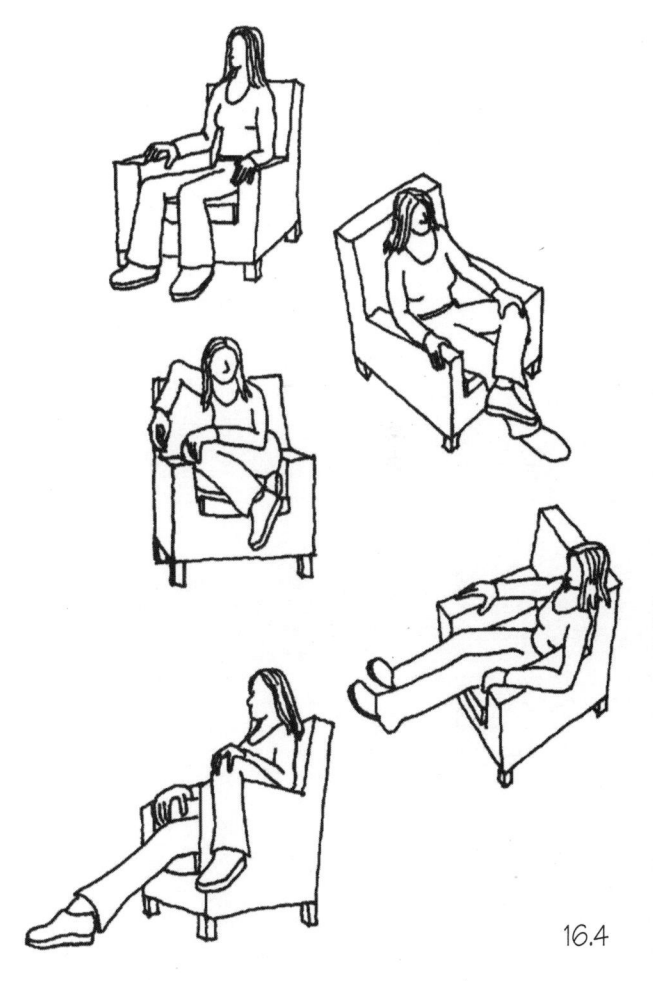

16.4

suficiente, em todas as dimensões, para comportá-lo confortavelmente em várias posturas normais sentadas: pés sobre o piso, pernas cruzadas, pernas dobradas sob o corpo, postura sentada reta, postura em forma de cunha com o corpo diagonalmente estendido contra um dos ângulos da poltrona, e até mesmo postura com uma das pernas pendurada sobre um dos braços da poltrona. A distância entre a almofada do assento e o piso, o ângulo da almofada, o ângulo do espaldar, e a altura e o ângulo dos braços da poltrona são, todos eles, baseados no tamanho e na configuração do corpo humano médio, representado aqui por uma mulher. As dimensões externas da poltrona se prolongam a partir dessas dimensões, mais a espessura da estrutura necessária para suportar o peso de seu corpo e a espessura do estofamento necessário para distribuir confortavelmente o seu peso ao longo do volume que o seu corpo ocupa. Ao redor da poltrona, dentro de um fácil raio de alcance dos braços da mulher, estão outros móveis: uma luminária alta o suficiente para projetar luz sobre o seu ombro e sobre o livro que ela está lendo; um porta-revistas grande o suficiente para conter material comum de leitura, o qual, por sua vez, tem um tamanho que se ajusta confortavelmente às mãos e aos olhos dela; e uma mesinha ao lado com uma altura tal que a mão possa alcançar facilmente uma xícara de chá (16.5).

A mulher se levanta e caminha até a mesa da sala de jantar. À medida que se move, seu corpo varre um volume de espaço que precisa ser mantido livre de obstáculos. Deve haver espaço para ela se mover por trás da cadeira junto à mesa da sala de jantar, espaço para afastar a cadeira e espaço que lhe permita entrar entre sua cadeira e a seguinte (16.6). A cadeira precisa suportá-la confortavelmente a uma altura apropriada para a ingestão de alimentos, e a mesa precisa apresentar as louças, talheres e alimentos em uma altura conveniente para as mãos e a boca dessa mulher. O tamanho dos pratos e copos é adequado para conter as porções dos vários alimentos que, segundo se espera, seu estômago possa comportar. A dimensão dos utensílios é ajustada às suas mãos e à sua boca. As dimensões do topo da mesa são planejadas de modo que ela acomode

16.7

certo número de pessoas jantando, juntamente com suas louças e talheres, cotovelos e joelhos. Essas dimensões também são planejadas de modo que pessoas sentadas em posições opostas mantenham uma distância confortável entre si (16.7). Até mesmo quando as pessoas estão sentadas ou de pé sem mesa que as separe, elas mantêm uma distância que permite um contato visual ou auditivo suficientemente próximo, mas sem que uma invada o território espacial ocupado pela outra. Uma mesa de sala de jantar ou uma sala de estar pode ser demasiadamente pequena para permitir o conforto, forçando as pessoas a manter uma proximidade intolerável. A mesa ou a sala também pode ser demasiadamente comprida, o que dificulta a comunicação.

Os ambientes adquirem suas dimensões com base nestas considerações: a dimensão e a forma dos corpos humanos, a dimensão e a forma das mobílias necessárias, a dimensão e a forma do volume abarcado pelo corpo humano em movimento e a distância desejada entre as pessoas (16.8). Até mesmo um aparelho de televisão tem sua distância apropriada do telespectador.

Em uma cozinha, banheiro ou fábrica, as máquinas adquirem *status* pelo menos igual ao das pessoas na determinação das exigências espaciais. As máquinas são dispostas em uma sequência conveniente. Cada uma delas tem as próprias dimensões: as dimensões abarcadas pelas partes da máquina que executam sua operação ou pelas suas partes móveis e as dimensões abarcadas pelos corpos em movimento de seu operador e das pessoas que fazem sua manutenção. O ambiente precisa providenciar espaço amplo para todos esses volumes e fornecer outros volumes para a condução de canos, mangueiras, fios elétricos ou dutos que entram e saem do maquinário, conforme as necessidades.

Alguns tipos de mecanismos muito simples que são universalmente utilizados em edifícios também requerem espaço para sua operação. Gavetas corrediças e portas de vaivém são dois exemplos significativos nos quais o operador e o mecanismo precisam de espaço para seu livre movimento.

Em geral, quanto maior for o edifício, mais cara será sua construção. Consequentemente, em geral tentamos construir cômodos tão pequenos

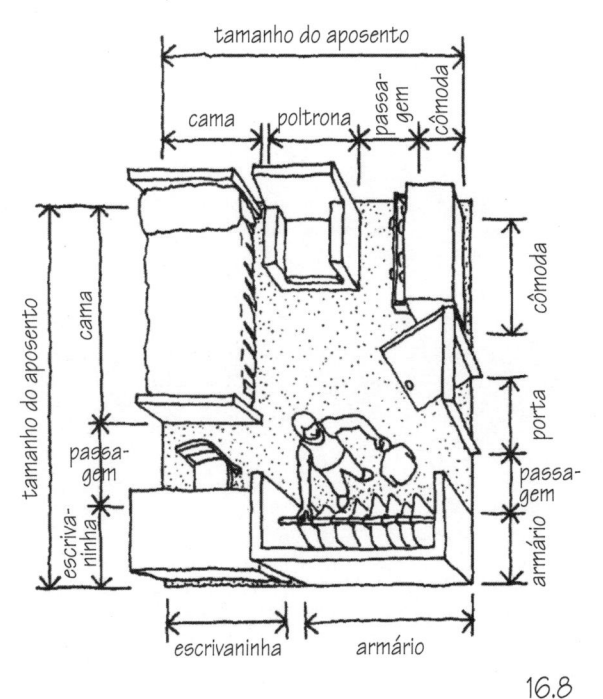

16.8

quanto isso seja conveniente para o conforto de seus ocupantes. Ao transferir atividades e peças de mobiliário para locais específicos, nós podemos, com frequência, criar um ambiente utilizável dentro de dimensões notavelmente pequenas. Porém, um arranjo compacto, cuidadosamente planejado, tem pouca ou nenhuma flexibilidade. Qualquer mudança nas posições dos móveis exigiria a ampliação do ambiente. Essa é uma escolha com que os planejadores constantemente se defrontam: um ambiente maior possibilita mais escolhas subsequentes e uma maior variedade de móveis, mas um ambiente menor é geralmente menos caro.

A altura de um cômodo comum é determinada, no mínimo, pelo tamanho da pessoa mais alta que normalmente se espera que se movimente por ele, mais outro tanto para dar espaço ao seu chapéu, adicionado de um pequeno fator de segurança (16.9). Mas é preciso considerar muito mais do que isso. Um teto pode ser suficientemente alto para permitir o uso de um chapéu, mas ainda assim dar a sensação de ser desconfortavelmente baixo e opressivo, em particular se o cômodo tiver uma grande extensão horizontal. Em geral, quanto mais largo for o cômodo, mais alta deverá ser a altura mínima do teto, para que ele não pareça estar caindo sobre seus ocupantes. A altura do teto tem importantes efeitos sobre a convecção do ar e a propagação da luz natural; esses fatores também tendem a indicar tetos mais altos para cômodos mais amplos. Casas primitivas em regiões subárticas são comumente construídas com tetos muito baixos, tanto para minimizar perdas de calor para o exterior como para proporcionar uma sensação de aconchego e conforto durante os invernos gelados. Em climas quentes, tetos altos permitem que o ar quente se mova em direção a ele e que um ar confortavelmente mais frio se acumule mais perto do piso, onde ficam os ocupantes. Em igrejas, salas de concerto e ginásios de esportes, tetos altos permitem que todos os espectadores tenham linhas claras de visão do espetáculo e obtenham uma melhor distribuição e reverberação do som. A parte superior das janelas comuns é usualmente posicionada, no mínimo, a uma altura suficientemente elevada para que uma pessoa de pé possa olhar

16.9

16.10

com conforto para o horizonte (16.10). Onde a luz natural é importante, as janelas são com frequência colocadas o mais perto possível do teto, deixando apenas o espaço necessário para o lintel suportar a parede e o piso acima. As alturas do peitoril das janelas são muito mais variáveis. Para propósitos comuns, pode ser suficiente que a janela seja baixa o bastante para que se possa olhar para fora de uma posição sentada, ou talvez um pouco mais alta, de modo que se possa inclinar para fora da janela enquanto se apoiam os antebraços sobre o peitoril. Com frequência, é importante que uma mesa, cadeira ou balcão se ajuste à parede sob uma janela. Em um cômodo muito acima do solo, um peitoril mais alto pode oferecer uma sensação agradável de segurança contra a queda. Em um cômodo privado no nível do solo, um peitoril muito alto afasta olhares curiosos. Em uma janela que se abre para um jardim, um peitoril instalado no nível do piso permite que se caminhe diretamente para fora num tempo agradável.

Na ausência de outros fatores, o perímetro de um edifício é configurado pelas paredes mais externas dos cômodos cujo agrupamento interno seja mais conveniente. Ao se combinar ambientes, é importante que se mantenham certas proximidades. Um quarto deve estar próximo de um banheiro, sem que haja outro quarto ou uma sala de estar entre eles. A cozinha deve estar perto da sala de jantar. Essas relações simples são básicas para o projeto de qualquer edifício.

Vãos de portas são necessários para permitir acesso aos cômodos e para sair deles. Eles são dimensionados para acomodar uma figura humana caminhando, mais certo tanto para permitir a passagem de um grande pacote de mantimentos, uma mala de viagem ou uma criança pequena (16.11). Em edifícios públicos, vãos de portas se tornam locais de saída, cuja capacidade precisa ser calculada para permitir a passagem de toda a população que ocupa o edifício em um tempo mínimo especificado.

Os corredores são úteis para facilitar vias de circulação complexas em meio a vários cômodos interligados. Um corredor com 900 mm de largura é suficiente para permitir a passagem de uma única pessoa, mas duas pessoas acharão difícil transpô-lo ao mesmo tempo. Uma largura adicional de 300 mm facilitará a passagem de duas pessoas, mas não permitirá a passagem confortável de duas fileiras paralelas de pessoas. Corredores precisam ser dimensionados como canos de água, para acomodarem o fluxo esperado. A semelhança com um cano, apresentada por muitos corredores planejados sem imaginação, levou muitos projetistas a suprimi-los, substituindo-os por um saguão ou *lobby* de aparência espaçosa. Infelizmente, o resultado disso é, em geral, pouco mais do que um corredor mais largo, com vias de circulação que encurtam o percurso em todas as direções, deixando pouco espaço livre para outras atividades (16.12). Tais situações são facilmente previsíveis traçando sobre uma planta do piso os caminhos naturais por onde as pessoas circularão.

O movimento vertical: escadas, rampas

O planejamento do movimento vertical de pessoas dentro e ao redor de edifícios requer que as dimensões e peculiaridades do corpo humano

16.11

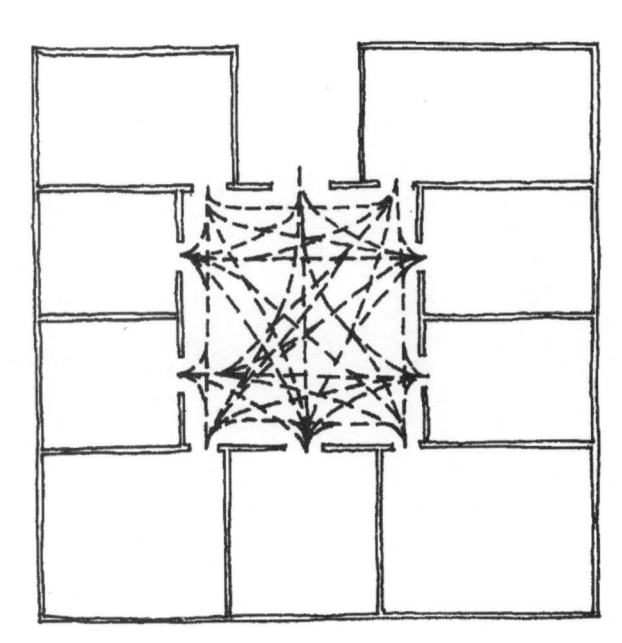

Caminhos naturais através de um *lobby*   16.12

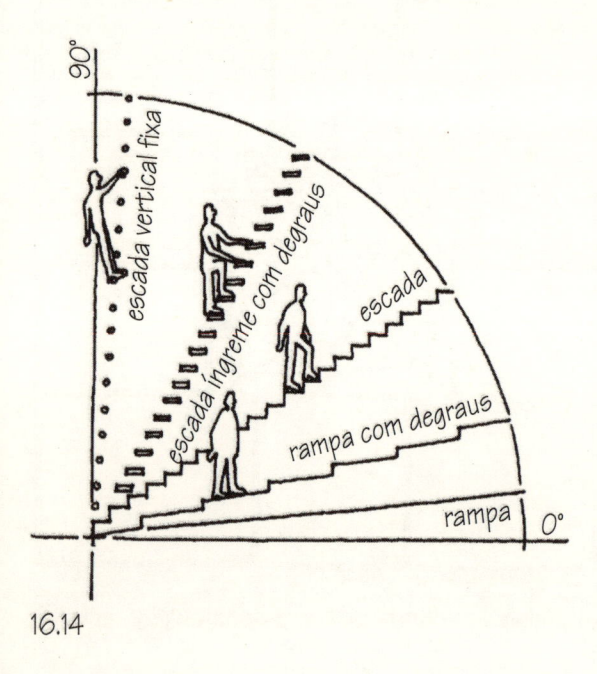

sejam examinadas com uma atenção extremamente cuidadosa. O perigo de tropeçar e o esforço de subir ou descer precisam ser minimizados acomodando-se confortavelmente os pés e as pernas. É preciso providenciar corrimãos modelados e posicionados de tal forma que possam ser agarrados com facilidade e segurança, seja para ajudar na subida seja para impedir uma queda vertical sobre a quina da escada. E a altura livre, que muitas vezes é uma conveniência rara nas escadas, precisa manter uma folga segura entre a cabeça e qualquer obstáculo à sua frente para proteger contra danos o crânio frágil e vulnerável (16.13).

Dispositivos arquitetônicos destinados a reduzir um impossível salto vertical de um piso a outro a passos convenientes para o tamanho humano existem em uma variedade tal que nos permite subir em qualquer ângulo, desde uma declividade quase horizontal até uma subida completamente vertical (16.14). As *rampas* oferecem uma subida ou descida suave, lenta, que pode ser transposta em qualquer comprimento de passos largos, ou até mesmo por uma cadeira de rodas ou um carrinho de bebê. As rampas são particularmente eficientes em espaços para exposições, teatros e arenas, onde grandes multidões precisam ser acomodadas. No entanto, uma rampa não pode ter uma inclinação muito acentuada, a ponto de os nossos pés correrem o risco de escorregar, principalmente na descida. Em consequência disso, a razão entre o comprimento horizontal subtendido pela rampa e a sua altura é muito grande – rampas ocupam muito espaço em um edifício. *Rampas com degraus* podem oferecer uma subida um tanto mais abrupta, sendo por isso mais econômicas e, em particular, agradáveis em um jardim. No interior de um edifício, temos a desagradável sensação de que podemos escorregar quando estamos sobre elas, como em uma rampa, e também a de que podemos cair, como em uma escada, de modo que se devem evitar essas rampas com degraus. Escadas *verticais fixas* e escadas *íngremes com degraus* nos edifícios estão geralmente restritas a vias de acesso raramente utilizadas ao sótão, às chaminés, às salas das caldeiras e a prateleiras de livros ou a dispositivos lúdicos dos quartos das crianças e a casas de campo para férias (16.15). É particularmente difícil subir em escadas verticais e quase verticais se estivermos carregando alguma coisa, o que restringe ainda mais a sua utilidade.

As escadas são os mais úteis dispositivos para o movimento vertical no repertório de um projetista. Os espelhos dos degraus dividem a subida vertical total em pequenos incrementos que as pernas podem transpor confortavelmente tanto na subida como na descida. Os pisos dos degraus proporcionam um nível de tranquilidade e apoio seguro para os pés. As desvantagens das escadas são as seguintes: elas não são adequadas para portadores de certos tipos de deficiência física (para esses casos, é preciso providenciar rampas ou elevadores); elas se tornam fatigantes depois de apenas alguns andares de subida ou descida; e uma queda numa escada pode ser particularmente perigosa por causa das inúmeras quinas duras presentes nas testeiras das escadas.

O perigo de cair numa escada e o potencial para a fadiga são minimizados se as proporções dos degraus são confortáveis e absolutamente uniformes ao longo de todo o percurso. Até mesmo um aumento fracionário na altura de um espelho em uma escada pode levar a mais acidentes.

Escadas desconfortavelmente proporcionadas são familiares a todos: escadas muito íngremes exigem esforço muscular em demasia em cada espelho e oferecem um apoio incomodamente estreito para os pés em cada piso. Escadas muito rasas, isto é, de espelho muito pequeno, induzem um modo de andar afetado que dá a sensação de ser ridiculamente ineficiente (16.16). De acordo com vários estudos a respeito das proporções de escadas existentes, as escadas cujas dimensões do *piso* (P) e do *espelho* (E) satisfazem à formula:

$$2E + P = 635 \text{ mm}$$

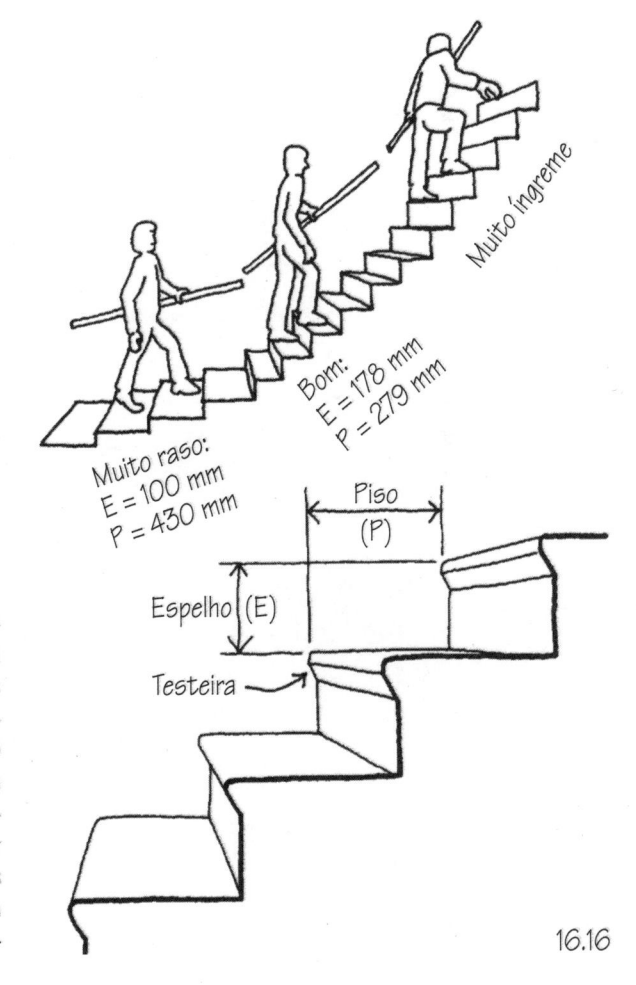

são provavelmente seguras e confortáveis. Mas devem ser impostos limites à aplicação dessa equação. Por exemplo, ela não pode ser utilizada para o projeto de escadas monumentais com espelhos muito pequenos e pisos muito largos; em tais casos, é preciso experimentar com modelos em tamanho natural. Em escadas de proporções mais comuns, E não deve exceder 197 mm em escadas de residências particulares, ou 178 mm em outras escadas. P não deve ser menor que 254 mm para escadas residenciais, ou 279 mm para outros tipos. Escadas residenciais podem ser mais íngremes do que escadas de edifícios públicos porque têm menos tráfego, e porque são utilizadas por pessoas que estão familiarizadas com elas. As *testeiras* nos pisos das escadas constituem um detalhe importante; elas alargam significativamente o apoio para os pés sem modificar as proporções fundamentais da escada. Com exceção das residências de uma só família, as testeiras precisam ser modeladas com uma inclinação tal em sua parte inferior que não prendam os dedos dos pés de uma pessoa que esteja subindo a escada com muletas.

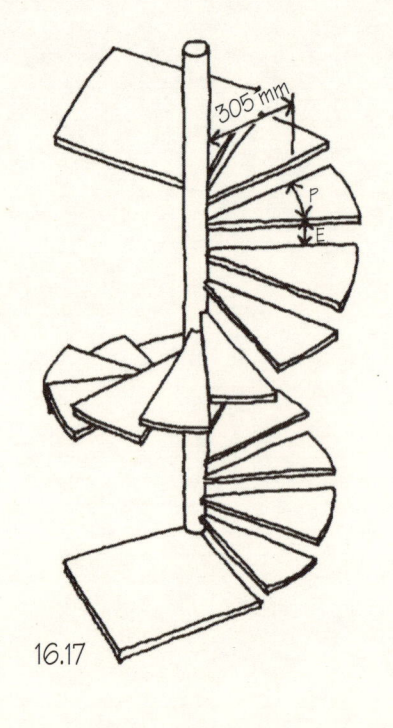

Escadas em caracol e *escadas em espiral* apresentam problemas especiais porque, mesmo que as dimensões de seu espelho permaneçam constantes em toda a largura da escada, as dimensões do piso variam consideravelmente. Uma pessoa que caminhe perto do lado interno de uma estreita escada em espiral (uma denominação errada, pois ela é, na verdade, uma escada helicoidal) sobe ou desce por uma escada quase vertical com pisos minúsculos, enquanto a parte externa da mesma escada pode ser excessivamente larga. Por essa razão, tais escadas são ilegais em edifícios públicos. Em residências, é comum proporcionar os pisos e espelhos de tais escadas às dimensões legais, a uma distância de 305 mm do corrimão interno, que é a linha percorrida por uma única pessoa na escada (16.17).

O número de espelhos em um lanço tem um efeito importante na segurança e no conforto da escada. Lanços de menos de três espelhos com frequência deixam de ser notados por usuários não familiarizados, que tendem a tropeçar sobre eles antes de vê-los. Lanços de mais de 16 ou 18 espelhos se tornam muito cansativos (16.18). Lanços longos devem ser interrompidos por *patamares* que se repetem depois de certo número de degraus e cujas dimensões mínimas são iguais à largura da escada. A distância vertical máxima entre plataformas é de 3,6 m.

Problemas de altura livre nas escadas são irritantes porque, com frequência, são difíceis de evitar – mas não há escolha para os projetistas. É muito comum o fato de as pessoas descerem por escadas com movimentos muito rápidos para cima e para baixo enquanto olham para os pés para evitarem tropeçar. Pessoas altas conhecem a duras penas os danos que podem resultar disso.

Fazendo os edifícios funcionarem

Quando planejam qualquer um dos espaços de circulação nos edifícios – portas, corredores, escadas –, os projetistas não podem se esquecer do fato de que móveis e utensílios ocasionalmente precisam atravessar o edifício. Isto é, os vãos das portas não podem ser construídos tão estreitos que excluam refrigeradores, sofás, escrivaninhas ou pianos. Mudanças de direção muito acentuadas em corredores e escadas podem ser intransponíveis para tais objetos, a não ser que se proporcione espaço adicional para manobras.

Os *lobbies* desempenham várias funções importantes nos sistemas de circulação dos edifícios. Os *lobbies* que ficam perto da entrada dos edifícios permitem às pessoas que estão entrando ou saindo que diminuam o passo, abotoem ou desabotoem o casaco, pensem para onde se dirigirão em seguida, ajustem os olhos ao novo nível de iluminação, fechem ou abram o guarda-chuva, ajeitem o cabelo desarrumado pelo vento ou esperem por táxis ou amigos. Saguões ou *lobbies* de teatro servem a essas funções e também permitem que os espectadores exercitem suas pernas nos intervalos de um espetáculo. Um *lobby* é realmente uma câmara de expansão em uma rede de fluxos que, de outro modo, seria linear; é um local onde as pessoas podem sair da corrente em movimento e dar uma parada por alguns momentos.

Os projetistas da parte externa dos edifícios trabalham numa escala diferente. As pessoas ainda constituem a medida, mas agora elas caminham mais depressa ou viajam em veículos. Elas precisam de mais espaço que lhes permita um movimento mais rápido e expectativas espaciais expandidas. O espaço entre os edifícios precisa permitir a penetração da luz solar. O ar precisa circular livremente. A privacidade acústica e visual precisa ser protegida pela distância entre os edifícios e pela configuração dos edifícios. Distâncias e tempos correspondentes a um caminhar confortável se tornaram o padrão de medida para o planejamento de instalações locais, e os tempos associados com a circulação dos automóveis ou do transporte coletivo medem a conveniência dos lugares em uma região urbana. Infelizmente, nessa nova escala, as necessidades de pequena escala do corpo das pessoas são muitas vezes negligenciadas pelos projetistas. Quem não anseia por um bebedouro, por um banco confortável ou por uma sala de estar coletiva em meio a uma compra ou uma excursão turística? Quem não se sente pessoalmente traído pelo projetista anônimo de uma metrópole que se esqueceu de que as pessoas são seres humanos?

Tanto fora como dentro dos edifícios, a segurança humana é um importante fator de planejamento. Edifícios podem causar danos acidentais ao corpo de diversas maneiras alarmantes, algumas das quais estão enumeradas na tabela anexa (16.19). Milhares de norte-americanos morrem por ano em acidentes ocorridos em edifícios, e dezenas de milhares sofrem lesões, muitas delas graves. Grande parte dessas mortes e lesões poderia ser evitada por meio de um projeto mais cuidadoso e de uma melhor manutenção do edifício.

A lei garante aos portadores de deficiência o acesso a edifícios públicos em igualdade de condições com as pessoas fisicamente capazes. Os tipos de deficiência que essa garantia cobre abrangem deficiência visual, deficiência auditiva, deficiência motora de pernas e/ou braços, e uma série de outros tipos de deficiência física e mental. A lógica por trás da lei é irresistível: cerca de um em cada seis norte-americanos tem algum tipo de deficiência, e quase todos nós vivenciaremos algum tipo de dificuldade de locomoção em algum momento de nossa vida, talvez uma perna quebrada na adolescência, a visão enfraquecida ou, ainda, uma função muscular em declínio na velhice. As consequências do projeto de espaços para circulação nos edifícios têm longo alcance, começando com sinais táteis e auditivos de vários tipos para os que sofrem de deficiência sensorial. Aqueles que apresentam inaptidões físicas precisam de espaços especiais para estacionamento; rampas de acesso ao longo dos meios-fios e outras mudanças de nível de menor importância; um sistema conveniente de rampas associadas a elevadores, que permita o movimento vertical por um edifício; portas mais largas; vestíbulos mais amplos; fontes especiais de água potável; instalações de toalete mais amplas com barras de apoio; instalações telefônicas especiais; balcões mais baixos para ope-

Alguns acidentes que podem ocorrer em edifícios

Colidir, agarrar, comprimir

    Altura livre baixa
    Vaivém descontrolado das portas
    Bordas das portas sem proteção
    Portas que se abrem para o tráfego
    Passagens sem saída em corredores movimentados
    Maçanetas salientes, pontas de corrimãos

Cortar, arranhar, espetar, esfolar

    Bordas e ângulos cortantes
    Vidro que vai do piso ao teto
    Pregos, parafusos e pinos salientes
    Lascas e estilhaços
    Superfícies ásperas

Provocar quedas

    Percursos: obstáculos baixos, pisos desiguais, bordas de tapetes, objetos deixados no piso
    Escadas ou rampas malproporcionadas
    Corrimãos muito baixos ou inexistentes
    Iluminação deficiente
    Pisos ou escadas escorregadios
    Tapetes soltos

Escaldar, queimar

    Torneiras de água quente não claramente indicadas
    Canos de vapor ou de água quente não protegidos
    Utensílios de aquecimento não protegidos
    Fogão ou aquecedor muito perto do caminho de circulação
    Incêndios no edifício

Provocar choque elétrico

    Utensílios elétricos defeituosos
    Fiação defeituosa

16.19

rações bancárias e compras; e a lista prossegue. Um arquiteto precisa aprender a planejar edifícios acessíveis por uma questão de reflexo. Vias de circulação e instalações para os portadores de deficiência devem fluir de seu lápis de maneira tão graciosa e natural quanto qualquer outra característica do projeto de um edifício.

Um grupo cada vez maior de arquitetos e projetistas está promovendo o *design universal*, que representa um passo além do projeto para os portadores de deficiência. No *design* universal, todas as partes de um edifício são projetadas para ser utilizadas por todas as pessoas, mesmo as que estiverem de muletas, em uma cadeira de rodas ou as que forem cegas. A ideia-chave do *design* universal é a de que instalações especiais separadas, mas iguais, para os portadores de deficiência não são suficientes. Em vez disso, devem-se eliminar elementos de um edifício que não são utilizáveis por todo ser humano e substituí-los por elementos que o são.

As pessoas como medida

Como uma coda para este capítulo, lembremo-nos de como as pessoas se tornaram, literalmente, a medida dos edifícios por meio do sistema tradicional inglês de medição. Em cada aldeia inglesa medieval, as medições eram padronizadas por um mastro (*pole*) da aldeia, sendo o comprimento desse mastro derivado do tamanho do pé direito de 16 homens selecionados ao acaso e enfileirados um atrás do outro, do dedo do pé ao tornozelo, depois do culto dominical. Uma casa comum daquela época media 1 *pole* por 2. Uma corda com o comprimento do *pole* podia ser dobrada e por isso era útil para subdividir o *pole* em quatro unidades menores chamadas jardas; uma jarda media cerca de 4 pés (o equivalente a 1,2 metro) nessa época. A mesma corda dobrada servia para medir uma pilha-padrão de lenha, que ainda é conhecida como corda. A pilha tem 4 pés de largura por 4 pés de altura e 8 pés de comprimento (equivalente a 1,2 m por 1,2 m por 2,4 m), sendo que a soma dessas três dimensões era igual ao comprimento da corda.

À medida que a indústria têxtil se tornava importante na Inglaterra, a jarda anglo-saxônica de 4 pés teve de ser abandonada em favor da *cloth yard* (isto é, a jarda para medir panos) continental, de 3 pés (equivalente a 915 mm), medida ao longo da borda de um pano entre a ponta do nariz e o braço estendido. O *pole*, atualmente chamado vara, aumentou para 16,5 pés (5,03 m), ou 5,5 *cloth yards*. A milha, que se originou como mil passos duplos (*mille passus*) de um soldado romano, foi padronizada como um comprimento igual a 320 varas ou 8 estádios (*furlongs*, que vem de *furrow-lenghts*, ou "comprimentos de sulcos") de 40 varas cada. A área de terra era medida pelo acre (a área de terra arada em um dia por uma junta de bois). Um acre foi mais tarde definido legalmente como igual a 160 varas quadradas. Posteriormente, a seção da milha quadrada de 640 acres (259 hectares) se tornou o padrão de subdivisão da terra nas regiões central e ocidental dos Estados Unidos, e uma fazenda de um quarto de gleba de 160 acres (65 ha) era a área do lote de terra padrão concedido pelo governo para o estabelecimento e a manutenção de cada família.

Enquanto isso, uma curiosa sucessão de circunstâncias se deu a partir da antiga medida da corda de lenha. Na Inglaterra, tornou-se prática padronizada serrar cada tora de 4 pés em três pedaços, cada um deles com 400 mm de comprimento, para facilitar o manejo. As dimensões da lareira e do fogão eram padronizadas em conformidade com isso. Quando a ripa de madeira entrou em uso como base para o reboco, ela foi separada da lenha, e assim um comprimento de 16 polegadas (406,4 mm) se tornou o espaçamento padrão para componentes estruturais leves nos edifícios. Com base nesse espaçamento vieram, com o tempo, chapas de madeira compensada ou placas de gesso acartonado para parede de 4 por 8 pés (1.219 mm por 2.438 mm), as quais cobrem três ou seis módulos estruturais (dependendo da maneira como as placas são instaladas), e a partir dessas placas foi estabelecido o tamanho do teto padrão de 8 pés (2,44 m) das atuais casas produzidas em série.

Os materiais de construção comuns se tornaram, no decurso da história, mais diretamente relacionados com a escala humana. O tijolo, não obstante muitas pequenas variações locais de tamanho, foi padronizado nos tempos medievais dentro de uma faixa de tamanhos e pesos que podia ser facilmente manipulada pela mão esquerda de um pedreiro, ficando a mão direita livre para manejar a colher de pedreiro (ou trolha) (16.20). Quando o custo do trabalho de marcenaria subitamente barateou com a introdução de pregos feitos por máquinas, no início do século XIX, os carpinteiros logo adotaram o "2 por 4" de fácil manipulação como a unidade estrutural padrão (16.21). A pesada estrutura de madeira de lei, que exigia uma grande equipe apenas para manejá-la e ajustar seus grandes componentes, foi logo abandonada, e a equipe de construção padrão foi reduzida a dois ou três carpinteiros trabalhando apenas com ferramentas de mão pequenas e baratas. Elementos do tamanho das mãos constituem o padrão tradicional em muitas áreas de construção de edifícios pequenos, incluindo *shingles*, paredes externas de madeira, painéis de madeira, vidraças, blocos para pavimentação e telhas.

Atualmente, manipulamos com frequência materiais de construção por volume e não pela mão, utilizando dispositivos mecânicos móveis de capacidade impressionante para erguer e transportar esses materiais. Em geral, é mais econômico construir utilizando materiais de grande escala, tais como módulos para moradia construídos em fábricas e do tamanho de aposentos. Nada existe de inerentemente errado com essas práticas, mas os projetistas deveriam estar cientes de que o produto acabado não exibirá automaticamente a textura de escala humana que os componentes do tamanho da mão têm e com os quais os ocupantes, subconscientemente, com frequência se identificam. Os projetistas também precisam ser cuidadosos quando se veem forçados a tomar decisões não naturais a respeito de tamanhos e proporções das coisas com base nas limitações e capacidades de guindastes e caminhões de escala super-humana.

O sistema métrico de medição não está diretamente relacionado com a escala humana. Sua unidade básica é o metro, originalmente definido como um décimo de milionésimo da distância entre o Polo Norte e o Equador. Sua unidade de volume é o litro, um cubo de um décimo de metro de aresta. Sua unidade de massa, o quilo, é a massa de um litro de água. O segundo é considerado como uma medida de tempo, e a escala célsius, que divide o intervalo entre os pontos de congelamento e de ebulição da água em 100 graus, é a medida da temperatura. Todas as outras unidades derivam desse grupo básico. Por causa de sua lógica e simplicidade, o sistema métrico é adotado em quase todos os países do mundo, com exceção dos Estados Unidos. Até mesmo nos Estados Unidos, embora a maior parte dos projetos privados seja planejada e construída em unidades inglesas convencionais, desde 1993, todos os edifícios do governo federal são construídos de acordo com unidades métricas de medida. Os automóveis norte-americanos são fabricados de acordo com o sistema métrico há décadas.

Como um refinamento e uma racionalização do sistema métrico, o *Système international d'unités* (abreviadamente SI) é amplamente utilizado e também foi adotado neste livro como um sistema de unidades alternativo ao sistema inglês*. A característica mais importante do SI para a arquitetura é o fato de que o centímetro não é utilizado, mas apenas o metro e o milímetro. Isso evita qualquer confusão nos desenhos técnicos relativa ao tamanho que alguma coisa pretende ter – uma medida de 9 mil pode ser 9 quilômetros ou 9 metros, e em geral é possível dizer apenas com base no contexto do projeto de que unidade se trata.

Projetistas cuidadosos sempre trabalham a partir de um catálogo mental de tamanhos e proporções das coisas. Esboços e modelos desde os primeiros estágios do desenho da construção incluem representações de pessoas, móveis e conjuntos de móveis. As proporções dos cômodos e as localizações das janelas e portas estão constantemente sujeitas a modificações durante o processo de projeto para facilitar várias localizações apropriadas de móveis em um edifício acabado. Há um refinamento cada vez maior dos padrões de circulação humana que se transformam em caminhos curtos, uniformes, lógicos e agradáveis. Esses caminhos devem passar por um lado ou por outro dos diferentes nodos de atividade humana dentro do edifício em vez de atravessá-lo pelo meio. Graças a tal processo de projeto e às atividades analíticas que estão nele embutidas, os edifícios se adaptam às pessoas, e as pessoas se tornam a verdadeira medida de nossos edifícios.

Leituras suplementares

Charles G. Ramsey, Harold Sleeper e John Ray Hoke (eds.), *Architectural Graphic Standards*, 10. ed., Nova York, Wiley, 2002.

Julius Panero e Nino Repetto, *Anatomy for Interior Designers*, Nova York, Whitney Publications, 1962.

---

* Nesta tradução, consideramos apenas as unidades métricas, praticamente a única utilizada no Brasil. (N. do T.)

17
Como proporcionar suporte estrutural aos edifícios

Cargas e tensões

Um edifício é constantemente puxado e empurrado por várias forças. A mais constante delas é a gravidade, que exerce uma força descendente sobre os componentes fixos do edifício – coberturas, paredes, janelas, pisos, divisórias, escadas, lareiras. Essa força é conhecida pelo nome de *carga estática* do edifício. As *cargas dinâmicas* do edifício incluem as forças menos constantes – os pesos variados das pessoas que por ele se deslocam, os móveis, os objetos, os aparelhos e os veículos; o peso da neve sobre a cobertura; as pressões (predominantemente horizontais) do vento sobre as paredes. Os terremotos, que causam no solo sobre o qual se assenta um edifício deslocamentos horizontais que se propagam rapidamente, também imprimem a ele cargas dinâmicas horizontais. É preciso configurar cada edifício de maneira tal que ele suporte sua própria carga estática mais uma carga dinâmica igual ao pior total combinado de pessoas, móveis, neve, vento e terremoto que se possa razoavelmente esperar que ocorra.

Para fazer isso, em primeiro lugar nós estimamos a magnitude dessas cargas, que é geralmente uma tarefa aritmética elementar. No entanto, edifícios de altura incomum ou edifícios erguidos em locais onde há muito vento podem exigir extensas medições no local e num túnel de vento para se determinar quais serão as cargas efetivas exercidas pelo vento. Em seguida, nós escolhemos uma combinação de dispositivos estruturais relacionados – um sistema estrutural – que seja apropriada para o local, para os usos a que o edifício se destina e para as cargas que ele terá de suportar. Finalmente, determinamos as configurações exatas e as resistências e tamanhos necessários dos componentes do sistema estrutural, inclusive todos os dispositivos de fixação utilizados para manter a junção dos componentes maiores. É provável que um rápido olhar para qualquer edifício em construção nos leve a concluir, de maneira em grande parte correta, que o planejamento detalhado de um sistema estrutural é um processo um tanto complicado. No entanto, em suas raízes, o projeto estrutural deriva de alguns conceitos muito simples. Não se constrói nenhuma estrutura que não se sustente sobre esses conceitos. A profundidade e a complexidade dos processos de projeto estrutural residem na habilidade com que selecionamos, combinamos e proporcionamos dispositivos estruturais e os traduzimos em forma de edificação, e não no comportamento básico dos próprios dispositivos.

Considere um bloco de material – digamos, o calcário – e o que acontece a ele quando uma carga que atua verticalmente para baixo é aplicada uniformemente sobre a sua superfície superior (17.1). A carga exerce um empurrão de cima para baixo sobre o bloco, e a superfície sobre a qual o bloco se apoia exerce um empurrão para cima com uma força de igual intensidade. O bloco é comprimido. A tensão de compressão na face superior do bloco de pedra é igual à carga dividida pela área horizontal da seção transversal do bloco:

$$\text{Tensão de compressão} = \frac{\text{carga}}{\text{área}}$$

Se a carga é de 3 mil libras (1.361 kg) e se o bloco tem 10 por 15 polegadas (254 mm por 381 mm), a tensão de compressão será igual a 3 mil libras divididas por 150 polegadas quadradas, ou 20 libras por polegada quadrada. Em unidades do SI, esse exemplo se traduz como uma força de 13,3 quilonewtons dividida por 0,097 m², que é igual a 137,4 megapascals (MPa). (Na face inferior do bloco, a tensão é maior do que no topo, pois a carga nessa face inclui o peso do bloco de pedra mais a carga aplicada.) Esse conceito de tensão é útil porque nos permite comparar a intensidade das ações estruturais em blocos de diferentes tamanhos e formas sob diferentes cargas.

Agora, suponha que a carga sobre o bloco aumente gradualmente ao se empilhar mais pesos sobre o topo. A tensão de compressão aumentará proporcionalmente ao peso. Utilizando equipamentos de medição extremamente precisos, podemos observar que a altura do bloco diminui gradualmente em quantidades muito pequenas, porém finitas, à medida que a carga aumenta. Se desenharmos um gráfico da tensão de compressão *versus* essa diminuição (que é chamada de *deformação*), ele será um segmento de reta, e isso nos diz que a tensão é diretamente proporcional à deformação (17.2). A declividade da linha – a razão entre a tensão e a deformação – é conhecida como *módulo de elasticidade* do material. Foram determinados experimentalmente os módulos de elasticidade de todos os materiais estruturais comuns, o que nos fornece um meio fácil de prever quanto uma parede ou coluna encurtará sob uma dada carga, ou quanto um bastão de aço que está sendo tracionado se alongará (17.3). A palavra *elasticidade* também implica que, se a carga for removida do bloco, da parede, da coluna ou do bastão, ele retornará ao seu tamanho original, sem perda de dimensão.

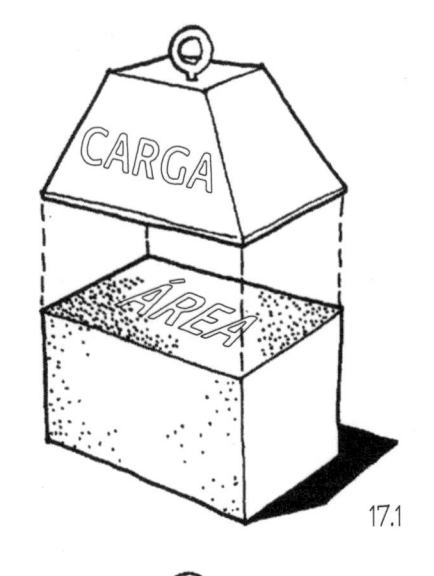

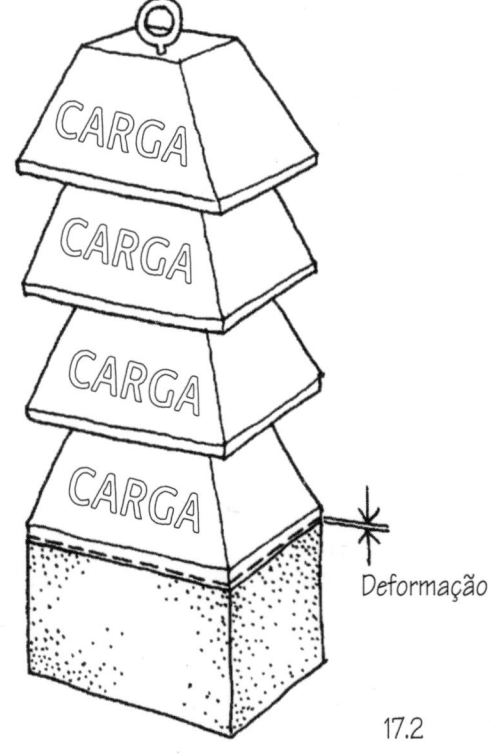

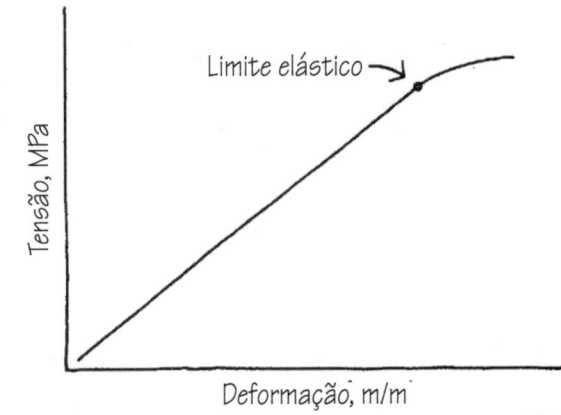

Se continuarmos a aumentar as cargas sobre o bloco, o material no interior deste será comprimido além de sua capacidade para resistir. O material será esmagado e não retornará ao seu tamanho original depois que a carga for removida. A tensão em que isso ocorre é conhecida como *limite elástico* do material. Em um material quebradiço, como uma pedra, o limite elástico é também o ponto no qual o material se desintegra. É perigoso calcular a estrutura de um edifício para que ele seja tensionado até o limite elástico, pois qualquer minúscula carga adicional, qualquer diminuta falha no material, ou qualquer pequeno erro de cálculo pode provocar o desmoronamento do edifício. Para responder a essas incertezas, normalmente nós planejamos estruturas com um *fator de segurança*. Um fator de segurança igual a dois significa que nós planejamos uma tensão que é exatamente igual à metade do limite elástico. Um fator de três significa que nós utilizamos um terço dessa tensão, e assim por diante. Utilizamos fatores de segurança mais baixos para materiais cuja qualidade tende a ser relativamente consistente, como, por exemplo, o aço, e fatores mais altos para materiais como a madeira, que são naturalmente inconsistentes e com imperfeições. Nós multiplicamos a tensão do limite elástico, obtida por meio de dados de laboratório com testes de carga, por um fator de segurança para calcular a *tensão admissível*, que é tomada como padrão de segurança para vários materiais estruturais.

Suponha que, em um teste de laboratório, nosso bloco de pedra tenha se esmagado sob uma tensão de 24,82 MPa (um milhão de newtons (MN) por metro quadrado = 1 milhão de pascals). Para propósitos de projeto, aplicamos um fator de segurança de três a essa tensão para levar em consideração possíveis imperfeições e inconsistências na pedra. Isso resulta em uma tensão admissível de 8,27 MPa. Se nos pedissem para planejar um bloco de pedra que suporte uma carga de 60 toneladas (54.480 kg), faríamos o seguinte:

$$54.480 \text{ kg} \times 9,8 \text{ m/s}^2 = 0,533 \text{ MN}$$

$$\text{Área requerida para a secção transversal da pedra} = \frac{0,533 \text{ MN}}{8,27 \text{ MPa}} = 0,064 \text{ m}^2$$

Uma pedra quadrada de 254 mm × 254 mm (= 0,064 m²) fará esse trabalho. Esse procedimento simples é a base de todos os cálculos estruturais. Até mesmo o planejamento da estrutura mais complicada se reduz à questão de se saber se uma dada peça de material pode suportar com segurança certo nível de tensão, seja ela uma tensão de esmagamento (*compressão*) ou uma tensão de estiramento (*tração*).

Suporte vertical

Podemos construir muitos tipos de estruturas com blocos simples de pedra, concreto ou tijolo. Uma pilha vertical de blocos forma uma *coluna* capaz de suportar uma porção de um piso ou cobertura. Uma coluna transladada em uma direção horizontal se torna uma *parede de sustentação*, ou parede de carga, que pode suportar a carga de toda a borda de um piso ou cobertura (17.4). Contanto que tais colunas ou paredes de sustentação não sejam muito *delgadas* com relação à sua altura, sua espessura pode ser computada de maneira simples, como no exemplo precedente (17.5-17.7).

Se uma coluna ou parede for muito delgada, ela *empenará* sob uma tensão bem inferior à tensão admissível (17.8). O empenamento é um deslocamento lateral cujas causas e cuja matemática ainda não são plenamente entendidas, em particular nas colunas que não são extremamente delgadas nem extremamente espessas. Colunas e paredes curtas e grossas são esmagadas antes de empenar, enquanto outras, muito altas e delgadas, constantemente empenam antes de se esmagar, mas aquelas de comprimento e espessura intermediários podem apresentar falhas de um tipo ou do outro. Consequentemente, em grande medida nós con-

17.4

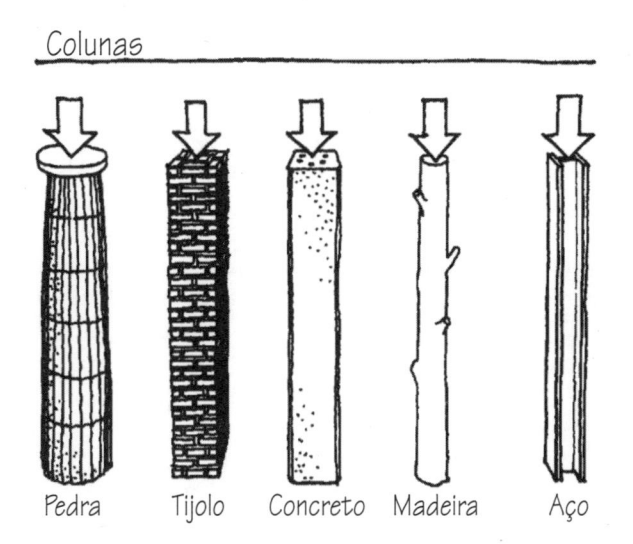

Colunas

Pedra — Tijolo — Concreto — Madeira — Aço   17.5

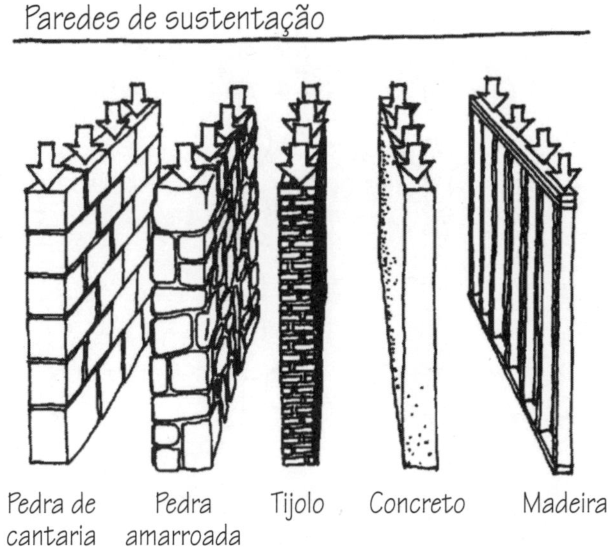

Paredes de sustentação

Pedra de cantaria — Pedra amarroada — Tijolo — Concreto — Madeira   17.6

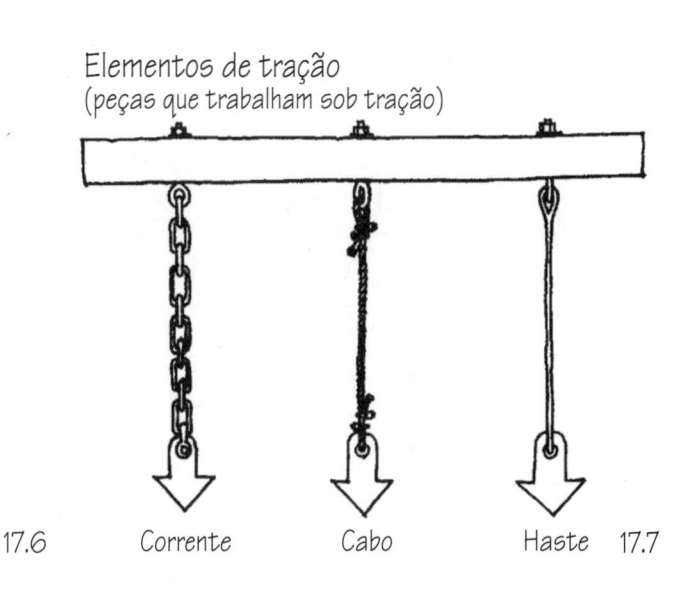

Elementos de tração
(peças que trabalham sob tração)

Corrente — Cabo — Haste   17.7

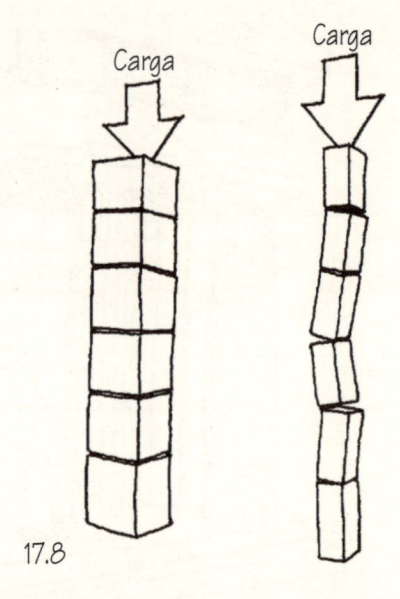

tamos com fórmulas derivadas de dados obtidos em testes de laboratório quando projetamos colunas de espessura intermediária.

Uma coluna ou parede que tende a empenar pode ficar segura se for suficientemente espessada ou se for escorada lateralmente com *montantes* compressivos ou *estais* tensivos (17.9). Uma coluna escorada lateralmente tem a vantagem de utilizar uma quantidade consideravelmente menor de material para suportar a mesma carga que uma coluna espessa e sem escora. Utilizamos frequentemente colunas escoradas em edifícios, torres de radiotransmissão e muitos outros tipos de estrutura.

O empenamento só é um problema nos elementos estruturais que estão sob tensão de compressão. Elementos sujeitos à *tensão de tração*, tais como cordas, cabos, hastes e correntes, não têm tendência a empenar. Considere uma corrente que pende em posição vertical com um peso fixado na sua extremidade inferior (17.10). A tensão de tração que atua na corrente é igual ao peso aplicado dividido pela área da secção transversal do aço em qualquer elo da corrente. A deformação, até o limite elástico do aço da corrente, é proporcional à tensão. A corrente nunca empenará enquanto estiver tracionada.

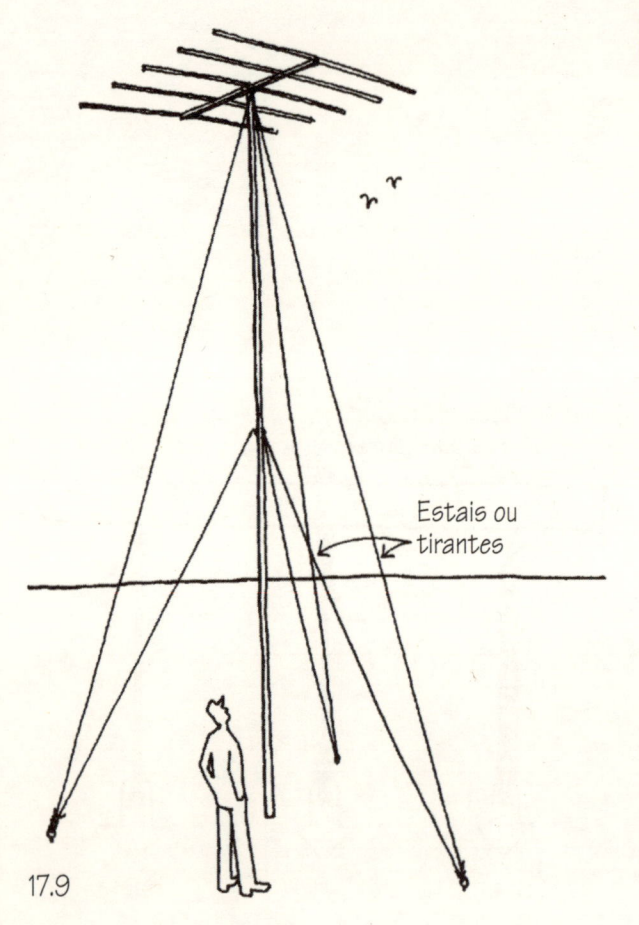

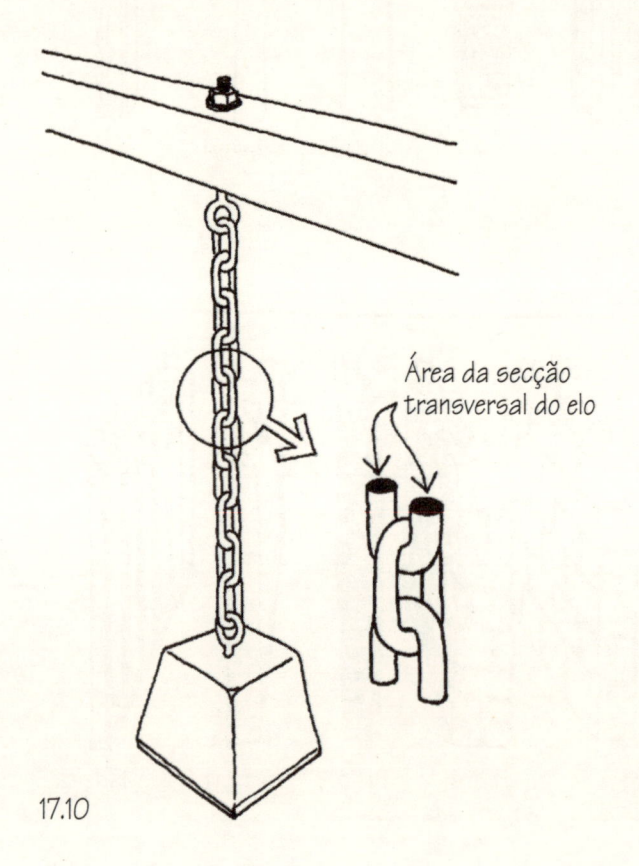

O aço é o mais resistente dos materiais estruturais tanto sob tração como sob compressão. A madeira também tem uma boa resistência à tração e à compressão. Embora a madeira não seja tão resistente quanto o aço, a razão entre resistência e peso é aproximadamente a mesma para ambos. Elementos de concreto e de alvenaria são resistentes à compressão, mas são *quebradiços*, isto é, racham e se despedaçam quando sujeitos a uma tensão de tração de intensidade moderada. Barras de aço são frequentemente incorporadas nas regiões das estruturas de concreto e de alvenaria onde se prevê quais tensões de tração atuarão nelas, de modo a produzir uma estrutura resistente e econômica, que é um *composto* dos dois materiais.

Vão horizontal: dispositivos de tração

As cargas verticais nos edifícios podem ser suportadas, na compressão, por colunas ou paredes de sustentação, e, na tração, por correntes, hastes ou cabos. Exceto em alguns casos de empenamento de colunas, o que se conhece a respeito do comportamento desses dispositivos estruturais é satisfatório. No entanto, o maior problema estrutural com que a maioria dos edifícios se defronta está na extensão horizontal que deve preencher o vão entre os suportes que sustentam coberturas e pisos. Como fazemos isso? Há muitas maneiras.

Comecemos com um exemplo simples: vamos supor que penduramos uma corrente através de um desfiladeiro estreito e suspendemos um peso muito grande em seu centro (17.11). As duas metades da corrente podem ser consideradas, com muita aproximação, dois segmentos de reta que convergem no ponto em que o peso é aplicado. As extremidades da corrente exercem uma tração sobre as bordas do desfiladeiro segundo um ângulo *a*, que é determinado pelo comprimento da corrente

17.11

17.12

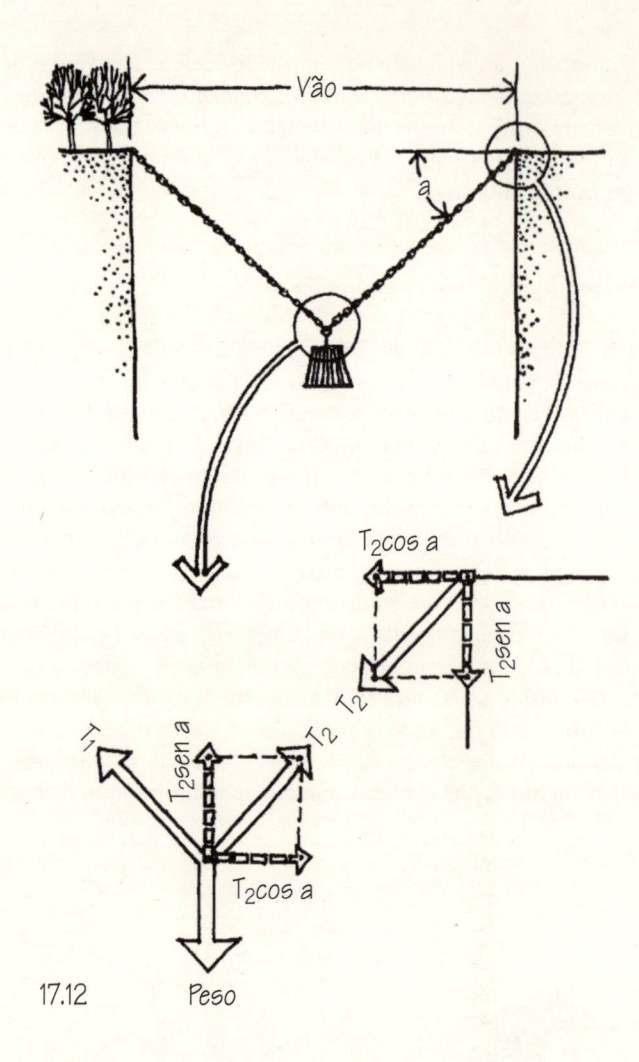

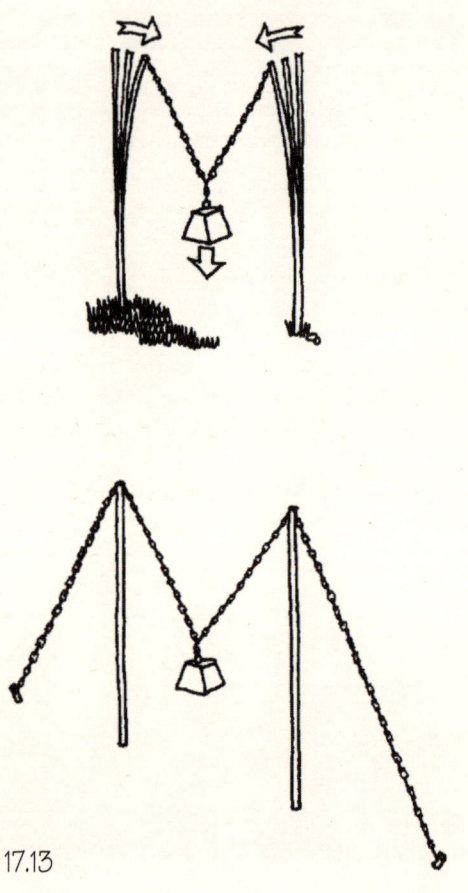

(17.12). Quando examinamos o que acontece no centro da corrente, notamos que suas duas metades não podem estar exercendo uma tração direta para cima contra o peso; uma corrente pode exercer tração somente ao longo do eixo (linha central) de seus elos. Portanto, ela resiste à força descendente exercida pelo peso graças a duas trações diagonais que formam ângulos *a* com a horizontal. Cada uma dessas trações diagonais, T_1 e T_2, precisa ter uma componente vertical, $T\,\text{sen}\,a$, igual à metade da tração do peso. Em cada borda do desfiladeiro, essa componente vertical é transferida para a rocha. Mas isso também acontece com a componente horizontal que lhe corresponde, $T\cos a$. A corrente não pode suportar uma carga através de um vão sem deixar de exercer trações horizontais e verticais sobre os seus suportes. Podemos reconhecer isso mais facilmente se apoiarmos as extremidades da corrente sobre duas estacas delgadas em vez das bordas do desfiladeiro (17.13). As estacas se inclinam para dentro sob efeito da carga. Uma maneira comum de lidar com essa tração horizontal, em pontes pênseis ou em tendas, consiste em passar a corrente (ou cabo ou corda) sobre as estacas, mastros ou colunas em cada um de seus topos e estendê-la para baixo ancorando-a no

17.13

17.14

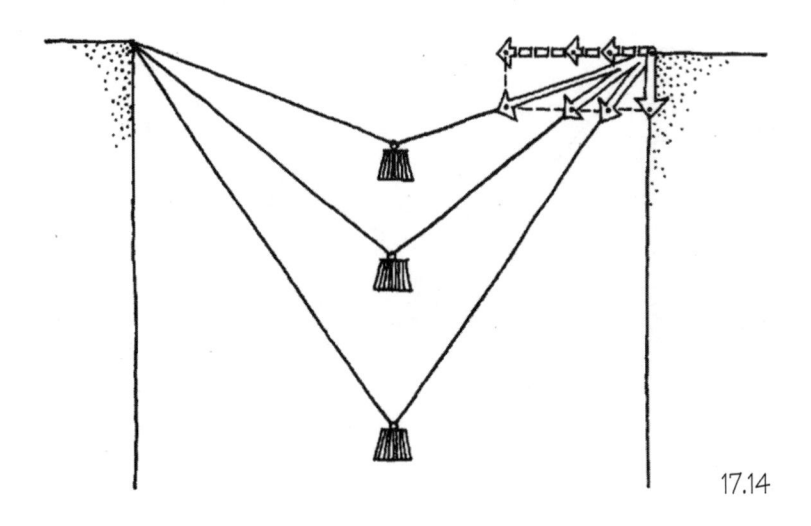

solo a alguma distância de cada coluna. As partes da corrente afastadas das colunas fornecem uma tração horizontal igual em intensidade à tração da corrente entre as colunas, mas atuando no sentido oposto. Elas também, inevitavelmente, acrescentam uma carga vertical de grande intensidade a cada uma das colunas, e por isso as colunas precisam ser reforçadas em conformidade com essa carga.

Voltemos ao problema do vão do desfiladeiro. A corrente é presa diretamente à rocha em cada extremidade, onde exerce sobre ela uma tração para dentro em vez de fazê-lo sobre os topos das colunas. Observe o que acontece se utilizamos uma corrente mais longa. O ângulo a aumenta. A componente vertical da tração sobre as bordas do desfiladeiro permanece a mesma, mas a componente horizontal diminui, e, portanto, também diminuem a tração e a tensão na corrente. Mas se, ao contrário, a corrente for encurtada, a tração horizontal sobre as bordas do desfiladeiro aumentará, e a corrente será tensionada com muito mais intensidade (17.14). Uma decisão importante no projeto de qualquer dispositivo para cobrir o vão horizontal – e isso não vale apenas para o caso de uma corrente pendurada – consiste em escolher *qual deve ser a profundidade do dispositivo*. Um dispositivo fundo, tal como uma corrente muito abaulada ou uma armação em treliça ou viga funda, tem tensões estruturais internas mais baixas e, portanto, precisa de menos material para suportar a mesma carga que um dispositivo raso, que sempre tem tensões internas mais altas e precisa de mais material. No entanto, na prática, frequentemente escolhemos os dispositivos mais rasos porque eles exigem menos espaço vertical em um edifício e, por isso, economizam dinheiro em colunas, paredes externas e outros componentes.

O que acontece se acrescentamos mais cargas à corrente, espaçando-as com vários intervalos ao longo de seu comprimento? Cada vez que uma nova carga é acrescentada, a corrente ajusta sua forma de modo a manter uma linha de pura tração ao longo de seu eixo em cada ponto. As cargas podem ter peso desigual ou ser distribuídas desigualmente ao longo do comprimento da corrente; a corrente muda de forma automaticamente a fim de colocar cada um de seus elos em equilíbrio sob qual-

17.15

Catenária

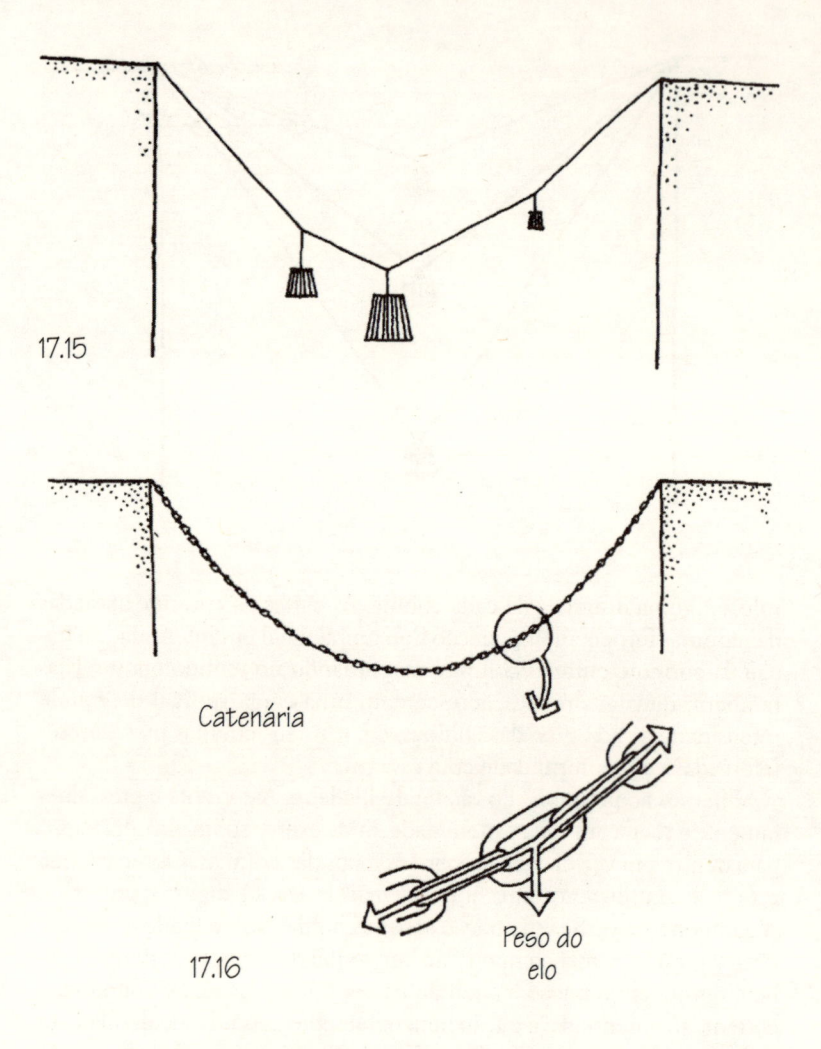

17.16 Peso do elo

quer carga, exceto a que atinge seu ponto de ruptura (17.15). Não podemos forçar uma corrente a tomar uma forma arbitrária, mas precisamos trabalhar com as formas que uma corrente adota naturalmente. A mais familiar de todas essas formas é a *catenária*, a graciosa curva formada por uma corrente que pende livremente sob o próprio peso (17.16). Cada elo representa um trio resolvido de forças em equilíbrio, duas delas exercidas em um ângulo obtuso uma com relação à outra pelos dois elos adjacentes, e a terceira exercida para baixo pelo peso do próprio elo.

A curva do cabo em uma ponte pênsil difere ligeiramente de uma catenária porque o peso da ponte é distribuído uniformemente sobre o plano horizontal do trecho de pista da rodovia que pende do cabo, e não sobre o comprimento curvo do cabo. A curva resultante é uma *parábola*.

As formas adotadas por um cabo ou uma corrente pendente são denominadas *funiculares*, que derivam da palavra latina para "fio" ou "cordão". Para cada padrão de cargas, há uma *família de formas funiculares*, as formas que um pedaço de fio pendente adota quando sujeito a esse padrão de cargas. Para um cabo que pende apenas sob efeito do próprio peso, as formas funiculares abrangem uma família infinitamente grande de catenárias, pois o cabo pode arquear um pouco, muito, ou com qualquer curvatura intermediária. Para uma ponte pênsil, as formas funiculares possíveis constituem uma família de parábolas. Ao longo das páginas precedentes, e no desenho aqui apresentado (17.17), também vemos formas que são funiculares para uma única carga e para várias cargas aleatórias. Algumas dessas formas se apoiam em suportes nivelados, e outras em suportes com desnível.

As tendas representam o princípio da forma funicular se desdobrando tridimensionalmente. Elas utilizam, para cobrir o espaço, panos em uma escala muito pequena, tecidos sintéticos de alta tecnologia em grande escala, ou redes de cabos de aço em uma escala muito grande (17.18, 17.19). Poderemos utilizar vãos extremamente largos entre suportes se os mastros forem suficientemente altos para acomodar a necessária profundidade de depressão no tecido, e se esse tecido estiver suficientemente tenso para impedir vagalhões ou esvoaçamentos provocados pelo vento. Tal tensão pode ser obtida utilizando cordas ou cabos que puxam o tecido para baixo em vários pontos, aplicando, para isso, peso suficiente ao tecido, ou estendendo-o segundo uma *curvatura anticlástica* (côncava ao longo de um eixo e convexa ao longo de um eixo que lhe é transverso).

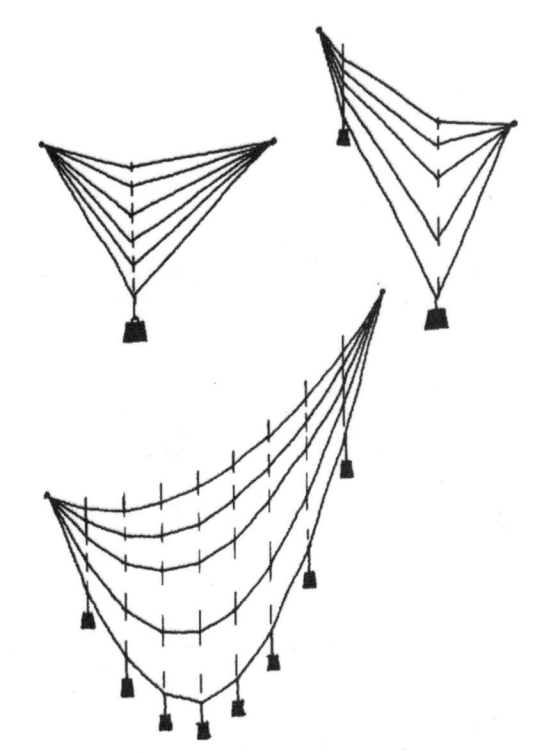

Algumas famílias de formas funiculares 17.17

17.18

Em maca

Estaiada por cabos

Rede de cabos (anticlástica)

Roda de bicicleta

Algumas coberturas suspensas rígidas

17.19

17.20

Pequenos pesos simulam os pesos das pedras no arco

Peso a ser suportado

1. Trace a curva do modelo com a corrente

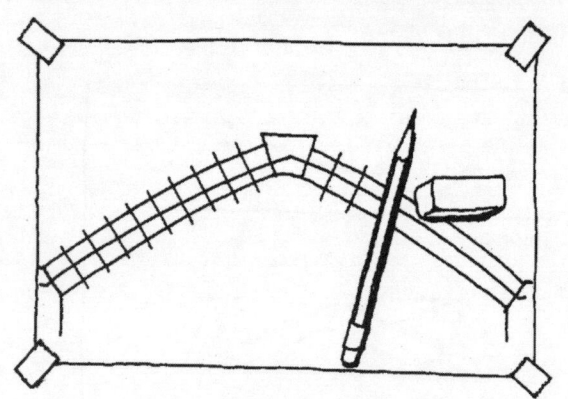

2. Inverta o traçado e esboce o arco

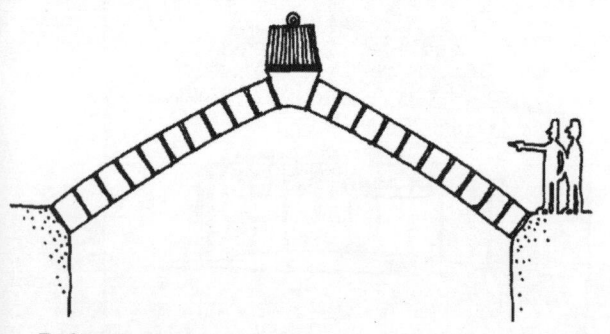

3. Construa o arco

17.21

Arcos

O que acontece se nós colocamos a corrente de lado e, em vez dela, tentamos suportar o peso no meio do desfiladeiro com blocos de pedra? Podemos fazer isso apoiando os blocos um contra o outro, para cima e através do abismo exatamente na configuração correta, de modo que cada bloco esteja em equilíbrio com seus vizinhos imediatos. Há várias técnicas matemáticas e geométricas utilizadas para se descobrir essa configuração. Há também uma maneira mais fácil: modelando-a em escala com certo comprimento de corrente de relógio de bolso, com a corrente de um molho de chaves ou até mesmo com um fio de algodão suspenso sobre um pedaço de papel preso a uma superfície vertical. Lembre-se de que em uma corrente cada elo está em equilíbrio, isto é, seu próprio peso é igual à soma das componentes verticais das forças que puxam o elo de ambos os lados. Isso é exatamente o que queremos que aconteça com cada bloco de nosso dispositivo de pedras, sendo que a única diferença está no fato de que uma corrente só consegue suportar tração, enquanto queremos que as nossas pedras, que são fracas em tração, suportem somente compressão. Por isso a solução consiste em se modelar a situação em pequena escala com um peso suspenso de uma corrente. Precisamos prender vários pequenos pesos a uma corrente para simular os pesos das pedras (17.20).

A corrente e os pesos em nosso modelo suspenso alcançam rapidamente o equilíbrio. Em seguida, podemos traçar a forma tomada pela corrente em uma folha de papel, inverter essa folha e desenhar uma série de blocos de pedra cuja linha central tenha a mesma forma da corrente (17.21). O resultado será um arco funicular perfeitamente formado para suportar a carga em questão exclusivamente por meio de compressão, que atua dentro das pedras e entre elas.

Se você nunca viu um arco exatamente dessa forma, é porque são poucos os arcos construídos para suportar uma carga única, concentrada. A maioria deles é construída para suportar cargas uniformemente distribuídas e deve, por isso, tomar a forma de uma parábola, como vemos em muitas pontes em arco (17.22). Em edifícios, os arcos, em sua maior parte, não são parabólicos, mas semicirculares, pois é muito mais fácil projetar arcos de círculos do que parábolas. Se o vão não for muito grande, as pedras do arco (as *aduelas*) são fundas o bastante para conter

Arcos parabólicos

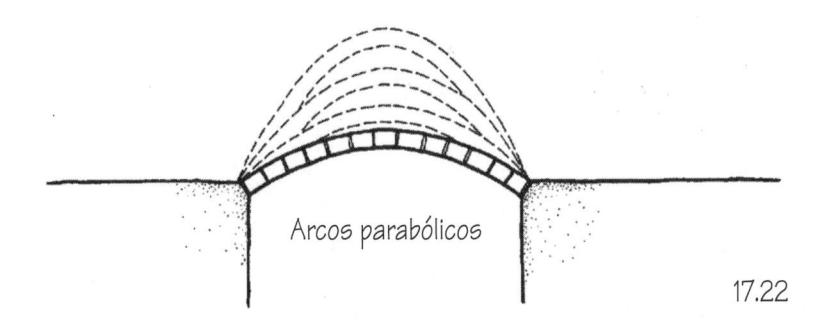

17.22

uma curva parabólica, e o arco é enrijecido por retenção dentro de uma parede. Esses arcos mais simples são bastante estáveis (17.23). Além disso, como até a época da Renascença não se sabia que a parábola era a forma ideal para um arco em que a carga está distribuída uniformemente, todos os arcos clássicos da civilização romana, que foram copiados com tanta fidelidade ao longo das épocas subsequentes, são baseados em círculos (17.24). Os romanos utilizaram até mesmo um *arco plano*, uma forma que aparentemente é tão errada que somos tentados a duvidar de sua estabilidade até que a vejamos suportar uma carga sem que ocorra nenhum problema evidente. Então poderemos visualizar uma parábola achatada superposta às suas pedras.

É importante observar a semelhança – do tipo imagem de espelho – entre as formas desenvolvidas previamente com correntes pendentes e as formas de arco funiculares ilustradas aqui. O arco projetado para suportar cada condição de carga difere ligeiramente de seu análogo obtido por meio de correntes pelo fato de que a maior carga estática do próprio arco com relação ao peso ou pesos superpostos pode exigir uma curvatura de forma ligeiramente diferente. Observe também que cada arco

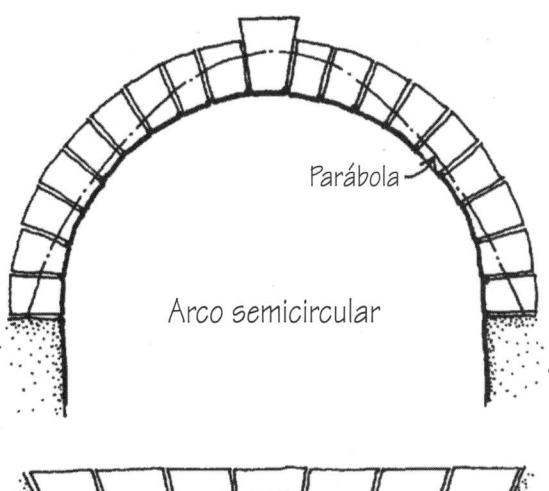

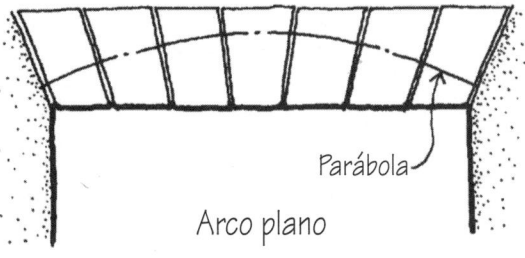

Parábola

Arco semicircular

Parábola

Arco plano

17.23

17.24

183

17.25

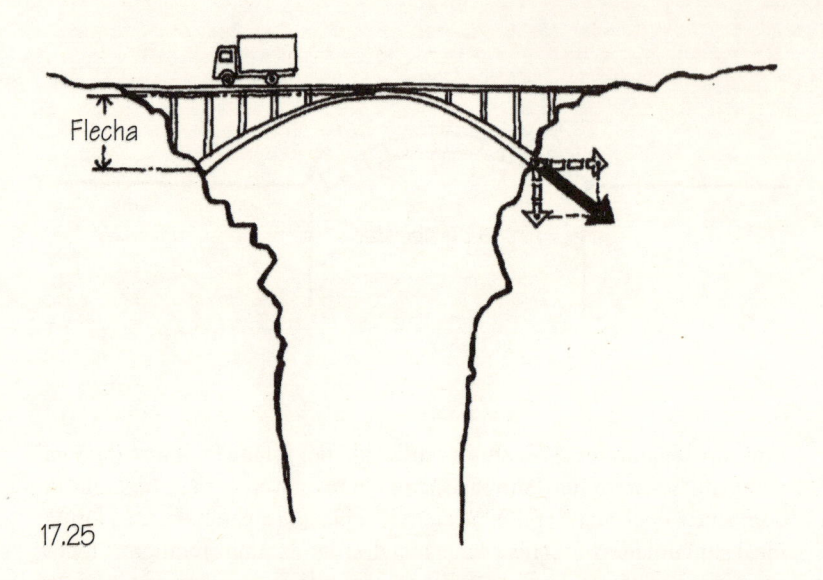

exerce uma força horizontal, exatamente como o faz a corrente, mas no sentido oposto (17.25). A quantidade de empuxo horizontal e a quantidade de tensão de compressão dentro do material do arco dependem do tamanho da *flecha* com que o arco é construído. Quanto mais achatado for o arco, maiores serão o empuxo horizontal e as forças internas que atuarão nas aduelas. Encontramos aqui, mais uma vez, o princípio segundo o qual dispositivos estruturais mais fundos estão sujeitos a forças menores.

Em aspectos importantes, o arco não apresenta uma analogia exata com a corrente. O arco é rígido e não pode se autoajustar aos padrões de carga mutáveis, como acontece com a corrente. Uma vez que um arco está sujeito à compressão, ele pode apresentar empenamento. Por essas duas razões, um arco não pode ser construído tão delgado quanto uma corrente ou um cabo. Um arco relativamente espesso não só é mais resistente ao empenamento do que um delgado como também pode, confortavelmente, suportar cargas que superam em muito a exata capacidade de carga para a qual foi projetado. E também por essas duas razões, a forma de arco não tem uma capacidade de envergadura máxima tão grande quanto a de um cabo suspenso, embora ela só perca para o cabo como o dispositivo de envergadura mais extensa presente no vocabulário estrutural do projetista, especialmente quando é feita de aço.

Na Europa e no Oriente Médio, a forma de arco experimentou um enorme desenvolvimento e elaboração ao longo dos dois últimos milênios. Hoje, somos capazes de construir muitas formas úteis, tanto bidimensionais como tridimensionais, a partir do arco, algumas das quais estão ilustradas aqui (17.26). A maior parte das formas de construção em arco precisa de algum tipo de suporte temporário (*cimbre* ou forma) capaz de sustentar o arco durante a construção. Muitos materiais, inclusive todos os materiais de alvenaria, concreto, ferro fundido, aço e madeira, são convenientes para se construir arcos, abóbadas e domos.

A necessidade de resistir ao componente horizontal do empuxo de arcos e abóbadas produziu muitos dispositivos arquitetônicos engenho-

Arcos

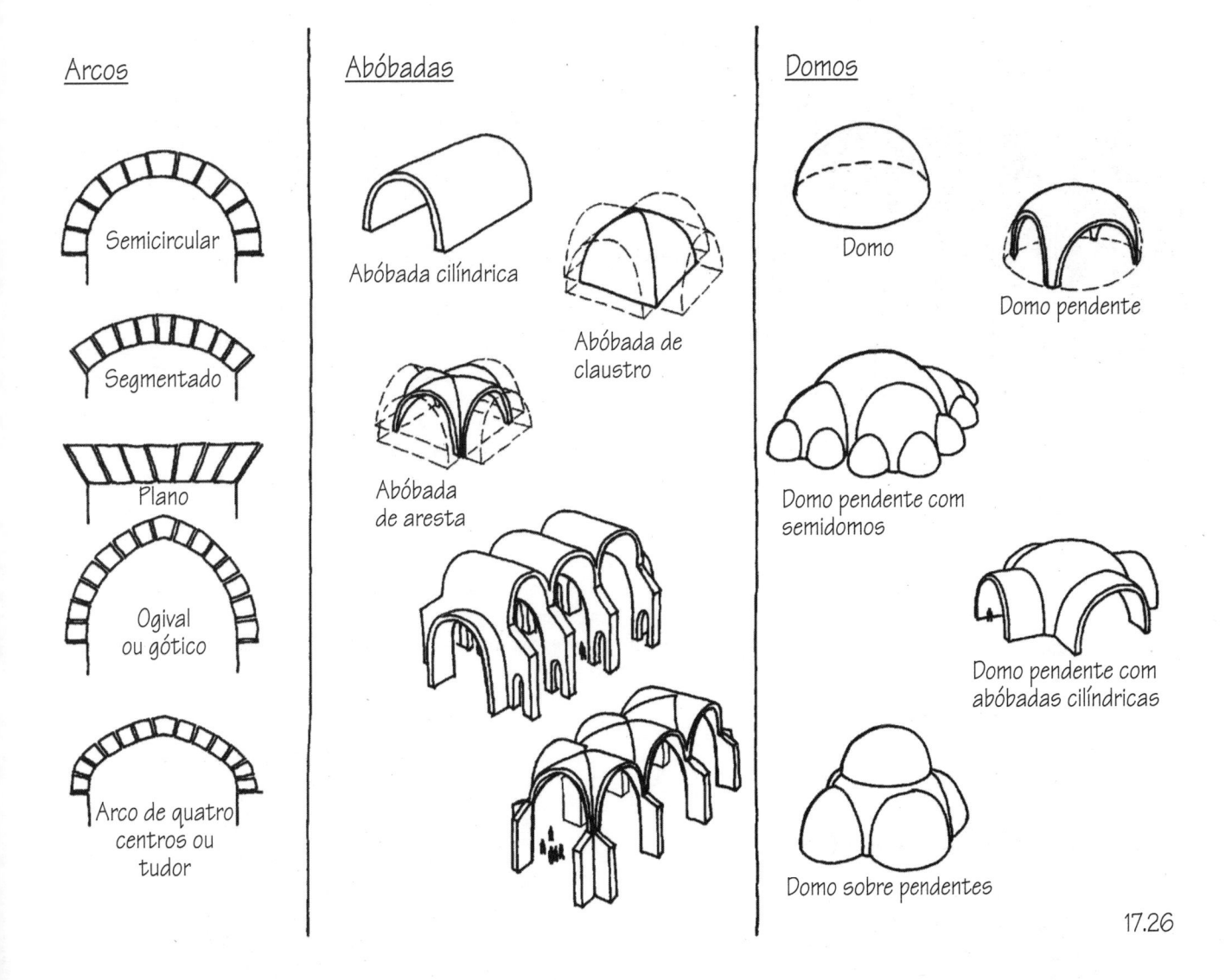

Semicircular

Segmentado

Plano

Ogival ou gótico

Arco de quatro centros ou tudor

Abóbadas

Abóbada cilíndrica

Abóbada de claustro

Abóbada de aresta

Domos

Domo

Domo pendente

Domo pendente com semidomos

Domo pendente com abóbadas cilíndricas

Domo sobre pendentes

17.26

sos. Em uma linha de desenvolvimento motivada pelo anseio de abrir as igrejas à maior quantidade possível de luz natural, os simples e pesados *contrafortes* de alvenaria dos tempos antigos se tornaram os admiráveis *arcobotantes* da era gótica, nos quais o empuxo gravitacional para baixo dos pesados pináculos de pedra desvia inabalavelmente o empuxo das abóbadas para fora até que ele penetre com segurança no solo através das fundações (17.27, 17.28). Na época da Renascença, quando o ferro forjado tornou-se disponível, os *tirantes de união* ou as correntes entraram em uso como uma alternativa barata (mas geralmente menos bonita) aos contrafortes e arcobotantes para todos os tipos de abóbadas e domos (17.29).

A disponibilidade de materiais estruturais novos e mais resistentes nos séculos XIX e XX trouxe consigo uma nova onda de desenvolvimento nas técnicas de construção de abóbadas. Abóbadas e domos construídos com treliça de metal podem abranger amplas porções de espaço, utili-

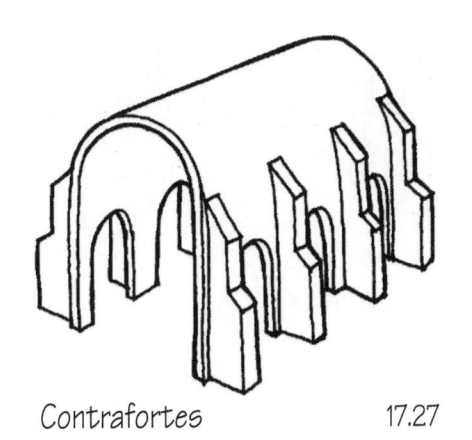

Contrafortes   17.27

Arcobotantes
17.28

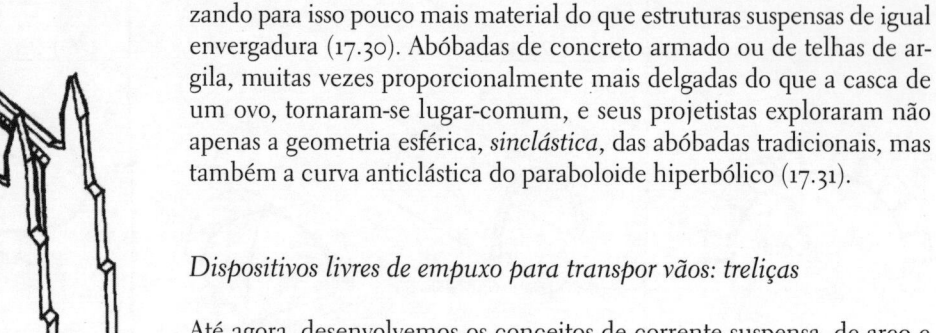

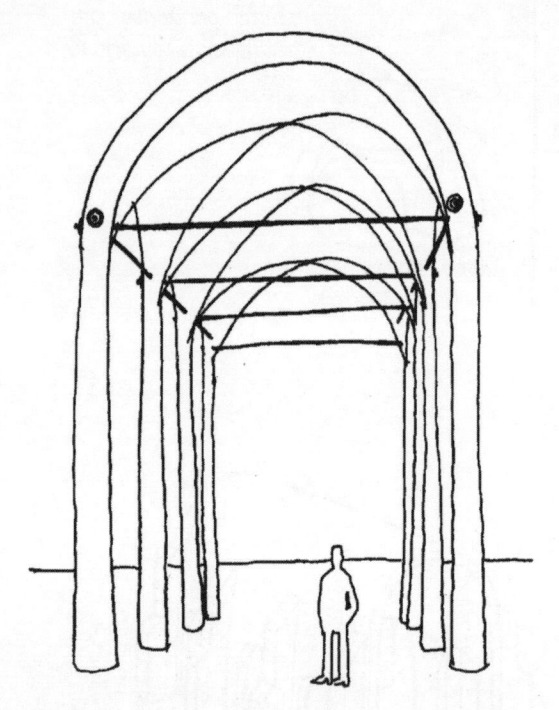

Tirantes ou correntes de união
17.29

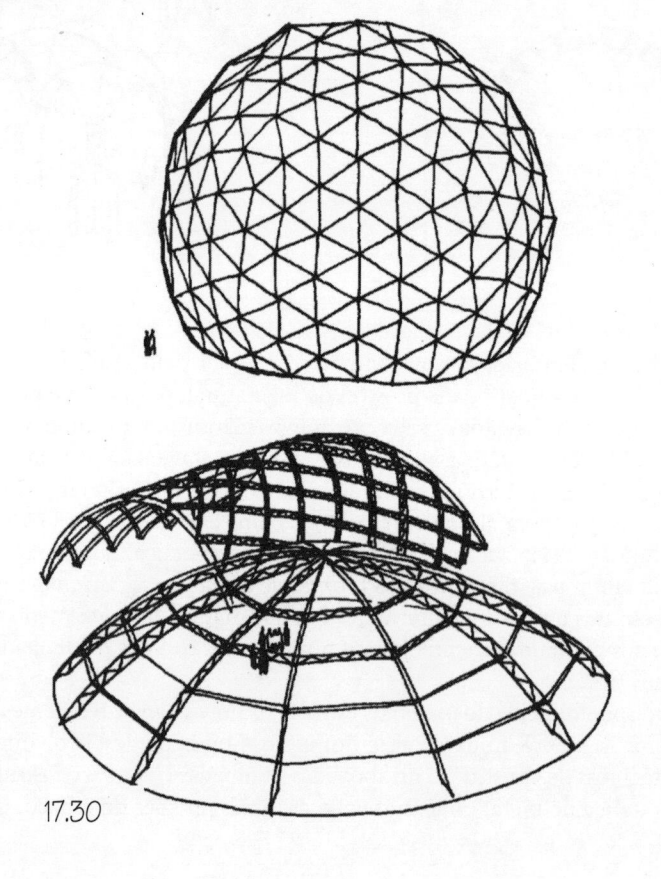

17.30

zando para isso pouco mais material do que estruturas suspensas de igual envergadura (17.30). Abóbadas de concreto armado ou de telhas de argila, muitas vezes proporcionalmente mais delgadas do que a casca de um ovo, tornaram-se lugar-comum, e seus projetistas exploraram não apenas a geometria esférica, *sinclástica*, das abóbadas tradicionais, mas também a curva anticlástica do paraboloide hiperbólico (17.31).

Dispositivos livres de empuxo para transpor vãos: treliças

Até agora, desenvolvemos os conceitos de corrente suspensa, de arco e de corrente de união. Examinaremos agora se podemos montar, com esses componentes, outras maneiras de estender estruturas sobre o vão do desfiladeiro, tentando, em especial, desenvolver dispositivos que não exerçam tração ou compressão horizontal sobre as paredes do desfiladeiro. Tais dispositivos livres de empuxo serão particularmente úteis em edifícios, permitindo que as colunas e as paredes de sustentação suportem apenas cargas verticais.

Começaremos novamente com a corrente suspensa que suporta uma única carga em seu centro, mas desta vez prenderemos as extremidades da corrente às extremidades de um arco muito raso cuja única função, além da de suportar seu próprio peso, consiste em contrabalançar, com seu empuxo para fora, a tração da corrente para dentro (17.32). Se esse dispositivo for adequadamente modelado, poderemos provar que ele não exerce empuxo horizontal montando uma de suas extremidades sobre cilindros giratórios, de modo que ele esteja livre para se mover para frente ou para trás. Se os cilindros não se moverem, nosso projeto é bom.

Se quisermos suportar a carga em um nível que seja aproximadamente igual ao da borda do desfiladeiro, em vez de mantê-la pendurada sobre o abismo e abaixo do arco, poderemos fazer isso transmitindo a carga do peso até a corrente por meio de uma coluna de blocos de pedra (17.33). O arco único da figura anterior é convertido em dois arcos mais curtos, cada um deles modelado para combinar sua própria carga estática com o componente horizontal da compressão, que é acrescentado pela corrente.

Embora pudéssemos, efetivamente, construir esse dispositivo com pedras e corrente, ele seria um tanto desajeitado, e na prática seria mais fácil substituir as pedras por *barras de compressão* curtas, ou montantes de compressão, de madeira, parafusados folgadamente em suas junções (17.34). Agora podemos ver mais facilmente o que inventamos: uma *treliça* simples.

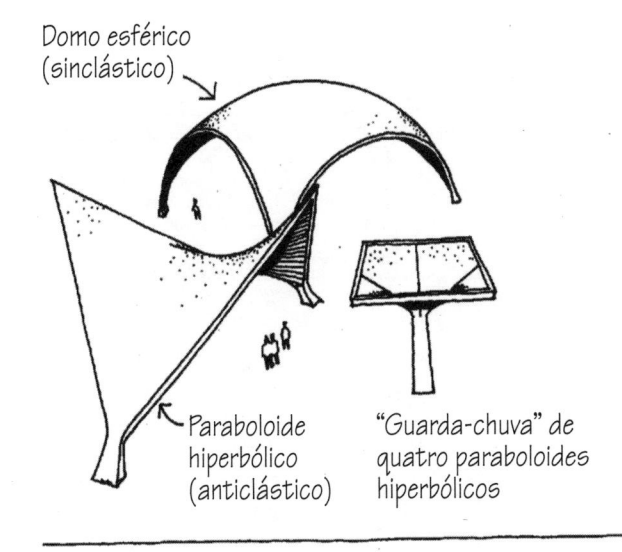

17.31

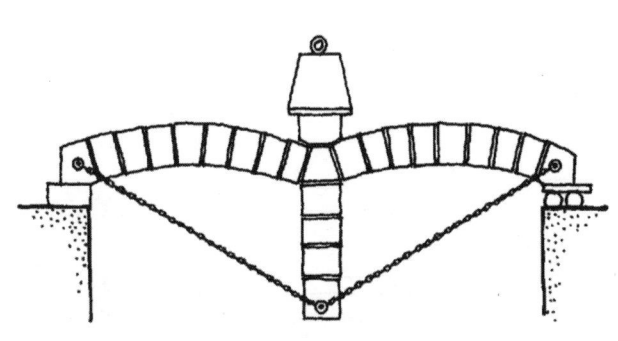

17.32

17.33

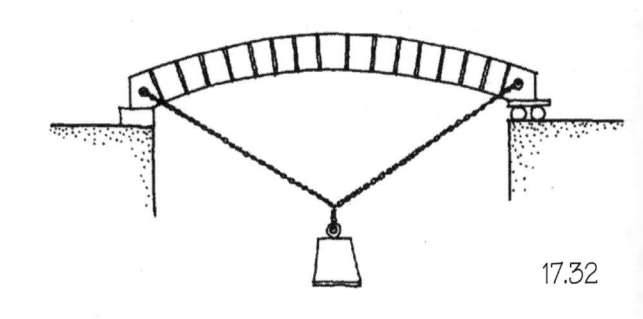

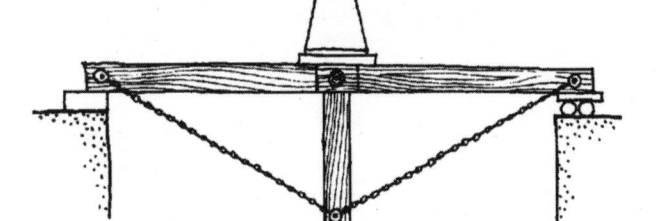

17.34

17.35

17.36

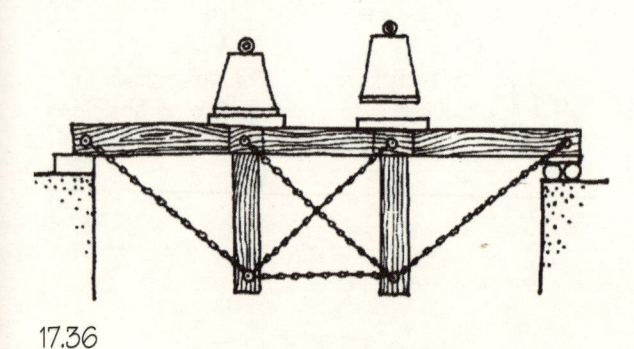

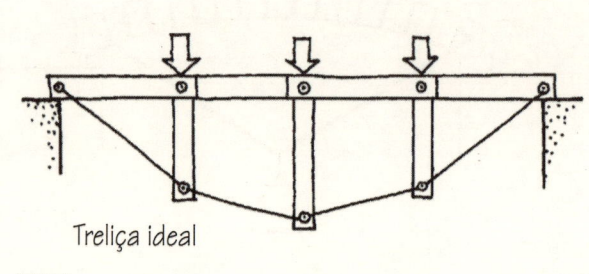

Treliça ideal
17.37

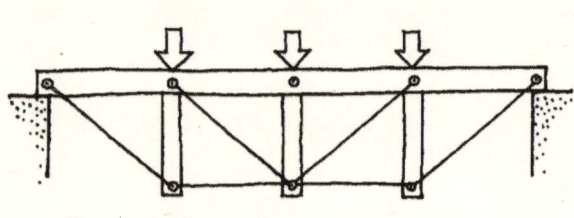

Diagonais de tração
17.38

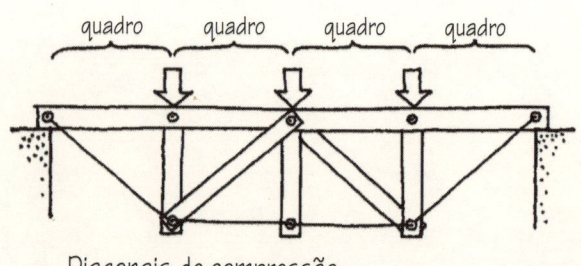

quadro quadro quadro quadro

Diagonais de compressão
17.39

17.40

Poderíamos fazer uma treliça para suportar duas cargas concentradas, como mostra a figura (17.35). Porém, seu equilíbrio é um tanto precário, pois a retirada de uma das cargas permitirá que a linha superior de barras, chamada de *flange superior*, ou corda superior, da treliça, empene para cima. O acréscimo de duas correntes diagonais ao quadro central elimina essa possibilidade (17.36).

Uma treliça ideal para três cargas concentradas pode ser desenvolvida de maneira semelhante (17.37). Essa treliça é muito eficiente sob o aspecto mecânico, mas seria mais fácil construí-la se todas as barras verticais tivessem o mesmo comprimento. Podemos fazer isso inserindo tirantes ou barras diagonais em cada quadro da treliça para garantir o equilíbrio (17.38, 17.39). Observe que qualquer membro diagonal pode ser substituído por um tirante de tração ou por uma barra de compressão, dependendo da orientação dada ao membro – em um *quadro*, deve-se colocar um deles sobre a diagonal oposta àquela sobre a qual se colocou o tirante ou a barra do quadro adjacente. Por esse meio, podemos produzir treliças estáveis com qualquer número de quadros, embora um número par tenha a vantagem de produzir uma treliça simétrica sem a necessidade de duas diagonais no quadro do centro.

Também podemos inverter todas essas treliças (virá-las de cabeça para baixo). Quando fazemos isso, todos os membros de tração se tornam membros de compressão, e vice-versa (17.40). Isso é uma evidência a mais da *invertibilidade* de qualquer estrutura, fato que já descobrimos quando invertemos uma corrente para produzir um arco.

Muitos diferentes tipos de treliças foram desenvolvidos (17.41). As treliças são relativamente fáceis de planejar e de analisar matematicamente,

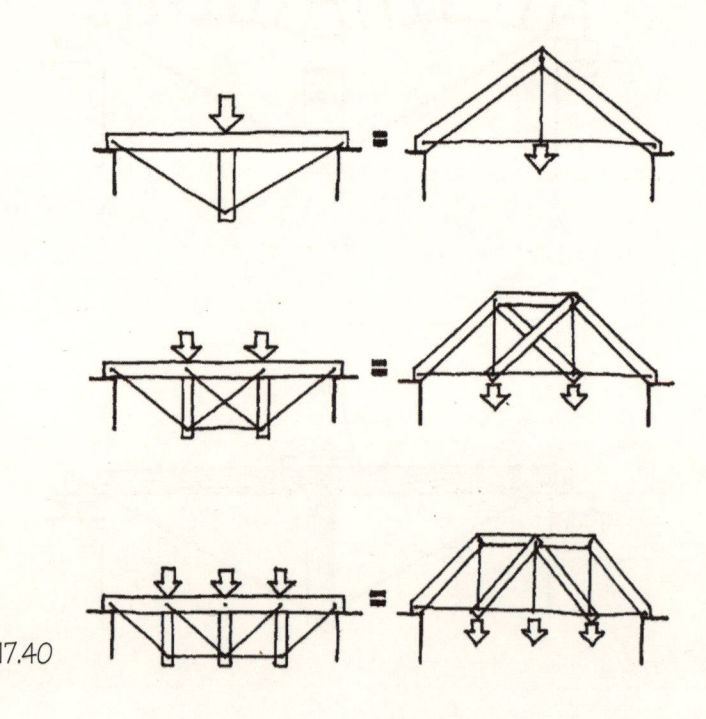

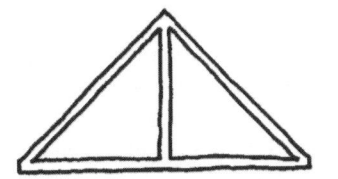

Pendural simples

Pendural dupla

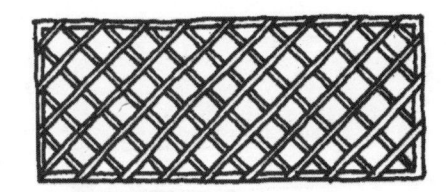

Town ou grade

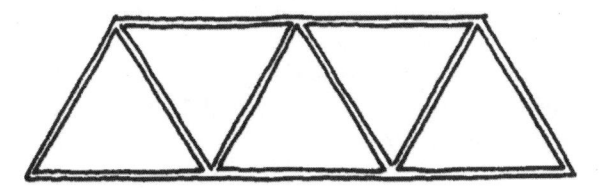

Warren

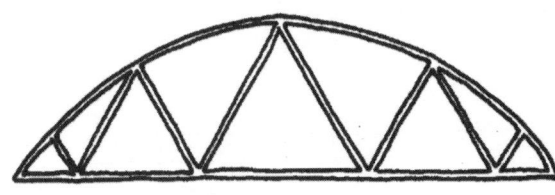

Bowstring (com banzo superior curvo)

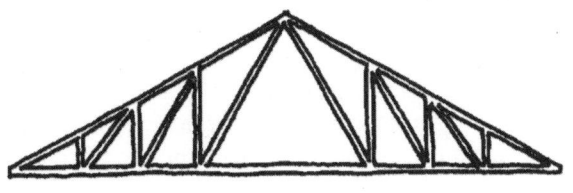

Pratt

Pratt plana

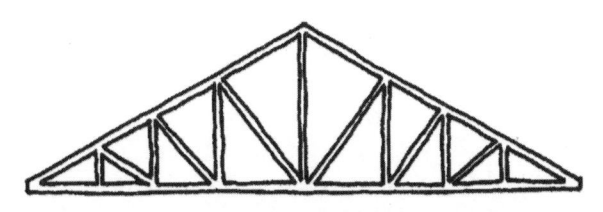

Howe

Howe plana

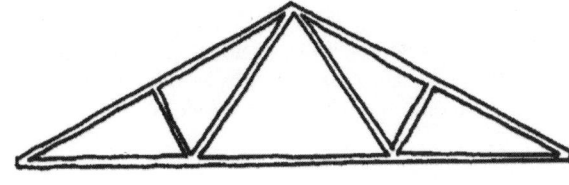

Fink

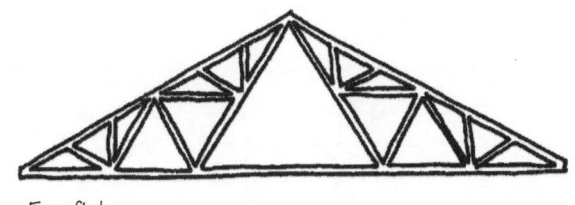

Fan fink

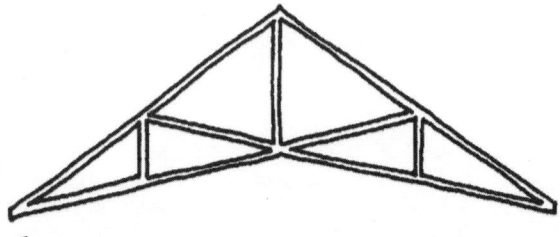

Tesoura

Algumas formas de treliças

Treliça espacial
17.42

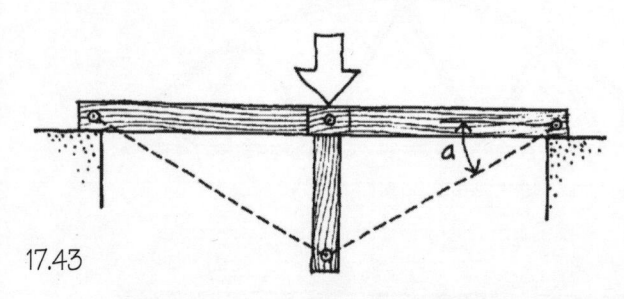

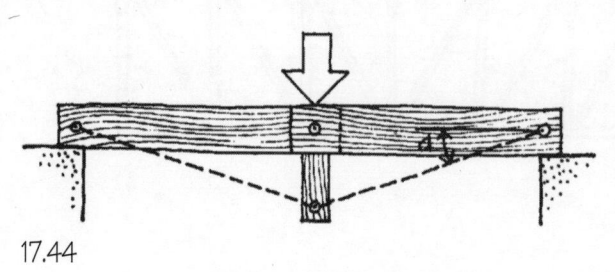

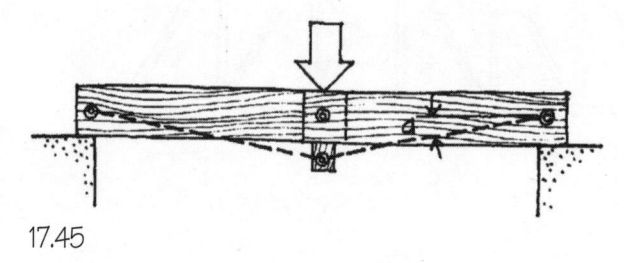

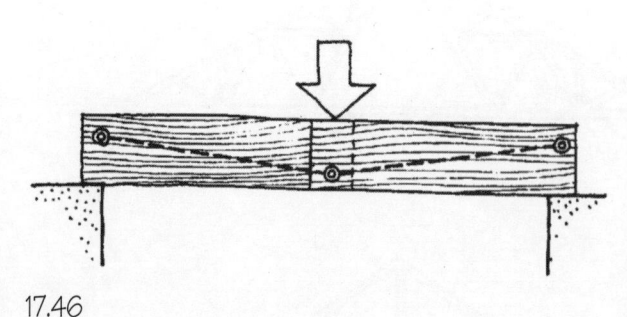

17.43

17.44

17.45

17.46

podem ser feitas de pequenas peças de material, são relativamente leves e podem ser construídas de madeira, aço, alumínio ou concreto com igual facilidade. Sua contrapartida tridimensional, a *treliça espacial*, passou a ser comumente utilizada nas décadas recentes (17.42). Treliças e treliças espaciais são teoricamente capazes de atingir envergaduras quase tão grandes quanto as de arcos e abóbadas, embora não possam se aproximar das envergaduras muito amplas que são possíveis com estruturas suspensas.

Com treliças, assim como nos casos de arcos e estruturas suspensas, altura maior significa tensões menores e, em geral, economia maior de construção. Porém, mais uma vez, podemos utilizar treliças mais rasas para tornar o edifício mais compacto e economizar em outros custos de construção. Vamos investigar o que acontece à medida que a altura de uma treliça simples diminui progressivamente.

Na treliça de madeira mostrada em 17.43, observamos que o peso da carga é conduzido ao longo da barra vertical até a corrente. Esta conduz a carga até os suportes das extremidades, e as barras horizontais servem apenas para resistir, por compressão, à tração horizontal da corrente.

Se encurtarmos a barra vertical (17.44), o ângulo a da corrente com a horizontal diminuirá e tanto a tração horizontal exercida pela corrente como a tensão na corrente aumentarão. Precisamos utilizar uma corrente mais espessa e barras horizontais igualmente mais espessas, mas a barra vertical no centro da treliça ainda transportará somente uma força igual à carga superposta, de modo que ela possa permanecer a mesma. Se encurtarmos ainda mais a barra vertical (17.45), a corrente precisará se tornar ainda mais espessa, bem como as barras horizontais do topo. Quando as barras ficam muito achatadas, as forças aumentam com extrema rapidez a cada sucessivo encurtamento da barra vertical. Um caso-limite útil é alcançado quando a espessura das barras horizontais de madeira requerida para resistir ao empuxo exercido pela corrente sem empenar é aproximadamente igual à altura total da treliça (17.46). As forças internas que atuam na treliça têm alta intensidade, mas não atingem nem superam a capacidade de resistência dos materiais estruturais comuns. A barra vertical pode ser totalmente eliminada, e nesse caso o centro da corrente é parafusado diretamente na madeira das barras horizontais. O que obtemos é uma treliça de altura mínima. Ela não é muito eficiente sob o aspecto estrutural porque utiliza muito mais aço e madeira do que o faria uma treliça mais alta, mas é compacta, e num edifício ela produziria tanto um piso plano acima dela como um teto plano sob ela, resultando numa economia máxima de espaço. O que produzimos é, na verdade, uma forma de viga, com o propósito específico de suportar apenas uma carga concentrada no seu ponto médio.

Vigas

A fim de obter uma configuração de viga que seria apropriada a uma carga distribuída uniformemente ao longo de toda a extensão da viga, o tipo de carga para o qual normalmente projetamos os membros estruturais do piso ou do teto de um edifício, nós começamos com uma treliça constituída de dois membros idealmente modelados para cargas uniformes, um arco parabólico em cima e uma corrente suspensa embaixo. Construímos o arco como uma exata imagem de espelho da corrente. Se ambos estão ligados em todos os pontos por um número muito grande de tirantes, cada um deles suportará metade da carga, e as compressões e trações horizontais se equilibrarão umas às outras exatamente nas duas extremidades, de modo que nenhum empuxo horizontal será exercido sobre os suportes (17.47).

Em seguida, construímos outra treliça, com uma altura menor (17.48). Como já sabemos, as espessuras do arco e da corrente devem aumentar à medida que a altura da treliça é reduzida e que as forças horizontais aumentam. Por fim, ao alcançar o caso-limite útil, o arco se tornará plano e continuará suportando a si mesmo e a metade da sua carga (17.49). No entanto, a corrente precisa reter algum arqueamento para suportar diretamente sua porção da carga (17.49). A forma a que chegamos é exatamente aquela adotada por uma viga de concreto pós-tensionado, na qual cabos de aço firmemente tensionados exercem tração contra as extremidades de uma viga de concreto, seguindo uma curva parabólica plana entre ambas (17.50).

Naturalmente, sabemos pela experiência cotidiana que uma viga pode ser muito mais simples do que qualquer um dos tipos que desenvolvemos aqui. Uma viga de madeira de certo comprimento, e de altura e espessura apropriadas, resolve perfeitamente o problema, sem que haja necessidade de se incomodar com correntes ou blocos de pedra (17.51). No entanto, o que é interessante a respeito de uma viga plana de madeira ou aço é a maneira como as forças de tensão e compressão operam dentro dela. A análise das principais tensões nas vigas mostra que uma viga funciona tanto por meio de tensões de compressão, que seguem linhas semelhantes a arcos, como por meio de tensões de tração, que seguem

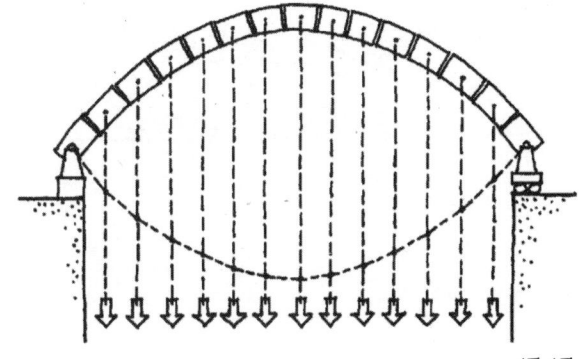

17.47

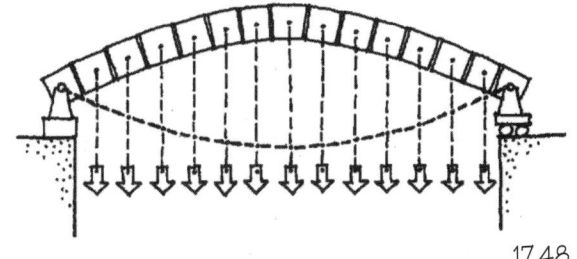

17.48

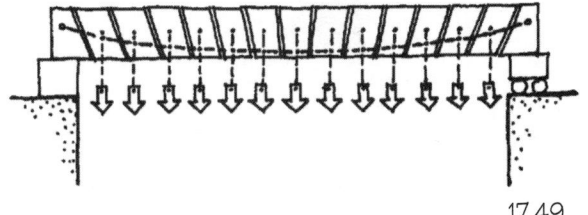

17.49

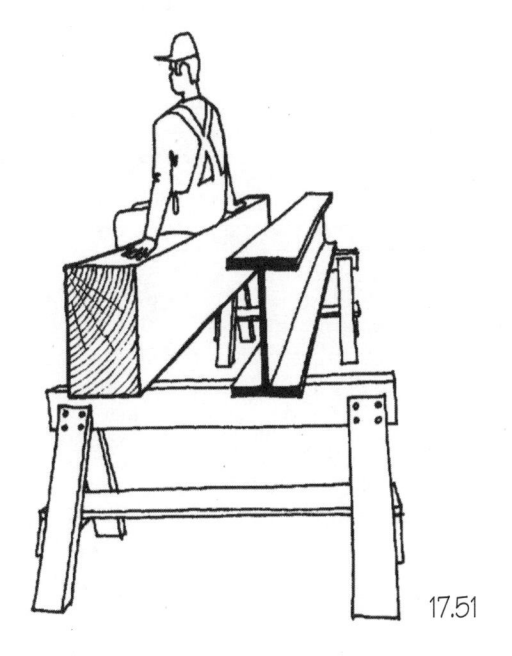

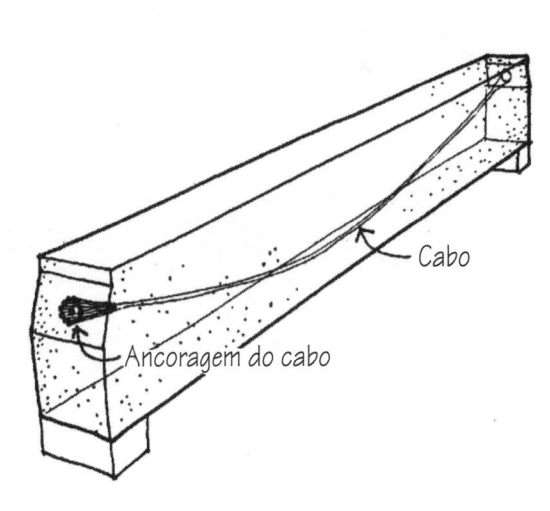

17.51

Viga de concreto pós-tensionado   17.50

17.52
----- tração
——— compressão

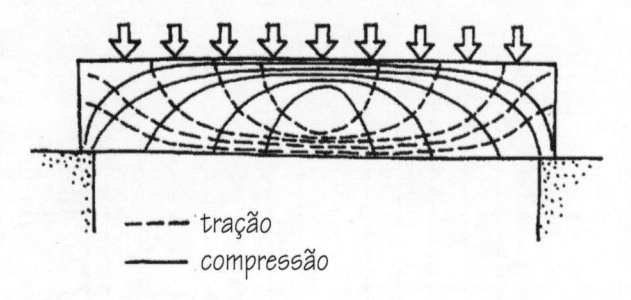

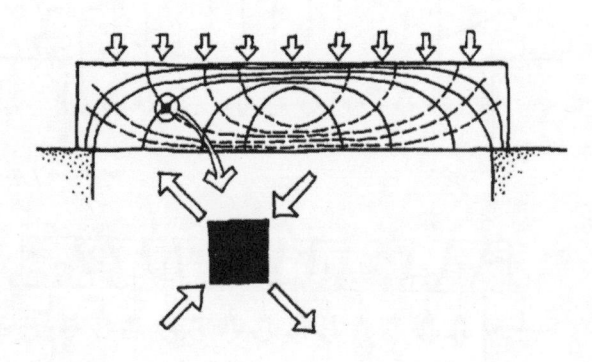

17.53

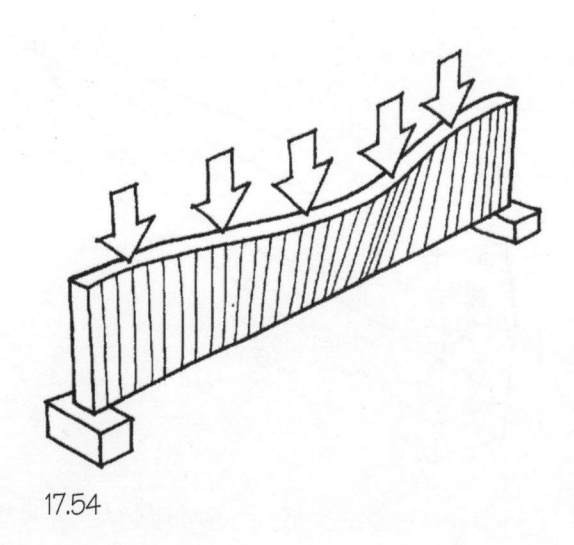

17.54

linhas semelhantes a correntes pendentes. Os dois conjuntos de linhas são imagens de espelho um do outro, e têm uma disposição simétrica de modo que as compressões horizontais dos "arcos" são exatamente equilibradas pelas trações horizontais das "correntes" (17.52). Observe como as linhas se juntam perto do topo e da base da viga na parte média da sua extensão – as tensões de tração e de compressão são mais intensas nessas áreas, nas quais, numa viga bem projetada, o material é tracionado e comprimido até o nível de tensão admissível do material. No entanto, no restante da viga as tensões são mais baixas. O material não trabalha até sua plena capacidade estrutural e, nesse sentido, ele é parcialmente desperdiçado. Por essa razão, uma viga não é, nem de perto, uma forma estrutural tão eficiente quanto um cabo suspenso, um arco ou uma treliça, nos quais a maior parte, ou a totalidade, do material é completamente tensionada. Mas uma viga é compacta e conveniente para se trabalhar, não exerce empuxo horizontal externo e produz facilmente tetos e pisos planos.

As linhas de tensão principal em uma viga indicam determinado fenômeno interessante. Observe que toda vez que uma linha de compressão e uma linha de tração se cruzam, elas o fazem em ângulos retos. Se examinarmos um pequeno bloco de material tirado de uma dessas intersecções, constataremos que ele é comprimido ao longo de uma das diagonais e tracionado ao longo da outra (17.53). Essas forças diagonais são muito intensas perto das extremidades de uma viga, e, às vezes, sua importância é mais crucial do que quaisquer outras tensões que atuam nas extremidades da viga, onde as linhas de tensão principal se interceptam em um ângulo de 45° com a horizontal, e diminuem progressivamente à medida que se aproximam da parte média da viga. Por isso, uma viga precisa ser planejada para resistir não apenas a poderosas tensões de tração e de compressão horizontais em suas faces superior e inferior na parte média da viga, mas também a poderosas tensões diagonais nas extremidades. Essas tensões nas regiões extremas raramente constituem um problema nas vigas de aço porque o aço é relativamente resistente a tensões diagonais, mas as vigas de madeira e de concreto são mais fracas sob esse aspecto. Elas exigem cuidados especiais no projeto e na execução das regiões de suas extremidades.

A parte de uma viga onde as tensões de compressão são mais altas está sujeita a empenamento, como qualquer dispositivo estrutural que suporta compressão. Como se poderia esperar, quanto mais longa e delgada for a viga, mais alto será o risco de ela empenar (17.54). Foram desenvolvidas fórmulas empíricas para prever esse risco, e onde houver um risco de empenamento a viga precisa ser mais espessa ou será preciso providenciar reforço lateral, de maneira muito parecida com o caso de uma coluna. Tais reforços podem, com frequência, ser fornecidos convenientemente pelo piso ou pela plataforma do teto, que são sustentados pela viga.

Em vigas, como em todos os dispositivos que se estendem sobre vãos, é importante que sejamos capazes de prever até que ponto a viga sofrerá *deflexão* (se abaulará) sob sua carga esperada. Fórmulas bastante precisas foram desenvolvidas para esse propósito. Quando sabemos antecipadamente qual será essa deflexão, podemos planejar vigas que são

Deflexão

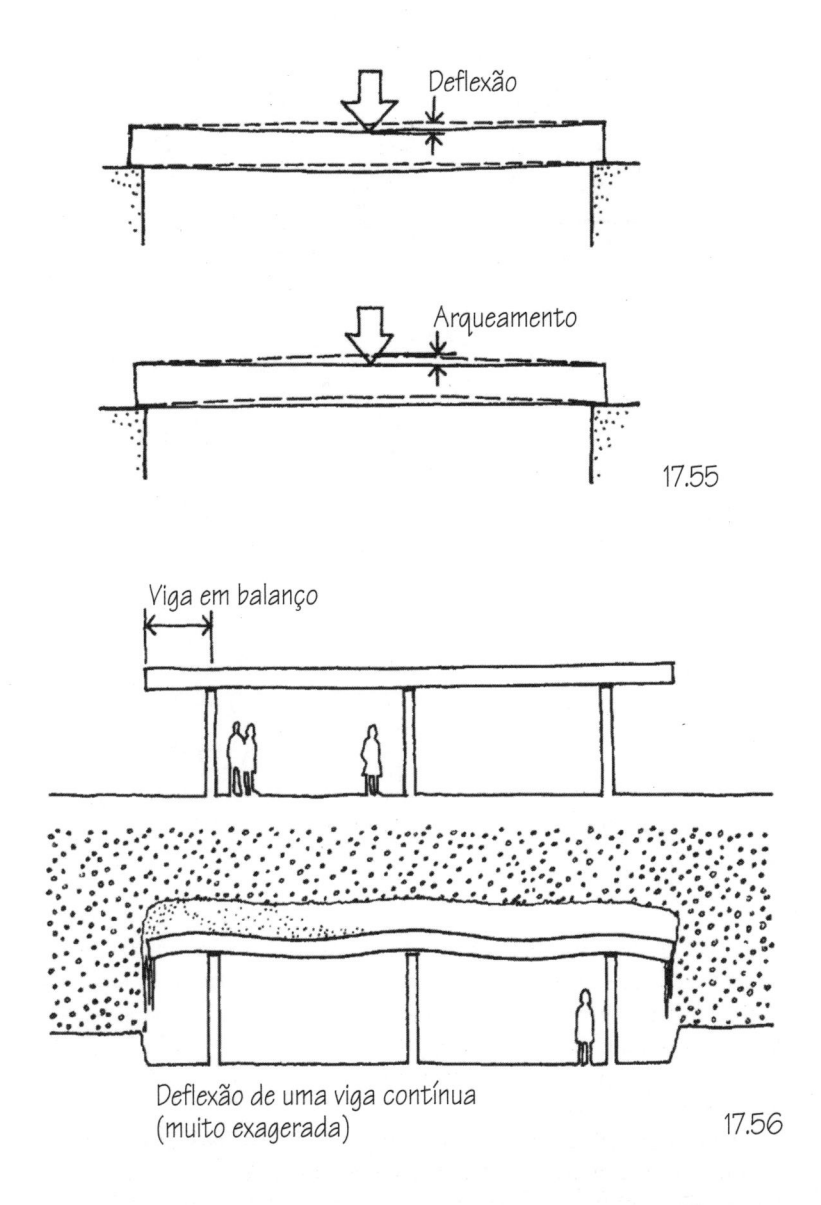

Arqueamento

17.55

Viga em balanço

Deflexão de uma viga contínua
(muito exagerada)

17.56

suficientemente rígidas para que as sintamos sólidas sob os pés e que não se dobrarão tanto a ponto de racharem os tetos de reboco que forem fixados sobre elas, ou de aplicarem esforço a janelas, divisórias e outros componentes dos edifícios sob elas, os quais não são planejados para suportar maiores cargas estruturais. Também podemos *arquear* uma viga – isto é, podemos embutir nela uma curvatura para cima igual à deflexão esperada sob carga, de modo que ela ficará plana quando estiver em uso (17.55).

Utilizamos vigas de muitas maneiras diferentes. Até agora, estivemos discutindo as chamadas *vigas simplesmente apoiadas*, que têm um apoio em cada extremidade e defletem para baixo sob a ação da gravidade. Frequentemente, uma única *viga contínua* é instalada de modo que se estenda sobre dois ou mais vãos adjacentes como uma peça única, ou então ela é mantida em balanço além dos seus suportes em uma de suas

Não há empuxo horizontal nos caibros

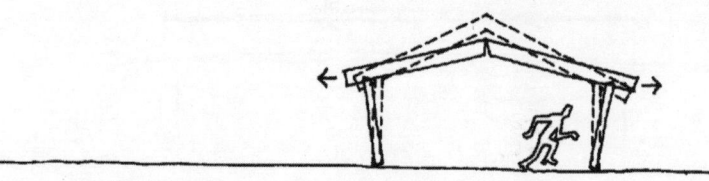

Há empuxo horizontal nos caibros

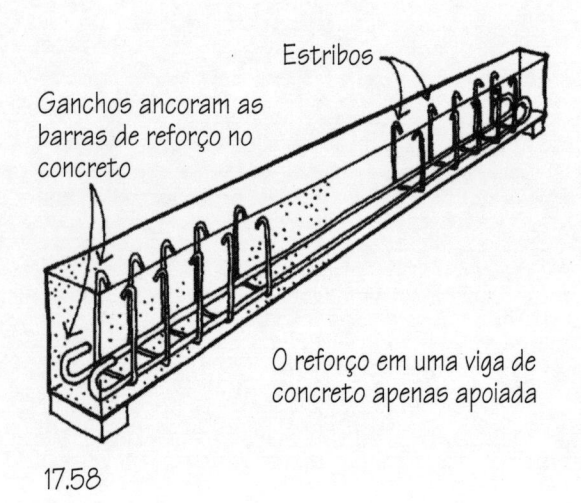

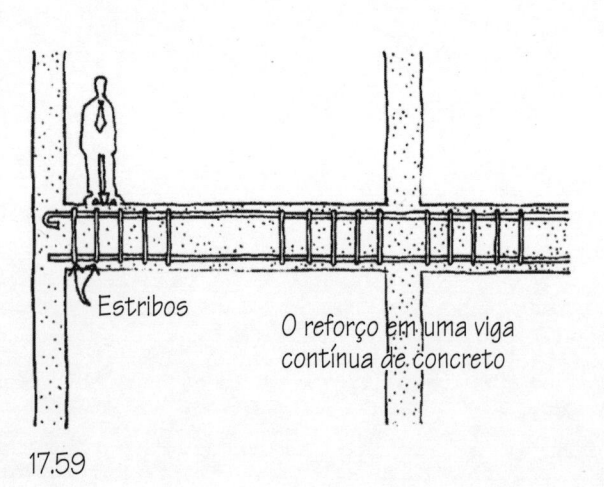

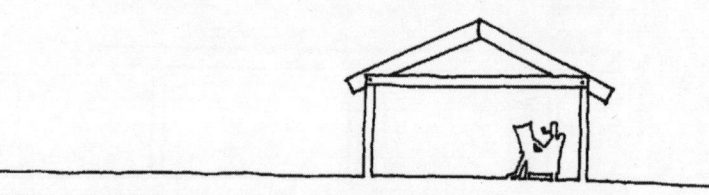

17.57   O tirante resiste ao empuxo horizontal

Ganchos ancoram as barras de reforço no concreto

Estribos

O reforço em uma viga de concreto apenas apoiada

17.58

Estribos

O reforço em uma viga contínua de concreto

17.59

extremidades ou em ambas (17.56). Tais configurações introduzem o envergamento no sentido oposto sobre os suportes. Quando se tensiona com eficiência uma quantidade maior do material da viga até seu máximo, a continuidade permite o uso de uma viga menor e mais barata do que aquela que teria de ser utilizada caso se cobrissem os vãos só com vigas apenas apoiadas.

Vigas são utilizadas em planos inclinados como *caibros* de cobertura. Se um caibro é apoiado verticalmente em ambas as extremidades, ele não exerce nenhum empuxo horizontal (17.57). No entanto, se dois caibros são colocados um contra o outro a partir de paredes opostas do edifício sem um suporte central, eles atuam como um arco simples. Cada um deles exerce um empuxo horizontal sobre o outro, e por isso é preciso providenciar um tirante ou escoras.

Numa construção de *concreto armado*, a maior parte das forças de compressão, ou todas elas, são suportadas pela resistência do concreto, com barras de reforço de aço redondas posicionadas de modo que resistam a todas as forças de tração. Um reforço contra as intensas forças diagonais perto das extremidades da viga é fornecido por *estribos* verticais feitos de aço (17.58).

Para se obter um máximo de economia, quase sempre se utilizam vãos contínuos em estruturas de edifícios de concreto. As concentrações mais pesadas de barras de aço alternam-se entre as partes inferiores e superiores das vigas, conforme muda o sentido do seu envergamento. Forças

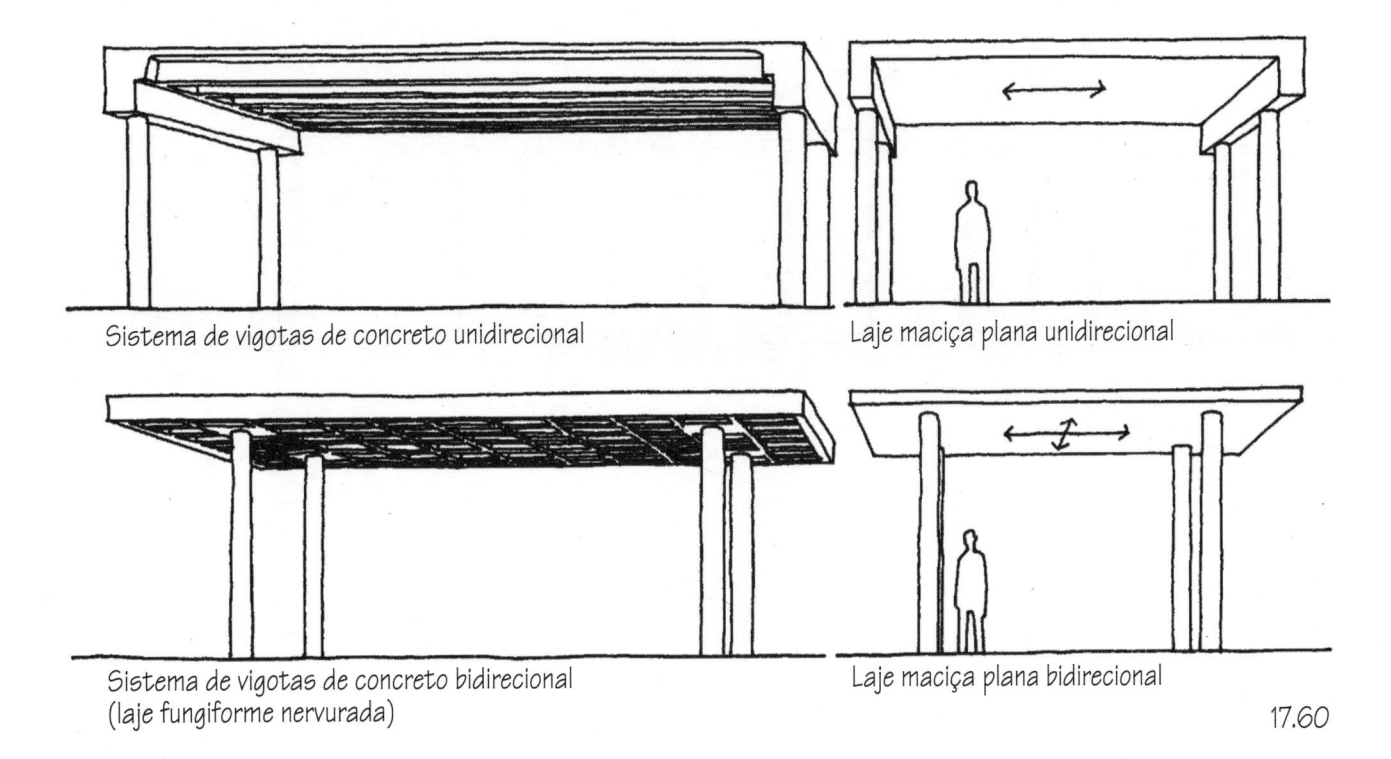

Sistema de vigotas de concreto unidirecional

Laje maciça plana unidirecional

Sistema de vigotas de concreto bidirecional
(laje fungiforme nervurada)

Laje maciça plana bidirecional

17.60

exercidas pelo vento ou por terremotos podem provocar a inversão dos sentidos de envergamento nas vigas de um edifício, de modo que, na maior parte dos casos, pelo menos algumas das barras de reforço de aço são instaladas ao longo de toda a extensão da viga, tanto na sua parte superior como na inferior (17.59).

Lajes

Uma *laje* de concreto é uma viga de concreto armado muito larga e pouco espessa (17.60). Se uma laje de concreto cobre o vão entre duas vigas ou paredes paralelas, ela é reforçada basicamente na direção do vão menor e é chamada de *laje unidirecional*. Se uma laje de concreto se estende entre colunas dispostas em um padrão mais ou menos quadrado, ela é reforçada em duas direções e se estende ao longo de duas direções mutuamente perpendiculares ao mesmo tempo. Essa *laje bidirecional* precisa de menos concreto e de menos reforço de aço do que uma laje unidirecional para suportar uma dada carga, e por isso é utilizada sempre que possível. Para vãos mais amplos, tanto em lajes de concreto unidirecionais como bidirecionais, pode-se obter maior economia deixando que grande parte do concreto fique acumulada entre as barras de reforço na parte inferior da laje, de modo que forme um *sistema de vigotas de concreto unidirecional* (também conhecido como *laje nervurada*) ou um *sistema de vigotas de concreto bidirecional* (ou *laje fungiforme nervurada*). Dessa maneira, a laje fica muito mais funda sem ficar mais pesada.

Para obter uma economia máxima de concreto e de aço, o aço reforçado em lajes e vigas é, com frequência, *pós-tensionado*. Isso requer

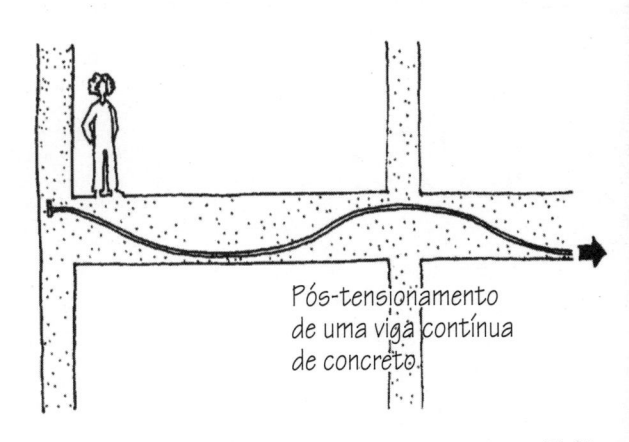

Pós-tensionamento de uma viga contínua de concreto.

17.61

17.62 Viga de alma cheia de aço soldado

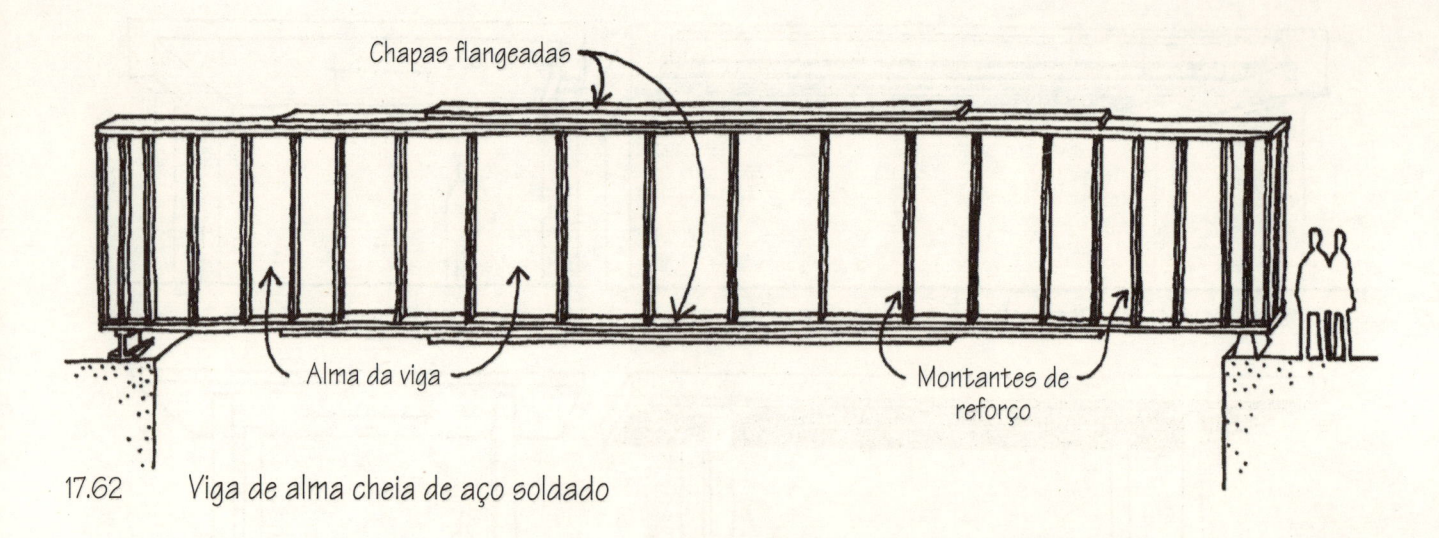

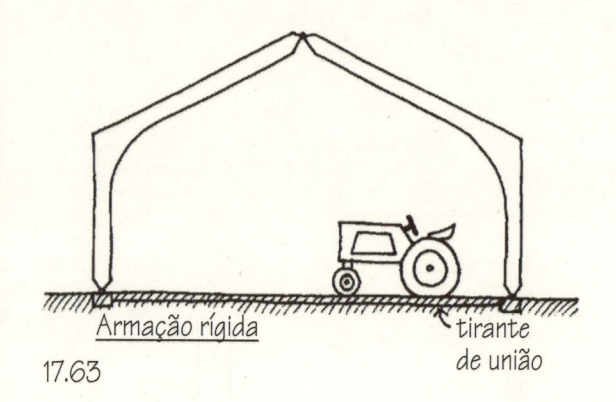

(legendas: Chapas flangeadas; Alma da viga; Montantes de reforço)

17.63 Armação rígida / tirante de união

cabos especiais de reforço de aço de alta resistência, que são encaixados em tubos de plástico. O espaço entre os cabos e os tubos é preenchido com um lubrificante anticorrosivo. Os tubos com os cabos são colocados na forma. Pesadas *bases* de fios metálicos os suportam ao longo de linhas de tensão funiculares. O concreto é derramado ao redor delas. Depois que o concreto endurece, macacos hidráulicos são utilizados para entesar todos os cabos até tensões muito altas. Uma vez que os cabos receberam curvas funiculares na ocasião em que foram colocados, eles suportam com muita eficiência as cargas sobre as vigas e as lajes (17.61). O concreto em torno deles atua na compressão horizontal para resistir à tração, no mesmo sentido, dos cabos.

Outros tipos de vigas

Grandes vigas para cargas pesadas e vãos longos são, com frequência, fabricadas sob medida com concreto, aço ou madeira laminada, de tal maneira que há um suprimento maior de material onde as tensões são mais altas. Por exemplo, uma viga de alma cheia de aço soldado tem chapas adicionais em cima e embaixo para resistir aos valores de pico da tração e da compressão na parte média do vão e montantes de reforço verticais para reforçar a viga contra cisalhamento nas extremidades (17.62).

Uma viga nem sempre é reta. Para vãos mais largos, é frequentemente vantajoso construir uma viga dobrada a que se dá o nome de *armação rígida*, uma coluna e uma viga combinadas com uma junta rígida entre ambas (17.63). A junta (o ponto onde a armação passa de vertical para inclinada) suporta tensões muito altas e geralmente recebe uma espessura proporcional. Uma armação rígida se comporta, ao mesmo tempo, como uma viga e como um arco, e precisa, portanto, ser fixada firmemente na base. Isso é geralmente feito por meio de uma barra de aço enterrada na laje de concreto do piso.

Armações rígidas são capazes de envergaduras máximas que se aproximam daquelas das treliças. Vigas são geralmente restritas a vãos mais curtos. Quanto mais espessa for a viga, mais longo poderá ser o vão, mas a execução das vigas se torna problemática e antieconômica em vãos muito menores do que aqueles que podem ser facilmente vencidos quando se utilizam formas estruturais mais leves e mais eficientes, como cabos, arcos e treliças.

Se uma superfície plana de um elemento estrutural, usualmente de concreto armado, é dobrada em forma de sanfona (corrugada) ou então ondulada na forma dos padrões de uma concha vieira a fim de se aumentar sua espessura total, ela se torna capaz de vencer vãos bastante largos e atuará quase da mesma maneira que uma viga espessa (17.64). É fácil fazer o modelo do comportamento estrutural de tais formas dobrando ou ondulando uma folha de papel, apoiando-a em dois livros e carregando-a com outras folhas de papel.

Mísulas

Uma *mísula* é um dispositivo estrutural composto de várias pedras ou tijolos, cada um deles atuando como uma pequena, curta e espessa viga em balanço (17.65). Para garantir sua estabilidade, ela depende do fato de o braço de alavanca total do peso suportado na parte traseira de cada bloco exceder o braço de alavanca total do peso suportado pela porção desse bloco que se projeta em balanço. A mísula simples é às vezes utilizada para formar vãos de janelas em paredes ou para formar suportes que se projetam de paredes de sustentação de alvenaria e sobre os quais se apoiam vigas (17.66). Ela é frequentemente utilizada em obras decorativas de alvenaria. Traduzida em três dimensões como uma mísula arco linear, ela foi utilizada pelos maias e por outras culturas antigas para cobrir vãos de aposentos estreitos (17.67). No entanto, sua capacidade de envergadura é a mais limitada entre todas as formas estruturais porque os pesados tijolos ou pedras com os quais ela é construído são fracos em tração e também porque ela utiliza grandes quantidades de material, em comparação com outros dispositivos que podem suportar pesos iguais sobre vãos iguais.

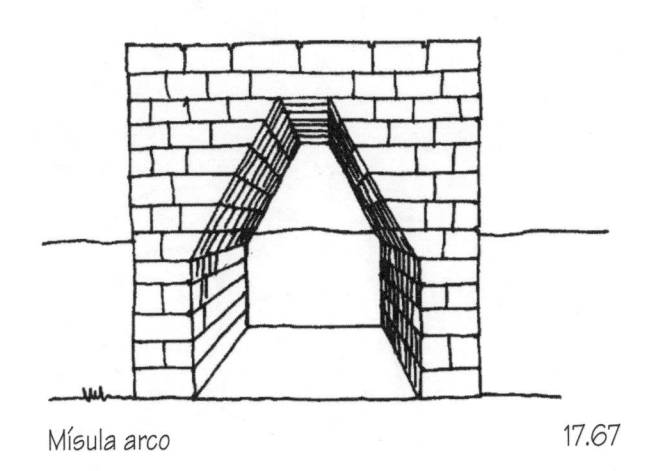

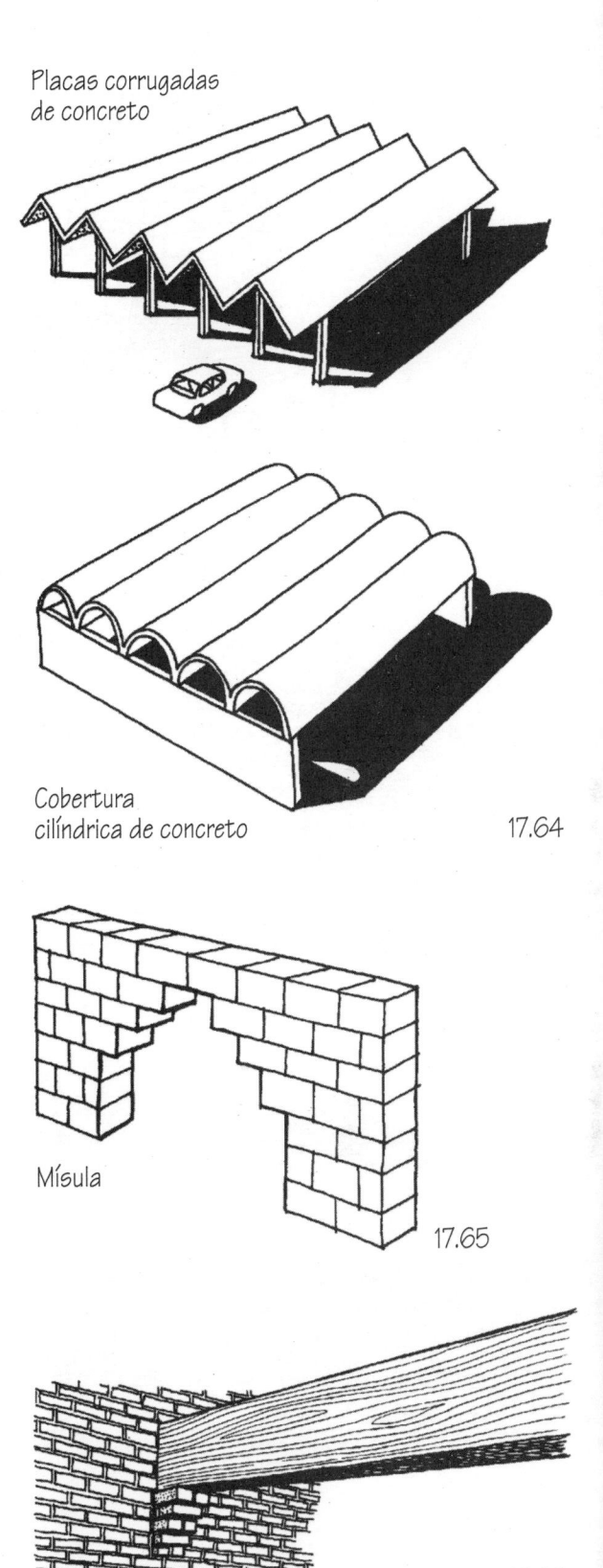

17.68 Tholos

Trullo – Itália
17.69

Inflada

Sustentada pelo ar

Sustentada pelo ar

17.70

É possível cobrir vãos maiores com um uso um tanto mais eficiente dos materiais se uma mísula é girada ao redor de sua linha central vertical, formando um *tholos* (colmeia) (17.68). No entanto, o *tholos* utiliza mais do que apenas o princípio da mísula; cada um de seus anéis horizontais de pedras ou tijolos atua como um arco horizontal de círculo completo que resiste à própria tendência de desmoronar sob a ação do peso vindo de cima. Desse modo, o *tholos*, diferentemente das outras formas de mísula, exerce um empuxo que precisa ser contrabalançado pela resistência das suas fundações ou das suas paredes de sustentação, mas ele retém a vantagem de todas as formas de mísula, que podem ser erguidas sem o uso de suportes, cimbres ou formas temporárias. Ele é superior a suas primas mísulas por não ter necessidade de utilizar pesos maciços para efetuar o contrabalanço. Além disso, precisa ter apenas um tijolo de espessura. Em antigas tumbas micênicas, os *tholos* abrangiam vãos de até 14,3 m enquanto suportavam uma pesada carga de terra acima deles. Vãos de 3 m a 6 m são lugar-comum em outras áreas do Mediterrâneo, em particular no sul da Itália, onde essa forma era utilizada até há poucas décadas para se construírem coberturas de casas de fazenda (17.69).

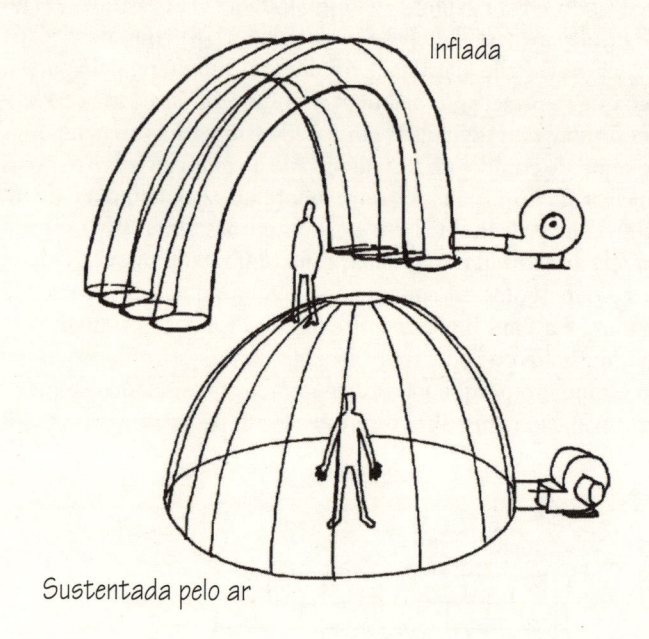

Estruturas pneumáticas

Determinado grupo de dispositivos capazes de cobrir vãos de grande envergadura, cujo potencial apenas começou a ser explorado, são as estruturas *preenchidas com fluidos*. O ar é o fluido mais amplamente utilizado. As duas categorias de estruturas construídas com mais frequência são as *estruturas infladas* e as *estruturas sustentadas pelo ar* (17.70), que são chamadas coletivamente de *estruturas pneumáticas*. Nas estruturas infladas, os elementos estruturais são constituídos por tubos ou "lentes" de tecido reforçado contra a deformação pela pressão do ar interno. O próprio tecido suporta a carga estrutural. Somente vãos relativamente estreitos podem ser vencidos antes que ocorra deformação no delgado tecido das estruturas infladas. Por outro lado, as estruturas sustentadas pelo ar são teoricamente capazes de se estender com envergaduras ilimitadas, porque cada metro quadrado de tecido é suportado diretamente pela pressão do ar exercida contra sua superfície inferior. Estruturas sustentadas pelo ar são frequentemente utilizadas para cobrir quadras de tênis e estádios. A única tensão que atua no tecido é a tensão de tração, que em geral é baixa, induzida pelo ligeiro excedente de pressão do ar necessário para manter o tecido esticado. As estruturas sustentadas pelo ar colocam um problema singular de fundações: cada uma delas precisa ser mantida no chão por meio de uma força total igual ao produto da pressão do ar interna pela área do solo que ela ocupa.

Suporte lateral

Até agora, discutimos apenas os dispositivos básicos para suportar cargas verticais e para suportar cargas sobre vãos horizontais. A fim de suportar as cargas geradas até mesmo por um edifício simples, vários desses dispositivos estruturais precisam ser combinados em uma *armação* capaz de suportar as superfícies do edifício, reunir essas cargas superficiais, conduzi-las para colunas ou paredes de sustentação e então transmitir essas cargas verticais para a terra, até a qual elas serão transferidas por meio de um sistema de fundações. Além disso, precisamos providenciar dispositivos para manter toda a estrutura em uma posição vertical contra as *forças laterais* do vento, do terremoto e de esforços de deformação, os quais, de outra maneira, fariam com que a estrutura tombasse.

Podemos fornecer suporte lateral de três maneiras (17.71). Uma delas consiste em tornar muito rígidas as juntas entre colunas e vigas. Isso é realizado de maneira fácil e econômica nas armações de edifícios de concreto. Em armações de aço essa tarefa é um pouco mais difícil, pois usualmente ela requer que as conexões sejam soldadas. Em estruturas de madeira, é muito difícil construir juntas rígidas por causa da dificuldade de se fazer fixações seguras perto das extremidades das peças de madeira.

Uma segunda maneira de se obter suporte lateral consiste em inserir escoramento diagonal em vários planos da armação do edifício, com isso se criando, efetivamente, treliças verticais. Um terceiro método, aparentado com o escoramento diagonal, consiste em se utilizar *painéis rígidos* de aço, madeira compensada ou concreto, em vez de escoras.

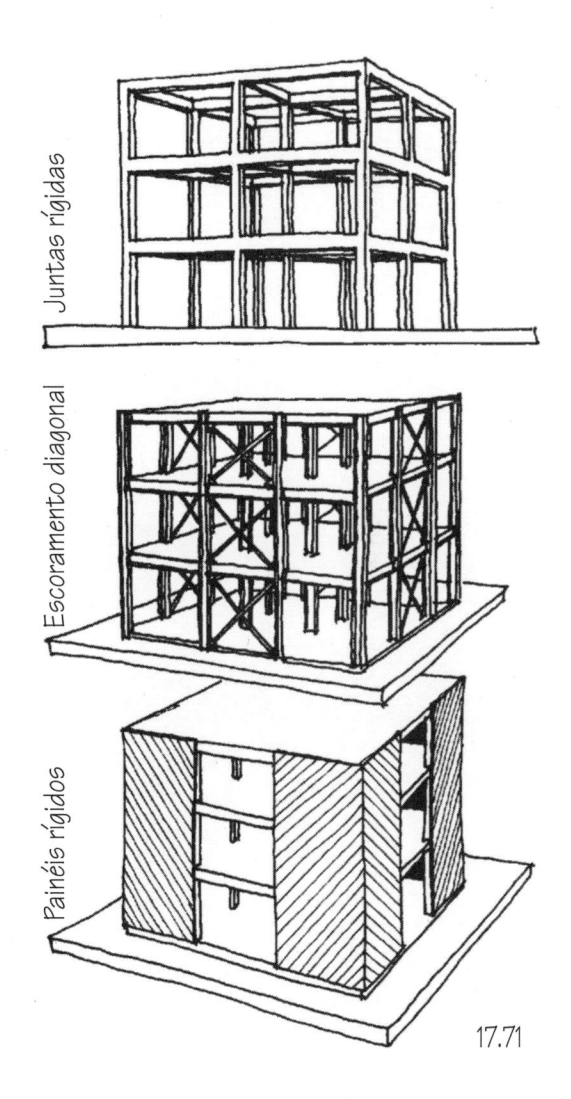

A cobertura e o piso transmitem carga para o escoramento

Carga do vento sobre um painel da parede

O escoramento transmite a carga para o solo

17.72

Tanto o escoramento diagonal como os painéis rígidos são facilmente construídos com qualquer material estrutural comum. Paredes de alvenaria também podem constituir bons painéis rígidos, em especial se forem reforçados com barras de aço.

Com qualquer um dos três métodos para se obter suporte lateral, os dispositivos de suporte (juntas rígidas, escoramento diagonal e painéis rígidos) precisam operar em dois planos verticais mutuamente perpendiculares, tais como as direções norte-sul e leste-oeste do edifício. Eles precisam ser distribuídos, conforme são vistos de cima, de uma maneira mais ou menos simétrica em torno do centro do edifício.

Os planos do piso e da cobertura de um edifício também desempenham um papel em sua estabilidade lateral. Eles atuam como vigas horizontais muito espessas que transmitem as forças eólicas das paredes externas do edifício para os planos verticais do suporte lateral (17.72). As cargas laterais sobre os edifícios precisam ser cuidadosamente computadas e dispositivos de resistência suficiente precisam ser providenciados para se opor a elas com sucesso, assim como as cargas verticais e a resistência a elas são computadas com o máximo cuidado.

Colapso de estruturas de edifícios

Recentes ataques terroristas causaram o colapso de enormes edifícios como um prédio de escritórios federais em Oklahoma City e as torres do World Trade Center em Manhattan. Em ambos os casos, explosões maciças destruíram porções consideráveis da estrutura de suporte de carga desses edifícios. Em Oklahoma City, inúmeras seções adjacentes a colunas e vigas foram demolidas pela explosão. Nas torres do World Trade Center, os aviões que foram deliberadamente atirados contra as torres romperam talvez um terço dos suportes verticais para os pisos acima dos pontos de ataque. Em ambos os casos, o colapso de pelo menos uma das porções principais do edifício era inevitável. As estruturas dos edifícios podem ser projetadas para sobreviver a um acidente ou ataque que remova uma coluna aqui ou ali fortalecendo, para isso, as vigas e as vigas mestras de maneira que elas possam suportar a carga do membro destruído e permanecer de pé. Mas é quase impossível planejar um edifício que permaneça de pé quando uma das principais porções de sua estrutura não está mais fazendo o seu trabalho.

Muito se falou sobre a suposta fraqueza do sistema estrutural e de resistência a incêndios dos elementos estruturais das torres do World Trade Center. Na verdade, a capacidade de ambas as torres para permanecer de pé com um terço de suas colunas destruído foi um tributo ao trabalho de seus engenheiros estruturais. O que provocou o colapso das torres não foi a eliminação de tantos elementos estruturais, mas o incêndio muito prolongado alimentado pelos tanques dos aviões, que estavam cheios de combustível. A resistência contra incêndios dos elementos da estrutura de aço não é planejada para protegê-los contra um fogo tão quente (o Capítulo 19 deste livro será útil para ajudá-lo a entender como o calor afeta os elementos estruturais de aço). Quando a estrutura do piso imediatamente acima do incêndio em cada torre ficou quente o bastante para desabar, as vigas e lajes enfraquecidas pelo calor caíram sobre o piso logo abaixo. Isso sobrecarregou o piso já enfraquecido, de modo que ele desabou, precipitando dois pisos da estrutura sobre o piso abaixo. Esse processo se repetiu piso por piso até o solo, com a carga se acumulando em cada piso à medida que o desabamento se aproximava do solo. Os pisos mais baixos ficaram esmagados pela força de cem andares do edifício que desabaram simultaneamente sobre eles.

Fundações

Onde as colunas ou as paredes de sustentação de um edifício encontram o solo, as cargas verticais e horizontais do edifício precisam ser transmitidas com segurança para a terra. Para se conseguir isso, geralmente é preciso utilizar algum tipo de dispositivo de transição. Uma coluna de aço suporta a sua carga a uma tensão de cerca de dezenas de megapascals. Nenhum solo ou rocha é capaz de suportar uma pressão tão intensa, e, se a coluna se assentasse diretamente no solo, ela penetraria nele imediata e incontrolavelmente, carregando consigo uma porção do edifício. Se uma coluna de aço suporta a sua carga a uma tensão de 47,88 MPa e precisa permanecer sobre uma porção de solo que só pode suportar com segurança 0,958 MPa, precisamos inserir entre a coluna e o solo um bloco que é

$$\frac{47{,}88 \text{ MPa}}{0{,}958 \text{ MPa}} = 50$$

vezes mais largo no plano horizontal que a secção transversal da coluna. Se a coluna tem secção transversal de 0,023 m², o bloco precisa ter área 50 vezes maior que essa, isto é, 50 × 0,023 m² = 1,15 m². Um bloco quadrado de concreto que tenha uma área de 1,07 m × 1,07 m = 1,15 m² fará esse trabalho (17.73). Esse bloco é chamado de *sapata para distribuir a carga* (*spread footing*). É interessante observar que esse exemplo também requer um segundo tipo de sapata para espalhar a carga, pois o concreto, embora seja muito mais resistente que o solo, também é incapaz de sustentar diretamente a pressão intensa da coluna de aço. Uma pesada *chapa de berço* de aço precisa ser inserida entre a coluna e a sapata de concreto para distribuir a carga. O tamanho da chapa de berço é computado da mesma maneira geral como é calculado o tamanho da própria sapata.

Uma sapata para distribuir a carga pode ser constituída por *sapatas isoladas*, como no exemplo precedente, ou por uma *sapata contínua*, na qual ela é utilizada para suportar uma parede de concreto ou de alvenaria (17.74). Uma parede pode ser suportada sobre sapatas isoladas em vez de sê-lo por uma sapata contínua se, além dela, instalar-se uma *viga baldrame* para conduzir a carga da parede para as sapatas. Em solos com capacidade de carga de intermediária para baixa, sapatas isoladas para distribuir a carga podem ser tão grandes, que é mais fácil e mais econômico concretar no próprio local uma única *fundação em laje* (*radier*)

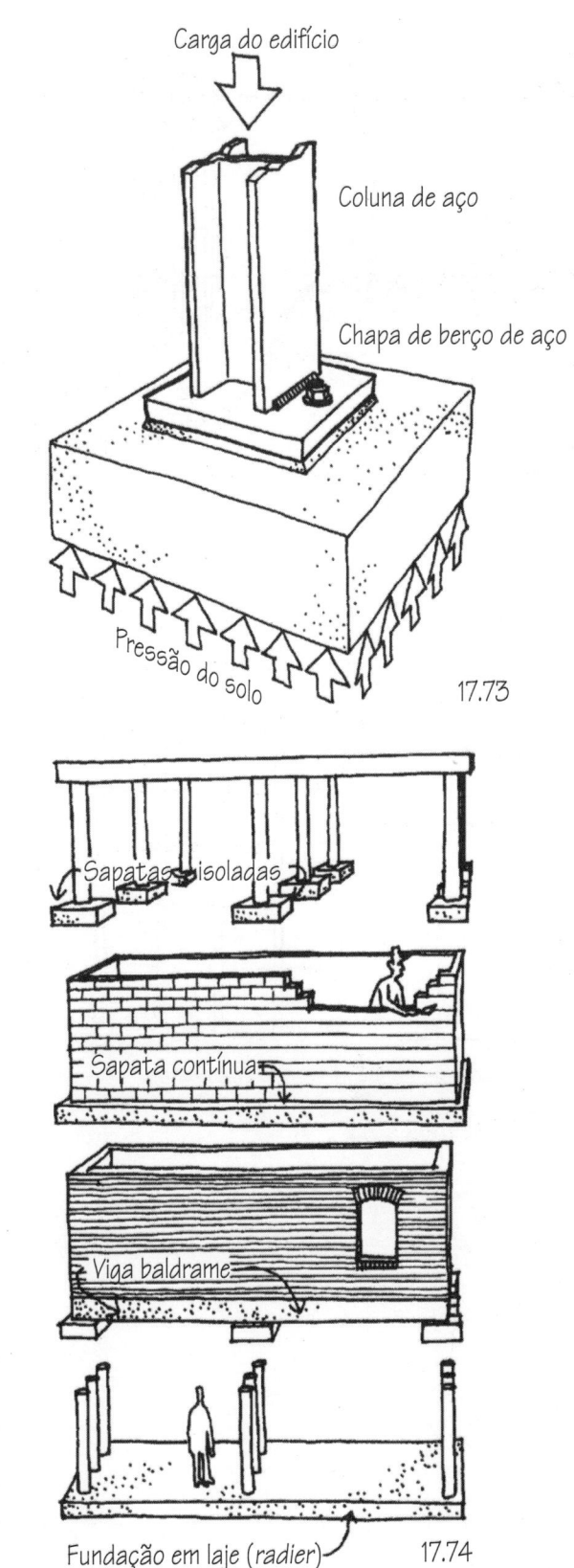

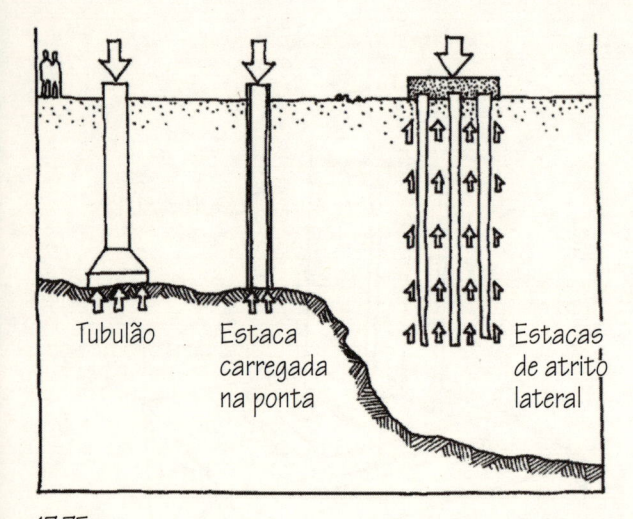

17.75

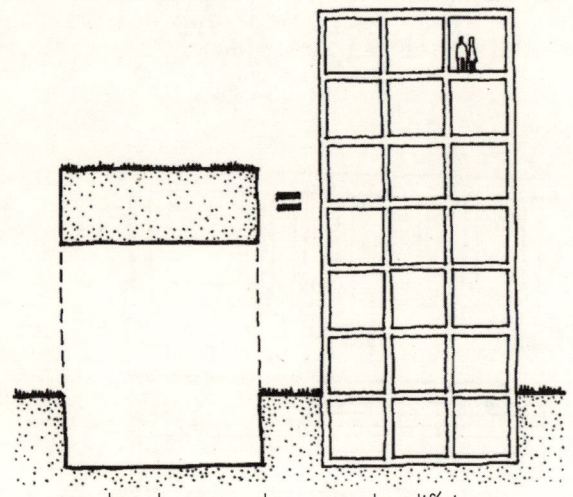

Tubulão | Estaca carregada na ponta | Estacas de atrito lateral

peso do solo escavado = peso do edifício

Fundação flutuante
17.76

contínua de concreto armado sob todo o edifício do que construir as sapatas individuais com apenas um pequeno espaço entre elas.

Às vezes, uma camada firme de solo ou de rocha fica sob uma profundidade considerável de solo macio, que é incapaz de suportar um edifício sobre sapatas para distribuir a carga. Nesse caso, é frequentemente possível perfurar um buraco através do solo macio até que se atinja o solo firme, alargar o buraco logo acima da camada firme a fim de se obter uma área de sustentação mais ampla e preencher o buraco todo com concreto. Em seguida, constrói-se uma coluna ou viga baldrame em cima desse *tubulão* de concreto, que transfere sua carga através do solo macio para o solo firme (17.75). Uma possibilidade alternativa consiste em utilizar um *bate-estacas*, que é um martelo muito grande e pesado acionado por vapor ou diesel, para fincar uma estaca vertical de aço ou concreto pré-moldado, que atravessa o solo macio até que sua extremidade inferior fique solidamente assentada na camada dura. Esse dispositivo de fundação é conhecido como *estaca carregada na ponta* (*end-bearing pile*).

Se o solo firme ou a rocha não estiver dentro do alcance dos tubulões ou das estacas carregadas na ponta, por exemplo, em muitas terras pantanosas ou áreas de terra à margem da água que foram aterradas, é comum empregar *estacas de atrito lateral*. Elas são longas peças de madeira, aço ou concreto pré-moldado que são fincadas verticalmente dentro do solo macio como pregos gigantescos. Os golpes para fincar as estacas prosseguem até que o atrito do solo contra as superfícies laterais das estacas cria uma resistência suficiente para que as estacas consigam suportar uma carga substancial. Estacas são usualmente enterradas *agrupadas*, com uma tampa de concreto sobre o topo do agrupamento para distribuir a carga da coluna entre as estacas individuais. Se uma coluna traz uma carga de 227 mil kg para a terra e se cada estaca pode, de maneira segura, suportar 9.070 kg, será necessário um agrupamento de 25 estacas, distribuídas em cinco fileiras de cinco estacas cada uma.

Às vezes, um edifício precisa ser construído em solo macio e fraco, que provavelmente será comprimido e se assentará sob o peso do edifício. Nessa situação, pode ser vantajoso suportar o edifício sobre uma *fundação flutuante*, também denominada *fundação compensada*, na qual o peso do edifício é igual ao peso do solo removido durante a escavação. Um andar de solo escavado pesa quase o mesmo que cinco a oito andares de edifício. Desse modo, por exemplo, um edifício de dez a dezesseis andares pode "flutuar" sobre um porão de dois andares. A tensão sobre o solo abaixo do edifício, depois que este é construído, é quase a mesma que nele atuava antes dessa construção, o que tende a minimizar o assentamento (17.76).

Às vezes, uma fundação precisa ser planejada para resistir a uma força para cima, e não para baixo, em especial quando se trata da ancoragem de estruturas sustentadas pelo ar ou de estruturas suspensas. Se houver rochas convenientes ao alcance, podem-se perfurar buracos até o interior da rocha, e cimentar cabos ou barras dentro deles com substâncias adesivas convenientes. Em solos mais macios, uma fundação simples e funcional pode ser criada enterrando uma grande peça de concreto. Essa peça deve ser larga o bastante para que o peso do concreto mais o peso do solo acima dele totalizem mais do que a força de resistência ascendente esperada. Para estruturas temporárias, pesados recipientes de areia ou água podem ser colocados sobre a superfície do solo como âncoras, ou, então, pequenos parafusos-âncoras ou estacas de metal podem ser introduzidos no solo.

Leituras suplementares

Fuller Moore, *Understanding Structures*, Nova York, McGraw-Hill, 1999.

Mario Salvadori, *Why Buildings Stand Up*, Nova York, Norton, 1980. [Trad. bras.: *Por que os edifícios ficam de pé*, São Paulo, WMF Martins Fontes Editora, 2006.]

Rowland Mainstone, *Developments in Structural Form*, Cambridge, Massachusetts, M.I.T. Press, 1975.

Waclaw Zalewski e Edward Allen, *Shaping Structures: Statics*, Nova York, Wiley, 1998.

# 18
Prevenção contra movimentos estruturais nos edifícios

Um edifício, embora seja aparentemente sólido e maciço, nunca está em repouso. Seus movimentos são, em geral, tão pequenos que não podemos vê-los, mas a maior parte deles é causada por forças praticamente incontroláveis, que romperiam o edifício em pedaços se, de alguma maneira, não nos prevenissemos contra elas. Suas superfícies rachariam, torceriam e rasgariam; os componentes se romperiam ou seriam esmagados em conjunto. Na melhor das hipóteses, ele se tornaria apenas um edifício de má aparência. Na pior, ele se tornaria mal vedado e estruturalmente inseguro.

Um edifício começa a se mover logo que os primeiros materiais são colocados nos seus lugares, nos primeiros estágios da construção. O solo se assenta progressivamente sob as fundações à medida que o peso do edifício aumenta. A maior parte dos materiais que são colocados úmidos – concreto, argamassa, granilite, estuque – encolhe ligeiramente e tende a rachar à medida que endurece, enquanto o gesso se expande ligeiramente e pressiona os materiais contíguos. A madeira de construção que não esteja suficientemente seca encolherá depois que for instalada. Vigas, colunas e outros elementos estruturais, independentemente do material de que são feitos, arqueiam, cedendo sob o próprio peso, ou encurtam gradualmente à medida que suas cargas superpostas se acumulam durante a construção. Um arqueamento suplementar, variável em magnitude, ocorre ao longo de toda a vida do edifício conforme as cargas dinâmicas que atuam sobre a estrutura variam. Em alguns materiais estruturais, em especial na madeira e no concreto, um processo de deformação irreversível e de longo prazo, conhecido como *deformação lenta*, ocorre ao longo de um período de anos. O vento e forças sísmicas causam pequenos deslocamentos laterais na estrutura do edifício.

Ciclos repetidos de movimentos causados por efeitos térmicos e de umidade ocorrem constantemente. Um edifício cresce até ficar mensuravelmente maior no tempo quente e menor no tempo frio. Uma cobertura, aquecida pelo sol, fica maior na parte média do dia enquanto as paredes mais frias sob ela permanecem do mesmo tamanho. À noite, a cobertura esfria e encolhe. Em temperaturas abaixo do ponto de congelamento, a formação de gelo a partir da água dentro ou debaixo do edifício pode rachar materiais ou erguer suas fundações por causa de sua expansão. Sob condições úmidas, a madeira e os produtos de madeira se expandem, com frequência de maneira perceptível, e quando o ar seca, como em um edifício aquecido no inverno, eles se contraem e às vezes racham. Móveis de madeira que não são adequadamente colados às vezes se rompem nas juntas durante o pico da estação quente. Portas e janelas de madeira às vezes se fixam imóveis em seus caixilhos no tempo úmido, mas se ajustam muito folgadamente sob condições secas. Nos locais onde componentes dos edifícios feitos de diferentes materiais são justapostos, é provável que eles se movimentem de maneira muito diferente uns dos outros. Um caixilho de janela feito de alumínio diminui significativamente no tempo frio, mas a estrutura de madeira na qual ele é montado é pouco afetada por diferenças de temperatura. No entanto, um período úmido prolongado expande essa estrutura de madeira enquanto deixa inalterado o caixilho de alumínio.

Certas reações químicas indesejáveis também podem provocar movimento nos edifícios. À medida que o metal é corroído, ele também se expande. A argamassa de cal ou reboco que não foi completamente hidratada antes de sua aplicação mais tarde se expandirá conforme incorpore umidade do ar em sua estrutura cristalina. O cimento Portland reage quimicamente com alguns minerais que possam ter inadvertidamente se misturado com ele durante a fabricação do concreto, causando expansão destrutiva. O emperramento conjunto de componentes metálicos por efeito da corrosão é muito comum. Essas condições podem ser sanadas somente por meio de um cuidadoso controle de qualidade dos materiais utilizados durante a construção e de uma proteção completa dos metais que têm tendência para a corrosão com revestimentos apropriados.

Juntas de dilatação e juntas de expansão

A fim de acomodar os inevitáveis movimentos de um edifício sem obter resultados destrutivos, os projetistas tomam algumas medidas de precaução durante o processo de projeto e ao longo de toda a construção. O princípio básico que eles seguem consiste em fornecer ao edifício e aos seus componentes o espaço e os meios necessários para lhes permitir seus movimentos sem causar danos. As fendas transversais regularmente espaçadas que ocorrem em uma calçada de concreto comum são um bom exemplo dessa estratégia (18.1). Elas são criadas no momento em que o concreto é assentado a fim de formar intencionalmente linhas de fraqueza estrutural, pois se sabe que o concreto se contrai quando endurece e, além disso, que a calçada se contrai e se expande quando as temperaturas mudam, e também que ela se levanta aqui e ali por efeito da geada ou das raízes das árvores. Se não se providenciassem tais fendas, essas forças causariam rachaduras na calçada em mil diferentes direções. As fendas intencionalmente criadas, e que se chamam *juntas de dilatação*, absorvem essas forças em um padrão ordenado e permitem que certa quantidade de enviesamento e de levantamento ocorra sem

18.1

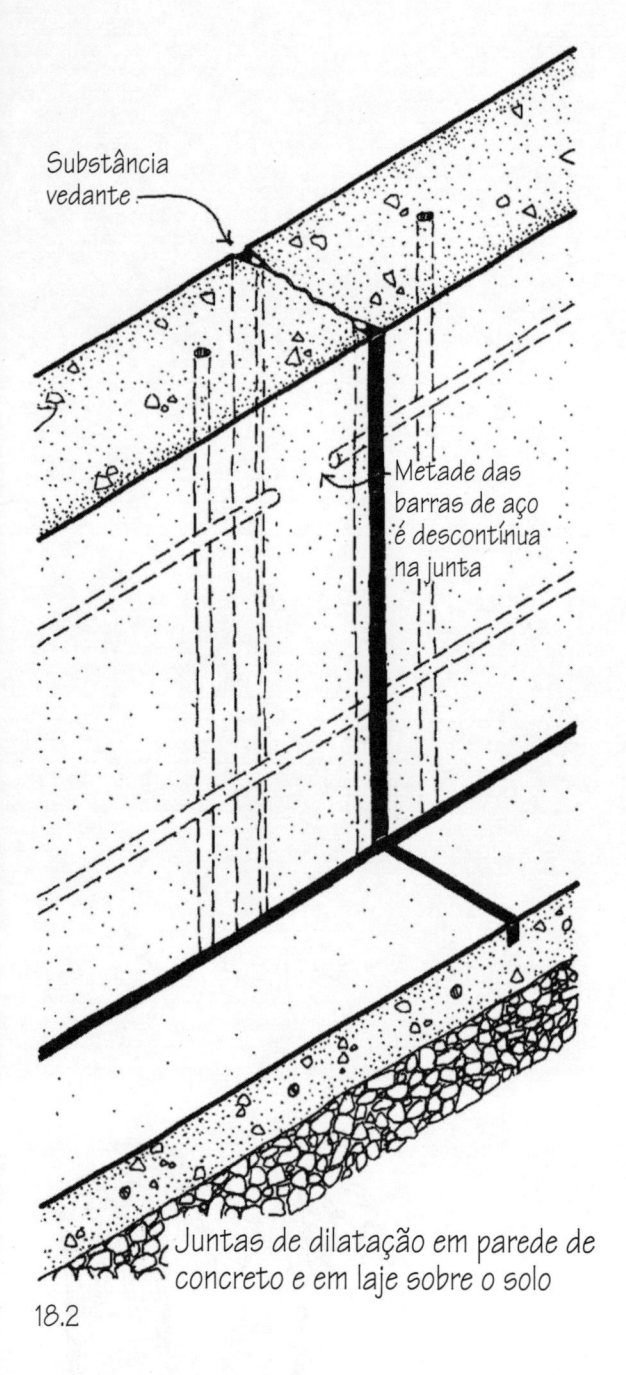

quebrar os retângulos individuais de concreto. Juntas de dilatação são também providenciadas a intervalos de cerca de 6 m em lajes de piso de concreto assentadas sobre o solo, e ainda na maior parte das paredes de concreto dentro dos edifícios. Elas podem ser feitas com uma colher de pedreiro especial, com ranhuras, enquanto o concreto ainda está úmido, ou, para se obter uma aparência mais limpa, são cortadas com uma serra elétrica com lâminas abrasivas depois que o concreto começou a endurecer. Metade das barras de reforço de aço na parede ou no pavimento é interrompida em cada junta de dilatação para criar uma linha de fraqueza que encoraja a formação de rachaduras nesse lugar, e não em outros (18.2).

Paredes de blocos de concreto têm tendência a encolher e rachar à medida que elas secam e liberam água. Elas precisam de juntas de dilatação a intervalos de 6 m a 20 m, dependendo do conteúdo de umidade dos blocos na ocasião em que são instaladas nos seus lugares (18.3). Paredes externas de estuque também tendem a encolher, e se recomenda que as juntas de dilatação sejam aplicadas com espaçamentos de cerca de 3 m para controlar as rachaduras.

As superfícies das paredes internas e do teto geralmente não precisam de juntas de dilatação porque são feitas de reboco ou de placas de gesso acartonado, ambas feitas basicamente de gesso. O gesso se expande ligeiramente quando endurece, em vez de encolher. Mas a expansão do gesso pode causar rachaduras de compressão, e grandes superfícies de

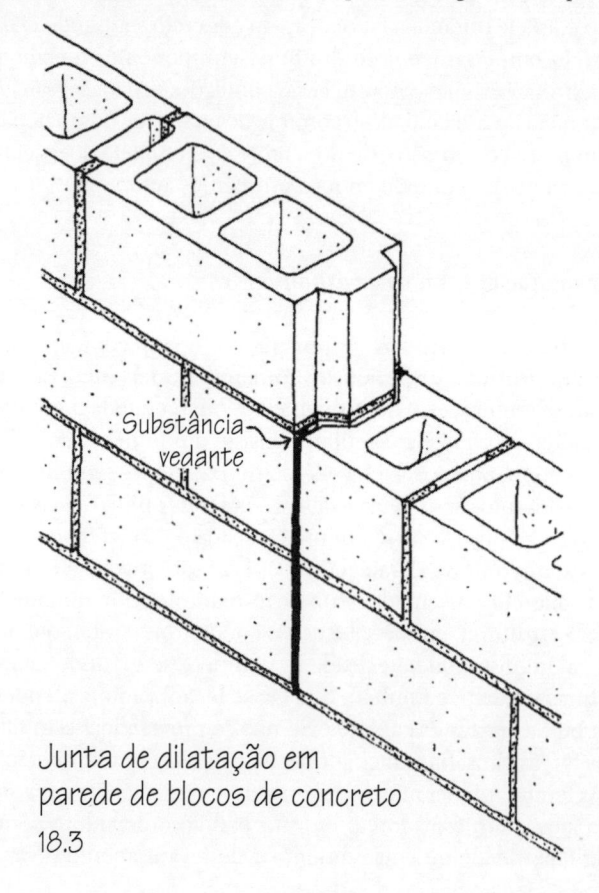

Juntas de dilatação em parede de concreto e em laje sobre o solo
18.2

Junta de dilatação em parede de blocos de concreto
18.3

gesso também podem rachar por causa do movimento na estrutura subjacente. Por isso, paredes de reboco extensas e tetos amplos devem ser subdivididos mais ou menos a cada 9 m por meio de *juntas de expansão*. Em um detalhe típico de junta de expansão para gesso, o *perfilado* de metal é descontinuado na linha da junta de expansão, criando por meio disso uma linha de fraqueza que encoraja o movimento na parede ao longo dessa linha, e não em outros lugares. Uma tira de metal flexível, em forma de "fole", dá uma aparência asseada à junta e mantém alinhadas as superfícies adjacentes de gesso, qualquer que seja o movimento que possa ocorrer (18.4).

Outro material que tende a se expandir ligeiramente num edifício é o tijolo. Os tijolos estão completamente secos quando deixam o forno de olaria no qual são fabricados. Nos meses e anos subsequentes, eles absorvem pequenas quantidades de umidade e se expandem ligeiramente. Recomenda-se instalar juntas de expansão a intervalos máximos de 60 m em paredes de tijolo (18.5). Um *espaçador* de borracha rígida com secção em forma de cruzeta, embutido na parte central da parede, faz a conexão entre duas seções adjacentes da parede. Paredes externas de alumínio dos edifícios também precisam utilizar juntas de expansão para permitir que os componentes de metal se expandam quando são aquecidos pelo sol.

Sempre que dois materiais com diferentes características de movimento são colocados juntos num edifício ou sempre que construções antigas e novas se reúnem num projeto de remodelação, é conveniente providenciar uma *junta de encontro*. Uma divisória de madeira se expande e se contrai em quantidades relativamente grandes com as mudanças de umidade, enquanto uma parede de tijolo se movimenta muito pouco. Onde ambas se encontram, uma junta de encontro larga, cheia de borracha sintética vedante, permite que ambas se movam independentemente (18.6). Outras localizações típicas para as juntas de encontro são os lugares onde uma parede de reboco se apoia sobre uma lareira de pedra, onde um caixilho de janela de madeira se junta a uma coluna

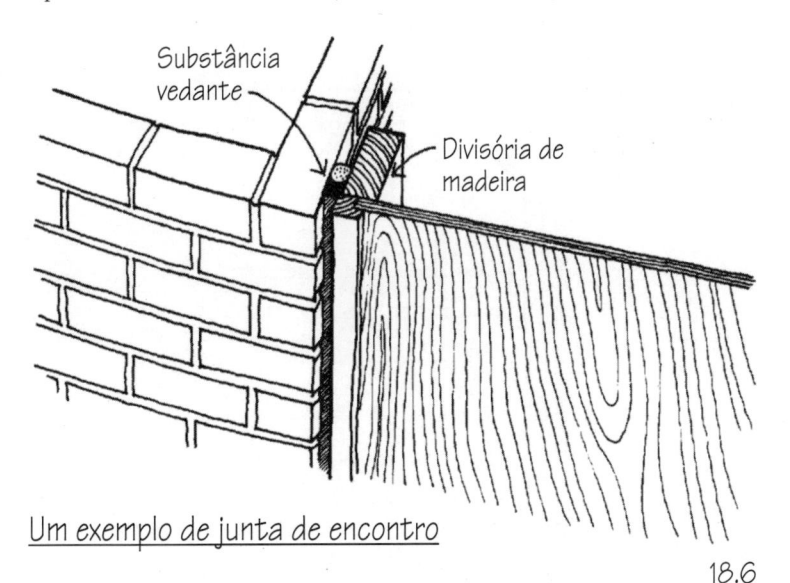

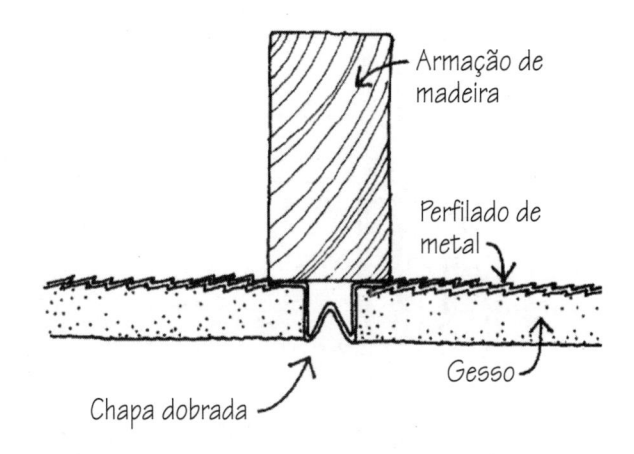

Detalhe de junta de expansão em gesso

18.4

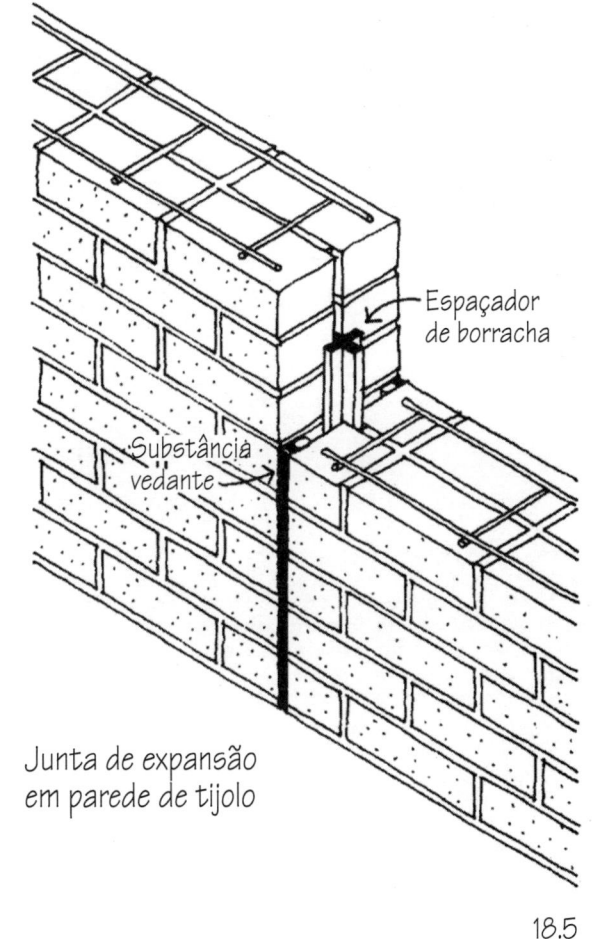

Um exemplo de junta de encontro

18.6

Junta de expansão em parede de tijolo

18.5

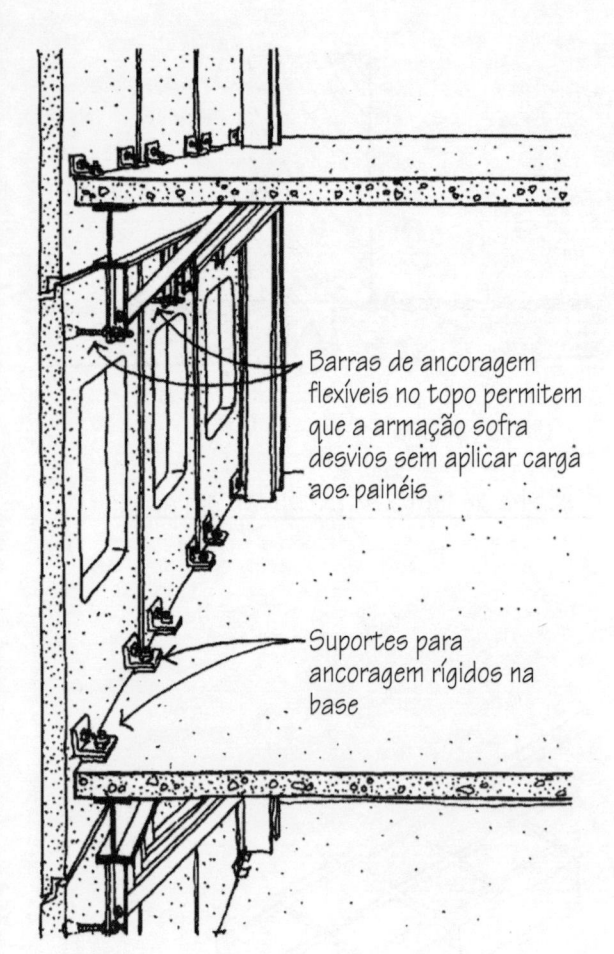

de concreto, ou onde uma nova parede de tijolo encontra a parede de tijolo do edifício original.

Juntas de conexão estrutura/vedação

A maioria dos grandes edifícios da atualidade não é suportada por suas paredes; o que ocorre é exatamente o oposto. Isto é, as paredes interna e externa de um edifício são suportadas por sua armação estrutural. Um grande edifício típico é circundado por uma pele de vidro (*curtain wall*), e seu espaço interno é subdividido por *divisórias que não suportam carga*. Nem as peles de vidro (*curtain walls*) nem as divisórias são resistentes o bastante para suportar a carga dos pisos e da cobertura do edifício, e por isso é importante utilizar *juntas de conexão estrutura/vedação*, que asseguram que a estrutura do edifício e suas vedações possam se mover independentemente umas das outras. Uma pele de vidro (*curtain wall*) típica está rigidamente presa à estrutura do edifício na sua parte inferior, mas está flexivelmente presa ao topo por meio de uma conexão que flexiona ou desliza (18.7). Isso permite que as vigas do piso do edifício sofram desvios sem aplicar qualquer força ao painel. Dentro do edifício, os topos das divisórias são construídos com uma junta corrediça na armação da parede e com juntas flexíveis vedantes nas bordas do topo das superfícies das paredes (18.8). Essas juntas permitem que o piso do andar de cima arqueie sob carga sem aplicar nenhuma força ao topo da divisória.

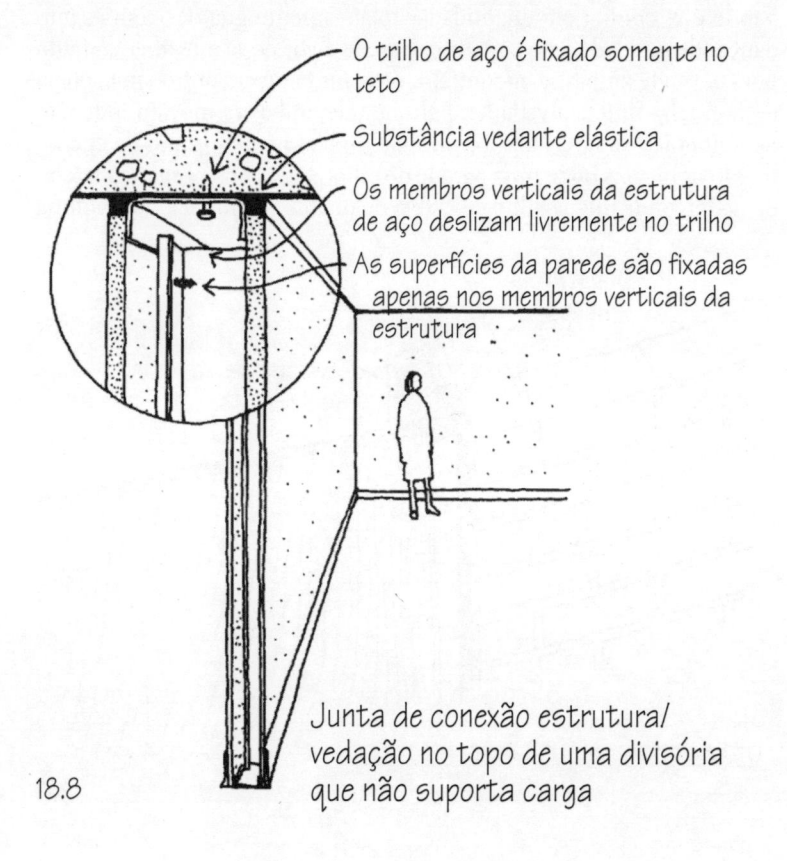

Junta de conexão estrutura/vedação: peles de vidro (curtain walls)
18.7

Junta de conexão estrutura/vedação no topo de uma divisória que não suporta carga
18.8

Os planos sombreados indicam locais onde há juntas de separação do edifício

60 metros (separação máxima)   18.9

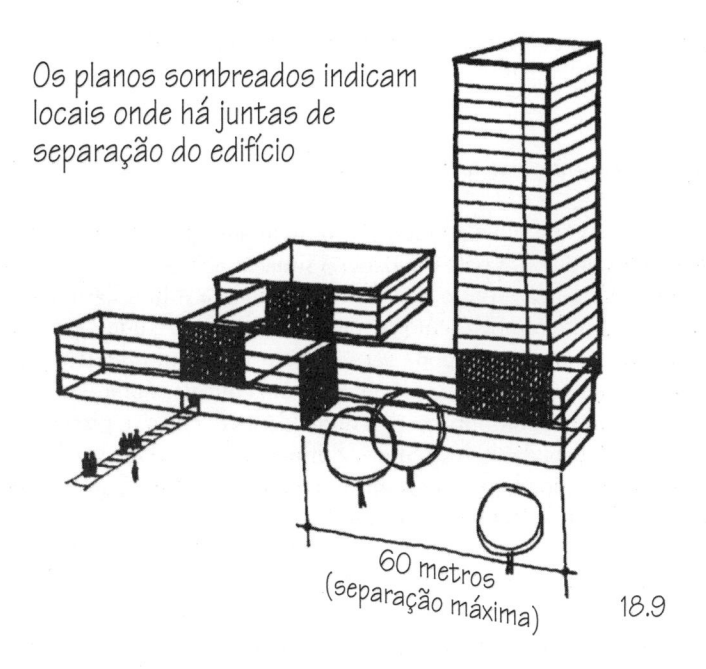

Juntas de separação do edifício

Um edifício comprido ou largo não é capaz de responder como uma unidade ao assentamento da fundação, a perigos de abalos sísmicos e à expansão e contração térmica porque o acúmulo de tais forças se torna demasiadamente grande ao longo das extensas dimensões do edifício, resultando em rachaduras e rupturas destrutivas. Por isso, um edifício grande precisa ser dividido em edifícios menores, cada um dos quais pode atuar como uma unidade compacta e rígida em resposta a tais movimentos. Essas divisões são mais bem realizadas nas junções entre as porções baixas e altas de um edifício, nas junções entre as laterais, nas mudanças abruptas de direção e em outros lugares que constituem planos de fraqueza geométrica (18.9). Em cada um desses planos, a armação estrutural do edifício é completamente interrompida de modo que crie um edifício estruturalmente independente, com suas próprias colunas e fundações, em cada lado do plano. Esses dois edifícios são separados por um vão de vários centímetros de modo a permitir bastante espaço para o movimento. O vão é fechado por tampas de juntas que são projetadas para permitir que a cobertura, as paredes e os pisos funcionem normalmente, não obstante qualquer movimento que possa ocorrer (18.10). Na cobertura, um enchimento de borracha mantém a água do lado de fora. Junto a paredes e pisos, placas de metal e vedações de borracha são combinadas de modo que criem superfícies suaves e atraentes, que podem se ajustar ao movimento sem causar danos. Essas juntas são habitualmente, mas de maneira imprecisa, conhecidas como juntas de expansão. A expressão *junta de separação do edifício* é mais descritiva, indicando que o edifício foi separado em partes independentes ao longo do plano da junta. Uma parte pode se assentar sem afetar a outra, e as superfícies da cobertura e das paredes estão livres para

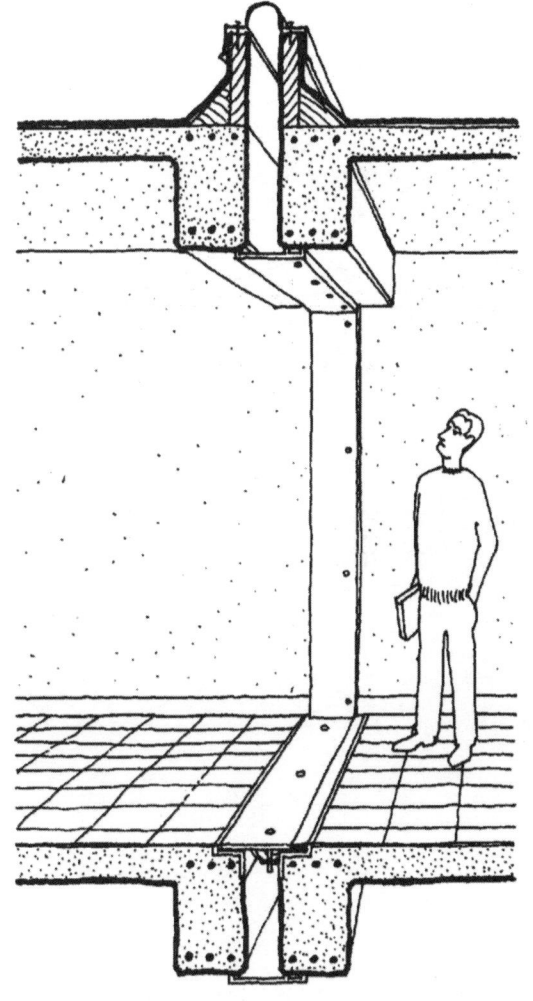

Junta de separação do edifício   18.10

se expandir e se contrair sem danos em resposta às mudanças das condições meteorológicas.

Prevenção contra o movimento na madeira

A madeira é o exemplo extremo entre os materiais que são suscetíveis a movimentos induzidos pela umidade. A situação se complica por causa da grande diferença entre o movimento paralelo às fibras da madeira, que é pequeno, e o movimento perpendicular às fibras, que é considerável (18.11). O problema pode ser reduzido utilizando madeira para construção cujo teor em umidade, graças a um cuidadoso processo de secagem, entrou em equilíbrio com a umidade média do ar e protegendo a construção acabada dos extremos da umidade e do calor seco. Então, deve-se tomar cuidado para minimizar os efeitos remanescentes do movimento no sentido transversal às fibras.

Cada tábua de madeira horizontal da parede externa é pregada em uma casa com uma única fileira de pregos localizada perto da sua borda inferior. Sua borda superior é sustentada com folga pela borda inferior da placa acima dela. Isso deixa cada tábua livre para se expandir e se contrair ao longo de sua largura conforme ela ganha e perde umidade (18.12).

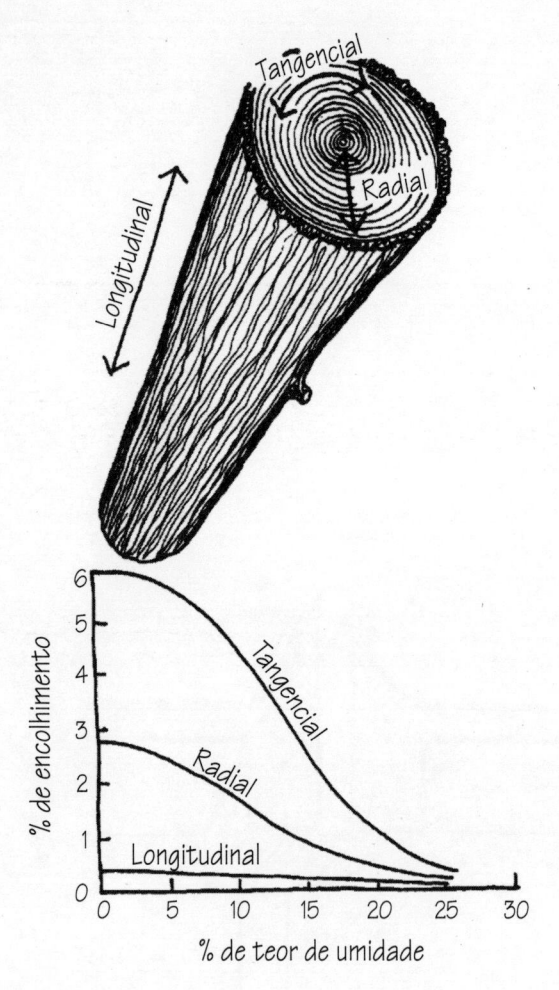

18.11

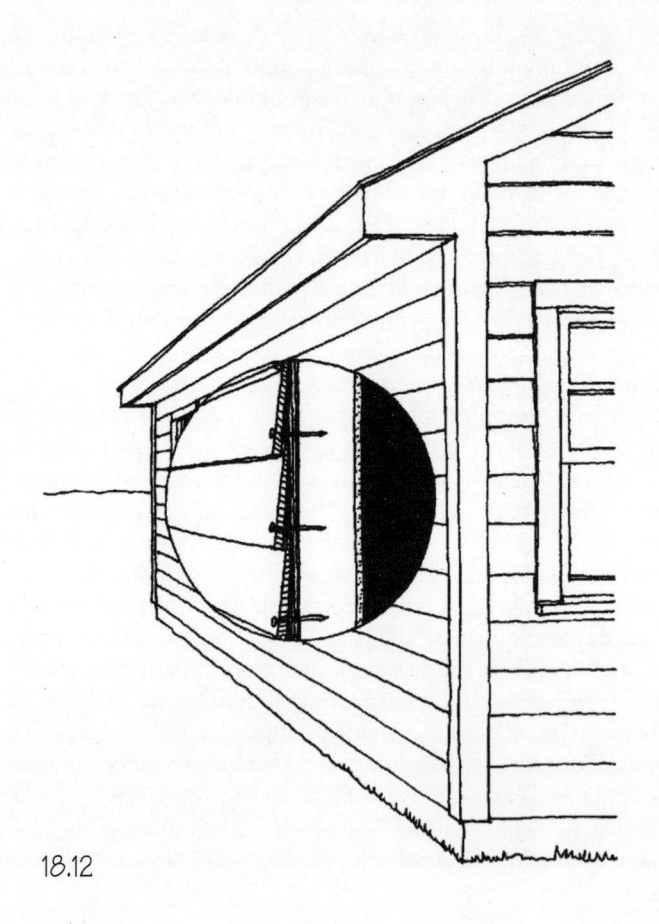

18.12

Em circunstâncias primitivas, portas de madeira são frequentemente feitas de tábuas verticais fixadas juntas lado a lado. As larguras dessas portas mudam tanto com as mudanças em seu teor de umidade que os batentes, com frequência, emperram durante os meses úmidos de verão, mas elas balançam soltas nas armações durante o inverno seco. A porta de madeira tradicional com almofadas evoluiu diretamente em resposta a esse problema. As almofadas se encaixam em juntas corrediças (encaixes tipo macho-fêmea) dentro das ombreiras e das travessas para permitir o movimento interno. Mudanças na largura da porta provocadas pela umidade se limitam à soma das mudanças nas larguras das duas ombreiras externas, que totalizam apenas cerca de um terço da mudança na largura de uma porta feita inteiramente de tábuas verticais (18.13).

A estrutura do piso de uma casa comum feita de madeira, na qual as fibras da madeira se estendem horizontalmente, contrai-se cerca de 15 mm na altura quando a armação de madeira seca durante a primeira estação quente. No entanto, a altura das paredes da casa muda muito pouco entre um piso e o seguinte porque a maior parte da altura de uma parede é feita de madeira cujas fibras se estendem verticalmente. Por isso é importante, quando se executa a estrutura de uma casa, especialmente uma que tenha espaços e formas incomuns, que se coloquem, num mesmo andar, paredes e pisos de maneira que se mantenha a

18.14

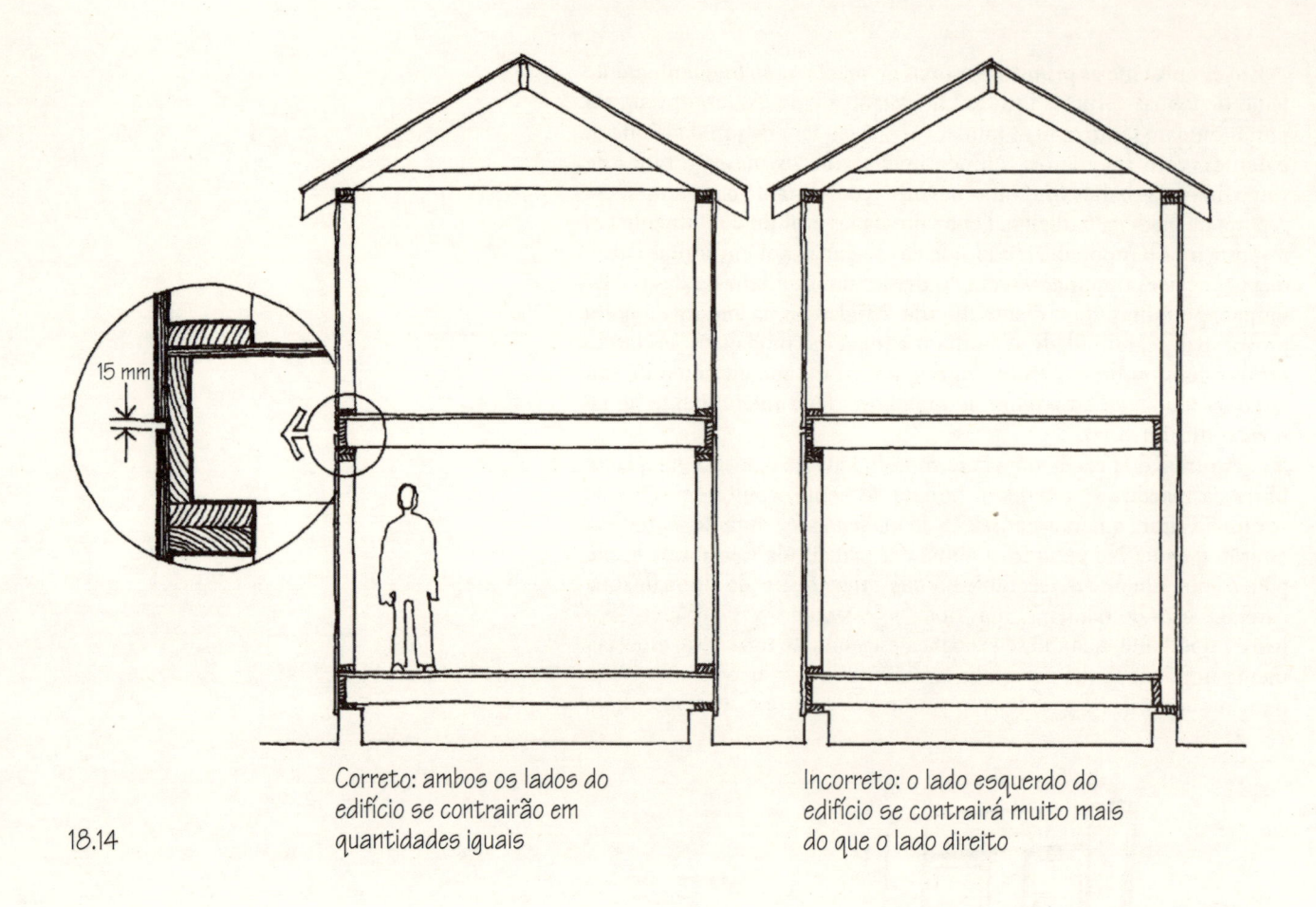

Correto: ambos os lados do edifício se contrairão em quantidades iguais

Incorreto: o lado esquerdo do edifício se contrairá muito mais do que o lado direito

mesma quantidade de madeira com fibras horizontais nos dois lados da casa (18.14). Se isso não for feito, os pisos se inclinarão e o reboco rachará por causa das diferentes quantidades de contração vertical entre uma área e outra da casa. Nos locais da casa onde o fechamento da parede externa de madeira compensada passa sobre a borda de uma estrutura do piso, é prudente deixar uma folga horizontal de cerca de 15 mm na madeira compensada para permitir a contração do piso. No interior da casa, o reboco em geral não passa verticalmente sobre a borda de uma estrutura no piso, mas, se o fizer, ele deverá ser interrompido com uma junta de dilatação horizontal.

Leitura suplementar

Edward Allen, *Architectural Detailing: Function, Constructibility, Aesthetics*, Nova York, Wiley, 1993. pp. 75-94.

19
Controle de incêndios

O incêndio descontrolado em um edifício é uma ocorrência mortal e destrutiva como nenhuma outra:

- Um edifício fornece uma concentração de combustível para um incêndio acidental. Um edifício de madeira é por si só uma fonte de combustível, mas até mesmo um edifício de concreto ou aço normalmente contém móveis, papéis, carpetes e materiais combustíveis do próprio edifício, tais como painéis de madeira e materiais plásticos isolantes. Óleo, gás, gasolina, tintas, borracha, produtos químicos e outros materiais altamente inflamáveis estão, com frequência, presentes nos edifícios.
- Um edifício fornece muitas fontes potenciais de ignição para incêndios acidentais. Fornos ou caldeiras de calefação com defeito, lareiras que projetam fagulhas, chaminés com vazamento, fogões não vigiados, conexões elétricas soltas, fiação elétrica com sobrecarga e cigarros e fósforos manuseados sem cuidado são apenas alguns dos meios pelos quais um edifício ou seu conteúdo pode pegar fogo.
- Um edifício, à semelhança de um forno, contém fogo e estimula seu crescimento concentrando calor e gases de combustão inflamáveis. Nos locais onde as passagens verticais através de um edifício estão abertas para o fogo, fortes correntes convectivas de ar agitam as chamas. Gases quentes sobem e iniciam novos incêndios nos pontos mais altos da estrutura.
- Um edifício mantém densas concentrações de pessoas, sujeita essas pessoas ao calor e a gases gerados por um incêndio, e restringe suas possibilidades de fuga (19.1). Se uma fogueira foge do controle numa região silvestre, é provável que poucas pessoas estejam presentes, e há muitas direções por onde escapar. Mas, se um incêndio de magnitude semelhante ocorre numa escola, num teatro, numa loja de departamentos ou num edifício de escritórios, milhares de pessoas ficam em perigo, e apenas algumas rotas de fuga estão disponíveis.

19.1

- Um edifício serve como uma barreira para os bombeiros. Enquanto um incêndio numa floresta pode ser combatido de todos os lados e até mesmo pelo ar, um incêndio em um edifício alto pode ocorrer 40 andares acima da rua e ser acessível apenas por meio de escadas. Edifícios baixos e muito largos podem colocar um incêndio interno além do alcance das mangueiras de incêndio. Incêndios em edifícios expõem os bombeiros a um calor excessivo, a gases venenosos, explosões, alturas perigosas, paredes que ameaçam tombar e pisos e coberturas que entram em colapso.

Essas diversas interações de edifícios com o fogo causam muitas mortes. Nos Estados Unidos, 12 mil vidas se perdem em incêndios de edifícios a cada ano, e 300 mil pessoas ficam feridas, frequentemente com ferimentos graves e dolorosos. Perdas de propriedade por causa de incêndios em edifícios nos Estados Unidos são avaliadas em bilhões de dólares.

O incêndio começa quando um suprimento de combustível e um suprimento de oxigênio entram em contato sob uma temperatura suficientemente elevada para iniciar a combustão. À medida que o fogo queima, ele consome o combustível e o oxigênio, e libera vários gases, emissões de partículas e grandes quantidades de calor. Dependendo do combustível disponível, os gases de combustão podem incluir dióxido de carbono, monóxido de carbono, cianureto de hidrogênio, sulfeto de hidrogênio e dióxido de enxofre. Qualquer um desses gases é tóxico se for inalado em concentrações suficientes.

Um incêndio pode provocar ferimentos nas pessoas de várias maneiras. Elas podem se queimar, particularmente nos pulmões e nas vias respiratórias, por causa da exposição ao ar quente, ou na pele, por causa de radiações térmicas de séria gravidade. Elas podem se sufocar com o ar desprovido de oxigênio ou ser envenenadas por gases de combustão tóxicos. O pânico frequentemente contribui para a perda de vidas em incêndios em edifícios; as pessoas podem tomar decisões irracionais relativas à sua segurança pessoal (por exemplo, correr de volta para o edifício em chamas a fim de salvar bens pessoais), e elas podem se ferir ao empurrarem, se aglomerarem ou pisotearem umas às outras conforme se precipitam para fora do edifício para escapar. A principal causa de morte nos incêndios em edifícios é a sufocação ou o envenenamento por monóxido de carbono que se apossa da vítima depois que ela não conseguiu encontrar um meio de escapar por causa do denso acúmulo de fumaça.

Ao projetar prevenções contra incêndio em edifícios, nossa primeira meta consiste em reduzir o risco de ferimentos humanos ou de morte ao menor nível possível. Ao mesmo tempo, queremos minimizar os danos provocados pelo fogo no edifício e no que ele contém, e impedir que o fogo se espalhe para os edifícios vizinhos. Gostaríamos, é claro, de eliminar todo risco de incêndio, mas, ao contrário do que crê o mito popular, nunca existirá essa coisa que se poderia chamar de edifício "à prova de fogo". O aço obviamente não queima, mas perde a maior parte de sua resistência estrutural, e cede sob o peso que está suportando ou colapsa numa temperatura bem inferior à do próprio ponto de fusão e às temperaturas alcançadas, com frequência, pelos incêndios comuns em edifí-

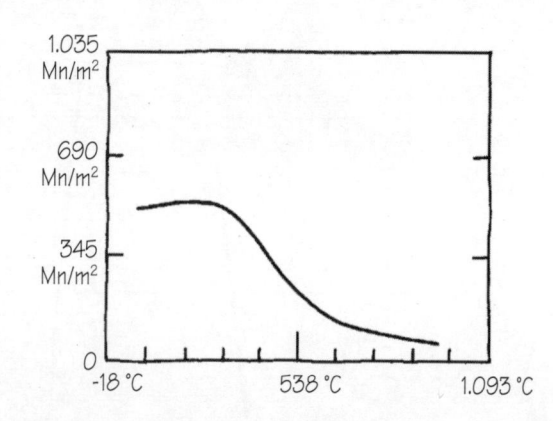

Resistência média à tração do aço estrutural em várias temperaturas
19.2

cios (19.2). O concreto é mais resistente ao fogo do que o aço, mas a estrutura cristalina do material aglutinante do cimento se desintegra progressivamente quando exposta ao fogo, e se este durar suficiente, resultarão graves danos estruturais. Tijolos e telhas, que são produzidos por calor intenso no forno de olaria, não são por si sós enfraquecidos pelo fogo, mas suas juntas de argamassa estão sujeitas à desintegração, o que enfraquece toda a construção de alvenaria. Por razões como essas, nossos edifícios não podem ser construídos com perfeita resistência ao fogo. Não obstante, desenvolvemos um arsenal de armas eficientes e em rápido aperfeiçoamento para proteger a vida e a propriedade contra os incêndios em edifícios.

Como impedir o início de um incêndio

Um dos primeiros passos naturais na proteção dos edifícios e de seus ocupantes contra incêndios consiste em impedir um princípio de incêndio. Normas de construção e leis de zoneamento regulam a combustibilidade dos materiais com que se podem construir edifícios em diferentes áreas de uma cidade, bem como as condições sob as quais substâncias inflamáveis e explosivas podem ser armazenadas dentro ou perto dos edifícios. Uma manutenção adequada do edifício assegura que entulhos e lixo não se acumulem em qualquer lugar. Bombeiros e agentes de seguro contra incêndio inspecionam periodicamente os edifícios para descobrir se quaisquer concentrações perigosas de materiais combustíveis se acumularam neles. Graças a esses mesmos meios – códigos, leis de zoneamento, manutenção e inspeção –, fontes potenciais de ignição acidental são eliminadas. Dispositivos de aquecimento, chaminés, sistemas e aparelhos elétricos e processos industriais perigosos ficam especialmente sujeitos a estrito controle. Fumar é proibido por lei em postos de gasolina, certos tipos de instalações industriais, auditórios e em muitos edifícios públicos.

Raios podem danificar e iniciar incêndios em edifícios em locais expostos a eles. Um raio é a liberação instantânea de um altíssimo potencial elétrico entre uma nuvem de chuva e a terra. Os para-raios, com suas extremidades metálicas pontiagudas, se ligam diretamente à terra por meio de pesados cabos de alta condutividade elétrica, fornecendo proteção aos edifícios contra raios (19.3). Ao permitir o vazamento de uma carga elétrica vinda do solo e escapando pelas suas pontas metálicas, os para-raios geralmente são capazes de neutralizar as cargas elétricas das nuvens antes que os raios se formem. Se o raio atinge o edifício, os para-raios e os condutores oferecem um caminho até o solo com uma resistência consideravelmente menor que a do próprio edifício. Desse modo, eles atraem o raio para fora da estrutura do edifício, conduzindo-o com segurança até o solo.

Como impedir que o incêndio se alastre

A *compartimentação* de um edifício é projetada para impedir que o fogo, a fumaça e o calor se alastrem além de uma área restrita, caso irrompa

19.3

19.4 Paredes contra fogo

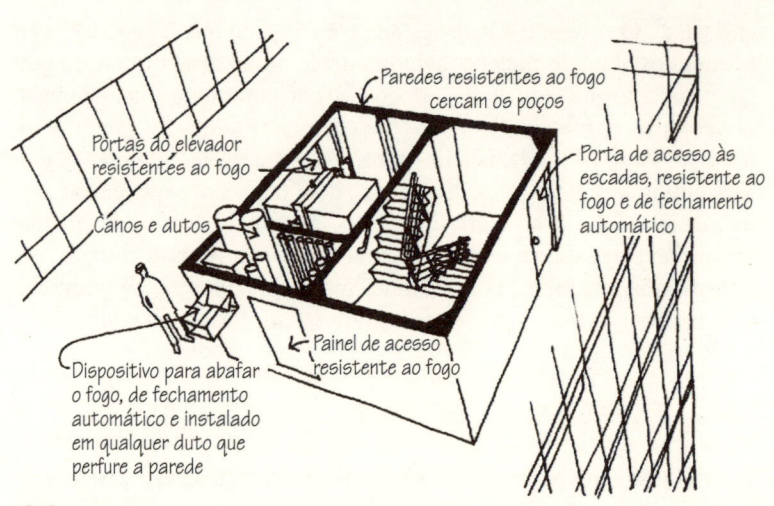

19.5
- Paredes resistentes ao fogo cercam os poços
- Portas do elevador resistentes ao fogo
- Canos e dutos
- Porta de acesso às escadas, resistente ao fogo e de fechamento automático
- Dispositivo para abafar o fogo, de fechamento automático e instalado em qualquer duto que perfure a parede
- Painel de acesso resistente ao fogo

um incêndio. Numa casa, é necessário erguer uma parede de reboco resistente ao fogo e instalar uma sólida porta de madeira entre uma garagem anexa (onde vazamentos de gasolina representam um perigo potencial de incêndio) e a residência. Em casas geminadas, paredes resistentes ao fogo devem ser erguidas entre as residências (19.4).

Em edifícios maiores, a compartimentação adquire importância crescente, tanto para proteger o número maior de pessoas dentro deles como para impedir que incêndios alimentados pelos gases de combustão quentes se alastrem fora de controle. As escadas e os corredores utilizados como rotas de fuga precisam estar isolados do restante do edifício por paredes (normalmente feitas de alvenaria, gesso ou concreto) e portas resistentes ao fogo que se fecham automaticamente (em geral, constituídas de revestimentos de aço e tendo na parte central uma camada de mineral incombustível) (19.5). Paredes e portas resistentes ao fogo também são necessárias para separar diferentes tipos de funções que são realizadas no mesmo edifício. Uma sala de caldeiras, por exemplo, deve ser separada, dessa maneira, do restante do edifício para que possa bloquear qualquer incêndio que nele se inicie, e impedir que se espalhe. Uma oficina de marcenaria e uma lavanderia a seco, ambas contendo substâncias altamente inflamáveis, precisam ser separadas do restante de um edifício que eles compartilham com outras funções.

Poços verticais abertos de qualquer tipo, sejam eles destinados a escadas, elevadores, sistemas de dutos, fiação elétrica ou encanamentos, devem ter em cada andar o seu espaço interno encerrado por paredes e portas resistentes ao fogo, sendo as portas de fechamento automático, para impedir a convecção do fogo e dos produtos da combustão através do edifício (19.6). As únicas exceções a essa regra são os *átrios* verticais. As normas de edificação definem um átrio como um espaço aberto, com cobertura, habitado, abrangendo vários andares, contido dentro de um edifício. Os átrios são comumente utilizados em galerias de *shopping centers*, em hotéis e em edifícios de escritórios. Para evitar o alastramento do fogo ao longo desses espaços verticais, os projetistas precisam obedecer a várias disposições das normas de construção: as galerias ao redor de um átrio podem estar abertas a ele, mas os recintos circundantes precisam estar isolados das galerias e do átrio por meio de paredes resistentes ao fogo. Uma exceção a essa exigência, com relação ao átrio, consiste no fato de que o projetista pode escolher três pisos quaisquer do edifício, permitindo que os espaços dos *lobbies* ou dos saguões em vários andares fiquem em continuidade com o átrio. Todo o edifício que contém o átrio, inclusive o próprio átrio, precisa ser protegido por meio de um sistema automático de extinção de incêndio. E o átrio deve ser guarnecido com um sistema de ventiladores que passarão a operar automaticamente em caso de incêndio para introduzir ar fresco no espaço no nível do solo e expulsar a fumaça no nível do teto.

Edifícios com grandes áreas de piso precisam ser subdivididos em áreas menores por meio de paredes e portas resistentes ao fogo. Em grandes fábricas com um único piso, ou em depósitos onde essa subdivisão não é prática, cortinas antifogo rígidas ou semirrígidas precisam ser penduradas da cobertura para apanhar e conter os gases quentes que sobem de um incêndio. É necessário providenciar, em cada compartimento, um respiradouro que se abre automaticamente na cobertura a fim de permitir que os gases quentes escapem antes que possam espalhar o fogo (19.7). As portas desses respiradouros da cobertura são mantidas fechadas por um *fio fusível* feito de um metal especial com baixo ponto de fusão, o qual permite que elas se abram em caso de acúmulo de calor.

Em teatros, onde a área dos bastidores é geralmente repleta de materiais cênicos combustíveis e fiação elétrica temporária, o auditório precisa ser protegido por meio de uma cortina resistente ao fogo que normalmente fica enrolada acima do proscênio. Se irromper um incêndio, um fio de fusível derrete e permite que a cortina caia, isolando o palco do auditório. Um grande respiradouro de abertura automática na cobertura do urdimento (espaço acima do palco que abriga cenários, cordas, roldanas etc.) libera calor e fumaça na área dos bastidores (19.8).

Paredes resistentes ao fogo são necessárias no exterior de muitos edifícios. O tipo de materiais permitido nessas paredes e a extensão e o tratamento permissíveis para as janelas e portas são determinados pela proximidade de cada parede com as paredes dos edifícios vizinhos. Se dois edifícios estão dentro de certa distância mínima de separação, cada um deles deve ter um *parapeito*, uma parede resistente ao fogo que se ergue até uma distância acima da cobertura a fim de impedir que o fogo salte de uma cobertura para outra (19.9).

As qualidades dos materiais da cobertura resistentes ao fogo também são regulamentadas por lei nas áreas urbanas para impedir a fácil ignição

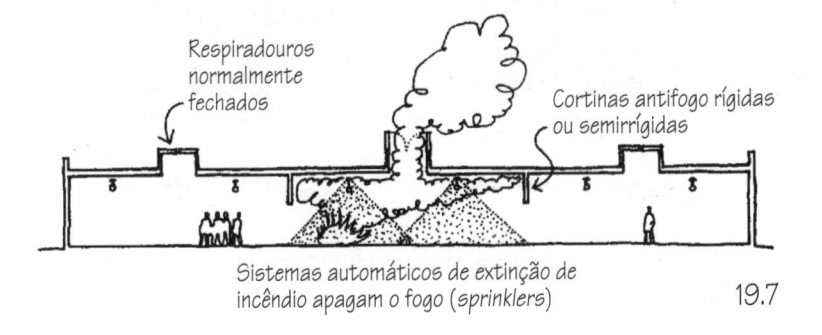

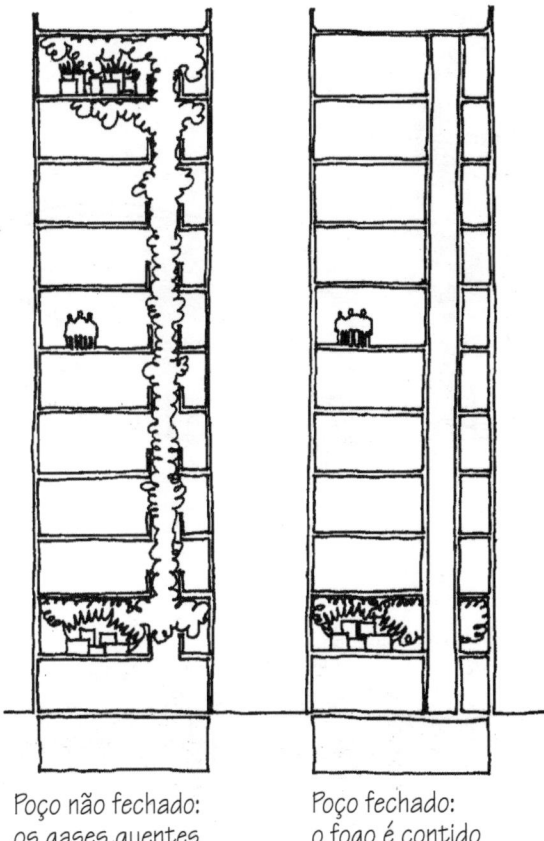

Poço não fechado: os gases quentes espalham o fogo para os andares superiores

Poço fechado: o fogo é contido

19.6

Respiradouros normalmente fechados

Cortinas antifogo rígidas ou semirrígidas

Sistemas automáticos de extinção de incêndio apagam o fogo (sprinklers)

19.7

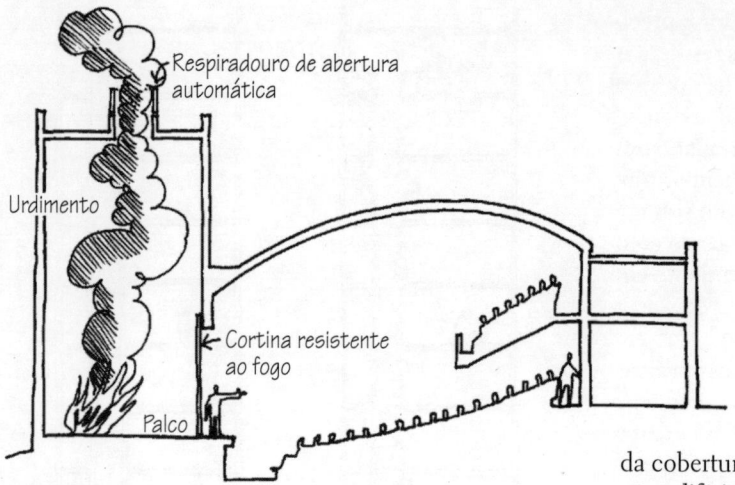

19.8

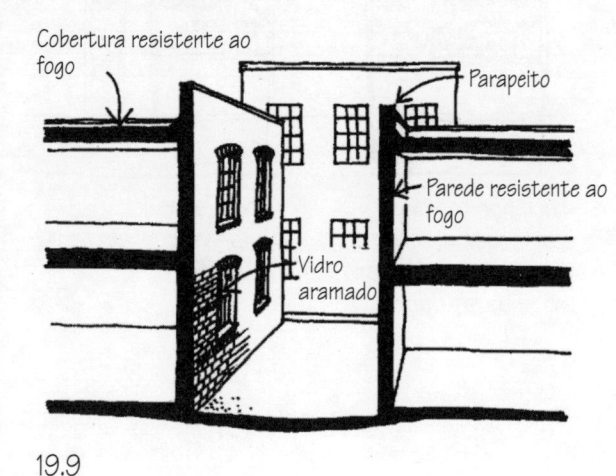

- Respiradouro de abertura automática
- Urdimento
- Cortina resistente ao fogo
- Palco

19.9

- Cobertura resistente ao fogo
- Parapeito
- Parede resistente ao fogo
- Vidro aramado

da cobertura por fragmentos em chama atirados por um incêndio sobre um edifício adjacente. O *vidro aramado*, que resiste às chamas por um considerável período de tempo, é geralmente necessário em janelas que dão de frente para uma estrutura vizinha. Vários substitutos para o vidro aramado se tornaram disponíveis em anos recentes, inclusive uma cerâmica transparente resistente ao fogo que permanece intacta em temperaturas elevadas. Em edifícios de muitos andares, o fogo em um andar inferior pode se espalhar para os andares superiores rastejando pela fachada do edifício de andar em andar, quebrando janelas e ateando fogo nos materiais combustíveis no interior. Duas alternativas estão à disposição do projetista para resolver esse problema: ele pode providenciar um peitoril resistente ao fogo, de pelo menos 914 mm de altura, ou então ele pode instalar uma barreira horizontal que se projeta contra as chamas, igualmente composta de materiais resistentes ao fogo, e que tenha pelo menos 762 mm de largura (19.10).

- Barreira contra as chamas
- Sem peitoril
- O peitoril resiste ao alastramento do fogo para cima

<u>Propagação ascendente do fogo pela fachada de um edifício</u>
19.10

A *extinção de princípios de incêndio*

Apagar rapidamente um pequeno foco de incêndio antes que ele aumente é uma maneira eficiente de impedir seu alastramento. Dispositivos de "primeiros socorros", como extintores portáteis e rolos de mangueiras permanentemente instalados em locais fixos, podem ser utilizados pelos ocupantes do edifício para eliminar muitos pequenos incêndios antes que eles possam se espalhar. As normas de construção dos edifícios requerem que esses dispositivos sejam providenciados e sejam claramente identificáveis (19.11). Mais confiáveis e eficientes são os *sistemas automáticos de extinção de incêndio* (*sprinklers*), nos quais cada cabeça do aspersor é controlada por um plugue e fio de metal fusível que derrete a uma temperatura de cerca de 65 °C (19.12, 19.13). A aspersão de água resultante é tão eficiente em extinguir um incêndio que raras vezes é necessário manter mais de uma ou duas cabeças do aspersor abertas para que o fogo seja apagado. A instalação de sistemas de aspersão é cara, mas o gasto inicial é frequentemente compensado pela economia de custo que reverte para o proprietário do edifício por causa da presença dos aspersores. As normas de edificação geralmente concedem várias vantagens significativas para um edifício equipado com sistema automático de aspersores (*sprinklers*):

- Distâncias maiores entre as saídas são permitidas nos edifícios providos de aspersores, que podem ter o efeito de eliminar uma ou mais escadas de saída num grande edifício.
- Áreas maiores de piso são permitidas entre as divisórias antifogo em edifícios providos de aspersores, o que pode resultar na eliminação de algumas paredes e portas resistentes ao fogo.
- Áreas e alturas totais maiores são permitidas aos edifícios providos de aspersores.
- Um grau menor de proteção contra incêndios pode ser permitido em alguns elementos estruturais de um edifício provido de aspersores.
- Quantidades maiores de materiais de construção inflamáveis podem ser incorporadas num edifício provido de aspersores.

Além dessas concessões das normas, as taxas de seguro contra incêndio são muito mais baixas para edifícios providos de aspersores do que para aqueles que não os possuem. A maioria das seguradoras se recusa a fazer seguro para um edifício de alta periculosidade que não esteja equipado com um sistema de aspersão.

Para os ocasionais edifícios em que a água do aspersor causaria danos irreparáveis ao conteúdo do edifício – uma biblioteca, um museu, uma galeria de arte – estão disponíveis sistemas análogos, porém mais caros, que descarregam gases inertes ou pós sobre as chamas. Sistemas que não utilizam água também são úteis em áreas como cozinhas industriais, onde podem irromper incêndios alimentados por óleos ou substâncias graxas ou outros tipos de incêndio que não possam ser extintos por água.

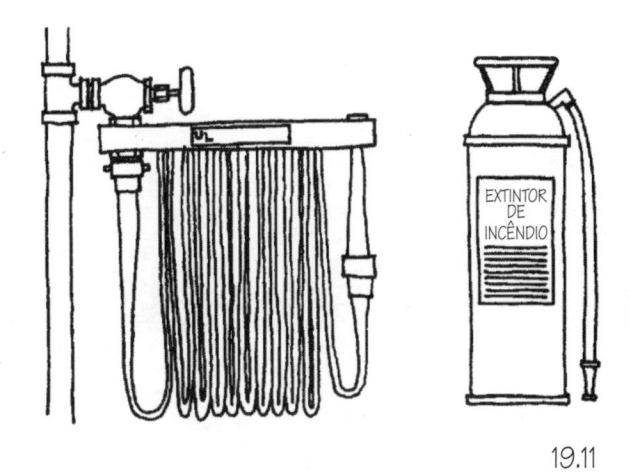

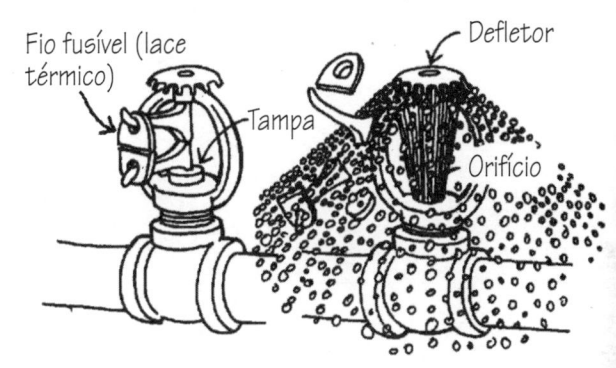

19.13

Aspersores (sprinklers) do segundo piso

Válvula de fechamento do ramal

Aspersores (sprinklers) do primeiro piso

Tanque de reserva

Conexão junção

Válvulas de fluxo unidirecional impedem a perda de água se a pressão falhar no cano principal ou na bomba do carro de bombeiros

O fluxo de água dispara o alarme

Válvula de fechamento do cano principal

Cano municipal principal

Um ou dois carros de bombeiro podem abastecer o sistema por meio da conexão junção

Cada cabeça do aspersor (sprinkler) protege de 8 m² a 19 m² de área do piso

Típica instalação de aspersores (sprinklers)

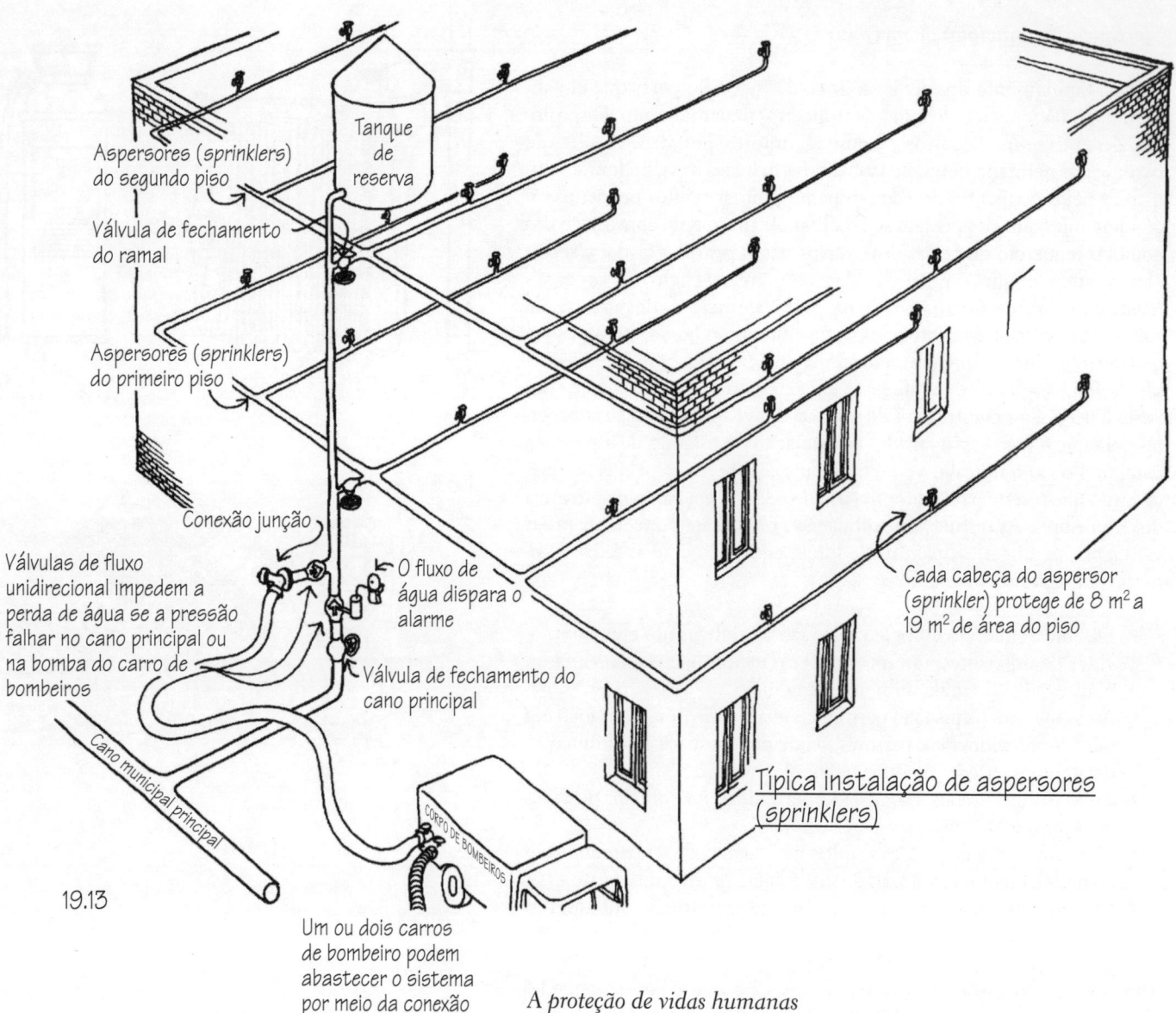

A proteção de vidas humanas

A função mais importante que exigimos de um edifício em caso de incêndio é que ele deixe as pessoas saírem em segurança e com rapidez. Um sistema de alarme precisa alertá-las imediatamente quanto à presença de um incêndio. Caixas de alarme operadas manualmente devem ser fornecidas e identificadas por sinais a intervalos frequentes em um edifício. Sistemas de alarme automático, que têm sensores de fumaça, calor, chama ou produtos de combustão ionizados, estão ficando cada vez mais comuns. Eles são obrigatórios por lei em moradias para se combater a alta porcentagem de mortalidade por incêndio que ocorre quando as pessoas estão dormindo. Em alguns casos, além de acionar os dispositivos de advertência em um edifício, os sistemas de alarme estão diretamente ligados com a central telefônica do departamento do corpo de bombeiros para se evitar atraso em pedir ajuda.

19.14

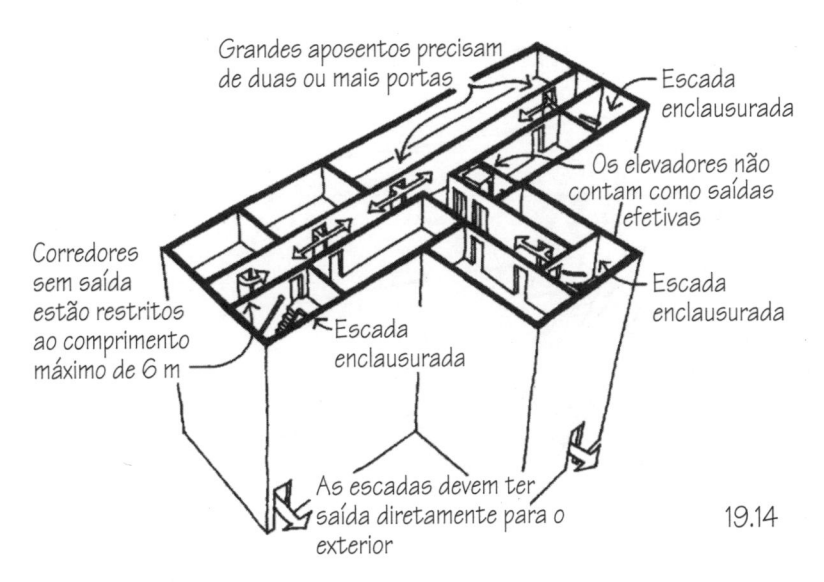

- Grandes aposentos precisam de duas ou mais portas
- Escada enclausurada
- Os elevadores não contam como saídas efetivas
- Escada enclausurada
- Escada enclausurada
- Corredores sem saída estão restritos ao comprimento máximo de 6 m
- As escadas devem ter saída diretamente para o exterior

19.15

- Sinal de saída e iluminação de emergência devem estar ligados a um suprimento de energia elétrica independente e seguro
- O vidro em portas resistentes ao fogo deve ser vidro aramado e ter área limitada
- Barra de emergência

19.16

Quando irrompe um incêndio, a fuga rápida e bem protegida a pé para o exterior é a melhor estratégia para salvar a vida de pessoas que não tenham deficiências físicas. Em qualquer edifício, uma pessoa que sai de um aposento precisa ter duas rotas de fuga disponíveis em direções diferentes, de modo que, se uma rota estiver envolta em fogo, a outra ainda poderá ser utilizada (19.14). Em geral, é especificada e permitida uma distância máxima de 40 m a 60 m da porta de qualquer aposento até a saída protegida mais distante. Sinais de saída iluminados devem identificar essas rotas, e esses sinais, juntamente com luzes de emergência suficientes para iluminar os corredores e as escadas, devem estar ligados a um sistema de baterias que lhes fornecerá energia automaticamente se o sistema normal de iluminação do edifício falhar (19.15). Os corredores e as escadas de cada rota de fuga precisam estar protegidos contra o fogo e a fumaça por meio de divisórias resistentes ao fogo e de portas de fechamento automático. (A familiar saída de incêndio para o exterior, feita de ferro e que vemos em bairros mais antigos das metrópoles, não é mais permitida nos novos edifícios.) As portas ao longo de uma rota de fuga não podem se trancar para as pessoas que estão saindo do edifício, e todas elas precisam se abrir no sentido de dentro para fora, a fim de impedir uma possível interferência com o fluxo das pessoas que tentam escapar.

As portas de saída em edifícios que comportam grande número de pessoas, particularmente escolas, teatros e estádios olímpicos, precisam estar providas com *dispositivo de emergência*, que abre a porta automaticamente sob pressão vinda de dentro. As portas giratórias devem ser feitas de modo que se abram para fora e forneçam duas vias de saída desimpedidas se as pessoas tentarem girar a porta em sentidos opostos ao mesmo tempo (19.16). As escadas de saída devem ser proporcionadas com conforto e coerência para impedir tropeços, e não devem ter um número excessivo de espelhos entre as plataformas (19.17). Os patamares das escadas não devem ser mais estreitos do que as escadas que levam a eles. Os corrimãos não devem ter extremidades que se projetem de modo

As portas se abrem no sentido do caminho de saída

Lâmpada

Largura mínima de 1.120 mm

Proporções confortáveis e constantes entre o piso e o espelho

As extremidades do corrimão se voltam para dentro

O patamar é tão largo quanto a escada

Lâmpada de emergência

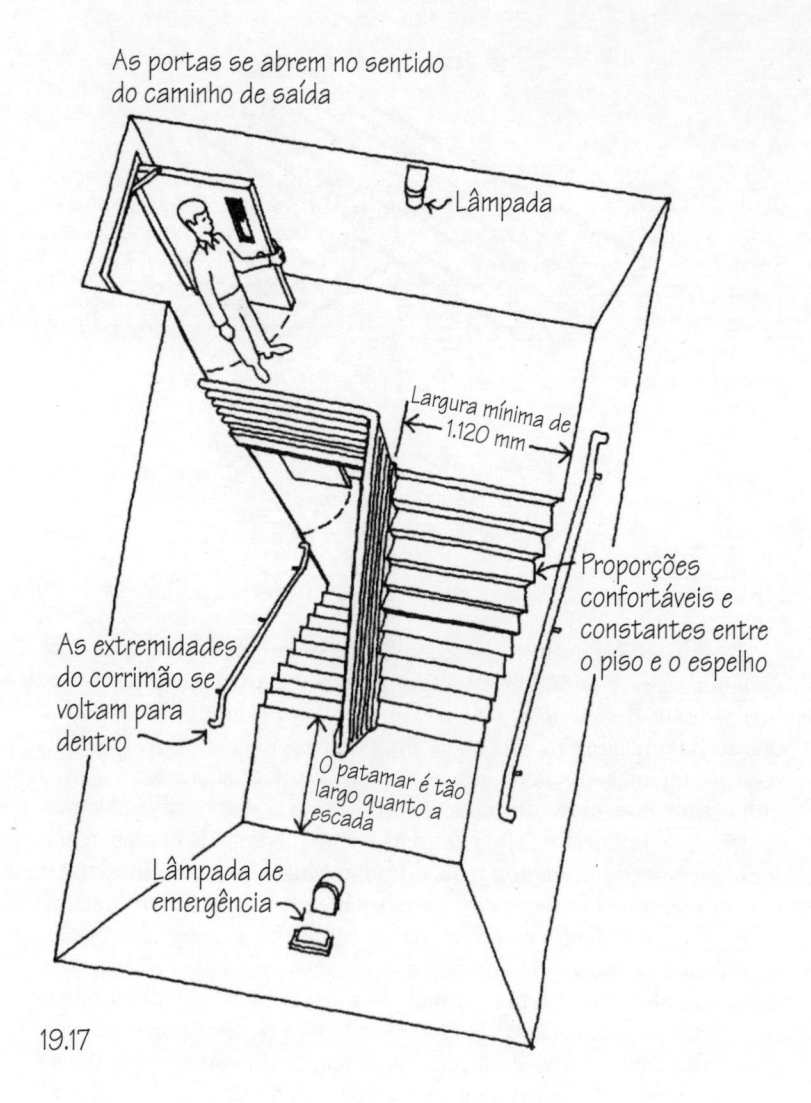

19.17

que possam prender roupas. Nada deve ser colocado nos corredores ou nas escadas de saída. Além disso, a largura dos corredores, das portas e das escadas de saída deve ser determinada de acordo com fórmulas previstas nos códigos de edificação de modo que sejam adequadas para permitir a fuga desimpedida do maior número de pessoas esperado para o edifício dentro de um curto período de tempo.

Nem todos os ocupantes dos edifícios são capazes de escapar pelos meios que acabamos de descrever. Crianças pequenas geralmente não sabem ler os sinais de saída ou tomar decisões racionais sobre como escapar. Os prisioneiros não são livres para deixar suas prisões. Pacientes confinados em leitos de hospitais não conseguem se mover por conta própria. Muitas pessoas inválidas não conseguem usar escadas. Para essas pessoas, devem-se providenciar *áreas de refúgio* dentro dos variados tipos de edifícios. Uma área de refúgio precisa ser adjacente a uma escada de saída protegida, a salvo da fumaça, e equipada com dispositivos de comunicação que permitam àqueles que chegarem a um local de refúgio entrar em contato com os bombeiros para que os resgatem. Uma *saída horizontal* é frequentemente utilizada para fornecer uma área de refúgio; ela consiste simplesmente em uma parede e portas resistentes ao fogo e que subdividem um piso de um edifício em duas áreas que são, na verdade, edifícios separados (19.18). Escapar de um incêndio de um lado da parede requer apenas movimentos horizontais através de portas contra fogo de fechamento automático, que levam para o outro lado da parede. Saídas horizontais podem fornecer refúgio para um grande número de pessoas em hospitais, prisões e escolas. Áreas de refúgio menores para pequenos grupos de pessoas inválidas que normalmente se encontram dentro dos edifícios podem ser fornecidas por vestíbulos protegidos contra fumaça adjacentes às escadas de saída (19.19) ou por plataformas amplas nas próprias escadas.

Essas diretrizes de projeto para as vias de saída são abrangentes. Se elas parecem excessivas, basta apenas lembrar que cada uma delas foi concebida para impedir a repetição de tragédias passadas.

A *proteção da estrutura do edifício*

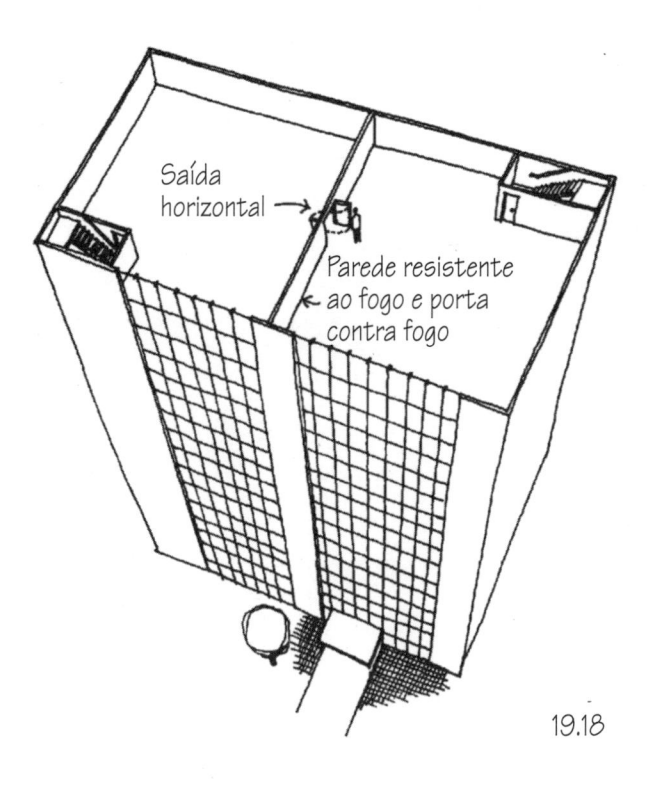

Proteger a integridade estrutural de um edifício contra os efeitos do fogo tem importância crucial na manutenção do valor do edifício e ainda mais crucial na proteção de seus ocupantes, bombeiros e edifícios vizinhos. Quanto mais alto for o edifício, mais necessário será que nem ele nem nenhuma parte dele venha a desabar. Mesmo que não tenhamos nenhum material "à prova de fogo", dispomos de materiais suficientemente resistentes ao fogo para ajudar a proteger a estrutura do edifício durante períodos de tempo substanciais. Entre esses estão os produtos de argila refratária – tijolos e telhas – que não são afetados quimicamente pelo fogo; várias fibras minerais que também não são afetadas pelo fogo; e concreto e reboco, ambos compostos, em grande parte, de cristais hidratados que absorvem quantidades muito grandes de calor a fim de evaporar sua água de cristalização durante um incêndio, oferecendo, assim, uma barreira considerável contra o fogo durante sua lenta desintegração. Um desenvolvimento mais recente na proteção estrutural contra incêndios é o *revestimento intumescente*, disponível na forma de tinta ou de um espesso composto rebocado com colher de pedreiro. Quando exposto ao calor, o revestimento amolece, liberando bolhas de gás que inflam o revestimento de modo a formar uma camada isolante sobre o material do substrato.

Quando se utiliza qualquer um desses materiais, a ideia é impedir o colapso estrutural de um edifício durante o tempo em que um incêndio siga normalmente o seu curso, ou pelo menos retardar o colapso em edifícios baixos até que todos os seus ocupantes tenham escapado e os bombeiros tenham uma chance razoável de salvar o edifício. Paredes e tetos de reboco ou de placas de gesso dão às casas de madeira cerca de meia hora de proteção contra o colapso. Edifícios industriais e comerciais baixos podem ser construídos com aço não protegido, sendo, nesse caso, classificados como "não inflamáveis". Num incêndio muito forte, seu colapso seria relativamente rápido, mas também seria improvável que ele ocorresse antes que os ocupantes pudessem sair pelas fáceis rotas de fuga. Construções que "*queimam lentamente*", com estrutura de madeira de lei cuja dimensão mínima tenha pelo menos 200 mm, duram consideravelmente mais tempo em um incêndio do que uma estrutura feita de aço não protegido. As normas de edificação reconhecem, portanto, que as construções com madeira de lei pesada constituem uma categoria especial, que é mais segura do que as estruturas construídas com aço não protegido. As extremidades das vigas e das traves de madeira devem ter *corte para incêndio* sempre que penetram em paredes de alvenaria, a fim de impedir que essas paredes desabem caso as vigas acabem se queimando completamente (19.20).

Em sua maior parte, os edifícios grandes são construídos com concreto armado ou com aço protegido. As barras de reforço de aço nas vigas e colunas de concreto são enterradas a uma distância especificada dentro da massa de concreto de modo que possam estar protegidas por sua

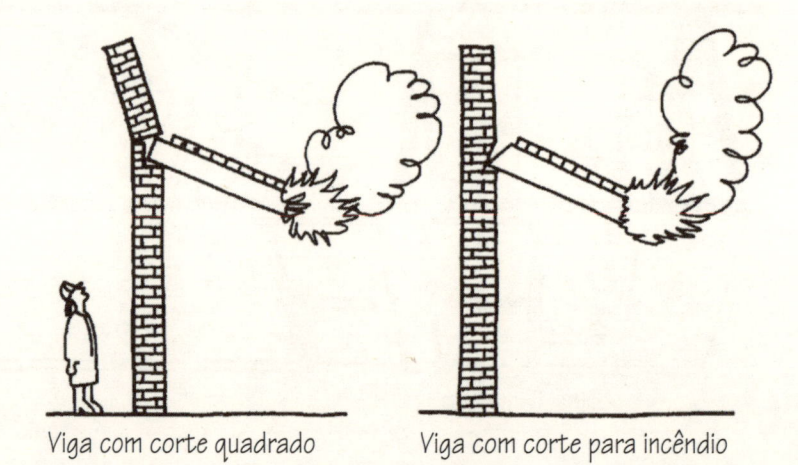

Viga com corte quadrado   Viga com corte para incêndio

19.20

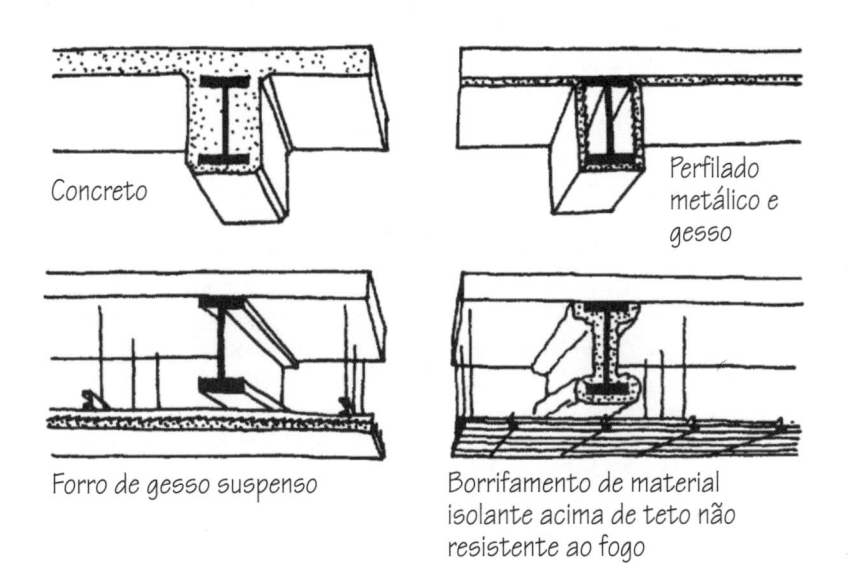

Concreto

Perfilado metálico e gesso

Forro de gesso suspenso

Borrifamento de material isolante acima de teto não resistente ao fogo

Proteção de vigas de aço contra incêndio   19.21

capacidade térmica e por suas propriedades de resistência natural ao fogo. Nos primeiros edifícios com estrutura de aço, vigas e colunas eram protegidas embutindo-as em sólida alvenaria de tijolos ou revestindo-as inteiramente em concreto. Essas técnicas, embora eficientes, eram relativamente caras e aumentavam substancialmente o peso e o custo estrutural de um edifício. As técnicas atuais consistem em revestir os elementos de aço com perfilado metálico e gesso, em envolvê-los em múltiplas camadas de placas de gesso acartonado, em cobri-los com massas plásticas de cementita que contenha um isolante mineral leve, ou em revesti-los de placas pré-moldadas de minerais isolantes (19.21, 19.22).

Vigas e colunas de aço no exterior de um edifício geralmente não estão expostas, durante um incêndio, a temperaturas tão altas como aquelas que ocorrem no interior do edifício. Os projetistas podem determinar, por meio de análise matemática, a temperatura máxima que um dado elemento externo de aço vai alcançar durante um incêndio, e, se a temperatura for suficientemente baixa, nenhuma proteção contra incêndio precisará ser acrescentada.

O colapso das torres do World Trade Center, em Manhattan, depois de um atentado terrorista, foi o resultado da incapacidade dos materiais à prova de fogo de proteger os elementos da estrutura de aço contra uma exposição muito prolongada às temperaturas inusitadamente elevadas de incêndios alimentados pelo combustível dos aviões a jato. Seria quase impossível construir um edifício alto que resistisse a tais incêndios. E, mesmo que fosse possível, não seria viável economicamente.

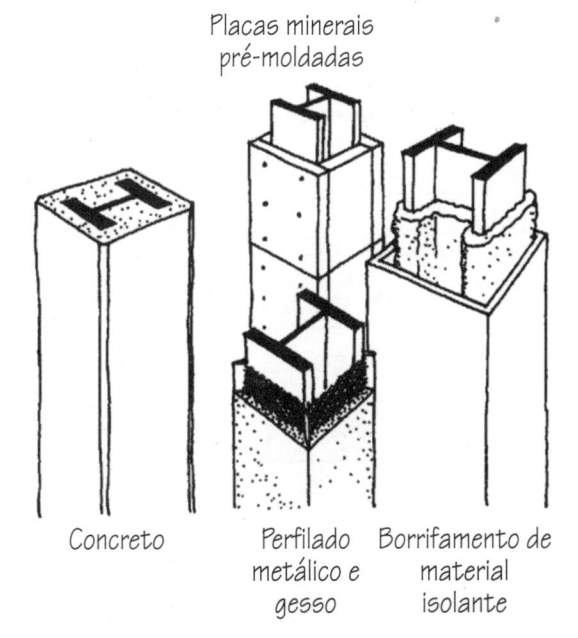

Ajuda aos bombeiros

É de importância vital que um edifício ofereça ajuda e proteja os bombeiros durante um incêndio. Os projetistas de um edifício precisam

Placas minerais pré-moldadas

Concreto   Perfilado metálico e gesso   Borrifamento de material isolante

Proteção de colunas de aço contra incêndio
19.22

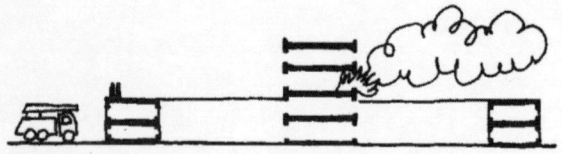

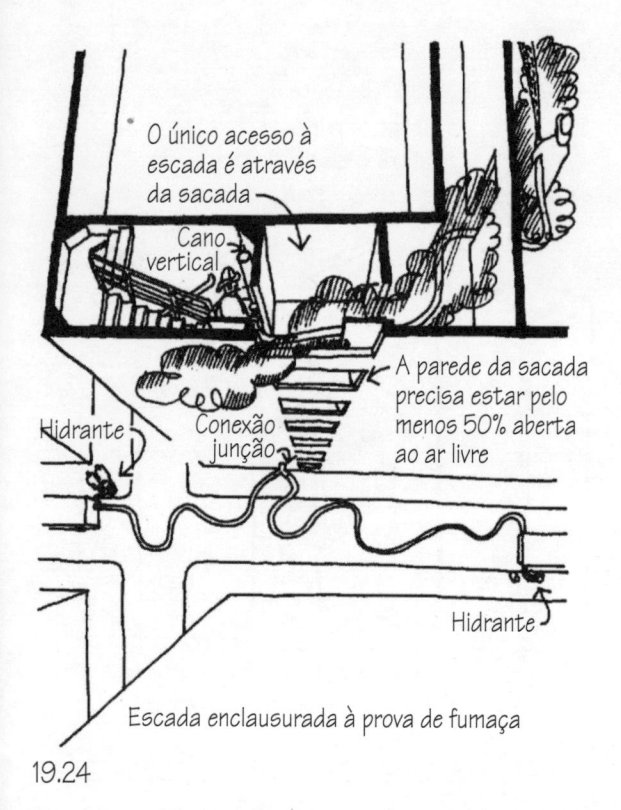

fornecer às autoridades do corpo de bombeiros local, por ocasião de sua construção, informações a respeito da configuração e da construção de um edifício, seus conteúdos e seus usos previstos, e suas instalações para ajudar os bombeiros. Os corpos de bombeiros mantêm essas informações em arquivo para que possam ser consultadas na ocasião em que um incêndio porventura aconteça. Complexos de edifícios precisam ser planejados de modo que os carros de bombeiro possam se dirigir para qualquer uma das unidades do complexo (19.23). Os hidrantes externos precisam estar localizados, em cada um dos vários edifícios, de modo que as mangueiras tenham fácil acesso a eles. Os edifícios precisam ser projetados de forma que as escadas de incêndio dos carros de bombeiro possam alcançar as janelas dos pisos mais baixos.

Uma escada de saída em um edifício mais alto deve ser colocada em um *recinto à prova de fumaça* (19.24). Essa escada pode ser conectada aos espaços principais do edifício apenas por sacadas ao ar livre ou pode ser pressurizada automaticamente com ar fresco por um exaustor em caso de incêndio. Dentro de cada escada de saída em edifícios com muitos andares, deve-se providenciar um cano vertical de tomada de água no qual as mangueiras de incêndio possam ser conectadas em qualquer piso. Para garantir um suprimento contínuo de água por esse cano vertical, uma *conexão junção* em forma de Y deve estar conectada ao cano no nível da rua. Um ou dois carros de bombeiro podem ser acoplados a essa conexão de modo a manter a pressão e o volume no cano vertical caso os canos principais de distribuição da rede municipal não consigam responder à demanda de água durante um incêndio.

Por causa de sua inerente insegurança, especialmente durante um incêndio em um edifício, elevadores e escadas rolantes geralmente não podem ser usados como dispositivos de fuga nos edifícios. Mas elevadores especialmente equipados são necessários para ajudar os bombeiros a chegar mais rápido aos pontos mais altos de um arranha-céu. Esses dispositivos devem estar de acordo com elaboradas medidas de precaução, que assegurem um confiável controle da fumaça, um suprimento seguro de eletricidade e um isolamento completo contra os efeitos do incêndio.

Leitura suplementar

James Patterson, *Simplified Design for Building Fire Safety*, Nova York, Wiley, 1993.

20
A construção de um edifício

Um edifício começa como um conceito de uma necessidade na mente de alguém. Se a necessidade é simples e a pessoa é hábil e ambiciosa, os passos necessários para ela realizar o conceito são simples e diretos. Em algumas sociedades primitivas, um ou mais membros da família ou tribo riscam a planta baixa num círculo ou retângulo de tamanho conveniente sobre o solo nu, reúnem materiais localmente coletados – lama, pedras, bambus, neve, toras ou estacas – e ali erguem uma construção. O planejamento e os detalhes da construção requerem pouco esforço mental porque são tradicionais para a sociedade. O norte-americano suburbano que se dedica à atividade do "faça você mesmo", e que esteja precisando de um depósito de ferramentas ou de uma casa inteira, geralmente dá passos um tanto mais elaborados. Ele passa certo tempo desenvolvendo planos no papel ou gasta dinheiro comprando plantas já prontas a fim de resolver o maior número possível de problemas funcionais antes de iniciar a construção. Os planos no papel também permitem estimar com precisão a quantidade necessária de materiais de construção e de mão de obra, e facilitar as negociações com o fiscal de obras municipal a fim de se obter uma licença para construir. Quando tudo estiver em ordem, os materiais são comprados e entregues, as ferramentas são preparadas e a construção pode começar.

Edifícios em escala residencial são às vezes construídos pelo proprietário, mas usualmente por um *construtor*, uma pequena empresa de construção que, com frequência, consiste em apenas três ou quatro operários e constrói apenas um projeto por vez. Um edifício residencial *feito sob encomenda* é aquele que é planejado por um arquiteto ou projetista para um proprietário específico e construído mediante um contrato ou acordo simples que expressa essa intenção. Alguns construtores se especializam em construção *especulativa*, erguendo edifícios que serão vendidos para um comprador que não é conhecido na ocasião em que a construção começa. Os construtores especulativos podem trabalhar num projeto específico por vez, ou podem construir dezenas ou centenas de casas de uma só vez em grandes lotes de terra.

Os construtores trabalham frequentemente a partir de *projetos prontos*, que são vendidos pelos projetistas residenciais por uma pequena taxa. O construtor, que muitas vezes trabalha fisicamente presente no projeto, em geral constrói a estrutura do edifício e aplica às paredes os materiais de acabamento externo. O construtor contrata *subempreiteiros* especializados para escavar e construir a fundação, aplicar o material da cobertura, instalar os encanamentos, o sistema de aquecimento e os serviços elétricos, instalar isolamento térmico, aplicar os acabamentos nas paredes e pisos internos, instalar armários embutidos e executar o projeto paisagístico. O construtor retorna para aplicar rodapés interiores e acabamentos e, depois disso, um subempreiteiro termina a pintura do edifício.

A *organização de um projeto maior*

Para projetos de construção maiores, são necessários arranjos mais complexos. É necessário um grande número de pessoas e de organizações:

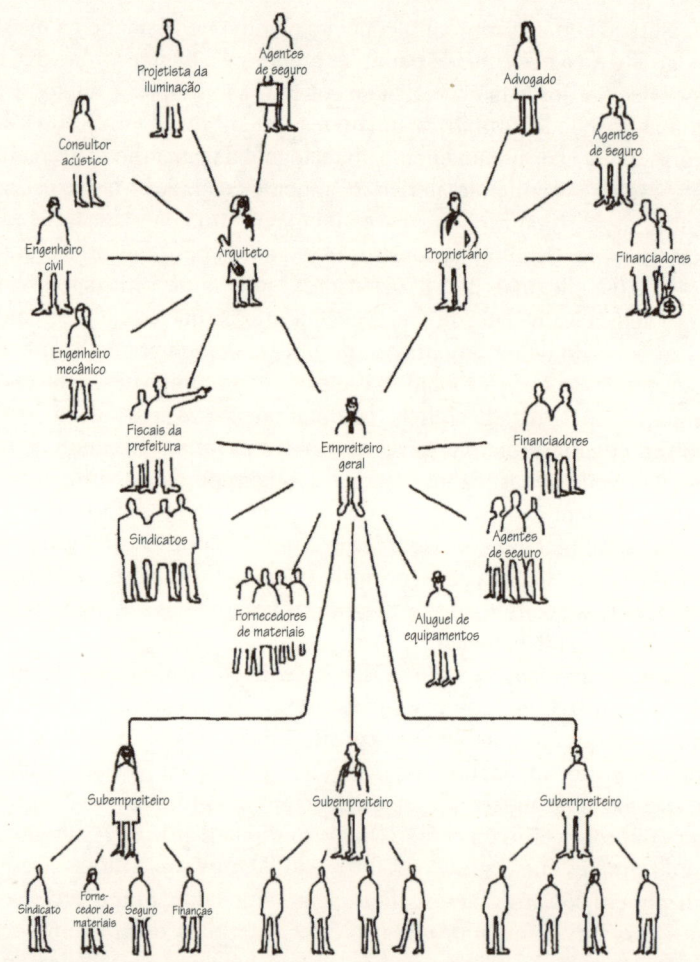

Organização simplificada para um projeto de construção maior
20.1

não apenas o proprietário e o fiscal de obras da prefeitura, mas também um arquiteto; vários engenheiros e consultores de projetos especializados nos ramos de estrutura, fundações, aquecimento, instalações elétricas, hidráulicas e acústicas; um empreiteiro geral; subempreiteiros e fornecedores de materiais; e um pequeno exército de financiadores, advogados e agentes de seguro (20.1). Com tantas entidades envolvidas, com tanto dinheiro mudando de mãos, e com riscos sempre presentes de acidentes, incêndio, vandalismo, condições meteorológicas inclementes, litígios trabalhistas, inflação, falta de materiais e atrasos, entendimentos seguros precisam ser estabelecidos por escrito entre as várias entidades especificando quem é responsável por que, em especial se algo der errado. Como base para esses entendimentos, todos deverão concordar precisamente com o que deve ser construído e como. "Que" e "como" são os propósitos das *especificações* e dos *projetos executivos* de um arquiteto.

As especificações constituem um documento escrito que enumera em detalhe o tipo e a qualidade de todos os materiais a serem utilizados em um edifício, os padrões de trabalho e acabamento que se podem esperar, e que especialistas no ramo da construção serão responsáveis por quais porções da obra (20.2). Os projetos executivos (às vezes chamados, em inglês, de *blueprints* porque antigamente eram impressos em branco sobre fundo azul) mostram o tamanho, a localização e a configuração de todas as partes do edifício. Eles são apresentados indicando o que cada especialista no ramo precisa saber para que o edifício seja construído

ESPECIFICAÇÃO

Casinha do Rover
R. Dogg, Proprietário

Fundação: Concreto, 2.500 psi

Piso: Concreto, acabamento com colher de pedreiro

Estrutura: #2 tábuas de pinho, com bordas superpostas nas paredes

Telhado: #1 telha de madeira Red Cedar Perfections, deixar 5" para beiral contra mau tempo

Pintura: Uma demão à base de óleo, duas demãos de tinta de látex para as paredes externas
Fornecer amostras de cor para o dono escolher

Uma especificação simples 20.2

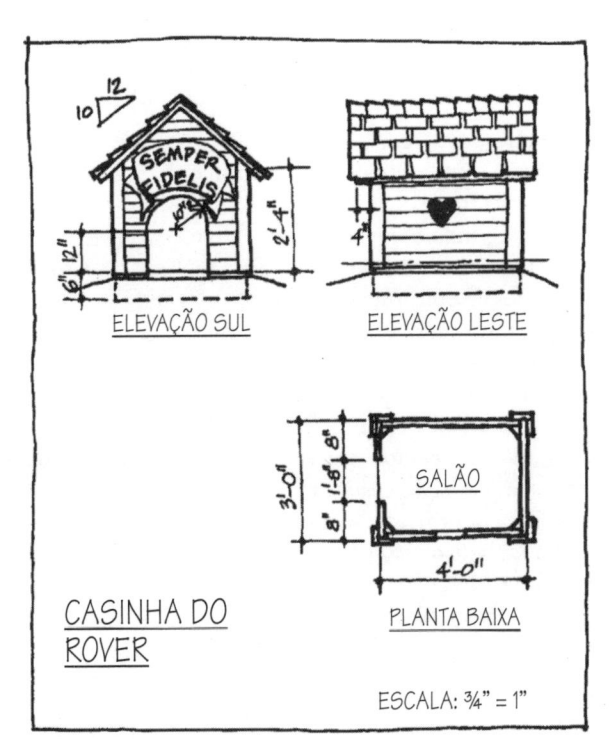

Um projeto executivo simples 20.3

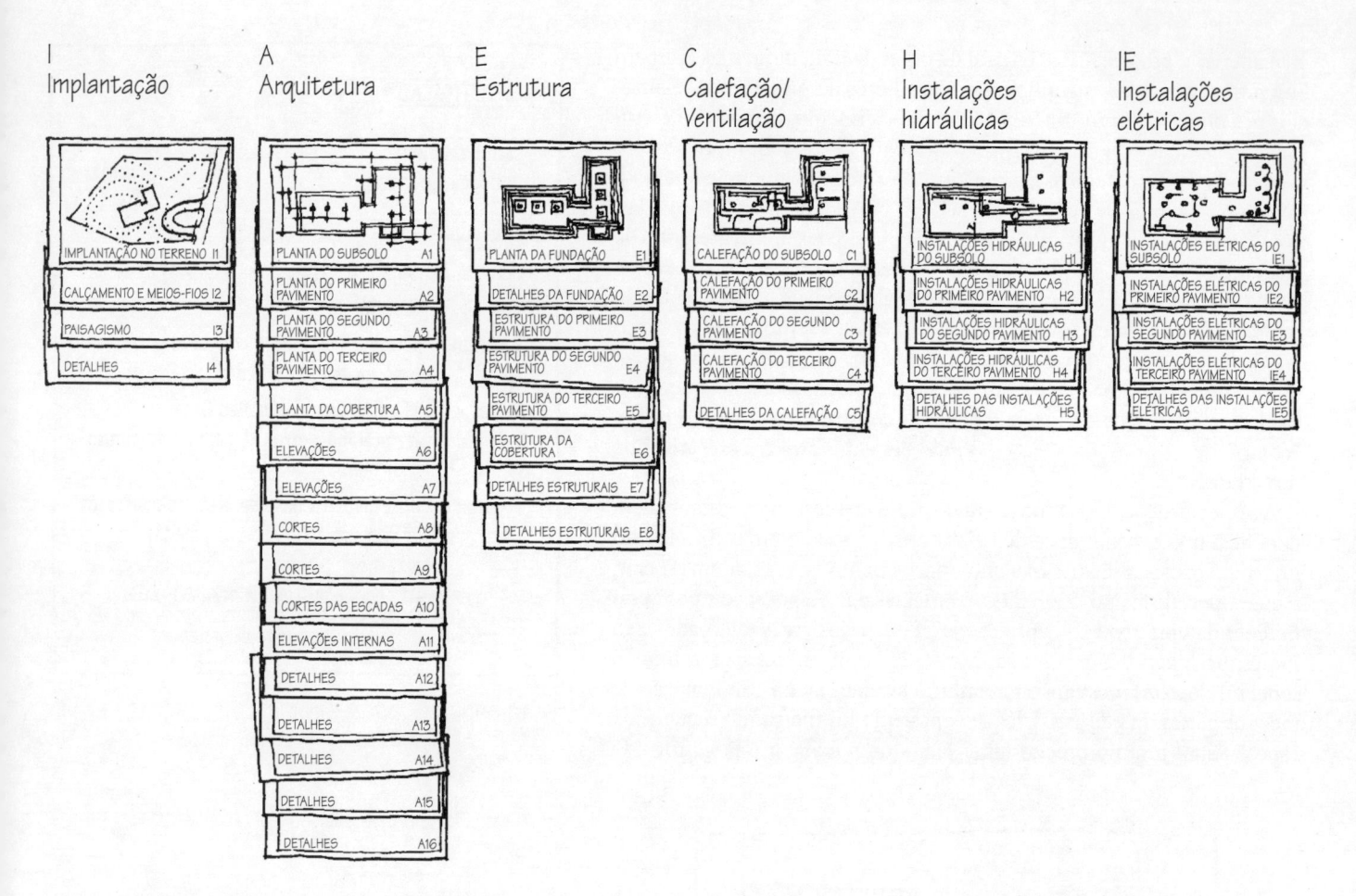

I	A	E	C	H	IE
Implantação	Arquitetura	Estrutura	Calefação/ Ventilação	Instalações hidráulicas	Instalações elétricas

I	A	E	C	H	IE
IMPLANTAÇÃO NO TERRENO I1	PLANTA DO SUBSOLO A1	PLANTA DA FUNDAÇÃO E1	CALEFAÇÃO DO SUBSOLO C1	INSTALAÇÕES HIDRÁULICAS DO SUBSOLO H1	INSTALAÇÕES ELÉTRICAS DO SUBSOLO IE1
CALÇAMENTO E MEIOS-FIOS I2	PLANTA DO PRIMEIRO PAVIMENTO A2	DETALHES DA FUNDAÇÃO E2	CALEFAÇÃO DO PRIMEIRO PAVIMENTO C2	INSTALAÇÕES HIDRÁULICAS DO PRIMEIRO PAVIMENTO H2	INSTALAÇÕES ELÉTRICAS DO PRIMEIRO PAVIMENTO IE2
PAISAGISMO I3	PLANTA DO SEGUNDO PAVIMENTO A3	ESTRUTURA DO PRIMEIRO PAVIMENTO E3	CALEFAÇÃO DO SEGUNDO PAVIMENTO C3	INSTALAÇÕES HIDRÁULICAS DO SEGUNDO PAVIMENTO H3	INSTALAÇÕES ELÉTRICAS DO SEGUNDO PAVIMENTO IE3
DETALHES I4	PLANTA DO TERCEIRO PAVIMENTO A4	ESTRUTURA DO SEGUNDO PAVIMENTO E4	CALEFAÇÃO DO TERCEIRO PAVIMENTO C4	INSTALAÇÕES HIDRÁULICAS DO TERCEIRO PAVIMENTO H4	INSTALAÇÕES ELÉTRICAS DO TERCEIRO PAVIMENTO IE4
	PLANTA DA COBERTURA A5	ESTRUTURA DO TERCEIRO PAVIMENTO E5	DETALHES DA CALEFAÇÃO C5	DETALHES DAS INSTALAÇÕES HIDRÁULICAS H5	DETALHES DAS INSTALAÇÕES ELÉTRICAS IE5
	ELEVAÇÕES A6	ESTRUTURA DA COBERTURA E6			
	ELEVAÇÕES A7	DETALHES ESTRUTURAIS E7			
	CORTES A8	DETALHES ESTRUTURAIS E8			
	CORTES A9				
	CORTES DAS ESCADAS A10				
	ELEVAÇÕES INTERNAS A11				
	DETALHES A12				
	DETALHES A13				
	DETALHES A14				
	DETALHES A15				
	DETALHES A16				

<u>Folhas com desenhos do projeto executivo típicos para um edifício de tamanho médio</u>
20.4

como se pretende (20.3). As especificações e os projetos executivos constituem, para propósitos práticos, o único meio de traduzir as ideias de projeto do proprietário e do arquiteto em um edifício real. Eles servem de base para quase tudo o que está envolvido na construção de um edifício: o financiamento da construção, vários seguros, a estimativa e a licitação dos custos de construção, o contrato geral da construção e todos os seus subcontratos, contratos de fornecimento de materiais e a permissão legal para construir o edifício. Enquanto tais, eles precisam ser completos, claros, não ambíguos e inteligíveis (20.4). Eles precisam ser escritos e desenhados em uma linguagem que possa ser entendida pelas pessoas que fornecerão e que colocarão os materiais. A beleza não tem importância nesses desenhos, mas a clareza e a precisão são essenciais. As especificações são usualmente organizadas em conformidade com formato padrão desenvolvido pelo Construction Specifications Institute and Construction Specifications Canada (Instituto de Especificações para Construção e o Código Nacional de Construção do Canadá) (20.5).

O contrato efetivo para a construção é realizado entre o proprietário do imóvel e o empreiteiro geral. Em sua maioria, os contratos têm um formato padrão que leva em conta todas as coisas que poderiam dar errado em um projeto. E se o empreiteiro estiver perdendo dinheiro em um projeto de construção e se retirar dele? (O contrato determina que

DIVISÃO 1	REQUISITOS GERAIS	DIVISÃO 9	ACABAMENTOS
01010	Sumário da obra	09110	Estruturas de divisórias que não suportam cargas
01021	Reserva financeira	09200	Perfilado metálico e gesso
DIVISÃO 2	TRABALHO NO TERRENO	09500	Tratamento acústico
02150	Escoramento e reacondicionamento de alicerces	09650	Revestimento de piso
02200	Terraplenagem	DIVISÃO 10	DETALHES
02350	Estacas e tubulões	10160	Divisórias metálicas de toaletes
DIVISÃO 3	CONCRETO	10500	Compartimentos fechados a chave
03100	Formas para concreto	DIVISÃO 11	EQUIPAMENTO
03200	Reforço do concreto	11050	Equipamento de biblioteca
03300	Concreto produzido no local	11400	Equipamento de serviço de alimentação
DIVISÃO 4	ALVENARIA	DIVISÃO 12	MOBÍLIA
04210	Unidade de alvenaria de barro	12300	Obras de marcenaria
04220	Unidade de alvenaria de concreto	DIVISÃO 13	CONSTRUÇÃO ESPECIAL
DIVISÃO 5	METAIS	13034	Aposentos com tratamento acústico
05100	Armações de metal estruturais	DIVISÃO 14	SISTEMAS DE TRANSPORTE
05300	Revestimentos de metais	14210	Elevadores com tração elétrica
05700	Metais ornamentais	DIVISÃO 15	MECÂNICA
DIVISÃO 6	MADEIRA E PLÁSTICOS	15400	Encanamentos
06100	Carpintaria bruta	15500	Calefação, ventilação e condicionamento de ar
06200	Carpintaria de acabamento	DIVISÃO 16	ELÉTRICA
DIVISÃO 7	PROTEÇÃO TÉRMICA E CONTRA A UMIDADE	16120	Fios e cabos elétricos
07190	Retardadores de vapor	16140	Dispositivos de fiação
07200	Isolamento	16500	Iluminação
07250	Proteção contra incêndios	16700	Comunicações
07500	Mantas para a cobertura		
DIVISÃO 8	PORTAS E JANELAS		
08100	Portas e caixilhos de metal		
08500	Janelas de metal		
08700	Ferragens		

Especificações típicas para um edifício de tamanho médio

20.5

o empreiteiro precisa declarar uma *fiança em garantia de execução da obra* antes de começá-la. É uma forma de seguro que oferece dinheiro vivo para o proprietário terminar o projeto com determinado empreiteiro se o empreiteiro original se retirar.) E se o proprietário não pagar o empreiteiro pelo trabalho finalizado, de acordo com o cronograma de pagamento estipulado no contrato? (O contrato permite que o empreiteiro pare a obra se os pagamentos não forem feitos dentro dos prazos determinados.) Quem é responsável pelo seguro do edifício durante a construção? (O proprietário.) Quem é responsável pelo seguro dos trabalhadores? (O empreiteiro.)

O escoramento de uma escavação com tabiques de estacas-pranchas

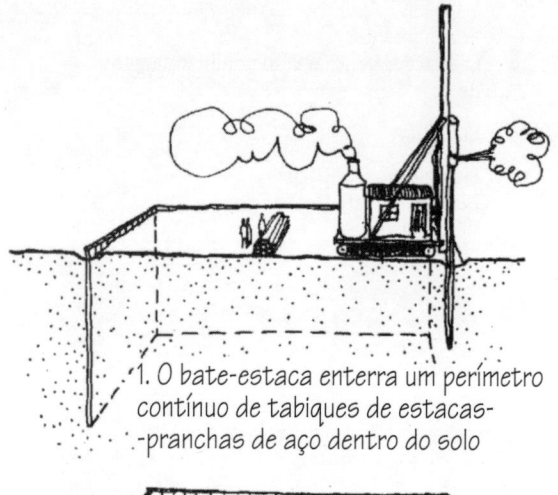

1. O bate-estaca enterra um perímetro contínuo de tabiques de estacas-pranchas de aço dentro do solo

2. A escavação prossegue dentro da área limitada pelos tabiques de estacas-pranchas

À medida que a escavação se aprofunda, o tabique de estacas-pranchas precisa ser escorado.

20.6

Problemas de construção

Um edifício em construção cria muitas perturbações, deslocamentos e perigos temporários em sua vizinhança. O solo e a vegetação são arrancados. Estradas e calçadas são, com frequência, obstruídas e formas naturais de drenagem superficial são interrompidas. Veículos de construção pesada quebram, às vezes, acidentalmente a pavimentação. As obras de construção geram ruídos, poeira e fumaça. As ferramentas elétricas e o maquinário de construção oferecem perigo para os dedos e os membros do corpo. Ferramentas e materiais podem cair ou ser atirados pelo vento de níveis mais elevados do edifício. Bordas de pisos e buracos em pisos destinados a canos, fios elétricos, dutos, escadas e elevadores criam o risco de quedas acidentais. As probabilidades de que ocorram incêndios acidentais são maiores durante a construção do que no edifício terminado, com o acúmulo de entulhos e o uso de maçaricos e de aquecedores que queimam combustível. O edifício parcialmente terminado é atrativo para ladrões, vândalos e pessoas em busca de aventura, o que os torna duplamente vulneráveis a incêndios e acidentes. Portanto, o próprio processo de construção requer um planejamento atento e cuidadoso a fim de minimizar seu perigo e seus aspectos desagradáveis e de maximizar sua eficiência e economia.

Serviços de utilidade pública temporários são necessários durante o processo de construção: água, eletricidade para acionar ferramentas e iluminação temporária, linhas telefônicas, banheiros temporários e serviços de remoção do lixo. Os trabalhadores da construção precisam de estacionamento ou de outros arranjos de transporte. O empreiteiro precisa providenciar um sistema de drenagem temporária para manter as escavações livres de água e para controlar a drenagem superficial. Também deve tomar precauções para impedir a erosão do solo pelo vento ou pela água. Terras úmidas, florestas e edifícios das vizinhanças precisam ser protegidos contra a poeira e a vazão superficial. Caminhões que trazem materiais para o local precisam seguir rotas de entrega que interrompam o tráfego o mínimo possível e evitem perturbar áreas residenciais. É preciso reservar uma área seca e segura, adjacente ao terreno, para a descarga de materiais, onde eles possam ficar armazenados até que a sua utilização seja necessária. Deve haver gruas e equipamentos de transporte para descarregar caminhões, para empilhar e desempilhar materiais, para erguer materiais e trabalhadores até os vários níveis do edifício, e para transportar materiais no âmbito de cada nível.

Em muitos projetos, o empreiteiro precisa erguer tapumes temporários e barreiras de vários tipos para proteger o público contra os perigos que acompanham o trabalho e para proteger a obra contra intrusos. É preciso cercar e proteger as árvores contra danos acidentais provocados pela maquinaria da construção. Se as escavações são feitas em solo instável ou muito perto de estradas ou edifícios adjacentes, elas precisam ser *escoradas* para se impedir o colapso do solo circunvizinho (20.6, 20.7). Se se pretende aprofundar a escavação abaixo do nível das fundações dos edifícios adjacentes, esses edifícios precisam ser temporariamente suportados contra o afundamento ou o deslizamento. Se o nível da água no solo está acima do fundo da escavação, é preciso *secar* o local para tornar a construção possível. Drenar essa água pode ser algo tão simples quanto escavar um poço raso na parte mais funda da escavação e bombear para fora qualquer água que se acumule nele, mas, com frequência, envolve a instalação de *poços tubulares* e de um sistema de encanamentos e de bombas para abaixar o nível da água no solo ao redor do local (20.8).

À medida que o edifício se ergue, os trabalhadores precisam de sistemas de andaimes, escadas de mão e elevadores hidráulicos para o acesso às várias superfícies do edifício. Em edifícios mais altos, podem ser necessários um ou mais elevadores temporários. Muitos elementos estruturais precisam de suporte temporário: escoras para as paredes, formas para concreto, cimbres para arcos de alvenaria e escoras diagonais temporárias constituídas de pranchas ou cabos que atuam em todas as armações de madeira ou aço. Todos esses suportes serão posteriormente removidos, quando a estrutura passar a se sustentar por si mesma. Por questões de segurança e de conveniência, os empreiteiros poderão instalar pisos temporários de pranchas de madeira em estruturas de aço do edifício até que os pisos permanentes sejam colocados e corrimãos temporários sejam instalados nas bordas e nas aberturas de pisos.

Proteções temporárias contra o mau tempo são necessárias em várias áreas do local da construção: o empreiteiro e os subempreiteiros precisam de um ou mais escritórios de campo provisórios. Barracões ou reboques frequentemente armazenam ferramentas e materiais valiosos no local ou abrigam áreas específicas de trabalho, tais como aquelas ao redor de grandes serras elétricas para cortar madeira ou alvenaria. Lonas impermeabilizadas abrigam pilhas de materiais. Em condições meteorológicas muito severas, as lonas atuam como coberturas ou paredes ao longo de todo o local de uma construção para proteger o trabalho e os trabalhadores contra o vento, a chuva, a neve ou o ar frio. No inverno, fornos de aquecimento temporários protegem obras de concreto ou alvenaria contra o congelamento e ajudam a secar a tinta e o reboco. Em climas muito quentes, toldos devem ser providenciados (20.9).

Os trabalhadores em atividade numa construção ficam expostos a muitos perigos; a construção civil tem uma das mais altas taxas de acidentes

Métodos alternativos para escorar os tabiques de estacas-pranchas

1. Escoramento da escavação por estroncas

2. Escoramento da escavação por estacas inclinadas

3. Escoramento da escavação por tirantes (os tirantes são ancorados em solo firme)

20.7

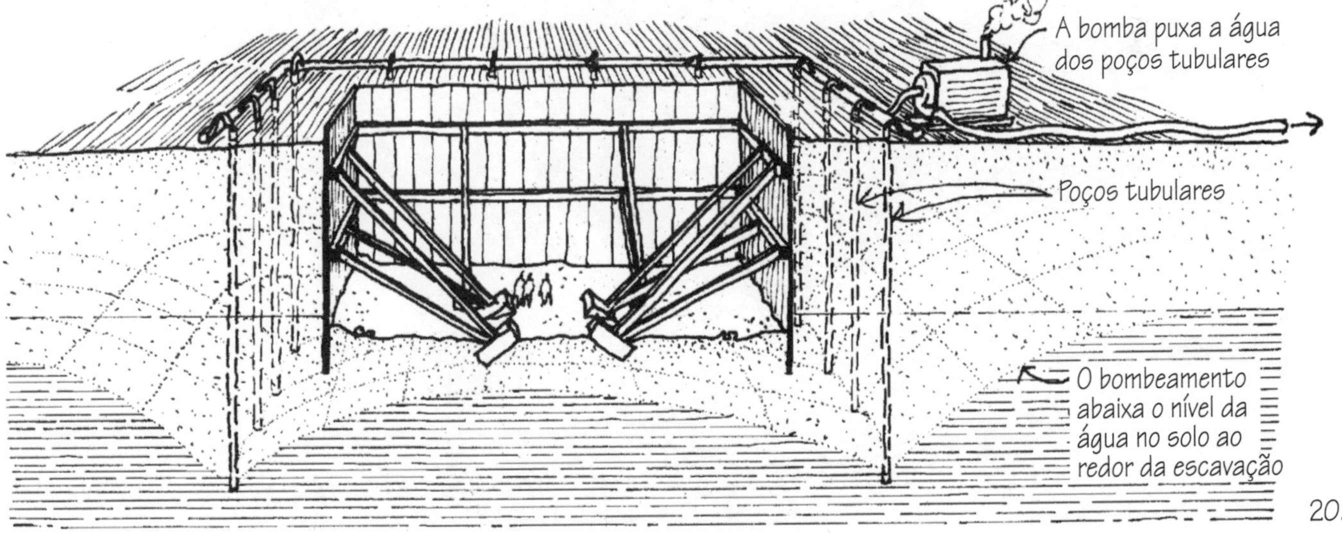

A bomba puxa a água dos poços tubulares

Poços tubulares

O bombeamento abaixa o nível da água no solo ao redor da escavação

20.8

20.9

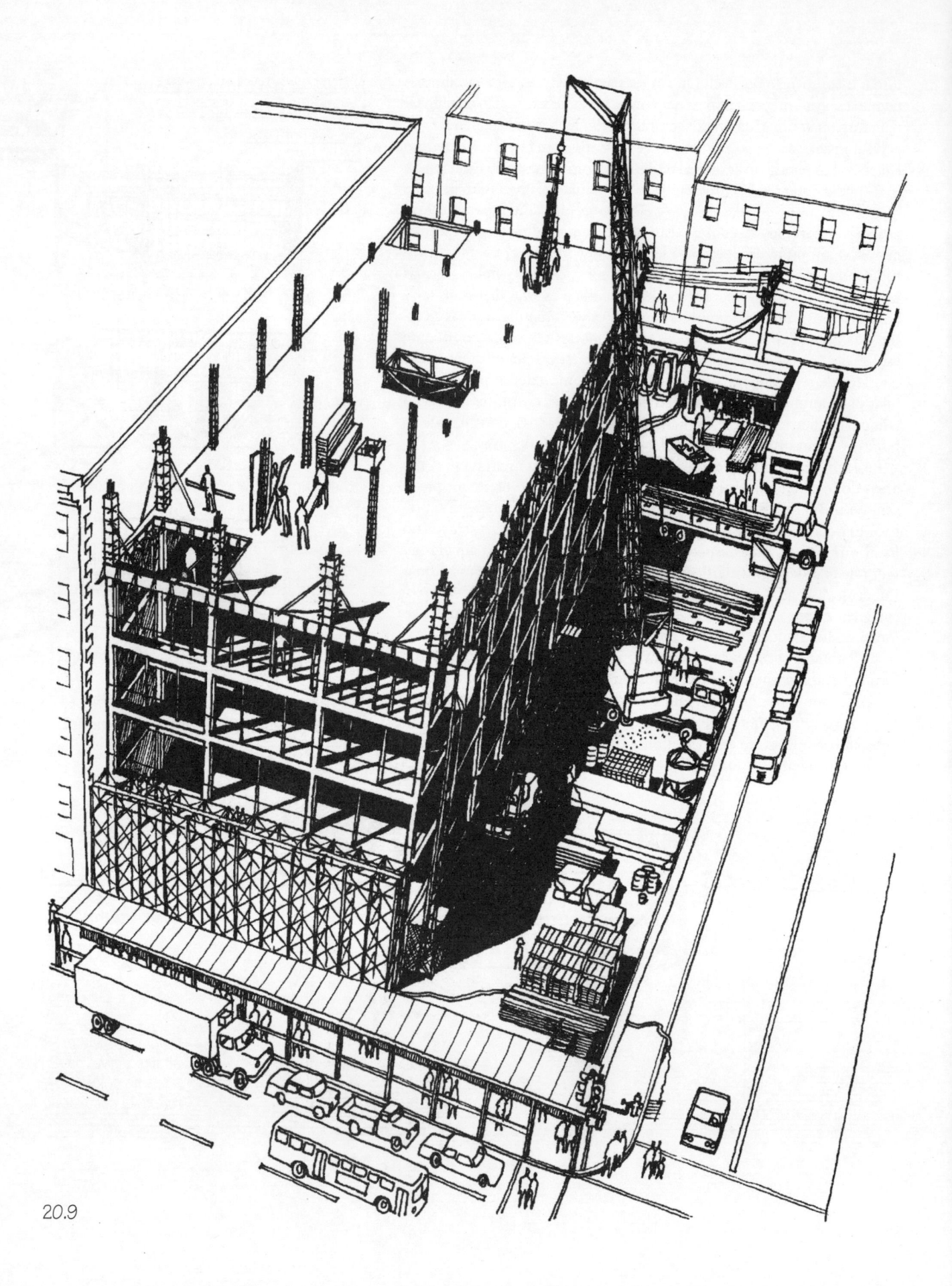

de trabalho de qualquer indústria dos Estados Unidos. Em consequência disso, muitos dispositivos de proteção são exigidos para o desempenho de várias atividades. O duro capacete de segurança é indispensável para proteger a cabeça contra a queda de objetos ou contra o impacto em obstáculos perigosos situados à altura da cabeça. Sapatos de segurança com pontas rígidas protegem os dedos dos pés contra a queda de ferramentas ou materiais. Solas de sapato não deslizantes servem a uma função de segurança óbvia. Óculos de proteção de vários tipos protegem os olhos contra faíscas e clarões da soldagem e mantêm chispas e poeira produzidas por ferramentas elétricas longe dos olhos. Certos tipos de trabalho exigem luvas de couro, aventais, máscaras com respiradores que filtram a poeira, cintos e linhas de segurança. Até mesmo os trabalhadores siderúrgicos, que erguem armações de aço estrutural, usam couraças de segurança presas com grampos a cabos de segurança firmemente estendidos entre colunas, e os trabalhadores da cobertura utilizam dispositivos de segurança semelhantes. Os andaimes precisam ter barras e corrimãos de segurança para impedir que os trabalhadores caiam. A maioria das ferramentas elétricas contém elementos de segurança embutidos, tais como protetores de retrocesso automático para lâminas, dispositivos anticoice e comutadores de abertura automática que desligam a ferramenta se ela cair acidentalmente. Kits de primeiros socorros e extintores de incêndios são mantidos ao alcance da mão e instruções sobre assistência médica e contra incêndios são afixadas em posição de destaque. Seguros médicos e hospitalares para trabalhadores acidentados são garantidos por lei. Um supervisor de segurança é designado pelo empreiteiro em cada local de construção para assegurar que todos os aspectos do trabalho são limpos e seguros. Nos Estados Unidos, inspetores do governo federal verificam os locais de construção para constatar se os empreiteiros cumprem com as complexas provisões da Occupational Safety and Health Act (OSHA) (Lei de Saúde e Segurança no Trabalho).

Os operários são donos de suas próprias ferramentas de trabalho – martelos, serras manuais, e assim por diante. Ferramentas maiores pertencem ao empreiteiro geral ou a subempreiteiros. Mas, se um empreiteiro não gosta de manter um grande estoque de equipamentos para construção, ele pode alugar ou arrendar ferramentas muito grandes ou altamente especializadas de uma empresa de aluguel de equipamentos.

Toda remessa de material que entra num edifício precisa ser checada por ocasião da entrega para garantir que ela satisfaz às especificações escritas. Cada pedaço de madeira de construção serrada ou de madeira compensada vem da fábrica com uma identificação impressa de sua espécie e de sua qualidade, o que facilita sua inspeção local. O aço estrutural é entregue com um certificado emitido pela fábrica, especificando sua composição e qualidade. A maior parte dos outros materiais de construção é marcada ou certificada de maneira semelhante com indicações sobre sua origem e qualidade.

Materiais como o concreto e a argamassa, por exemplo, que são colocados em locais úmidos, não podem ser completamente checados para se verificar sua qualidade por ocasião de sua aplicação, pois não há maneira segura de saber qual será sua resistência depois que tiverem endurecido. O procedimento padrão consiste em derramar várias pequenas amostras de material de cada lote em moldes especiais. Essas amostras são cuidadosamente marcadas, registradas em um livro juntamente com a especificação dos locais do edifício onde o lote correspondente de material foi utilizado, e mantidas no local durante um período padrão de endurecimento. Em seguida, elas são transportadas para um laboratório onde sua resistência é testada esmagando-as sob uma prensa hidráulica calibrada. Se a resistência ao esmagamento estiver acima de um valor mínimo especificado, tudo bem. Se não estiver, o trabalho feito com os lotes de material de onde as amostras foram retiradas pode ser desfeito e realizado novamente.

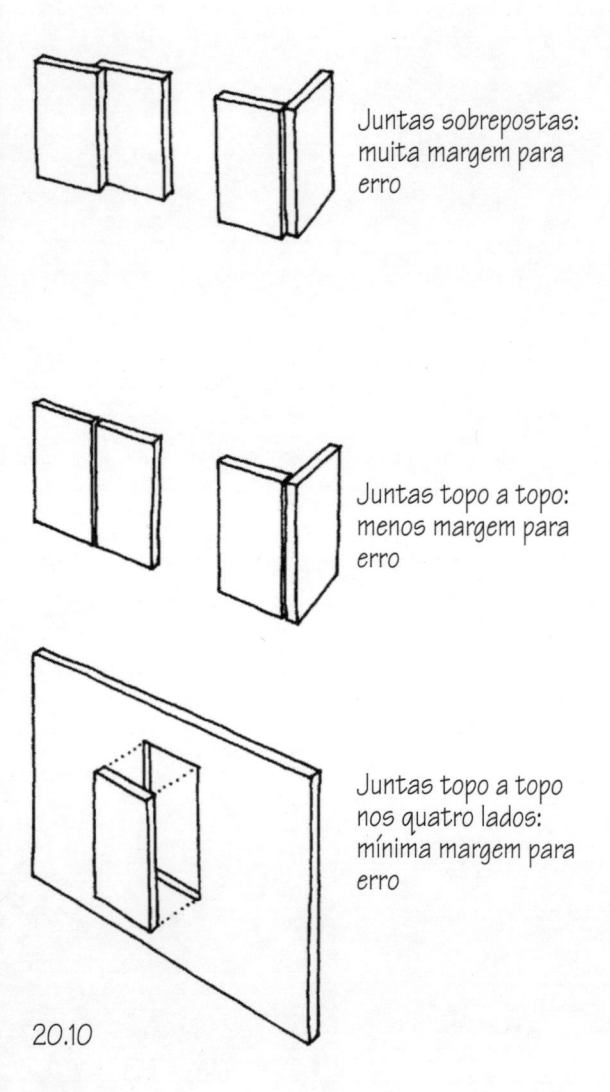

Com a ajuda de modernos instrumentos de medida e de nivelamento, os edifícios são construídos com um surpreendente grau de precisão, mas não se pode compará-los com relógios de pulso ou câmeras. Deve-se supor que até mesmo os componentes de edifício mais bem produzidos – por causa de seu grande tamanho, dos danos que possam ter sofrido durante sua remessa, da água que possam ter absorvido em trânsito ou no local do trabalho, e de variações na temperatura – podem não ser quadrados, planos, ajustados, verticais, perfeitos ou precisos na ocasião em que foram instalados em um edifício. Também se deve supor que um trabalhador nem sempre poderá medir ou instalar uma peça exatamente como deveria ser, especialmente nos tipos de trabalho mais brutos, tais como o trabalho com concreto e com armações de madeira. Para alguns componentes dos edifícios, tais como o aço estrutural, há um padrão industrial que especifica as quantidades máximas de vários tipos de distorções e imprecisões que se pode esperar no produto quando ele chega ao local de construção. No entanto, para a maior parte dos componentes dos edifícios, precisamos supor que é razoável esperar uma precisão dimensional de mais ou menos 6 mm. Discrepâncias de 25 mm ou mais às vezes precisam ser aceitas. Sob essas condições, juntas nas quais um pedaço de material simplesmente se estende sobre outro são as mais fáceis e mais seguras de se fazer (20.10). Nos casos em que dois componentes precisam ser faceados em dois ou mais lados, é essencial que o construtor deixe uma folga no encaixe para compensar a imprecisão dos ajustes e posicionamentos. As aberturas para unidades de janelas ou portas em paredes de estrutura de madeira são sempre maiores do que as próprias unidades. Quando as unidades estão instaladas, elas são niveladas e localizadas com precisão por meio de pequenas cunhas ao redor do perímetro. Nas paredes externas se cobrem as folgas resultantes do lado de fora, e o acabamento da parede interna as esconde do lado de dentro. Painéis de parede externos de concreto ou metal são instalados com folga no encaixe entre eles, tipicamente de 6 mm a 25 mm de espessura. Essas folgas se destinam tanto a permitir o movimento térmico e a deflexão estrutural como a facilitar as instalações. Os grampos de fixação metálicos em tais painéis fornecem ajustes generosos para um nivelamento e uma localização precisos antes que seja feita uma fixação permanente.

Ao se projetar uma construção, é importante que esses materiais que precisam apresentar uma boa aparência, bem-acabada, sejam instalados o mais perto possível do final do processo e que sejam protegidos de danos até que o último trabalhador esteja fora do edifício. Por exemplo, em muitos edifícios seria mais fácil instalar o acabamento do assoalho logo no início da construção, durante a operação de montagem. No entanto, se isso fosse feito, a superfície estaria exposta a desgaste, descascamento, arranhões, entalhes, goteiras e manchas ou salpicos causados por pés, ferramentas, materiais, derramamento e a uma variedade de acidentes relacionados com todo o trabalho subsequente no edifício. Em vez disso, mesmo à custa de alguma inconveniência, a instalação de acabamentos para o piso é uma das últimas tarefas a serem feitas em um edifício.

Os projetistas precisam considerar cuidadosamente o que se deve deixar exposto em um edifício. Poderia ser atraente expor a estrutura de madeira da parede de uma casa, mas com o que a parede realmente se pareceria, com os espaçamentos irregulares ao redor das aberturas, os defeitos naturais da madeira, as estampas com marcas de qualidade, os entalhes deixados pelo martelo do carpinteiro, as marcas de lápis remanescentes e a fiação elétrica e os canos do encanamento perfurando toscamente a parede? Se a estrutura da parede deve ser vista, isso exige que se volte a atenção para as qualidades apropriadas da madeira e para um cuidadoso direcionamento de canos e fios elétricos. Também exige uma qualidade artesanal superior e que consome mais tempo do que normalmente se exige de um carpinteiro. Em geral, é mais barato seguir o procedimento padrão de encarregar trabalhadores e pintores de placas de gesso acartonado para as paredes de as cobrirem com várias camadas de acabamento sucessivamente mais aprimorado, deixando que o carpinteiro, o eletricista e o encanador usem seus métodos habituais de trabalho toscos e eficientes.

Fica logo evidente, quando se examina qualquer um dos meios tradicionais de construir edifícios em nossa sociedade, que se observa o princípio geral de sequenciar a construção de modo que cada equipe de profissionais recubra e suavize o trabalho dos profissionais que lhes prepararam o terreno. Tipicamente, a primeira equipe de profissionais tem a função de instalar grandes áreas de material plano – paredes externas, painéis de parede, ripas, placas de gesso acartonado para paredes – que revestem de maneira crua as "vísceras" expostas do edifício. A segunda equipe é formada de profissionais que aplicam aquelas substâncias "pegajosas" – vedantes, reboco, rejuntes – que escondem as piores falhas nos materiais planos. A terceira equipe instala assoalhos, aquecedores e luminárias, acabamentos e guarnições de vários tipos. A última equipe, os pintores, ilumina e esconde todas essas camadas com um delgado revestimento cosmético de preservação, deixando o edifício pronto para a limpeza final dos resíduos da construção, as inspeções finais por todas as partes envolvidas e a entrega das chaves ao proprietário. O edifício, depois de um longo e muitas vezes conturbado período de gestação, finalmente nasceu.

O custo do edifício

Os edifícios são, por natureza, objetos muito caros. O seu custo pode ser medido, em última análise, por dois fatores: a quantidade de recursos físicos utilizados e o consumo de tempo humano. Os recursos físicos podem ser avaliados apenas de modo relativo, mas com relação ao tempo humano podemos ser muito mais precisos. Em média, uma casa na

América do Norte requer um total de cerca da décima quinta parte do tempo de trabalho de uma vida humana para ser construída. Um arranha-céu em Manhattan utiliza, em média, um total equivalente à vida útil inteira de 50 a 100 trabalhadores na sua construção e o equivalente a várias existências por ano na sua manutenção. Edifícios muito grandes custam, com frequência, várias vezes essa quantia.

Pode-se entender melhor por que os edifícios são tão caros, trabalhando na construção de um edifício. Até mesmo um pequeno edifício utilitário emprega copiosas tonelagens, volumes e áreas de materiais dispendiosos, os quais, em sua maioria ou totalidade, precisam ser erguidos, posicionados e unidos por meio de trabalho humano. O número de pregos, tijolos ou parafusos e porcas que um edifício consome é frequentemente vertiginoso, e cada um desses componentes envolve o dispêndio de uma quantidade finita e significativa de tempo humano. O número de operações específicas necessárias para se completar até mesmo o mais simples detalhe de um edifício é totalmente surpreendente. Atividades necessárias tais como as de contratar trabalhadores, encomendar materiais, resolver problemas, planejar os próximos estágios da construção, manter registros e pagar contas também exigem uma grande quantidade de tempo. O total sobe rapidamente, e logo se percebe que nos acostumamos a construir abrigos muito grandes e muito caros.

Uma vez que o projeto de um edifício foi estabelecido, a economia em sua construção é uma questão de bom gerenciamento, o qual requer o melhor e mais eficiente uso de trabalhadores, ferramentas, materiais e dinheiro. A maior quantidade de trabalho possível deve ser realizada em um local abrigado, de preferência em uma fábrica, onde as condições de trabalho são ideais e há um alto nível de mecanização. Os operários da construção precisam ser cuidadosamente coreografados de modo que não permaneçam ociosos nem interfiram nos trabalhos de outros. Os materiais precisam ser obtidos ao mais baixo preço possível, mas apenas com o nível de qualidade exigido, e apenas de fornecedores confiáveis. Eles devem ser encomendados na medida em que se façam necessários. Se demorarem muito para chegar à obra, isso atrasará o trabalho. Se chegarem cedo demais, ocuparão espaço de armazenamento no local. É também mais provável que sejam danificados antes da instalação pelo mau tempo ou por acidentes, e também ficam mais sujeitos a furtos, e precisam ser pagos de antemão.

Um bom empreiteiro de obras caminha na corda bamba, oferecendo os seus serviços a um preço suficientemente baixo para vencer a concorrência de outros empreiteiros, mas elevado o bastante para obter um lucro justo. Um empreiteiro cujos lances são constantemente baixos provavelmente terminará falido perdendo dinheiro em um número muito grande de projetos. E um empreiteiro cujos lances são constantemente altos se tornará insolvente por não conseguir obter nunca projetos para construir. Quando um empreiteiro ganha um projeto a um preço justo, ele precisa administrá-lo firme e inteligentemente, tanto para manter a margem de lucro esperada como para produzir um edifício bem construído. A construção civil é uma profissão arriscada e altamente especializada. Novas empreiteiras surgem e desaparecem rapidamente. Apenas empreiteiros responsáveis e competentes sobrevivem por muito tempo.

21
Como manter um edifício vivo e em crescimento

Antes mesmo que um edifício esteja finalizado, a Natureza começa a destruí-lo de modo sistemático. A força da gravidade, o vento e os movimentos sísmicos põem constantemente à prova a estabilidade de sua estrutura. Os comprimentos de onda que compõem a radiação ultravioleta da luz solar desbotam os materiais de construção orgânicos e quebram suas moléculas. A água pluvial dissolve dióxido de carbono e dióxido de enxofre da atmosfera para formar ácido carbônico e ácido sulfúrico fracos que, pouco a pouco, corroem pedras e estimulam a oxidação de metais. Quando dois metais adjacentes de diferentes potenciais eletrolíticos são umedecidos pela água pluvial, ocorre uma reação galvânica, gerando correntes elétricas que causam rápida decomposição do metal anódico. A água estimula o crescimento de mofos, bolor e de fungos que atacam muitos materiais de construção, particularmente a madeira e produtos dela derivados. A água também estimula o desenvolvimento de vários tipos de insetos que destroem a madeira, bem como ervas daninhas, trepadeiras e árvores cujas raízes se entocam dentro de minúsculas rachaduras do edifício e, atuando como cunhas, aumentam inevitavelmente o seu tamanho. A água que cai respinga fragmentos de solo sobre a parte inferior das paredes externas, alimentando insetos e fungos. Quando a água se congela no solo, ela ergue e racha fundações e calçamentos. Ao se congelar, arranca lascas e fragmentos das superfícies de concreto e de alvenaria. O vento transporta poeira, esporos e sementes, e os deposita em edifícios. Camundongos e ratos fazem residência no interior de um edifício e, roendo, abrem passagem através dele. Animais domésticos esfregam, mastigam e arranham superfícies de edifícios e depositam excrementos em cantos escuros, nutrindo microrganismos que causam decomposição. Os moradores humanos de um edifício também contribuem para destruí-lo, deixando em seu caminho umidade e sujeira, cuspindo, derramando ou respingando líquidos, manchando, chamuscando, golpeando, arrastando os pés, arranhando, quebrando, descartando entulhos, desgastando portas e gavetas, mantendo animais domésticos destrutivos, criando filhos destrutivos e produzindo fumaça, fuligem e vapores de cozinha que mancham as superfícies do edifício. A Natureza não tem nenhum rancor especial contra os edifícios; em sua maior parte, as forças que os atacam são as mesmas forças naturais que nivelam montanhas, desviam rios de seus leitos, transformam lagos em campinas e campinas em florestas, e convertem velhos materiais em novos ao longo de todo o mundo natural. A mudança é o fator constante na Natureza. Nascimento, crescimento, maturidade, declínio, morte, decomposição e renascimento são os estágios de todos os ciclos naturais. Portanto, isso também acontece com os edifícios, mas nós, seres humanos, queremos que o ciclo permaneça sob o nosso controle, a fim de manter cada edifício em uso até que sua morte siga os nossos propósitos.

As forças de deterioração que atuam nos edifícios podem ser agrupadas em três categorias: algumas dessas forças impõem ameaças tão poderosas ou imediatas à utilidade do edifício que precisam ser neutralizadas a todo custo. Outras forças são inevitáveis, mas podemos lidar satisfatoriamente com elas no dia a dia. E, paradoxalmente, outras forças de deterioração podem contribuir para a beleza e a utilidade do edifício – se deixarmos que o façam.

A proteção do edifício

Entre as forças da primeira categoria, as mais perigosas são aquelas que ameaçam a estabilidade das fundações do edifício. Evitamos o deslocamento do solo provocado pela geada assentando as fundações do edifício abaixo do nível mais fundo no qual o solo se congela no inverno. Evitamos o assentamento excessivo projetando as fundações de modo que elas não excedam a capacidade de carga do solo que as suporta. Para evitar a erosão do solo ao redor das fundações e sob elas, os sistemas de drenagem de água da cobertura devem ser mantidos em bom estado de funcionamento, e quaisquer vazamentos significativos de canos que passam por dentro ou pelas proximidades do edifício devem ser prontamente reparados. Em locais secos e ventosos, o plantio de gramados, arbustos e árvores ou outros recursos de proteção devem ser usados para proteger o solo contra a erosão pelo vento. As áreas imediatamente adjacentes às paredes do subsolo devem ser mantidas livres de árvores para evitar danos provocados pelas raízes. Estacas feitas de madeira não tratada e enterradas no solo por bate-estacas devem ser periodicamente inspecionadas para se assegurar de que poços ou bombas que se encontram em atividade em projetos de construção nas vizinhanças não reduzam o nível do lençol freático deixando-o abaixo do topo da estaca, pois, a não ser que essas estacas estejam totalmente submersas, a decomposição se instalará.

Se as fundações recalcaram, mas o edifício não está irreparavelmente danificado, a *calçadura* ou *recondicionamento de alicerces* é, em geral, um remédio eficiente, no qual novas fundações, de capacidade maior, são construídas sob as existentes ou ao longo delas, e o edifício é erguido sobre as novas.

Fraquezas estruturais também recaem na categoria das forças "perigosas". Comumente, a estrutura de um edifício é, antes de tudo, resistente o bastante, mas, se um projeto defeituoso ou a ação de cargas em excesso causa imperfeições estruturais quando o edifício está sendo utilizado, é preciso acrescentar a ele novas vigas, colunas ou escoras.

As estruturas requerem manutenção. Peças estruturais de aço precisam ser protegidos da umidade e da ferrugem circundando o edifício com camadas protetoras ou fazendo a manutenção da pintura ou aplicando algum outro revestimento protetor sobre todas as superfícies expostas. Juntas parafusadas em armações de madeira precisam ser ajustadas para compensar a contração da madeira depois que o edifício foi aquecido durante um período inicial após a construção; furações ou painéis de acesso devem ser providenciados em quaisquer materiais de revestimento para permitir esse ajuste. Fungos e insetos que destroem a madeira devem ser mantidos longe das estruturas feitas com esse material. Alguns fungos de madeira, como os que produzem manchas cinza-azuladas em madeira de construção recém-serrada e verde, ou as pintas brancas que se veem em algumas madeiras, têm apenas má aparência e não causam danos estruturais. Outros, como o caruncho (que causa apodrecimento seco) e os que causam apodrecimento por umidade, são excepcionalmente destrutivos. Insetos que perfuram a madeira e se alimentam dela, dos quais há muitas espécies em várias partes do mundo, podem colocar em risco a estrutura de um edifício.

A maior parte dos organismos que destroem madeira a consome como alimento e precisa de umidade e de ar. O principal meio de controlar esses organismos consiste em colocar veneno na madeira, mantê-la completamente seca para privar os organismos de umidade ou mantê-la completamente submersa em água para privá-los de ar. Várias substâncias químicas chamadas de *agentes de preservação* são utilizadas comercialmente para envenenar a madeira contra insetos e fungos. Elas não são muito eficientes se forem meramente aplicadas sobre a superfície e devem, em vez disso, ser dispersas de modo que atinjam todas as células da madeira por tratamento de pressão em uma fábrica. Certas espécies de madeira apresentam uma resistência natural a insetos e à decomposição em virtude de substâncias químicas que se desenvolvem naturalmente nelas. A sequoia canadense, o cipreste e o cedro são as madeiras norte-americanas mais comuns com essa propriedade.

Conservar a madeira seca ou conservá-la úmida podem parecer metas contraditórias, mas a madeira em qualquer uma dessas condições está segura contra o ataque. A madeira que está úmida, mas não submersa, ou a madeira que é alternadamente umedecida e seca oferece umidade e ar aos organismos destrutivos e é, por isso, fortemente atacada. A madeira que está no solo ou muito perto dele é especialmente vulnerável. A madeira colocada diretamente sobre uma fundação de tijolos ou de pedras deve ser protegida da umidade capilar por meio de uma camada de plástico ou asfalto impermeável à água. Vigas de madeira estendidas em cavidades em paredes das fundações devem receber proteção semelhante, e também se deve deixá-las com bastante espaço para "respirar" de todos os lados. É prudente utilizar madeira tratada com preservantes sempre que uma armação de madeira entra em contato com uma parede da fundação.

Nos locais externos onde uma peça de madeira é conectada com outra, a água pluvial fica retida entre elas por ação capilar, e a decomposição é rápida. A ponte coberta ilustra uma resposta lógica para esse problema: as

21.1

centenas de juntas nas treliças de madeira que suportam a ponte são mantidas secas por uma cobertura e paredes à prova d'água (21.1). Se a ponte não fosse coberta, ela ficaria estruturalmente em mau estado depois de vários anos por causa da decomposição de suas conexões. Se não for possível proteger as conexões de madeira contra as intempéries, o tratamento com agentes de preservação, ou pelo menos uma espessa aplicação de tinta, mordentes ou betume, pode retardar a deterioração, mas não se deve deixar expostas conexões de madeira, exceto nos casos de bancos, parapeitos, cercas e outras construções secundárias. Porém, mesmo nesses casos, é preciso realizar inspeções e manutenções periódicas a fim de substituir componentes deteriorados antes que eles se tornem perigosos.

Um edifício estará especialmente sujeito a um ataque de cupins se ele tiver partes de madeira não tratadas estendendo-se para dentro do solo, ou se houver restos e fragmentos de madeira, ou tocos de árvore, enterrados perto do edifício. No entanto, os cupins são capazes de atacar madeira seca carregando água do solo até a madeira. A espécie de cupim mais comum (e que mais danos provoca) nos Estados Unidos é o cupim subterrâneo, que se aninha no solo, mas tira seu alimento da madeira de um edifício acima dele. Para alcançar o edifício, esses insetos constroem tubos de proteção ocos com lama, pó de madeira e excreções, que se estendem sobre a construção intermediária das fundações, e em seguida prolongam seus túneis até a própria madeira. Nos locais onde são comuns as infestações por cupins, o solo nas vizinhanças imediatas do edifício deve ser envenenado e blindagens de folha metálica contra cupins devem ser instaladas entre a fundação e a estrutura de madeira (21.2). As blindagens não impedem a entrada de cupins, mas obrigam os insetos a construir seus tubos de proteção sobre as próprias blindagens, onde podem ser vistos, e não através de rachaduras na fundação. Se forem vistos tubos nas blindagens, convém chamar um exterminador.

Cupins de madeira seca, que precisam de pouquíssima umidade, não requerem contato com o solo e são encontrados em edifícios de madeira nas regiões tropical e subtropical. Edifícios infestados precisam ser revestidos de folhas de plástico e fumigados com gás venenoso. Outras espécies de cupins e de insetos que destroem madeira são encontradas em várias partes do mundo e cada uma delas requer o próprio conjunto de prevenções e curas.

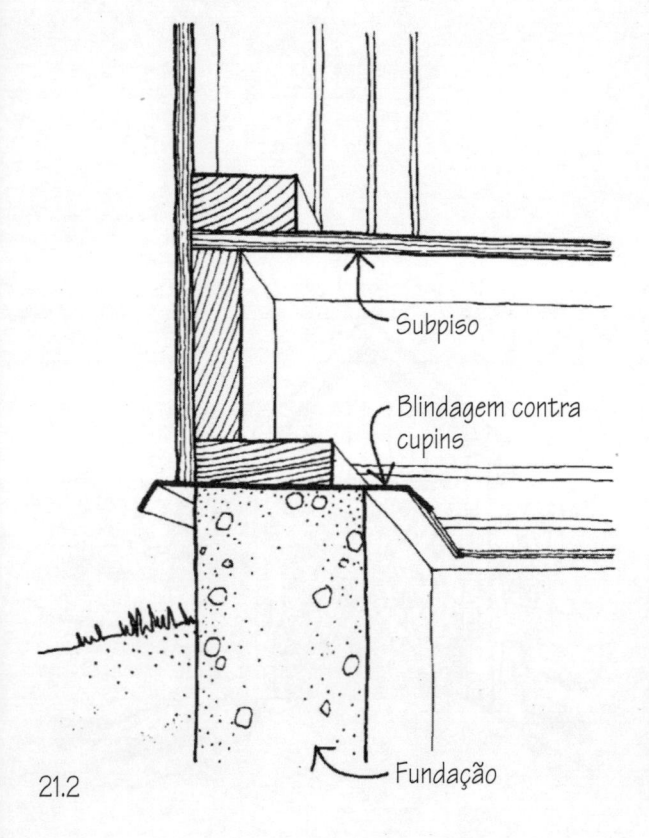

A prevenção contra vazamentos de água em edifícios está intimamente associada com a prevenção contra cupins e contra a deterioração. Afora incêndios ou terremotos, nada pode derrubar mais depressa um edifício do que a deterioração interna causada por uma cobertura com vazamento. As coberturas, os sistemas de drenagem da água pluvial, as paredes e as janelas exigem uma manutenção cuidadosa. Vazamentos no encanamento e condições de excessiva condensação precisam ser sanados rapidamente. Na casa convencional de armação de madeira, danos causados pela água e deterioração provocada pela condensação são comuns em janelas ao redor das junções onde os caixilhos de madeira retêm as vidraças, e também em subpisos de madeira sob os reservatórios de água dos banheiros. Problemas de vazamento e seus danos e deterioração provocados pela água ocorrem frequentemente nas proximidades de chaminés e ao redor de calhas na cobertura. Por causa da deterioração no madeiramento da cobertura ao redor de vazamentos, esses problemas se acumulam rapidamente, a não ser que se tomem providências tão logo eles ocorram.

A manutenção da cobertura requer que os sistemas de drenagem se mantenham em operação, à prova de vazamentos e livre de detritos que provocam entupimento, remoção de fragmentos de solo e plantas em crescimento que possam se alojar em frestas, e inspeção de vazamentos ou sinais de deterioração. Qualquer tipo de telha sofre uma gradual erosão pela água, pelo gelo e pelo vento; as telhas se decompõem sob os efeitos destrutivos do sol e podem rachar ou ser arrancadas pelo gelo, vento ou ramos de árvores. As coberturas com mantas não sofrem uma erosão tão rápida, mas são suscetíveis a danos em consequência da expansão e contração da plataforma da cobertura, da formação e rompimento de bolhas provocadas pelo vapor e da abrasão por causa do tráfego humano excessivo.

As juntas de argamassa na alvenaria são vulneráveis a danos provocados pelo congelamento e pelo descongelamento da água absorvida. Os pedreiros podem modelar e compactar juntas de argamassa para fazer com que elas espalhem a água em vez de aprisioná-la ou absorvê-la (21.3). No entanto, mesmo tomando tais precauções, a argamassa se deteriora progressivamente, em geral ao longo de um período de muitas décadas, e de tempo em tempo é necessário raspar a argamassa danificada perto da superfície e recolocar nova argamassa na alvenaria. A presença de trepadeiras acelera a deterioração da alvenaria porque suas raízes penetram na superfície e suas folhas a mantêm úmida entre tempestades. Os proprietários de edifícios precisam pesar esse fator contra o inegável charme das trepadeiras, sua contribuição para o resfriamento no período de verão, produzindo sombras e evaporação superficial das folhas, e seu papel de isolante térmico no inverno.

É necessário realizar inspeções contínuas a fim de se manter os perigos de incêndio do edifício em um nível aceitável. O lixo precisa ser descartado de imediato. Chaminés, aparelhos elétricos e a gás, e cargas nos circuitos elétricos precisam ser inspecionados periodicamente para garantir condições de operação seguras. As saídas devem ser mantidas livres. Portas contra fogo devem permanecer fechadas, mas em condições de operação. Extintores mal posicionados, ausentes ou deteriorados devem ser colocados em posições mais acessíveis, providenciados ou substituídos, e sistemas de alarme e de iluminação de emergência precisam ser verificados regularmente. Em certos tipos de edifícios, especialmente em escolas, é aconselhável que se proceda a treinamentos ocasionais de uso dos recursos de fuga em caso de incêndio, para a segurança dos seus ocupantes.

Riscos intoleráveis para a saúde ocasionados pelos sistemas de encanamento incluem canos entupidos ou com vazamento, canos que tendem a congelar e, portanto, a estourar, e dispositivos hidráulicos rachados ou defeituosos. Aquecimento inadequado e falta de luz ou de ventilação natural são riscos suficientes para justificar a evacuação de um edifício até que sejam corrigidos, o que também vale para os casos de acúmulo de lixo ou de infestações por vermes ou insetos daninhos. A aplicação de telas às janelas para impedir a entrada de moscas e insetos que picam é uma necessidade sanitária na maior parte do mundo.

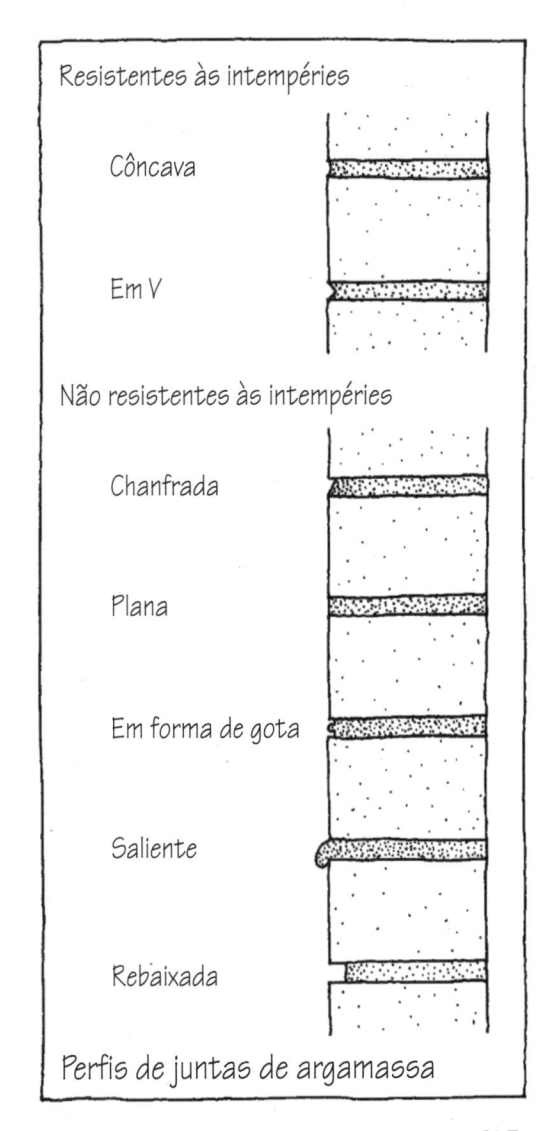

Perfis de juntas de argamassa

21.3

O último aspecto de nossa discussão sobre os problemas de manutenção cruciais nos edifícios se refere aos seus inimigos humanos, a saber, vândalos e incendiários. Quando não há evidência de nenhum motivo ulterior, o vandalismo e os incêndios criminosos parecem ocorrer mais frequentemente em edifícios malconservados ou abandonados. É provável que edifícios habitados e em bom estado de conservação possam vir a sofrer danos apenas se eles parecerem psicologicamente ameaçadores para os vândalos. Escolas e moradias para famílias de baixa renda são alvos frequentes, especialmente se elas tiverem um aspecto autoritário e depressivo. Ao que parece, a resposta a esses problemas seria construir edifícios com os quais cada morador se sinta envolvido pessoalmente, mas ainda não dispomos de diretrizes seguras para projetar e construir tais estruturas.

A *síndrome do edifício doente*

No passado, os edifícios em geral não eram completamente vedados ao ar e portanto dispunham, num grau maior ou menor, de ventilação. Em anos recentes, em grande parte em resposta a solicitações para que se melhore a eficiência energética, tendemos a construir edifícios que são praticamente herméticos ao ar. A não ser que se providencie ventilação mecânica nesses edifícios, os níveis de umidade no ar interno podem aumentar a ponto de favorecer o crescimento, sobre as superfícies e os sistemas de dutos, de várias espécies de mofo e de fungos que causam descoloração. Começamos a utilizar, numa medida cada vez maior, materiais sintéticos nos edifícios, alguns dos quais emitem gases, como o formaldeído. Um edifício hermético ao ar também pode criar problemas com aparelhos domésticos que queimam combustível e que não conseguem obter ar suficiente para uma combustão limpa, fazendo com que eles desprendam dióxido de carbono e monóxido de carbono no ar interno. Problemas como esses fizeram com que surgisse o recente fenômeno da *síndrome do edifício doente*, uma expressão que se aplica a muitas situações e se refere a edifícios em que a qualidade do ar interno é tão ruim que provoca doenças em muitos dos seus ocupantes.

Por causa de suas muitas fontes possíveis, as causas da síndrome de um edifício doente específico são, muitas vezes, difíceis de diagnosticar. Na maior parte dos casos, é possível detectar a causa e tomar uma ação corretiva. Às vezes, basta limpar o sistema de dutos de ar condicionado para sanar o problema. Pode ser necessário providenciar equipamentos para reduzir a umidade do ar interior. Pode ser preciso remover materiais mofados ou descoloridos por fungos e substituí-los. Às vezes, as entradas de ar para a combustão em fornos ajudam a reduzir a probabilidade de que produtos da combustão nocivos, tais como dióxido de enxofre e monóxido de carbono, sejam gerados pelo fogo. Em casos como esses, os edifícios precisam frequentemente ser evacuados até que o problema seja resolvido.

Cobrir com vinil as paredes internas de edifícios em climas quentes e úmidos tem-se revelado, com frequência, uma medida problemática. Esses materiais laminados são geralmente impermeáveis ao vapor de água e ao ar, mas, quando está quente do lado de fora do edifício e frio dentro dele, esses materiais estão sobre o lado frio do retardador de vapor, que é o lado errado. A umidade se acumula no lado de trás do revestimento da parede, onde ela cria condições ideais para o crescimento de mofos e fungos que provocam descoloração. Fabricantes do material responderam a esse problema desenvolvendo versões permeáveis e tratando o material com fungicidas de longa duração por ocasião de sua fabricação.

Manutenção de rotina dos edifícios

A manutenção de rotina dos edifícios inclui muitos tipos de operações de conserto, reforma e limpeza. No exterior de um edifício, superfícies de parede impermeáveis, por exemplo, telhas vitrificadas, porcelana esmaltada sobre aço, vidro, alumínio e aço inoxidável têm vida útil extremamente longa em circunstâncias normais e não requerem nenhuma manutenção a não ser lavagens periódicas e substituição ocasional da argamassa ou da substância vedante entre as unidades. Pinturas externas, mordentes e esmaltes vitrificados deterioram rapidamente por exposição à luz solar e à chuva, e devem ser renovados de poucos em poucos anos. Com a pintura branca, essa degradação rápida tem algumas vantagens, pois os progressivos caiamentos e lavagens da película superficial de pintura mantêm o revestimento limpo e com a aparência brilhante.

Os excrementos de pombos, estorninhos, pardais, gaivotas e outros pássaros contribuem para os problemas de manutenção externa de alguns edifícios. A eliminação de pequenas rachaduras nas superfícies externas dos edifícios resolve grande parte da dificuldade. Dispositivos que produzem sons desagradáveis ou provocam choques elétricos, ou que têm fileiras de pontas para impedir que os pássaros se empoleirem ou se abriguem, podem ser necessários em casos extremos.

Janelas de vidro acumulam rapidamente camadas de sujeira em ambos os lados. Com o tempo, esse acúmulo acabará obstruindo a visão e bloqueando a luz diurna. Lavagens periódicas se tornam mais fáceis utilizando tipos de janela que permitam que ambos os lados do vidro possam ser alcançados do lado de dentro do edifício. Caso contrário, serão necessárias escadas para se alcançar as janelas de edifícios baixos, e andaimes suspensos e móveis serão necessários em edifícios mais altos. Alguns fabricantes comercializam um tipo de vidro com um revestimento catalítico transparente do lado de fora que é ativado pela luz solar, convertendo a maior parte da sujeira em compostos solúveis que são removidos pela chuva. O custo adicional desse vidro autolimpante frequentemente se justifica por causa da redução, a longo prazo, das despesas de manutenção do edifício.

As janelas precisam ser projetadas de modo que permitam fáceis substituições ocasionais de vidraças quebradas, de preferência executando o trabalho do lado de dentro do edifício. A maior parte das massas de vidraceiro (as substâncias pastosas nas quais o vidro é encaixado) endurece com o tempo e finalmente racha, desprendendo do vidro e caindo pouco a pouco, precisando por isso ser reposta. Os caixilhos das janelas precisam de inspeção periódica por causa da corrosão, da decomposição, de vazamentos de ar ou de água, de excessiva rigidez ou folga da operação de encaixe, e do desgaste ou quebra de elementos físicos.

21.4 Revestimento de azulejos

As superfícies internas dos edifícios estão geralmente a salvo dos efeitos destrutivos do sol, da chuva e do vento, mas, em vez disso, estão expostas ao desgaste, à ruptura e à sujeira resultantes da ocupação humana. As paredes e os tetos acumulam poeira e sujeira em contato com o ar, com as partes do corpo humano e com os móveis. Nas áreas da cozinha e do banheiro, onde as paredes ficam especialmente expostas a manchas e sujeiras, pinturas com tinta esmalte brilhante ou semibrilho facilitam a tarefa de lavá-las. *Revestimentos* de azulejos vitrificados ou de plástico laminado são recomendáveis para locais úmidos (21.4). Portas, janelas e seus caixilhos de madeira são normalmente envernizados com acabamento brilhante ou semibrilho para facilitar a remoção de marcas de dedo. Quando as superfícies internas são repintadas, o primeiro passo consiste em preencher quaisquer rachaduras no reboco. No entanto, rachaduras graves no reboco geralmente indicam problemas estruturais ou vazamento de água, e não devem ser preenchidas e lixadas antes de se fazer um diagnóstico e de se proceder a ações corretivas. Quando se tiver de escolher cores para a pintura, para os papéis de parede ou para os revestimentos de madeira, deve-se considerar que efeito a nova cor provocará sobre os níveis de iluminação no aposento. Apenas o branco e as cores muito claras têm alto poder de reflexão da luz. Outras cores absorvem grande parte ou a maior parte da luz que incide sobre elas e podem criar um efeito que é ao mesmo tempo excessivamente sombrio e intoleravelmente escuro.

Os pisos, que sofrem abrasão de partículas carregadas pelos pés, são as áreas mais sujeitas a desgaste entre todas as superfícies internas de um edifício. Eles também são uma fonte de poeira que é levantada pelos pés e se deposita em paredes e mobílias. O piso é, portanto, o componente mais extenso que exige cuidados de manutenção no dia a dia de um edifício. Podemos impedir a entrada de boa parte da sujeira carregada pelos pés colocando um capacho ou uma grade junto à porta de entrada. Passar o aspirador de pó, espanar a poeira, varrer e esfregar o piso removem a sujeira antes que ela se acumule em camadas muito espessas. Encerar alguns tipos de superfícies de piso oferece alguma proteção contra o desgaste e facilita em muito as tarefas de lavar ou espanar o piso. Pisos de pedras duras ou de cerâmica rígida são altamente resistentes à abrasão e fáceis de lavar. Cerâmicas, pedras macias e pisos de madeira sofrem um desgaste muito mais rápido. Na maioria dos casos, pisos de madeira podem ser lixados e reenvernizados depois de sofrerem abrasões sérias. Cerâmicas e pedras macias ocasionalmente precisam ser substituídas. Em escadas públicas, onde o desgaste é excepcionalmente sério e os degraus erodidos apresentam um problema particular de segurança, devem-se utilizar materiais duros. Há pisos de degraus disponíveis com superfícies não deslizantes feitas de abrasivos extremamente rígidos.

A manutenção de pisos, bancadas e revestimentos é mais fácil, e sua aparência geralmente é melhorada se a sua superfície for mosqueada, listrada ou estampada com padrões. Essas texturas camuflam pequenas manchas e riscos de sujeira, tornando-os muito menos perceptíveis do que seriam sobre uma superfície pintada com uma só cor. Materiais de superfície de uma só cor geralmente custam mais do que materiais estampados que recobrem superfícies idênticas, pois até mesmo o menor defeito de fabricação será motivo para se rejeitar um produto monocromático, ao passo que tal defeito poderia passar despercebido numa superfície estampada.

As pichações podem ser um grande problema em lugares públicos. Os pichadores ficam geralmente desencorajados quando deparam com uma superfície tão texturizada, irregular ou rica em padrões que qualquer mensagem sobreposta seria provavelmente ilegível, se fosse essa a primeira coisa que o pichador quisesse fazer. Uma superfície excepcionalmente lisa, fácil de limpar ou fácil de ser recoberta com papel de parede, por outro lado, encoraja o acréscimo de nomes, observações e desenhos *ad hoc*. Enquanto o padrão das inserções for agradável, mais ele poderá ser mantido. Obscenidades e bagunça excessiva podem ser removidas e o processo pode recomeçar. Revestimentos resistentes a pichações, por repelirem a maioria dos tipos de tinta e pincel atômico, são eficientes em alguns tipos de superfícies.

A não ser pelos seus sistemas mecânicos, um edifício tem poucas partes móveis que precisam de cuidado. Gavetas, portas e janelas precisam de ajustes e lubrificação ocasionais. Dobradiças, trincos e fechaduras são especialmente suscetíveis a se desgastarem e a quebrarem. Portas por onde passa um grande número de pessoas, em mercados, escolas e outros edifícios públicos, exigem uma manutenção mais frequente e ocasionais substituições das partes funcionais desgastadas. Articulações que operam com rolamento de esferas reduzem em muito o desgaste e podem ajudar a reduzir os custos de manutenção para as portas de vaivém em edifícios com grande frequência de uso.

Todos os sistemas mecânicos de um edifício necessitam de programas sistemáticos de manutenção. Os filtros de ar dos equipamentos de aquecimento, ventilação e refrigeração devem ser limpos ou substituídos em intervalos regulares. Os combustores precisam de, pelo menos, uma limpeza e um ajuste anuais para se obter uma eficiência máxima de combustão. Motores, ventiladores, bombas e compressores requerem lubrificação e substituição de correias de borracha.

As instalações hidráulicas dos encanamentos devem ser limpas regularmente e suas drenagens, mantidas livres de obstruções. Torneiras e válvulas dos banheiros precisam de constantes reparos. Canos para o suprimento de água podem com o tempo ficar entupidos de escamações minerais e precisar de substituição. Encanamentos que eliminam as águas servidas tendem a se entupir ocasionalmente com fios de cabelo, papel, gordura de comida ou raízes de árvore intrusas. Dispositivos que vão desde um pedaço de arame rígido até elaboradas facas rotatórias presas na extremidade de um longo cabo podem ser introduzidos em orifícios de desobstrução no encanamento para remover os obstáculos. Aquecedores de água são especialmente suscetíveis a acumular escamações que provêm de águas ricas em minerais, e seus componentes elétricos ou associados à queima de combustível exigem atenção periódica.

Lâmpadas incandescentes, tubos e reatores de lâmpadas fluorescentes são os itens do sistema elétrico de um edifício que mais precisam de reposições frequentes. A limpeza regular de instalações permanentes e a limpeza e a pintura ocasional de tetos e paredes para renovar sua refletividade à luz também são necessárias para se manter um desempenho máximo do sistema elétrico de iluminação. Interruptores de luz e aparelhos elétricos se desgastam com relativa rapidez. Os outros componentes do sistema elétrico normalmente não se desgastam, mas os sistemas elétricos em sua totalidade se tornam obsoletos relativamente depressa. Sistemas mais antigos têm universalmente capacidade muito pequena, não oferecem vazão suficiente e não satisfazem os padrões atuais de ligação à terra e de proteção contra choques. Desenvolvimentos futuros certamente superarão as mais atualizadas instalações de fiação em alguns anos. Felizmente, novas fiações são de fácil instalação nas estruturas existentes, em especial onde houver muita capacidade disponível nos *conduítes*, que são tubos de metal ou plástico por dentro dos quais passa a fiação.

Os elevadores e as escadas rolantes estão geralmente sujeitos a serviços de manutenção realizados em intervalos frequentes por especialistas associados aos fabricantes desses dispositivos, e são regularmente inspecionados por representantes do município local para se verificar a segurança que oferecem. Os elevadores, em particular, são extremamente complexos e diversificados em seus mecanismos e controles, e estão sujeitos a intenso desgaste. Como os elevadores também apresentam um potencial único para causarem desastres envolvendo pessoas, seus mecanismos são projetados com fatores de segurança consideráveis; inúmeros dispositivos de segurança são incorporados em seus projetos; e sua manutenção precisa ser frequente e completa.

O planejamento em vista do crescimento e das mudanças

Entre as muitas habilidades sutis de um projetista experiente está a arte de utilizar as forças naturais de deterioração para melhorar o edifício com o tempo. Há poucas coisas mais gratificantes do que ver um edifício envelhecer e ficar mais atraente com o tempo, em vez de mais estragado. Para construir tal edifício, precisamos, em primeiro lugar, reconhecer que as superfícies do edifício são, ao mesmo tempo, sua face visível e as superfícies que precisam suportar os abusos do sol, da chuva, do vento, da fuligem, da sujeira e do desgaste pelos seres humanos. Qualquer material cuja aparência piore progressivamente quando exposto a essas forças deve ser evitado. Um novo carro fornece inúmeros exemplos desses materiais: quando emerge da sala de exposição, ele cintila sedutoramente com seu esmalte brilhante, sem falhas, seu cromo polido e as reluzentes curvas de seus vidros. Ele aninha o corpo humano em abundantes e brilhantes tufos de tapeçaria em meio aos carpetes dispostos em fundas camadas aconchegantes. No entanto, a cada dia que passa, o carro vai se tornando menos atraente: a pintura se desbota e fica fosca. Qualquer arranhão ou ranhura na lataria é imediatamente visível como um defeito que salta aos olhos. Manchas de ferrugem estragam o cromo. O vidro e a pintura, por causa de suas superfícies ultralisas, tendem a parecer ainda mais sujos do que realmente estão. As depressões da tapeçaria e os carpetes acumulam sujeira que se recusa a ir embora. Um motorista que compra um carro pelo seu apelo visual está condenado a uma vida de constantes manutenções e desapontamento final, pois o carro nunca mais parecerá tão bom quanto parecia no dia em que foi comprado.

Considere, ao contrário, um telhado inclinado de telhas planas de cedro. As telhas têm uma cor vistosa quando instaladas, mas começam rapidamente a ficar cinzentas por efeito da luz solar e da chuva. Por alguns meses, elas não são muito atraentes e parecem um pouco sujas e riscadas. Então, as cores começam a se misturar e se aprofundar, e o telhado ganha um confortável tom cinza-prateado que se torna mais rico com o passar dos anos. A chuva erode as faixas mais macias e primaveris do grão da madeira e acrescenta textura ao telhado. Liquens ou musgos podem adicionar cor. Sem nenhuma manutenção, o telhado não apenas vai durar várias décadas como também realmente ficará mais atraente a cada ano. O automóvel começa a sua vida com uma perfeição de acabamento que pode apenas ficar menos perfeito com a idade, enquanto um telhado de cedro se esquiva inteiramente da questão da perfeição e adquire uma pátina cada vez mais rica, cuja beleza não tem limites.

Há muitos materiais de construção que têm essa mesma qualidade. A sequoia canadense e o cipreste são semelhantes ao cedro nas propriedades de ganhar em beleza com as intempéries. A madeira inacabada que se utiliza no espaço interno em topos de mesas, portas e parapeitos, e que é constantemente manuseada e esfregada, parece manchada por certo tempo, mas então começa a brilhar com o polimento natural que as mãos humanas lhe proporcionam. Maçanetas de latão das portas são cauterizadas quimicamente com o tempo pelo suor das mãos, expondo o fascinante padrão cristalino do metal. O cobre exposto ao ambiente externo muda lentamente de um brilho refletor metálico alaranjado para uma rica tapeçaria de óxido azul-esverdeado. Esse óxido se agarra firmemente ao metal para protegê-lo de uma posterior deterioração. Coberturas de chumbo se oxidam e adquirem uma agradável cor branca. O alumínio é um metal com óxidos autoprotetores semelhantes, mas esses óxidos parecem sujos e riscados, e não são especialmente atraentes. Por isso, a maior parte do alumínio destinado a uso externo é quimicamente oxidada na fábrica, frequentemente com a adição de uma cor preta ou marrom permanente, e se torna um material que não melhora nem piora com o tempo. A maioria dos metais ferrosos é destruída pela ferrugem, mas se desenvolveu uma liga de aço que forma um óxido tenaz e autoprotetor que adquire uma cor e uma textura agradáveis depois de um período inicial em que ele se cobre de manchas.

A alvenaria geralmente fica com uma aparência cada vez melhor à medida que acumula fuligem e, como a argamassa, sob efeito das intempéries, adquire uma cor mais sutil. Trepadeiras aumentam cada vez mais sua beleza ano após ano. Pisos de cerâmica não brilhantes ou pisos de lajes de pedras naturais geralmente se desgastam e adquirem contornos agradáveis sob os pés. Superfícies de cerâmica vitrificada sobre alvenaria mudam pouco sua aparência com o passar dos anos e exibem um contraponto brilhante com as cores macias e profundas dos materiais ao redor delas. Pelo fato de a idade, frequentemente, escurecer as cores, as superfícies que começam sua vida com cores escuras tendem com o tempo a ficar mais graciosas do que as superfícies claras. No entanto, se uma superfície com tinta branca ou caiada for frequentemente renovada, ela adquirirá com o tempo uma textura agradavelmente lisa e se juntará vantajosamente com áreas de cores mais escuras.

Superfícies feitas de muitas unidades pequenas geralmente envelhecem de maneira mais atraente e é mais fácil fazer reparos nelas do que em grandes superfícies planas e lisas. Uma rachadura ou falha em uma placa de vidro que vai do piso ao teto é visualmente incômoda e potencialmente perigosa, e requer uma equipe habilidosa e equipamentos caros para ser substituída. Mas rachaduras em uma ou duas pequenas vidraças de uma grande janela de múltiplas vidraças não são particularmente perturbadoras para os olhos e não requerem substituição das vidraças a não ser que haja vazamento de água ou de ar. Se a substituição for necessária, uma única pessoa medianamente habilidosa poderá fazer isso com materiais que custam apenas alguns reais. As grandes vidraças devem ser lavadas com perfeição em intervalos de algumas semanas para que pareçam limpas, enquanto uma janela com muitas vidraças pode ficar bastante suja antes que isso se torne incômodo. De maneira semelhante, um pátio pavimentado com cerâmicas ou pedras pequenas tem vantagens de manutenção sobre um pátio pavimentado com concreto ou asfalto. Uma parede revestida com folhas estreitas de madeira é capaz de envelhecer de maneira mais graciosa do que outra parede feita de largas e belas folhas de madeira compensada. Um piso feito de pedras irregulares ou de primitivos ladrilhos de barro mostra menos evidência dos estragos provocados pelo tempo do que um piso feito de lajes de mármore polido.

Materiais de construção de segunda mão oferecem muitas vantagens com relação às suas características visuais: eles já estão gastos, já sofreram os efeitos das intempéries e estão enrijecidos pelo tempo. Em muitos casos, eles já adquiriram uma pátina agradável. São, com frequência, mais ricos no desenho e nos detalhes do que os materiais contemporâneos. São às vezes mais baratos do que os materiais novos. E, geralmente, trazem consigo uma bem-vinda sensação de história e de continuidade com o passado dentro de um edifício novo. Eles se misturam com o edifício mais e mais naturalmente à medida que adquirem marcas dos desgastes, dos reparos e das mudanças de sua própria vida, produzindo uma estrutura que registra sua própria história em suas superfícies expostas.

Os edifícios devem ser capazes de absorver os duros golpes da vida sem que isso prejudique sua aparência. As intempéries e o desgaste normais não devem diminuir a beleza dos acabamentos. Quantidades razoáveis de sujeira e fuligem devem parecer razoavelmente aceitáveis nas várias superfícies do edifício. E a confusão normal e agradável dos vários objetos da vida cotidiana das pessoas não deve parecer fora de lugar pelo fato de o edifício parecer construído para visitantes supermelindrosos vindos de determinado planeta. A manutenção do edifício não é um fim em si mesmo, mas se destina a melhorar a qualidade de vida dos moradores do edifício.

Acréscimos e remodelamentos são eventualmente importantes para a utilidade da maioria dos edifícios. Por meio desses processos, um edifício pode crescer e se adaptar às mutáveis exigências humanas, e sua vida útil pode se prolongar indefinidamente. O remodelamento normalmente envolve a remoção de pelo menos uma parte do acabamento interior, das divisórias e do equipamento mecânico de um edifício, a reconfiguração do interior e talvez das fachadas, e a aplicação de novos acabamentos. O remodelamento é mais difícil se o interior tiver muitas divisórias que suportam cargas ou se a estrutura do piso for difícil de ser seccionada e modificada, como acontece em muitos edifícios de concreto. Mas fica mais fácil se as divisórias, os pisos, as escadas e os serviços mecânicos forem relativamente simples de se desmontar e reposicionar.

Introduzir acréscimos em um edifício é possível na direção horizontal, na direção vertical, ou em ambas. Para acréscimos verticais, muitas despesas e rompimentos podem ser evitados se a estrutura original foi construída para acomodar pisos adicionais sem sobrecarregar as colunas, e se elevadores, escadas e sistemas mecânicos foram planejados desde o início para servir à extensão. Acréscimos horizontais estão fadados a parecer deselegantes se o edifício original é uma forma fechada e completa, como um domo, um cilindro, um cubo ou uma estrutura paraboloide hiperbólica. Eles são mais fáceis de se encaixar quando o edifício original é um pouco irregular, e quando um ou mais pontos de conexão naturais são fornecidos ao longo da periferia do sistema existente para a circulação dos pedestres.

Reutilização de edifícios

Os edifícios podem se adaptar bem às mudanças de uso ao longo do tempo. Nós continuamos a viver, estudar, praticar nossos cultos e conduzir nossos negócios em edifícios que, em muitos casos, têm séculos de idade e que tiveram de passar por muitas transformações ao longo desse período. A reutilização será mais fácil se o edifício tiver espaços amplos, desobstruídos e retilíneos, divisórias móveis, e componentes mecânicos e elétricos de fácil acesso. Será mais difícil se o edifício tiver divisórias internas que suportam carga, vãos estruturais curtos ou uma forma que é muito específica para um uso particular, como uma capela ou um teatro.

Com remodelamentos periódicos e manutenção constante, um edifício pode viver por um tempo muito longo. Vários edifícios dos tempos romanos ainda estão em uso. Mesmo uma construção de madeira, se for mantida a salvo da água e do fogo, pode durar séculos. Mas edifícios são abandonados ou demolidos todos os dias; às vezes, por problemas de saúde ou de segurança. Outras vezes, um edifício simplesmente não pode se adequar aos padrões modernos de conveniência, pois ele é muito pequeno ou sua configuração original é muito improdutiva diante de alterações. Mais comumente, um edifício se torna antieconômico por causa das necessidades mutáveis de seus ocupantes, dos custos excessivos de manutenção e reparo, ou então porque ele ocupa um terreno tão valioso que o proprietário quer construir em seu lugar um edifício muito maior com o objetivo de maximizar o lucro sobre o investimento. Na maior parte dessas circunstâncias, o edifício é demolido e seus pedaços são levados embora por um caminhão da empresa de demolição de edifícios. Parte de seus componentes pode ser salva e vendida, mas usualmente todo o edifício termina como pedaços quebrados em um aterro de lixo.

Em áreas rurais, não é difícil encontrar um celeiro ou barracão padecendo de morte natural depois de muitos anos de serviço (21.5). É triste saber que o otimismo, a energia humana e a habilidade que originalmente foram utilizados para a construção do edifício estão agora em vias de se perder para sempre, mas é uma experiência gratificante ver como a Natureza retoma os materiais de construção que ela antes produziu a fim de convertê-los para outros usos. Há dignidade na queda da madeira em decomposição e confiança restabelecida na lenta absorção da madeira pela terra. Há beleza no ataque gentil, supremamente paciente, da Natureza sobre a alvenaria e o concreto, quando as intempéries suavizam as superfícies, e as gavinhas das plantas penetram nos minúsculos poros e rachaduras, iniciando o longo processo no qual os efeitos de alavanca e de cunha, algum dia, provavelmente depois de muitas gerações, reduzirão até mesmo esses materiais em terra. As plantas, gradualmente, cobrirão o edifício moribundo com uma mortalha de folhas verdes e de brotos brilhantes, e ele se tornará um novo objeto na paisagem, uma promessa pitoresca da ordem nova e melhor com a qual a Natureza o substituirá.

Leitura suplementar

Mohsen Mostafavi e David Leatherbarrow, *On Weathering: The Life of Buildings in Time*, Cambridge, Massachusetts, M.I.T. Press, 1993.

22
Componentes e função do edifício

Até agora, examinamos as características do ambiente externo, as comparamos com as exigências ambientais das pessoas e da sociedade, e consideramos a gama de funções que, como esperamos, um edifício deve desempenhar reconciliando as diferenças entre ambas. Discutimos extensamente os vários mecanismos físicos utilizados em edifícios para desempenhar essas funções. Resta agora examinar um pouco os componentes comuns com os quais construímos edifícios, a fim de verificar que funções esperamos que cada um deles desempenhe, e por meio de quais combinações de mecanismos cada um deles funciona. Palavras simples, tais como *parede* ou *cobertura*, denotam componentes muito complicados, que desempenham uma surpreendente gama de funções em um edifício.

Vamos começar pelo componente que chamamos de *terreno* (22.1). O terreno é um importantíssimo perímetro externo de dispositivos para modificar o ambiente externo. Árvores no terreno podem bloquear os raios solares, esfriar o ar, desviar o vento de inverno e proporcionar privacidade visual. O terreno pode manter a água afastada das fundações. Ele pode proteger um edifício contra ruídos ou incêndios, mantendo-o suficientemente distante dos edifícios vizinhos. Graças a um cuidadoso posicionamento e a uma cuidadosa orientação do edifício no terreno, podem-se criar áreas externas úteis; bolsas de microclimas mais quentes ou mais frios podem ser implantadas; e a penetração do sol no edifício pode ser controlada de modo que proporcione melhor conforto em todas as estações do ano. Para muitos edifícios, o terreno também fornece água e descarta água de esgoto. Ele pode até mesmo fornecer alimentos se abrigar uma horta, um pomar ou um viveiro para criação de galinhas.

Um segundo perímetro de dispositivos que modificam o ambiente está contido no recinto do edifício. Nele é realizado o principal trabalho do edifício: a luz solar é bloqueada, admitida seletivamente ou refletida. A passagem do ar, do calor, da umidade, do som e das criaturas vivas pelo edifício é estritamente controlada. Superfícies de nível são criadas e superpostas para a ocupação humana, e suportadas sobre paredes ou

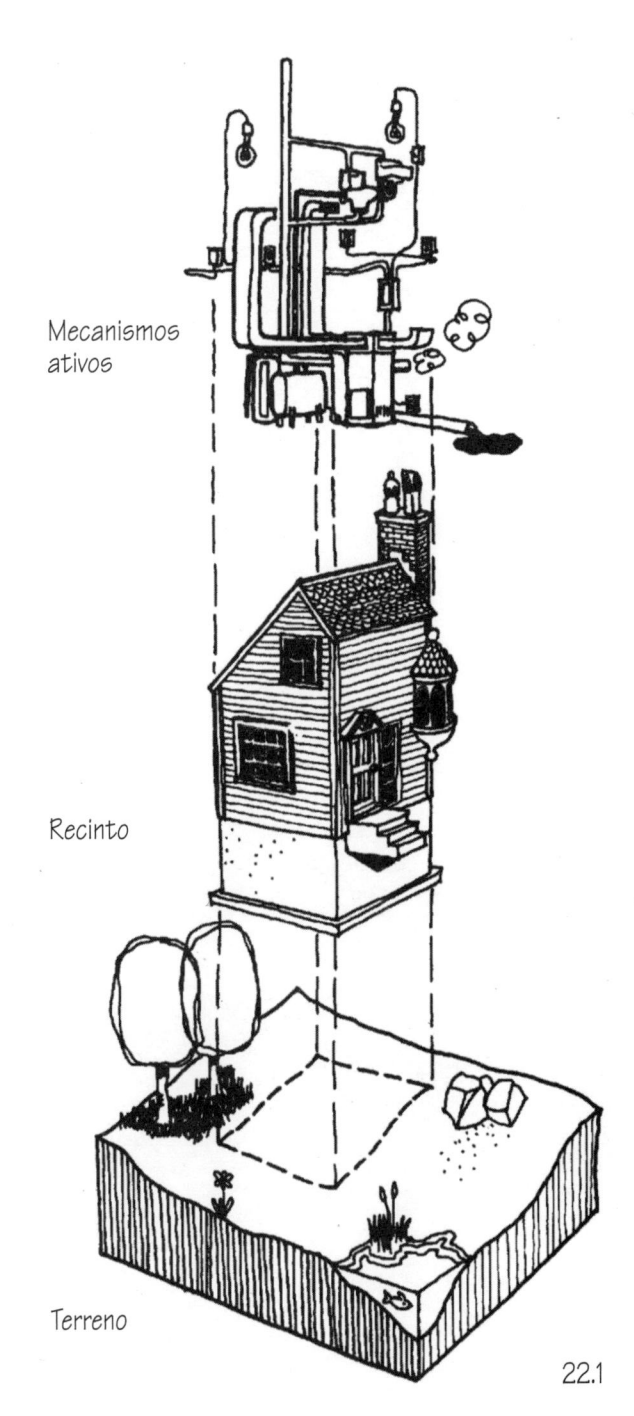

22.1

colunas. O volume que elas encerram é dividido num arranjo conveniente de aposentos, ligados por passagens verticais e horizontais.

No âmbito desses dois perímetros concêntricos, o terreno e o recinto, estão os mecanismos ativos que geram ou removem calor, promovem a circulação do ar, fornecem luz, fazem as ferramentas funcionarem, distribuem água e coletam resíduos líquidos. É melhor restringir o papel dos dispositivos ativos, na medida do possível, ao se fazer a sintonia fina do ambiente externo com as condições ideais, uma vez que o trabalho pesado da modificação ambiental é realizado pelos dispositivos passivos do terreno e pelo recinto do edifício. Essa técnica de projeto tem, naturalmente, a vantagem de reduzir o consumo de energia no edifício. Ainda mais importante é o fato de que o edifício oferece um máximo de conforto e conveniência nivelando os fluxos de temperatura, reduzindo o ruído de equipamentos mecânicos e a poluição do ar e fornecendo níveis mais favoráveis de iluminação natural. Essa técnica também ajuda a colocar as pessoas em uma relação mais natural com o ambiente externo, uma relação na qual elas podem entender e apreciar mais plenamente os majestosos ciclos da Natureza e a relação desses ciclos com a vida humana. As máquinas, por mais eficientes que sejam, jamais poderão, ao projetar, substituir plenamente o bom-senso de um arquiteto que posiciona e configura o edifício, pois é o recinto do edifício, e não o equipamento mecânico, que precisa criar as condições básicas, espirituais e físicas para a satisfação humana.

Poderia parecer que somos capazes de construir edifícios satisfatórios a partir de quase nada. Alguns materiais só precisam de pouco processamento: barro, pedra amarroada, pedras do campo, neve, grama, junco, folhas, bambu, betume natural, troncos e ramos de árvores. Com um dispêndio modesto de tempo e de energia, podemos fabricar tijolos refratários, madeira aparelhada, papel, blocos de pedra e gesso. Com um pouco mais de processamento, produzimos cimento, vidro, metais, borracha e plásticos. Construímos com o que podemos obter em um dado local, com certo conjunto de restrições econômicas. Por intermédio de campanhas militares, de forças de paz ou de comissões arquitetônicas estrangeiras, arquitetos e engenheiros norte-americanos frequentemente se defrontaram com situações em que tiveram de recorrer ao barro, à palha ou ao bambu, procurando lidar com climas e padrões de vida não familiares. Até mesmo os nossos próprios padrões de vida continuam a mudar, e novos materiais de construção chegam ao mercado a cada mês, cada um deles prometendo certas vantagens sobre os materiais que esperam substituir.

Em tais situações, os arquitetos aprendem a avaliar materiais novos ou não familiares com relação ao que cada um deles pode fazer de melhor, e também aprendem quais são suas desvantagens e fraquezas. Qual é a resistência de um material à tração, à compressão e ao cisalhamento? Como ele será afetado pela água? Ele permitirá que o vapor de água o atravesse? Quais são suas propriedades térmicas? Qual o seu grau de expansão ou contração em decorrência de mudanças na umidade ou na temperatura? Sua superfície pode ser deixada exposta em um piso ou parede? Como esse material será afetado pelo fogo? Quais são suas propriedades acústicas? Qual a melhor maneira de instalá-lo? Como ele responderá ao desgaste normal e à erosão? Se não estiverem disponíveis cifras provenientes de testes laboratoriais, ainda poderemos julgar essas qualidades razoavelmente bem avaliando o peso, puxando, empurrando, dobrando, arranhando, umedecendo e submetendo uma amostra desse material à chama de um fósforo ou verificando como o material é utilizado e como suporta as condições de uso nos edifícios que o utilizam. Depois de aprender o que o material pode e o que não pode fazer, precisamos em seguida determinar onde ele pode ser utilizado num edifício e com quais outros materiais ele deve se aliar para constituir componentes do edifício que desempenham todas as funções que se exige deles.

A tabela em 22.2 mostra as principais funções desempenhadas por vários componentes do edifício. Uma parede externa provavelmente serve a funções mais importantes do que qualquer outra parte de um edifício. Nenhum material isolado pode realizar bem todas essas tarefas. Por conseguinte, até mesmo a parede de uma residência comum de estrutura de

	Terreno	Fundação	Estrutura	Pisos	Paredes	Janelas	Portas	Coberturas	Forros	Divisórias	Acabamentos	Mobílias	Lareiras	Calor/ventilação/ar-condicionado	Hidráulica	Sistema elétrico
Fornece ar limpo	●					●	○							●	○	○
Fornece água limpa	•					•									●	•
Remove e recicla resíduos	•													•	●	•
Controla a radiação térmica	●		•	•	●	●		●	●		●			●	●	•
Controla a temperatura do ar	●		•	•	●	●	○	●	●				○	●		•
Controla a qualidade térmica das superfícies			•	●	○	○				•	•	●		○		•
Controla a umidade	●	•	•	○	●	●	○	●	●		•			●	•	•
Controla o fluxo de ar	●		•	○	●	●	○	●	○	○				●		•
Visibilidade e privacidade visual ótimas	●			•	○	●	●		●	●	•			•		●
Audibilidade e privacidade acústica ótimas	●	•	○	●	●	●	●	○	●	●	●	●		○	•	•
Controla a entrada de criaturas vivas	●	○	•	○	●	●	●	●	○		●					•
Fornece energia concentrada	•								●							●
Fornece canais de comunicação					•	•	•			●	•					●
Fornece superfícies úteis	●	•	•	●	○	•	•	•		●	●	●				
Fornece suporte estrutural	●	●	●	●	●			●	•	○						
Mantém a água do lado de fora	●	●	•	•	●	●	●	●			•				•	•
Ajusta-se ao movimento		●	●	○	○	○	○	○	○	○	○			○	○	○
Controla incêndios	●		●	●	●		●	●	●	●	●	●	●	●	●	●

Código: ● Função principal   ○ Função secundária   • Às vezes desempenha um papel

22.2

madeira traz uma extraordinária sofisticação no modo como combina materiais. Lendo do exterior para o interior, tal parede poderia incluir várias demãos de pintura externa, painéis de madeira, uma camada de ar que atua como uma câmara de equalização de pressão, uma barreira de ar de papel de polipropileno, revestimento de madeira compensada, armações de madeira de dois por seis (2" × 6"), isolamento de fibras minerais, fiação elétrica, dutos de aquecimento, retardador de vapor de lona plástica, placas de gesso acartonado, e várias demãos de pintura interna. Cerca de quinze operações de construção separadas, realizadas por seis diferentes ramos profissionais, são necessárias para se construir essa parede. Mas a sua eficiência em desempenhar as funções a que se destina é insuperável.

Janelas e portas são casos especiais de "parede". Elas são projetadas para permitir a penetração controlada das defesas ambientais da parede. Uma porta, basicamente, controla a passagem de pessoas, mas, com frequência, atua como uma válvula ou filtro para a passagem seletiva do ar, do calor, de animais, de insetos e de luz. Uma janela é um dos componentes mais fascinantes do edifício. Uma janela residencial padrão do tipo mais comum permite o controle simultâneo e independente da

- iluminação natural;
- ventilação natural;
- visibilidade externa;
- visibilidade interna;
- passagem de insetos;
- passagem de água; e
- passagem de calor – por radiação, condução, convecção.

Considerando essa multiplicidade de funções, uma janela é um mecanismo surpreendentemente simples. Para os arquitetos, as possibilidades de uma janela são ilimitadas. O planejamento de uma única janela para um edifício envolve considerações a respeito dos seguintes fatores:

- orientação da janela;
- localização da janela na parede;
- tamanho da janela;
- proporções da janela;
- dispositivos de sombreamento externos;
- modo de operação da janela (fixa, deslizante etc.);
- material e cor do caixilho;
- tipo de vidro;
- tipo de matiz ou veneziana;
- tipo da cortina, material, cor; e
- tipo da tela contra insetos.

As janelas são importantes não apenas como elementos funcionais do recinto do edifício, mas também como elementos importantes dos padrões visuais interno e externo, pois revelam determinados panoramas, iluminam o espaço interno, coletam o calor solar e, às vezes, servem como meios de passagem entre o interior e o exterior. A fim de realizar nossas metas de projeto nesses múltiplos aspectos, precisamos aprender a manipular as escolhas técnicas à nossa disposição. Os resultados podem se aproximar do sublime: uma janela de sacada ensolarada e cheia de plantas, ou na forma de uma rosácea de catedral com vitrais ricamente coloridos. Uma grande vidraça que paira invisivelmente diante da vista panorâmica de um vale arborizado abaixo. Um aconchegante assento junto à janela para leitura numa tarde chuvosa de sábado. Uma claraboia que ilumina uma tapeçaria clara. Mas os resultados também podem ser mundanos, e até mesmo deprimentes: uma "janela panorâmica" que descortina apenas uma rua cheia de carros estacionados e, simultaneamente, destrói a privacidade interior. Uma janela de apartamento que se abre para um desolado poço de ventilação. Uma janela muito pequena que deixa muito escuro o espaço interno.

A história é quase a mesma para cada um dos outros componentes de um edifício: cada um deles deve servir a uma multiplicidade de funções. Cada um deles deve ser feito de uma combinação de materiais de capacidades complementares. Cada um deles nos oferece seu conjunto único de possibilidades estéticas a serem exploradas ou, diante do perigo que corremos, a serem ignoradas. Esses componentes são os blocos de construção da arquitetura, o único material com que nós podemos realizar a magia única que resulta em um edifício satisfatório. A base mais sólida para a criatividade arquitetônica consiste em um conhecimento ordenado e acessível a respeito de como os edifícios funcionam. Há uma ordem natural para a arquitetura, e a verdadeira liberdade de projeto provém de uma familiaridade cotidiana e cômoda com essa ordem.

Este livro resumiu a ordem natural da função física nos edifícios. A arquitetura tem igualmente outras funções importantes – cada edifício serve a uma função econômica, justificando cada centavo de seu custo financeiro, e uma função simbólica, evocando emoções naqueles que o experimentam. Mas esses são campos de estudo de outros livros. Aqui, a mensagem é, simplesmente, a de que os fundamentos científicos dos edifícios são sempre os mesmos. Uma casa de neve, ou iglu, no Ártico obedece às mesmas leis físicas que uma casa de bambu nos trópicos, e um arranha-céu com estrutura de aço não é muito diferente de uma casa construída em uma árvore, como às vezes poderíamos acreditar. Se nós entendermos, a partir dos princípios básicos, como moderar as forças da Natureza para a ocupação humana, estaremos preparados para construir bem sob quaisquer circunstâncias.

Glossário

Abaulamento: Ligeira curvatura para cima na pavimentação de uma estrada; curvatura numa peça de madeira de construção.
Abóbada: Dispositivo estrutural que consiste em um arco transladado ao longo de um eixo perpendicular ao seu plano, ou uma combinação de tais formas.
Abrigo: Qualquer objeto natural ou construído que oferece proteção contra o vento, a chuva, a neve, o granizo, o sol e/ou as temperaturas extremas.
Absortância: Proporção da radiação térmica incidente que entra em um corpo e aumenta sua temperatura, expressa como uma fração decimal de um.
Ação capilar: Ação em que a água é puxada ao longo de uma fina rachadura ou de um pequeno orifício por meio das forças combinadas da coesão na água e da adesão entre a água e o material que esta atravessa ao ser puxada.
Adiabático: Referente à mudança de volume sem perda ou ganho de calor.
Admissível, tensão: *Veja* Tensão admissível.
Adubo composto: Produto da fermentação de materiais residuais orgânicos, utilizado para modificar o solo de modo que aumente sua produtividade agrícola.
Aduela: Componente em forma de cunha que constitui a unidade estrutural de um arco.
Aeróbico: Que ocorre na presença de oxigênio.
Água de esgoto: As águas servidas que são descartadas de um edifício.
Água dura: Água rica em íons de cálcio.
Altura de uma escada: Dimensão vertical total entre a base de uma escada e o seu topo.
Alvenaria: Trabalho com tijolos, pedras ou blocos de concreto.
Ambiente: Que ocorre naturalmente no meio circundante.
Anaeróbico: Que ocorre sem a presença de oxigênio.
Andaime: Plataformas temporárias para facilitar o trabalho dos operários de uma construção.
Anteparo contra chuva: Camada externa de uma parede equipada com uma câmara de equalização de pressão e uma barreira de ar.
Anticlástico: Em forma de sela, curvado positivamente ao longo de um eixo principal e negativamente ao longo do outro.
Aquecimento solar: Uso da luz solar como fonte de calor para o sistema de conforto de um edifício.
Aqueduto: Grande duto ou canal que transporta água de uma fonte distante até uma cidade.
Ar de combustão: Ar cujo teor em oxigênio é utilizado para manter acesa uma chama.
Arco: Dispositivo estrutural, usualmente côncavo em sua parte inferior, que converte cargas aplicadas, em geral verticais, em forças inclinadas que fluem ao longo do eixo do dispositivo.
Arco plano: Arco de alvenaria cujas bordas do topo e do fundo são retas e niveladas.
Arcobotante: Contraforte que utiliza arcos inclinados cuja ação recai num espaço intermediário de um edifício, tal como uma nave lateral de uma igreja, para escorar a parte central desse edifício.
Área de captação: Área do solo ou da cobertura utilizada para coletar água pluvial.
Área de refúgio: Área no interior de um edifício que é protegida com segurança contra o calor, a fumaça e as chamas em caso de incêndio.
Argamassa: Substância utilizada entre unidades de alvenaria como amortecedor, espaçador, calço, adesivo ou substância vedante.
Armação espacial: Treliça tridimensional que se estende exercendo ação bidirecional.
Armação estrutural bidirecional: Resistência à flexão em duas direções mutuamente perpendiculares, como ocorre em uma placa plana bidirecional de concreto ou em uma laje plana bidirecional.
Armação rígida: Estrutura na qual juntas rígidas proporcionam estabilidade lateral.
Arqueamento: Curvatura para cima, embutida dentro de uma viga de modo que esta fique plana quando estiver sujeita a uma carga plena.
Árvore decídua: Árvore que solta todas as suas folhas no inverno.

Ativo: Adjetivo para indicar qualquer sistema que exija a aplicação de energia proveniente de uma fonte externa para o seu funcionamento, ao contrário de um sistema passivo, que utiliza apenas fluxos de energia do ambiente.

Átrio: Pátio interno de um edifício, frequentemente encimado por uma claraboia.

Barbacã: Abertura no exterior da armação de uma parede ou janela que drena para o exterior qualquer água que possa se acumular do lado de dentro.

Barra coletora: Faixa retangular de um metal de alta condutividade, geralmente de cobre ou alumínio, utilizado para transportar um grande fluxo de eletricidade para pontos de distribuição num edifício.

Barreira de ar: Folha de material ou revestimento que se destina a impedir a passagem do ar através do recinto de um edifício.

Barreira de gelo: Barreira de água congelada ao longo do beiral de uma cobertura por trás da qual se acumula água líquida.

Barreira de vapor: *Veja* Retardador de vapor.

Bastão de apoio: Cilindro semelhante a uma corda, feito de espuma de plástico macia, que é pressionado para dentro de uma junta a fim de limitar a profundidade até onde o material de vedação de mástique penetrará.

Bate-estacas: Martelo mecânico pesado que se utiliza para cravar estacas no solo.

Beiral: A borda mais baixa de uma cobertura inclinada.

Biorremediação: Uso de processos vitais em plantas para purificar águas de esgoto e outros resíduos tóxicos.

Blindagem contra cupins: Flange de folha metálica que se projeta da junção entre a parede de uma fundação e a soleira de um edifício, sobre a qual cupins precisam construir seus tubos quando procuram infestar um edifício. A flange facilita a detecção da presença desses tubos de cupins.

Bocal de saída: Abertura através de uma platibanda para drenar a água de uma cobertura.

Bomba térmica: Dispositivo que utiliza um ciclo de compressão ou de absorção para transferir calor de um meio mais frio para um meio mais quente.

CA: *Veja* Corrente alternada.

Cabo de estai: Cabo inclinado que estabiliza um elemento estrutural vertical.

Caibro: Viga delgada e inclinada que se utiliza repetitivamente, de modo que dois caibros consecutivos fiquem separados por um espaçamento estreito, para suportar o plano de uma cobertura.

Caixilho: Parte da armação de uma janela, frequentemente móvel, que segura o vidro.

Cal: Hidróxido de cálcio, produzido pela queima de calcário ou conchas marinhas e pela adição de água. Utilizada em construção como um ingrediente da argamassa e do reboco.

Calafetagem: Gaxetas lineares, espumas, tiras metálicas, escovas ou outros dispositivos destinados a reduzir o vazamento de ar através de frestas ao redor de portas e janelas.

Calha: Canal inclinado que reúne água proveniente da borda inferior da superfície de uma cobertura e a conduz até um coletor de descida de águas pluviais.

Calor específico: Razão entre a unidade de capacidade de armazenamento de calor de um material e a da água.

Calor latente: Calor necessário para mudar o aspecto de um material sem mudar sua temperatura.

Calor sensível: Calor que aumenta ou diminui a temperatura de uma substância sem mudar sua aparência.

Câmara de ar: Extensão curta, tampada, no encanamento de uma linha de abastecimento, contendo ar que atua como amortecedor para absorver os golpes que, de outra maneira, causariam golpe de aríete.

Câmara de equalização de pressão (CEP): Camada de ar em um componente externo de um edifício que é pressurizada pelo vento de maneira tal que impede a passagem de fortes correntes de ar através da parede.

Canaleta: Fenda dentro da qual pode ser enfiado um rufo ou a borda de uma manta de cobertura.

Cano de tomada de água para incêndio: Cano vertical que alimenta conexões para mangueiras anti-incêndio em cada um dos níveis de um edifício.

Cano de ventilação: Cano que abre para o ar um sistema de encanamento de esgoto, de modo que ele permaneça sempre à pressão atmosférica, evitando, assim, a saída das águas dos sifões.

Capacidade térmica: Capacidade de um material para armazenar calor.

Carga dinâmica: Peso exercido sobre uma estrutura por pessoas, utensílios, móveis, máquinas, veículos, neve e outras coisas que mudam ao longo do tempo.

Carga estática: Peso dos componentes do edifício e de outras cargas cuja posição não muda ao longo do tempo.

Casca de paraboloide hiperbólico: Laje fina de concreto, em forma de sela, utilizada como estrutura autossustentável.

Catenária: Curva formada por um cabo ou corrente que, preso pelas extremidades, pende livremente sob o próprio peso.

CC: *Veja* Corrente contínua.

Cegueira noturna: Incapacidade para ver no escuro imediatamente depois de sair de um ambiente muito mais brilhante, por causa do tempo necessário para o olho se adaptar quando passa de um nível de iluminação para outro.

Central de ar condicionado: Espaço em um edifício no qual estão localizados ventiladores e outros equipamentos condicionadores de ar.

Chaminé: Tubo vertical que conduz fumaça para fora de um edifício.

Chapa de berço: Chapa de aço que serve para distribuir a pesada carga proveniente de uma coluna de aço sobre uma área de concreto suficientemente grande para não exceder a tensão admissível do concreto.

Ciclo de absorção: Processo em uma bomba térmica no qual a propriedade higroscópica de uma solução salina concentrada é utilizada para evaporar e, por meio disso, resfriar o líquido de um recipiente.

Ciclo de compressão: Processo utilizado numa bomba térmica, no qual um fluido de transmissão de pressão é comprimido e resfriado, sendo-lhe em seguida permitido se expandir e absorver calor.

Cimbre: Estrutura utilizada temporariamente para suportar arco, domo ou abóbada durante sua construção.

Cimento Portland: Pó seco e cinzento, misturado com água para formar uma massa aglutinante, de ligadura, para o concreto. Não confundir com o concreto – não existe uma calçada de cimento ou uma laje de cimento.

Cinturão de árvores: Renque de árvores plantadas para obstruir o vento.

Circuito: Conjunto único de fios constituindo a fiação elétrica que serve a um número limitado de dispositivos e/ou receptáculos.

Cisalhamento: Movimento, força ou tensão relativos a dois corpos, os quais são empurrados ou puxados em sentidos opostos ao longo de um plano.

Cisterna: Recipiente para o armazenamento de água.

Claraboia: Janela em uma cobertura.

Clerestório: Janela vertical colocada na junção de dois planos da cobertura que se encontram em níveis diferentes.

Cobertura com manta: Cobertura de baixa inclinação que se torna à prova d'água por meio de uma única camada de material impermeável.

Cobertura de sapé: Cobertura que utiliza feixes de junco, palha, sapé, grama ou folhas.

Coletor de descida de águas pluviais: Cano vertical que conduz a água pluvial de uma cobertura para o solo.

Coletor de placa plana: Dispositivo para coletar calor do sol ao permitir que a luz solar incida diretamente sobre uma superfície plana da qual o calor é removido por ar ou líquido em circulação.

Coluna: Elemento estrutural linear vertical que suporta cargas principalmente verticais.

Combustão, ar de: *Veja* Ar de combustão.

Compartimentação: Divisão de um edifício em unidades menores por meio de paredes e pisos resistentes ao fogo para reduzir a propagação de um incêndio.

Composto: Feito de dois ou mais materiais que funcionam ou trabalham juntos.

Compressão: A ação de "espremer" um objeto contra outro.

Comprimento horizontal de uma escada: Dimensão horizontal total de uma escada, medida desde o seu espelho inferior até o superior.

Concreto armado: Concreto no qual se inserem barras de aço para fazê-lo resistir a tensões de tração.

Concreto celular: Concreto que contém bolhas de ar microscópicas. O concreto celular flui mais livremente quando recém-misturado, e é muito mais resistente a danos causados pelo congelamento-descongelamento do que o concreto comum.

Concreto: Material semelhante à rocha, produzido pela mistura de cascalho ou pedra amarroada, areia e um material de ligadura composto de cimento Portland e água.

Condensação: Mudança de um material do estado gasoso para o estado líquido.

Condensado: Líquido obtido condensando um gás, por exemplo, a água líquida produzida quando o ar úmido entra em contato com uma superfície fria.

Condensador: Componente de uma usina termelétrica, no qual o vapor utilizado é resfriado para retornar ao estado líquido.

Condução: Passagem de calor ou eletricidade através de um material sólido.

Conduíte: Tubo de plástico ou de metal ao longo do qual passam fios elétricos.

Conduto de fumaça: Tubo para evacuar gases de combustão.

Conexão com risco de contaminação: Instalação defeituosa do encanamento, a qual permite a entrada da água de esgoto ou contaminada em canos de suprimento de água quando ocorre uma falha na pressão da água nos canos.

Conexão junção: Conexão de canos em forma de Y na base de um edifício que permite que um ou dois caminhões de bombeiro se conectem ao tubo vertical de tomada de água de um edifício ou a um sistema de extinção de incêndio por aspersão.

Construção de queima lenta: Estrutura pesada de madeira de construção que satisfaz a certas normas de exigência para tamanhos mínimos de peças estruturais.

Construtor especulativo: Pessoa ou empresa que constrói edifícios antes que seus compradores sejam conhecidos.

Construtor sob encomenda: Pessoa ou empresa que constrói edifícios sob encomenda.

Continuidade: Em uma estrutura, a propriedade segundo a qual elementos estruturais rigidamente agregados uns aos outros atuam como uma unidade única.

Contraforte: Dispositivo estrutural feito de concreto, alvenaria ou cantaria, no qual a carga estática do material combina com os empuxos angulares das abóbadas ou arcos para produzir uma força resultante, cuja linha de ação cai com segurança dentro dos fundamentos de um edifício.

Convecção: Circulação que é acionada pela diferença de densidade entre ar quente e ar frio, ou água quente e água fria.

Convectivo: Que utiliza a convecção como modo de transferência de calor.

Corda: Elemento que constitui a parte superior ou inferior de uma armação.

Corrente alternada (CA): Eletricidade produzida na forma de corrente que inverte sua polaridade a intervalos rápidos e regulares, usualmente 50 ou 60 vezes por segundo.

Corrente contínua: Fluxo de eletricidade que é constante em polaridade e intensidade.

Corte para incêndio: Corte oblíquo na extremidade de uma pesada viga de madeira ou viga mestra, o qual permite que a viga caia da parede sem provocar danos, caso ela se queime completamente durante um incêndio, em vez de derrubar a parede.

Cortina antifogo: Placa de material, rígida ou semirrígida, não inflamável, que pende do teto de um edifício industrial para ajudar a reduzir a propagação de fogo pelo edifício.

Cumeeira: Intersecção das duas partes inclinadas de um telhado de duas águas.

Cunhais: Blocos quadrados de alvenaria encaixados nos ângulos externos de um edifício, originalmente como um meio de estabilizar uma parede feita de materiais fracos, mas hoje utilizados como ornamento.

Curto-circuito: Contato direto acidental de um fio elétrico energizado com um fio elétrico neutro.

Decibel: Medida da intensidade do som.

Deflexão: Deslocamento de um dado ponto de um membro estrutural quando sobre este se coloca uma carga.

Deformação: Encurtamento, a longo prazo, do concreto sob tensão de compressão; mudança de dimensão em um material estrutural causada por tensão estrutural.

Dejetos: Excrementos humanos.

Depurador de água: Dispositivo que substitui íons de cálcio na água por íons de sódio.

Descascamento: Desprendimento de pedaços de material de uma superfície.

Design universal: Técnica de projeto que prevê igual acesso a todas as pessoas, independentemente de deficiência física, evitando a necessidade de projetar instalações separadas, especiais, para os deficientes físicos.

Desumidificador: Máquina que remove a umidade do ar, em geral condensando-a sobre serpentinas de metal que são resfriadas por meio de um ciclo de compressão.

Difração: Flexão das ondas luminosas ou sonoras quando passam sobre bordas cortantes, em especial quando atravessam uma sequência de bordas cujo espaçamento é da ordem de grandeza do comprimento de onda da luz ou do som.

Disjuntor de circuito: Dispositivo que interrompe automaticamente o fluxo elétrico se a capacidade de um circuito elétrico é excedida, impedindo, assim, que ocorram danos ao circuito e ao edifício.

Disjuntor de circuito da falha do arco: Dispositivo que interrompe a eletricidade em qualquer circuito no qual está ocorrendo a formação de uma faísca ou arco.

Disjuntor residual (DR): Dispositivo que interrompe o fluxo de eletricidade em um circuito se a corrente vazar do circuito para o solo.

Dispositivo de emergência: Mecanismo de desengate de trinco de porta que funciona automaticamente quando pressionado.

Dispositivo de ruptura da ponte térmica: Camada de material de baixa condutividade térmica colocada entre partes de uma estrutura de metal a fim de reduzir sua condução de calor.

Dissipador de calor: Massa ou substância com uma capacidade térmica muito grande em comparação com as quantidades de calor que fluem através de um sistema.

Domo: Forma estrutural que consiste em um arco girado em torno de seu eixo vertical. Um domo é, com frequência, um hemisfério ou alguma outra porção de uma esfera.

Dura, água: *Veja* Água dura.

Duto: Tubo de seção transversal circular ou retangular por onde o ar passa.

Eco: Reflexão do som que ocorre depois de um tempo longo o suficiente para que ele seja ouvido independentemente do som original.

Edifício de pano duplo: Edifício com duas paredes de vedação independentes e completas, uma dentro da outra, com um espaço de ar entre elas.

Edifício sustentável: Edifício construído de maneira a satisfazer as necessidades da geração atual sem comprometer a capacidade das gerações futuras de satisfazer as próprias necessidades.

Efeito estufa: Aprisionamento de calor solar atrás de uma barreira como o vidro em um edifício ou uma camada seletiva de gases transparentes na atmosfera da Terra.

Efluente: Material líquido do esgoto em decomposição.

Elasticidade: Que tem a ver com o estiramento de material.

Elemento para drenagem: Material espesso, altamente poroso, colocado contra o lado externo de uma parede da fundação de modo que a água do solo que se aproxima da parede caia atravessando o material até ser coletada por canos de drenagem situados na base da parede, não conseguindo, com isso, alcançar a superfície externa da parede.

Eletricidade monofásica: Corrente alternada cuja voltagem varia como uma única onda senoidal.

Eletricidade trifásica: Corrente elétrica constituída por três ondas senoidais de corrente alternada, superpostas de modo que forneça energia mais constante para grandes motores elétricos.

Emitância: Medida da capacidade de um material de irradiar calor para outro corpo.

Envergamento: Divergência entre as superfícies internas dos batentes de uma janela.

Envidraçamento: Instalação de vidraça em um edifício. Material transparente, usualmente vidro, em uma janela.

Envidraçamento duplo ou triplo: Duas ou três chapas de vidro com camadas de ar entre elas.

Equinócio: Posição na órbita da Terra em que os polos norte e sul são equidistantes do sol. Há dois equinócios a cada ano, que ocorrem em 21 de março e 21 de setembro, ou por volta desses dias. Nos dois equinócios, o dia e a noite têm igual duração em todas as latitudes.

Equinócio do outono: Dia, no final de setembro, em que o eixo norte-sul da Terra fica perpendicular aos raios do sol. O dia e a noite têm a mesma duração nos equinócios do outono e vernal. [No Brasil e em todo o hemisfério sul, esse dia é o equinócio da primavera.]

Equinócio vernal: Dia, no final de março, em que o eixo norte-sul da Terra fica perpendicular aos raios solares. O dia e a noite têm a mesma duração nos equinócios vernal e outonal. [No Brasil e em todo o hemisfério sul, esse dia é o equinócio do outono.]

Escora: Membro diagonal temporário utilizado para escorar uma parede ou coluna durante a construção; membro diagonal permanente que se junta a uma coluna acima de seu ponto médio.

Escoramento: Membro para compressão temporária erguido de modo que sustente a parede de uma escavação ou uma estrutura de concreto recém-derramado, protegendo-as contra o colapso.

Esfriamento por radiação: Esfriamento da terra à noite por irradiação direta do calor terrestre para a escuridão do espaço.

Espaçadores: Dispositivo utilizado para suportar barras de reforço de aço até que o concreto tenha sido lançado em torno delas e curado.

Espaço para aeração: Área contínua de acesso, não alta o bastante para permitir que nela se fique de pé, situada sob o piso inferior de um edifício.

Especificações: Documentos escritos que especificam padrões de qualidade e de acabamento para um projeto de construção.

Espelho: Elemento plano vertical entre dois pisos consecutivos de degraus em uma escada.

Estaca: Elemento de fundação que consiste em uma longa e delgada peça cilíndrica de madeira, aço ou concreto armado introduzida verticalmente no solo.

Estaca carregada na ponta: Estaca que é cravada no solo até que sua extremidade inferior fique apoiada em solo firme ou rocha.

Estaca de atrito lateral: Estaca que desenvolve sua capacidade de carga por meio do atrito entre sua superfície lateral e o solo.

Esteio: Elemento de compressão linear em uma estrutura.

Estribos: Ganchos de aço de reforço utilizados para proporcionar resistência à tensão diagonal perto das extremidades de vigas de concreto.

Estrutura inflada de ar: Estrutura constituída de um ou mais tubos de material delgado, herméticos ao ar, que se enrijecem contra o empenamento ao serem inflados com ar.

Estrutura preenchida com fluido: Superfície suportada pela pressão interna de ar ou de água.

Estrutura sustentada pelo ar: Estrutura feita de um material delgado, hermético ao ar, que é sustentada por uma pressão do ar de pequena intensidade dentro do espaço habitado que ela abriga.

Estufa: Dispositivo de calefação independente, localizado no interior do espaço ocupado de um edifício, que queima combustível dentro de um invólucro metálico que transfere calor para o ar circundante.

Fachada: Face principal de um edifício.

Fachada de pele dupla: Vedação de edifício com duas camadas separadas por uma camada de ar.

Faixa de canto: Peça chanfrada que impede a ocorrência de uma dobra acentuada, de 90 graus, em uma manta da cobertura no trecho em que ela vai desde uma plataforma horizontal da cobertura até um muro de parapeito vertical ou uma parede de sustentação perimetral.

Fator de segurança: Razão entre a tensão para a qual uma estrutura é planejada e a tensão máxima que o material da estrutura suporta.

Fiança em garantia de execução de um contrato: Apólice de seguro que garante dinheiro para terminar um projeto de construção se o contratante original não for capaz de fazê-lo.

Filtragem por carvão ativado: Limpeza do ar ou da água obtida fazendo-os passar através de certo volume de carvão especialmente produzido de modo que se obtenha uma razão elevada entre a área superficial e o volume.

Fio energizado: Fio elétrico que transporta corrente e não está conectado com o solo.

Fio fusível: Conector feito de uma liga especial com ponto de fusão muito baixo, utilizado para o controle automático de dispositivos de segurança contra incêndios.

Fio neutro: Fio ligado ao solo.

Flecha de um arco: Distância vertical entre a parte inferior da linha central de um arco e a parte superior.

Fluorescente: Dispositivo no qual uma descarga elétrica ativa uma substância fosforescente para gerar luz.

Flutuante, fundação: *Veja* Fundação flutuante.

Fluxo: Fluir de energia.

Fluxo solar: Fluxo de energia radiante vindo do sol.

Força lateral: Força que atua numa direção horizontal, geralmente causada por vento, terremoto, pressão do solo ou pressão da água.

Forma: Estrutura temporária de madeira, metal e/ou plástico que dá forma e suporte a uma estrutura de alvenaria ou concreto até que essa estrutura consiga sustentar a si mesma.

Fossa negra: Escavação utilizada para infiltrar o esgoto no solo sem antes decompô-lo; geralmente é ilegal.

Fossa séptica: Reservatório subterrâneo impermeável à água, destinado a estimular a decomposição anaeróbica do esgoto e a separá-lo em um precipitado (sedimento) e em uma matéria flutuante (efluente).

Fosso (*shaft*): Espaço oco reservado em um edifício para alojar uma série de canos, fios e/ou dutos.

Friso: Moldura horizontal (por exemplo, na forma de um cordão de pedra) que se projeta da fachada de um edifício.

Frontão: Extremidade ornamentada da empena de uma cobertura na arquitetura clássica.

Fundação compensada: *Veja* Fundação flutuante.

Fundação em laje: *Veja* Laje, fundação em.

Fundação em laje (*radier*): Sapata única para espalhar a carga e que é tão larga em extensão horizontal quanto o edifício que ela suporta.

Fundação flutuante: Fundação na qual o peso do solo escavado para o porão (ou porões) do edifício é igual ao peso do edifício.

Funicular: Que tem a forma que seria tomada por uma corda flexível ou corrente que suporta um dado conjunto de pesos, ou que tem forma simétrica a essa com relação ao eixo horizontal.

Galeria de sussurro: Superfície ou superfícies côncavas que concentram o som de maneira tal que sons tênues possam ser ouvidos ao longo de distâncias comparativamente grandes.

Gaxeta: Tira elástica utilizada para vedar uma junta entre dois componentes adjacentes.

Gel de nuvem (*cloud gel*): Sólido transparente, de densidade extremamente baixa, que pode ser utilizado como material isolante entre chapas de vidro em uma montagem de duplo ou múltiplo envidraçamento.

Gesso: Mineral de ocorrência natural, o sulfato de cálcio semi-hidratado é utilizado para se fazer reboco, chapas de gesso acartonado, elementos à prova de fogo e outros materiais de construção.

Golpe de aríete: Som alto de pancada que se ouve em encanamentos para abastecimento de água causado pela desaceleração instantânea da água até o zero nos canos.

Granilite: Piso decorativo de concreto ao qual se acrescentam fragmentos de mármore colorido e agregados finos de cores selecionadas. Depois de seco, o piso é lixado e polido.

HID, *High-intensity discharge lamp*, lâmpada de alta intensidade de descarga: Tipo de dispositivo de alta eficiência para a iluminação artificial.

Hidrônico: Sistema que utiliza água quente para distribuir o calor dentro de um edifício.

Hipotermia: Condição na qual o corpo humano é incapaz de manter sua temperatura interna normal.

Horizontal, saída: *Veja* Saída horizontal.

Iluminação artificial: Iluminação diferente da luz diurna, geralmente iluminação elétrica.

Incandescente: Que emite luz por estar em uma temperatura muito alta.

Infiltração: Movimento do ar através de rachaduras e defeitos no envoltório de um edifício, e que leva o ar para dentro ou para fora desse edifício.

Infravermelho: Comprimentos de onda eletromagnéticos maiores que os da luz vermelha.

Interruptor da ação capilar: Alargamento intencional de uma rachadura ou buraco de modo que uma gota de água não possa escorrer sobre ele e atravessá-lo por meio de ação capilar.

Inversão atmosférica: Camada estagnada de ar frio perto do solo.

Invertibilidade: Quando qualquer estrutura é virada de cabeça para baixo com suas cargas externas permanecendo em suas posições e direções originais, a força em cada parte da estrutura muda de tração para compressão, ou vice-versa.

Janela de abrir: Janela articulada em eixos verticais situados nos batentes verticais ou perto deles.

Janela de tombar de eixo horizontal inferior: Caixilho articulado ao longo da borda inferior, que se inclina para dentro para abrir.

Janela guilhotina: Janela com dois caixilhos, ambos deslizando em trilhos verticais.

Janela projetante de eixo horizontal superior: Janela móvel cujo caixilho é articulado ao longo de um eixo horizontal sobre ou perto de sua borda superior.

Junta de conexão estrutura-vedação: Junta que permite um movimento diferencial entre a estrutura de um edifício e sua vedação.

Junta de dilatação: Fenda intencional, geralmente em linha reta, na superfície de um material que tende a encolher, utilizada para se evitarem possíveis rachaduras no material.

Junta de encontro: Junta que permite o movimento relativo entre materiais diferentes que se unem na junta.

Junta de expansão: Dispositivo linear que permite a um material se expandir sem se danificar.

Junta de labirinto: Junta aberta entre paredes de painéis e configurada de maneira que não haja caminho em linha reta através da junta.

Junta de separação do edifício: Descontinuidade planar que atravessa um edifício de modo que o divida em edifícios menores que, assim, são capazes de se deslocar sem perigo.

Laje: Elemento plano horizontal de concreto, em geral reforçado ou pós-tensionado, e utilizado mais comumente como piso, cobertura, passarela de pedestres ou pista de estrada.

Laje de chão: Laje de concreto assentada diretamente no solo.

Laje fungiforme nervurada: Sistema de vigotas de concreto bidirecional semelhante a um *waffle* quando visto de baixo.

Laje nervurada: Elemento de concreto que consiste em uma laje delgada suportada por vigotas paralelas, estreitamente espaçadas.

Lambril: Parede interna de revestimento que começa no piso ou acima do rodapé, mas não se estende até o teto.

Lâmpada: Bulbo de uma lâmpada ou tubo emissor de luz.

Lei do inverso do quadrado: A intensidade da radiação emitida por uma fonte puntiforme é inversamente proporcional ao quadrado da distância da fonte.

Limite elástico: Tensão na qual um material começa a se deformar permanentemente.

Linhas de tensão principal: Linhas traçadas para se determinar as direções das tensões de tração e de compressão máximas em um membro estrutural.

Lintel: Viga que suporta uma parede acima do vão de uma janela ou porta.

Lúmen: Unidade utilizada para medir a taxa de produção de luz por uma lâmpada.

Luminância: Brilho de uma tarefa visual.

Luz natural: Iluminação do interior de um edifício com luz direta ou indireta vinda do sol.

Luz ultravioleta (UV): Radiação eletromagnética de comprimentos de onda menores que os da luz violeta.

Massa de vidraceiro: Mástique com o qual o vidro é fixado no caixilho de uma janela.

Mástique: Substância semilíquida, viscosa e pegajosa.

Mata-junta: Tira de material utilizada para manter alinhados dois componentes contíguos de um edifício.

Mísula: Dispositivo estrutural de alvenaria no qual cada tijolo ou pedra se projeta ligeiramente além daquele sobre o qual está apoiado.

Módulo elástico: A razão entre a tensão e a deformação em um dado material; a medida da rigidez de um material.

Muro de parapeito: Muro que se projeta acima de áreas de cobertura circundantes.

Nascente: Fluxo natural de água vindo da terra.

Neve, anteparo contra a: Cerca de ripas utilizada para induzir o acúmulo da neve a certa distância de uma estrada, impedindo, com isso, que a neve se acumule nesta.

Ofuscamento: Contraste excessivo de brilho entre uma tarefa visual e suas proximidades.

Oitão: Telhado consistindo em duas superfícies inclinadas que se cruzam em uma aresta nivelada no topo, a cumeeira; a parte superior, triangular, da parede formada por esse telhado.

Ondas estacionárias: Som de frequência única reforçado por reflexões que repercutem entre paredes paralelas, distância entre as quais é um múltiplo do comprimento de onda do som.

Padrões de manchas: Descoloração de uma parede ou teto causada pela adesão variável de poeira a superfícies em diferentes temperaturas.

Painel de treliça: Porção de uma treliça limitada por uma corda na parte superior, uma corda na parte inferior e dois membros verticais adjacentes.

Painel fotovoltaico: Grupo de fotocélulas montadas sobre uma cobertura e ligadas por fios elétricos para produzir eletricidade a partir da luz solar.

Painel rígido: Elemento estrutural que resiste a cargas laterais por meio de forças dentro de seu plano.

Parede de meio-tijolo: Camada vertical de uma parede de alvenaria que tem a espessura de um tijolo, um bloco ou uma pedra.

Parede de sustentação: Elemento vertical plano de um edifício que suporta a sobreposição de cargas de gravidade.

Parede de trombe: Parede de concreto, de alvenaria ou de recipientes de água, que se estende na direção leste-oeste e é colocada perto de uma parede de vidro voltada para o sul (no hemisfério norte) para absorver e, mais tarde, reirradiar o calor solar.

Parede dupla: Parede de alvenaria que contém uma camada de ar vertical, planar, destinada a eliminar infiltração de água e, incidentalmente, reduzir o fluxo térmico através da parede.

Passivo: Que trabalha sob efeito de fluxos de energia do ambiente em vez de fazê-lo pela introdução de energia vinda de fontes externas e que estão sob controle humano.

Patamar: Piso extenso e amplo em uma escada.

Peitoril: Peça inclinada ou inclinação no topo do parapeito de uma janela que faz que a água escoe para fora do edifício.

Película superficial: Delgada camada de ar mantida por atrito sobre a superfície de um edifício.

Persiana: Conjunto de longas tiras paralelas e estreitamente espaçadas utilizado para obstruir a passagem de luz ou de chuva e permitir a passagem de ar.

Pingadeira: Qualquer elemento de um edifício que conduza a água da chuva para longe naquele ponto, evitando que ela escorra pela superfície do edifício.

Pirólise: Aquecimento de materiais para reduzi-los aos seus componentes inorgânicos.

Piso de degrau: Plano horizontal do degrau em uma escada.

Piso elevado: Piso feito de peças rígidas, quadradas, removíveis, apoiadas sobre pedestais a curta distância acima de um piso estrutural, de modo que canos, fios elétricos e dutos possam se estender livremente sob qualquer ponto em um edifício.

Placa de proteção: Tira contínua de metal, plástico ou de um material composto que atua como barreira para a passagem da água.

Placas acústicas: Pequenas unidades do material de acabamento do forro do teto, as quais absorvem uma grande porcentagem do som incidente.

Poço: Buraco perfurado ou escavado no solo com o propósito de obter água.

Poço artesiano: Buraco vertical, escavado ou perfurado no solo, que se enche de água por causa da pressão subterrânea.

Poço coletor: Poço no piso de um porão que acumula a água que poderia vazar para dentro do porão.

Poço vertical (*shaft*): Abertura vertical ao longo dos vários andares de um edifício, onde ficam alojados os elevadores, os canos, dutos ou fios elétricos.

Ponte térmica: Via de condução que transmite quantidades relativamente grandes de calor para o conjunto de um edifício que, afora isso, é bem isolado, como um membro estrutural de metal em uma parede isolada.

Ponto de orvalho: Temperatura na qual a água contida em uma dada massa de ar começa a se condensar.

Portland, cimento: *Veja* Cimento Portland.

Pós-tensionamento: Aplicação de tensão compressiva a um membro estrutural de concreto por meio de cabos internos de aço de alta resistência que são esticados até atingirem uma tensão elevada depois que o concreto endurece.

Prateleira de luz: Superfície horizontal de cor clara, em geral localizada acima do nível da cabeça, que serve para refletir a luz natural sobre a parte de um aposento mais distante das janelas.

Precipitação química: Queda dos componentes de uma solução ou suspensão no fundo de um recipiente, em consequência de sua combinação química com compostos que os convertem em sólidos densos.

Pré-moldado, concreto: Concreto que é moldado e endurecido fora do local da construção, e em seguida colocado no edifício como elemento rígido.

Pressão de vapor: Pressão parcial exercida pelo vapor de água no ar.

Privacidade acústica: Estado no qual sons inteligíveis não são transmitidos entre os usuários de um edifício.

Projeto executivo: Desenhos técnicos a partir dos quais um edifício é construído.

Projetos prontos: Projetos genéricos para a construção de edifícios vendidos na forma de desenhos técnicos que podem ser empregados imediatamente pelos construtores.

Quadro elétrico: Caixa metálica que contém disjuntores para vários circuitos elétricos e da qual sai a fiação para esses circuitos.

Quebradiço: Que tem baixa resistência à tração e tendência a quebrar "sem aviso prévio".

Radiação: Passagem de ondas eletromagnéticas através do espaço ou do ar.

Radiação do céu noturno: Radiação infravermelha de comprimento de onda longo emitida por objetos terrestres em direção ao espaço.

Radiação terrestre: Radiação térmica emitida pela Terra ou entre objetos na Terra.

Radiador: Dispositivo de aquecimento no qual o calor proveniente de vapor ou água quente é transferido para o ar num aposento. A transferência é obtida principalmente por meio de convecção, e não de radiação, mas o nome persiste.

Radiador de calor: Dispositivo para aquecer o ar por meio de vapor ou água quente que circula por uma tubulação de metal exposta ao ar. Em geral, um radiador de calor tem muitas aletas metálicas presas à tubulação a fim de aumentar sua área superficial. O conjunto aletas-tubulação é normalmente alojado num invólucro de folha metálica com aberturas para a circulação do ar.

Rampa com degraus: Escada cujos degraus têm pisos muito largos e inclinados.

Reator, de lâmpada fluorescente: Montagem elétrica em uma instalação de lâmpada fluorescente que serve tanto para fornecer a alta voltagem necessária para acender a lâmpada como para limitar a corrente que a percorre depois do início de seu funcionamento.

Reciclagem: Envio de materiais usados de volta às fábricas para serem reprocessados e reutilizados em vez de descartados.

Recinto à prova de fumaça: Escada de saída protegida contra fumaça pelo fato de ser acessível apenas por meio de uma sacada ventilada ao ar livre ou pelo ingresso, mecanicamente forçado, de ar fresco.

Recondicionamento de alicerces: Fortalecimento das fundações de um edifício já construído graças à sustentação temporária deste por meio de macacos enquanto se acrescentam componentes à fundação ou se ampliam aqueles já existentes.

Refletância: Proporção da radiação incidente que é refletida por uma superfície, expressa como uma fração decimal de um.

Reforço: Material resistente acrescentado a um elemento estrutural para aumentar sua resistência à deformação.

Reforço sonoro: Fortalecimento do som em uma sala de espetáculos por efeito de reflexões nas superfícies da sala.

Relativa, umidade: *Veja* Umidade relativa.

Relé: Interruptor elétrico que é ativado por outra corrente elétrica.

Reservatório: Grande recipiente ou tanque para o armazenamento de água.

Resfriador: Máquina que resfria água para um edifício.

Resfriador por evaporação: Dispositivo no qual o ar é resfriado fazendo-o atravessar uma almofada úmida.

Resfriamento por evaporação: Resfriamento do ar obtido fazendo com que ele absorva umidade. O calor latente de evaporação da água é fornecido pelo ar, o que reduz a temperatura atmosférica.

Resfriamento por radiação: Resfriamento de objetos terrestres pela irradiação de calor dos objetos para o céu noturno.

Resistência térmica: Capacidade de um material para retardar o fluxo de calor.

Respiradouro de cobertura de abertura automática: Alçapão da cobertura que se abre automaticamente durante um incêndio no edifício de modo que permita o escape de fumaça e calor.

Ressonador: Câmara oca que vibra em harmonia com o som e, por meio disso, absorve energia sonora em uma dada frequência.

Retardador de vapor: Material laminado ou revestimento altamente resistente à passagem do vapor de água, utilizado para impedir que a água se condense dentro de uma parede ou teto. Com frequência, incorretamente denominado barreira de vapor.

Revestimento à prova de umidade: Delgado revestimento asfáltico que é aplicado à superfície externa da fundação de um edifício a fim de limitar a penetração da umidade através da parede.

Revestimento de baixa emissividade (*baixa-e*): Camada delgada que se deposita sobre vidro a fim de torná-lo seletivamente refletor de radiação infravermelha de ondas longas.

Revestimento intumescente: Camada de tinta ou mástique que se expande de modo que forma uma substância carbonizada estável e isolante quando exposta ao calor de um incêndio.

Ripa para reboco: Qualquer material de suporte de tela, tiras ou lâminas utilizado como base para se aplicar reboco ou estuque.

Roda regenerativa: Massa giratória de malhas metálicas através das quais o ar é soprado, ocorrendo, com isso, a transferência de calor do ar em um duto para o ar em outro.

Ruído: Som indesejável.

Ruído mascarador: Ruído intencionalmente introduzido num ambiente a fim de tornar certos ruídos menos importunos, ou de garantir mais privacidade para as conversas.

Saída horizontal: Passagem através de uma porta de fechamento automático, resistente ao fogo, até uma área de refúgio situada no mesmo nível de um edifício.

Sapata: Bloco de concreto que distribui a força de uma coluna ou de uma parede que suporta carga sobre uma área de solo numa fundação.

Sapata contínua: Sapata linear para espalhar a carga que suporta uma parede.

Sapata isolada: Elemento de concreto da fundação e que suporta uma única coluna, distribuindo sua carga sobre uma grande área do solo.

Sapé: *Veja* Cobertura de sapé.

Secagem: Abaixamento do nível de água no solo do terreno de um edifício a fim de manter a escavação seca durante o trabalho de fundação.

Sedimento: Precipitado de água de esgoto decomposta.

Sensação térmica: Fato de um material parecer quente ou frio quando entra em contato com o corpo humano.

Shingle: *Veja* Telha plana.

Sifão: Peça em forma de U, de um cano de águas servidas, que retém uma pequena quantidade de água, atuando como uma vedação que impede os gases do esgoto de entrar no edifício.

Sifonagem: Evacuação da vedação de água de um sifão não ventilado.

Sinclástico: Propriedade de uma superfície de ter o mesmo sentido de curvatura, seja ele côncavo ou convexo, ao longo dos seus dois eixos principais.

Síndrome do edifício doente: Condição que torna um edifício inabitável por causa da precária qualidade do ar presente em seu interior devido a mofo, descoloração causada por fungos, esporos, produtos de química orgânica, gases de esgoto, produtos de combustão ou outras causas.

Sistema automático de aspersão: Sistema de canos de água providos de aspersores no qual um lacre térmico abre a cabeça do aspersor para extinguir um princípio de incêndio se a temperatura se elevar muito acima do nível normal.

Sistema de aquecimento a ar quente: Sistema que utiliza o ar como meio para transportar calor para dentro de um edifício.

Sistema de dutos duplos: Sistema de condicionamento de ar no qual dutos paralelos transportam ar quente e ar frio. Em cada compartimento do edifício, válvulas borboleta termostaticamente controladas regulam as quantidades relativas de ar provenientes de cada um dos dois dutos, as quais são misturadas de modo que se obtenha a temperatura desejada.

Sistema de energia total: Sistema em que um gerador local acionado por um motor de combustão interna gera eletricidade para um edifício ou um complexo de edifícios, e o processo mecânico de refrigeração é utilizado para aquecer a água ou o ar.

Sistema de esgoto: Rede de canos subterrâneos que coletam água de esgoto e a conduzem para uma instalação de tratamento.

Sistema de ganho direto: Aquecimento de um edifício pela entrada da luz solar no espaço habitado.

Sistema de reaquecimento terminal: Sistema de condicionamento de ar no qual ar resfriado circula ao longo de dutos até os pontos de uso, onde ele é aquecido por meio de uma serpentina de água quente termostaticamente controlada para ajustar sua temperatura.

Sistema de volume de ar constante (VAC): Sistema de aquecimento e/ou resfriamento no qual a taxa de circulação do ar é constante, mas a sua temperatura varia.

Sistema de volume de ar variável (VAV): Sistema de aquecimento e resfriamento para um edifício que regula sua temperatura fazendo variar a quantidade de ar condicionado que é liberada para cada espaço ou zona.

Sistema LEED: Acrônimo de *Leadership in Energy and Environmental Design* (Liderança em Planejamento Energético e Ambiental), iniciativa patenteada para avaliar a sustentabilidade de projetos de edifícios.

Soleira: Borda inferior horizontal do vão de uma porta e que está ao nível do piso.

Solstício de verão ou de inverno: Data em que um polo da Terra está mais perto do sol.

Som transmissível pela estrutura: Som que pode ser transmitido através do material sólido de um edifício, e não através do ar.

Subempreiteiro: Empreiteiro especializado que trabalha sob contrato com um empreiteiro geral em um projeto de construção; por exemplo, um empreiteiro para os trabalhos de encanamento.

Substância vedante: Substância elástica utilizada para vedar uma fenda, uma rachadura ou uma abertura no recinto de um edifício. Em sua maioria, as substâncias vedantes são mástiques injetáveis, mas elas vêm também na forma de fitas, gaxetas ou espumas expansíveis.

Superisolamento térmico, insolação moderada: Técnica de eficiência energética no edifício que enfatiza altos níveis de isolamento térmico e construção hermética ao ar, associados a uma quantidade limitada de vidro voltado para o sul para se obter ganho solar direto.

Suporte lateral: Elementos estruturais que resistem a forças laterais na estrutura de um edifício.

Système internationale d'unités: *Veja* Unidades SI.

Tarefa visual: Foco da atenção de uma pessoa em um ambiente luminoso.

Telha plana (*shingle*): Pequeno componente construtivo plano, parcialmente sobreposto a outras peças idênticas que compõem um telhado ou revestem uma parede a fim de impedir a penetração de água. As telhas fazem com que a água escorra pela ação da gravidade antes de poder entrar no edifício.

Telhado de inclinação acentuada: Telhado que pode se tornar impermeável à água por meio de telhas planas.

Telhado de pequena inclinação: Telhado que tem uma inclinação muito rasa para o uso de telhas planas e que precisa se tornar impermeável à água por meio de uma manta contínua.

Telhado invertido: Construção de telhado de baixa inclinação na qual um isolamento de espuma de poliestireno é colocado acima da manta à prova d'água.

Temperatura radiante média (TRM): Média ponderada das temperaturas de todos os objetos que trocam radiação térmica com um dado ponto.

Tempo de reverberação: Tempo durante o qual um som alto diminui até ficar inaudível numa sala de espetáculos.

Tensão: Força dividida pela área da seção transversal de um objeto sobre o qual essa força se distribui.

Tensão admissível: Tensão sob a qual um material estrutural pode funcionar com segurança. A tensão admissível é o produto da tensão do limite elástico pelo fator de segurança.

Tensão de compressão: Intensidade de uma ação compressiva, expressa em unidades de força por unidade de área.

Tensão de tração: A intensidade da tensão em um material, medida em unidades de força por unidade de área de seção transversal.

Tensão do limite elástico: Tensão sob a qual o material começa a se deformar irreversivelmente.

Termostato: Dispositivo que desliga e liga outro dispositivo dependendo de a temperatura ambiente estar acima ou abaixo de um nível preestabelecido.

Terrestre: Que tem a ver com a Terra.

Testeira: Borda frontal que se projeta de um piso de degrau de escada.

Tholos (colmeia): Mísula arco.

Tímpano: Zona de uma parede entre os topos das janelas em um piso e as bases das janelas no piso de cima. É também a área de parede entre um arco de alvenaria e um retângulo imaginário que conteria o arco.

Tirante: Membro que resiste à tração. Dispositivo de conexão que trabalha a tração.

Toldo: Cobertura inclinada, como um telhado, que se projeta para fora e por cima de uma janela ou porta.

Tração: Força que estica ou rompe.

Transformador: Dispositivo para reduzir ou aumentar a voltagem da corrente elétrica por meio de duas bobinas com diferente número de espiras enroladas ao redor de um único núcleo magnético.

Tratamento básico da água de esgoto: Fermentação anaeróbica da água de esgoto.

Treliça: Dispositivo estrutural para vencer vãos horizontais, onde cargas são convertidas em forças axiais em um sistema triangulado de membros delgados.

TRM: *Veja* Temperatura radiante média.

Trocador de calor: Dispositivo para transferir calor de um meio para outro, por exemplo, da água para o ar ou vice-versa.

Tubulão: Elemento de fundação vertical, na forma de coluna, feito de concreto vazado dentro de um buraco perfurado no solo de modo que ele se assente sobre uma camada firme de solo ou rocha a certa profundidade abaixo da superfície. É também o nome do invólucro cilíndrico de aço utilizado para impedir o desabamento do buraco perfurado.

Túnel de vento: Dispositivo de laboratório que aloja um modelo em escala e simula o fluxo do vento ao redor de edifícios ou outros objetos por meio de um fluxo de ar que, em pequena escala, sopra ao redor do modelo.

Umidade relativa: Razão entre a quantidade de vapor de água contida em uma dada massa de ar e a quantidade máxima de vapor de água que essa massa poderia conter em uma dada temperatura.

Unidade de condicionamento de ar de parede: Pequeno dispositivo autônomo acionado por eletricidade e que utiliza um ciclo de compressão para resfriar e desumidificar o ar de um aposento, geralmente montado no vão de uma janela ou em uma abertura numa parede externa.

Unidade de ventilação: Dispositivo em uma parede externa que faz recircular o ar de um compartimento, despejando uma fração dele no lado de fora do edifício e aspirando para dentro uma fração correspondente do ar externo, enquanto também faz com que esse ar passe sobre serpentinas que o aquecem ou esfriam, conforme se fizer necessário.

Unidades SI: *Système internationale d'unités*, sistema racional de medidas baseado no metro. A fim de se evitar confusão nas medições lineares, o centímetro não é utilizado no SI.

Unidirecional: Ação estrutural em uma laje ou placa que ocorre apenas em um sentido principal.

VAC: *Veja* Sistema de volume de ar constante.

Vala de infiltração: Leito nivelado de pedra triturada imediatamente abaixo da superfície, por onde o efluente que vem de uma fossa séptica se distribui através de canos perfurados ou de câmaras abertas até ser absorvido pelo solo abaixo.

Válvula borboleta: Aba de metal que atua como uma válvula para o fluxo de ar em um duto, em um utensílio que queima combustível ou em uma lareira.

Válvula de gás: Dispositivo para reduzir e controlar a pressão de gás no ponto de uso.

Válvula reguladora de vácuo: Dispositivo numa linha de abastecimento de água que introduz ar na linha se a pressão da água se perder, de modo que impeça que água contaminada seja puxada para dentro da linha.

Vasomotriz, regulação: Expansão ou contração dos vasos sanguíneos do corpo humano como meio de regular a temperatura do corpo.

VAV: *Veja* Sistema de volume de ar variável.

Ventilação mecânica: Renovação do ar em um edifício por meio de exaustores/ventiladores movidos a eletricidade, os quais introduzem uma porcentagem de ar externo à medida que fazem recircular o ar interno.

Ventilação natural: Renovação do ar em um edifício utilizando apenas as forças do vento e/ou da convecção.

Ventilação por infiltração: Renovação do ar em um edifício por meio do ar que passa através de rachaduras e buracos na vedação do edifício.

Vidro absorvente de calor: Vidro colorido que absorve o calor da luz que o atravessa.

Vidro aramado: Placa de vidro formada ao redor de uma malha de arame que serve para manter o vidro coeso caso ele quebre durante um incêndio.

Vidro laminado: Duas camadas superficiais de vidro que são unidas a uma substância central plástica viscosa.

Vidro refletor de calor: Vidro revestido com uma camada de material que reflete uma parcela da luz e do calor incidentes.

Viga: Elemento estrutural sólido que resiste a forças de flexão transversais por meio de um padrão de forças internas de tração e compressão, semelhante a uma treliça.

Viga apenas apoiada: Viga sustentada por articulações e/ou rolamentos em suas extremidades.

Viga baldrame: Viga de concreto que se estende sobre elementos isolados da fundação para dar sustentação constante a uma parede.

Viga em balanço: Porção de uma viga ou treliça que se projeta além do seu ponto de apoio mais próximo.

Vigia: Saliência em forma de caixa acima de uma cobertura e que contém janelas e/ou persianas para a ventilação.

Vigia de cobertura: *Veja* Vigia.

Vigota: Viga delgada utilizada repetitivamente em espaçamentos estreitos para suportar a superfície de um teto ou a plataforma de um piso ou cobertura.

Vítreo: Que tem uma superfície semelhante ao vidro.

Vitrificação: Aplicação de uma camada de acabamento vítreo em um material de cerâmica.

Índice remissivo

abaulamento, 193
abóbadas, 185, 186
abrigo primitivo, 23, 24
abrigo, conceito de, 23-30
absorção acústica, 140, 141
absortância térmica, 54
acesso para portadores de deficiência, 167-69
acidentes de construção, 235
acréscimos, 250
acústica, 138-48
   de sala de concertos, 142-45
adubo composto, 41
aduelas, 182, 183
AFCI, 155
água de esgoto, remoção municipal de, 44, 45
   no local, 45, 46
água, efeitos climáticos da, 10, 11
   distribuição da, dentro do edifício, 36-38
   engarrafada, 40
   fontes de, 33, 34
   fontes internas de, 127
   forças que podem mover a, 110
   mantendo a, fora do edifício, 109-27
   provisão de, 33-40
   sistemas privados de fornecimento de, 35, 36
   transporte de, até o ponto de uso, 34
   tratamento da, 34
água, vazamentos de, 242, 243
altura da cobertura, 162
ambiente externo, 3-14
ambiente humano, 15-22
antropométricos, edifícios, 158-71
aposento com ventilador, 95
aposento ruidoso, silenciamento de, 147
aquecedores a resistência elétrica, 86
aquecedores e lareiras, aquecimento por, 86
aquecimento a gás, 86, 87
aquecimento a óleo, 86

aquecimento ativo, 85-87
aquecimento e resfriamento por radiação, 75-77
aquecimento solar, 78, 79, 84, 87-90
   aquecimento sobressalente, 90
   ativo, 89, 90
   coletores de placa plana, 87
   espaço solar anexado, 88, 89
   ganho direto, 88
   parede de Trombe, 89
   passivo, 87-90
aquecimento, distribuição do calor por sistemas de, 91, 92
   a ar quente, 92
   a vapor, 92
   hidrônico (água quente), 92
ar, poluentes do, 99, 100, 107, 108
ar, poluição do, 108
ar, renovação do, 107, 108
ar de combustão, 86, 103
arco, 182-86
armação espacial, 190
arquitetura, ordem natural da, 256
átrios, 216, 217

barreira ao calor radiante do sol, 77
barreira de ar, 70, 119-22
biorremediação, 45
bomba térmica, 93-94, 97
brilho e visão, 129, 130
caibros, 194
calor, controle da radiação de, 72-80
   que entra e sai do edifício, 81, 82
   radiação, condução, convecção de, 53-55
câmara de ar, cano que atua como, 37
câmara de equalização de pressão (CEP), 119-22
canaleta, 114

canos de esgoto, 42, 43
capacidade térmica, 58-66, 82-85
carvão, 86
CEP, 119-122
chaminé, 103
cinturão de blindagem, 104
civilização humana, exigências ambientais da, 20, 21
claraboias, 102, 103, 133
cobertura, invertida, 69, 70
   beirais de, 112
   exaustores eólicos de, 102, 103
   vigias de, 102, 103
coberturas, 110-15
   bordas de, 112-18
   calhas de, 112
   de inclinação acentuada, 111
   de pequena inclinação, 111
   de sapé, 112
   de telhas planas, 111, 112
   neve sobre as, 113, 114
   obstruções de gelo nas, 113, 114
   problemas de vapor nas, 69, 70
coberturas cilíndricas, 197
colapso do World Trade Center, 200, 201
coluna, 175-77
combustíveis para o, 86, 87
como impedir que a água entre no edifício, 109-27
como manter um edifício vivo e em crescimento, 239-51
componentes e função do edifício, 252-56
componentes, funções dos, 254, 255
concreto armado, 194-97
concreto com ar incorporado, 116
   armado, 194-97
   estruturas de, 195, 196
   lajes de, 195, 196

condensação da umidade, 66-71
conexão junção, 226
conforto térmico do, 15-19
conforto térmico, 15-19, 49-52
construção que "queima lentamente", 224
construção, especificações para uma, 229-31
construção, problemas de, 232-37
    ferramentas e equipamento para, 235
    sequenciamento da, 237
construtor, 227, 228
contaminação, encanamentos com risco de, 39
    espaço para, 40
    instalações de, 38, 39
    ventilação de, 42, 43
contraforte, 185
contrato de construção, 230, 231
cor, 128
corpo humano, resfriamento do, 17-19
corredores, 163
crescimento e a mudança, planejamento tendo em vista o, 248, 249
cupins, 242
custo do edifício, 237, 238

decibéis, 139
decomposição da madeira, 241, 242
deformação estrutural lenta, 204
design universal, 169
desumidificação, 94, 95
deterioração, proteção do edifício contra a, 240-44
dia, duração do, 4-6
dimensões do edifício, 159-63
disjuntor residual, 155
dispositivos ativos, o papel dos, 253
dispositivos de emergência, 221
distribuição elétrica em pequenos edifícios, 152-55
    em grandes edifícios, 155, 156
domos, 185, 186
DR, 155

edifício "verde", x-xiii
edifício sustentável, x-xiii
edifício, construção de um, 227-38
edifícios abrigados pela terra, 66
edifícios ajustados às pessoas, 158-71
edifícios subterrâneos, 65, 66
efeito estufa, 108
elasticidade, módulo de, 173
elemento para drenagem, 124
eletricidade, 149-57
    baixa voltagem, 156
    CA e CC, 150, 151
    disjuntor de circuito da falha do arco (AFCI), 155
    disjuntor residual (DR), 155
    geração e transmissão de, 149-152
    geração local de, 156
    monofásica e trifásica, 151

quadro elétrico, 152, 153
    tomadas elétricas, 154
elevadores e escadas rolantes, manutenção de, 247
eliminação da água do local da construção, 232, 233
empenamento, 176
encanamentos, conexão com risco de contaminação nos, 39
energia concentrada, 149-57
energia eólica, 90
energia total, sistema de, 94, 150
envelhecimento de materiais e superfícies, 248-250
envidraçamento duplo, 55-57
equinócios, 5
ergonomia, 158-71
escadas, 161, 163-66
    de saída, 221, 222
    dimensões do piso e do espelho, 164-66
escoramento de escavação, 232, 233
espaço externo de um edifício, resfriamento do, 98
espaço para aeração, 124
espectro eletromagnético, 129
estruturas, 172-203
    abaulamento, 193
    abóbadas, 185, 186
    arcos, 182-86
    armação espacial, 190
    armação rígida, 196
    caibros, 194
    cargas, 172-74
    colunas, 175-77
    compressão e tração nas, 174
    concreto armado, 194-97
    contínuas, 193, 194
    contrafortes e arcobotantes, 185
    desabamento de, 200
    domos, 185, 186
    empenamento, 176
    escoramento diagonal, 199, 200
    fator de segurança, 174
    fundações, 201, 202
    funiculares, 180, 181
    invertibilidade, 187, 188
    juntas rígidas, 199, 200
    lajes de concreto, 195, 196
    limite elástico, 174, 177
    mísulas, 197, 198
    modelo suspenso, 182
    módulo de elasticidade, 173
    painéis rígidos, 199, 200
    placas corrugadas e cobertura cilíndrica, 197
    pneumáticas, 198, 199
    pós-tensionadas, 191, 195, 196
    suporte lateral, 199, 200
    suporte vertical, 175-77
    tendas, 181

    tensão de tração, 177-81
    tensões, 173, 174
    tholos, 197, 198
    treliças, 186-90
    unidirecional e bidirecional, 195
    viga de alma cheia, 196
    viga em balanço, 193
    vigas, 190-97

fator de segurança, 174
fenômenos solares, 11, 12
fiança em garantia de execução do contrato, 231
fibra óptica, 156
filtragem do ar, 107
fio fusível, 218, 219
fluorescentes, reatores de lâmpadas, 135
forças destrutivas que atuam sobre os edifícios, 239, 240
fossa e bomba, 123
fotossíntese, 12
funções do edifício, 25-27, 31, 32
fundação por estacas, 202
fundações, 201, 202

galeria de sussurro, 143
gel de nuvem (*cloud gel*), 58
gelo, cristais de, 126
gelo, obstruções de, 113, 114

iluminação, 128-37
iluminação artificial, 134-37
    luz diurna, 131-34
    planejamento da, 136, 137
iluminação diurna, 11, 131-34
impermeabilidade à água, teoria da, 109, 110
    paredes impermeáveis à água, 115
impermeabilidade da alvenaria à água, 115, 116
incêndios, área de refúgio contra, 222, 223
    ajudando os bombeiros a combater, 225, 226
    como causas de ferimentos e morte, 215
    compartimentação contra, 215-18
    controle de, 213-26
    cortinas antifogo, 217
    efeito dos, sobre a resistência do aço, 215, 216
    em teatros, 217, 218
    extinção de, 219, 220
    impedindo a propagação de, 215-18
    impedindo o início de, 215
    perda de vidas e de propriedades, 214
    protegendo a estrutura do edifício contra, 223-25
    protegendo a vida humana contra, 220-23
    saída horizontal, 222, 223
    sistemas de extinção de incêndio por aspersão, 219, 220
infladas por ar e suportadas por ar, estruturas, 198, 199
intempéries, 8-11

interruptor da ação capilar, 121
inversão atmosférica, 7, 8
inversão estrutural, 182
inverso do quadrado, lei do, 72
isolamento térmico, 55-58

janelas, 101, 102
    funções das, 255, 256
    orientação das, 79
junta de conexão estrutura/vedação, 208
junta de encontro, 207
junta de expansão, 206, 207
junta de labirinto, 118
junta de separação do edifício, 209, 210
juntas de argamassa, perfis de, 243
juntas de dilatação, 205, 206
juntas de vedação, 117, 118

laje de concreto assentada diretamente no solo, 124-26
lambril, 245
lâmpadas de alta intensidade de descarga, 135
lâmpadas, 134, 135
LEED, xi-xiii
Lei de Saúde e Segurança no Trabalho, 235
Limite elástico, 174, 177
lobby, 163, 166, 167
luz solar, 3
luz, cor da, 135
    incandescente e fluorescente, 128
    refletância da luz pelas cores, 246

manutenção de edifícios, 244-46
manutenção do piso, 246
massa térmica, 58-66, 82-85
materiais "à prova de fogo", 223
materiais de construção, 254
    avaliação de, 254
    garantia de qualidade de, 235, 236
microclima, 11
mísula, 197, 198
módulo de elasticidade, 173
montagem de peças nos edifícios, 236
morte de um edifício, 251
movimento do ar, controle do, 99-108
    ao redor dos edifícios, 104, 105
    externo, 99
movimento na madeira, 210-212
movimento nos edifícios, 204-12
    causas do, 204, 205

organização de um projeto de edifício maior, 228-31
OSHA, 235
ouvido humano, 139
ouvir e ser ouvido, 138-48

padrões de manchas, 57
painéis fotovoltaicos, 150
painéis rígidos, 199, 200

para-raios, 215
parapeito, 114, 217, 218
parede de carga, 175-177
parede de sustentação, 175-177
parede oca, 116, 117
parede, funções da, 254, 255
paredes de painéis, 116-21
peitoril, 121
pele de vidro (*curtain wall*), 208
pele dupla e pano duplo, edifícios de, 58, 59
pingadeira, 121
pintura, descascamento da, 68
piso elevado, 156
    impermeabilidade do piso à água, 123-35
placas corrugadas, 197
placas de proteção, 114
plano de ação, 227
poço, água de, 35, 36
poços tubulares, 233
poços, recintos com, 216, 217
ponte térmica, 57
ponto de orvalho, 67-69
porão, isolamento do, 124, 125
    impermeabilidade à água, 123, 25
portadores de deficiência, acesso para, 167-69
portas, 103
    com almofadas, 211
portas, vãos de, 163
pós-tensionamento, 191, 195, 196
prateleira de luz, 133
precipitação, 9, 10
precisão dos edifícios, 236
princípio do anteparo contra chuva, 118, 23
privacidade acústica, 147, 148
projeto executivo, 229, 230
propriedades térmicas dos componentes dos edifícios, 53-71
proteção do aço contra incêndios, 224, 225

radiação do céu noturno, 7, 8
radiação solar, efeitos da, 6, 7
radiação solar, proteção contra a, 77
radiação ultravioleta, 12
radiadores, 92
radiadores de calor, 91
rampas, 164
recinto à prova de fumaça, 226
refrigeração de espaços externos, 98
refrigeração, torre de, 92, 96
remodelamento, 250
resfriamento noturno por radiação, 79, 80
resfriamento por absorção, 93
resíduos, reciclagem de, 41-48
    sólidos, 46-48
retardador de vapor, 68-70
reutilização de edifícios, 250, 251
reverberação, tempo de, 144, 145
revestimento de baixa emissividade (*baixa-e*), 56
revestimento intumescente, 224

riscos à saúde nos edifícios, 243
riscos de incêndios, prevenção contra os, 243
roda regenerativa, 106, 107
roupas, 49-52
ruído, 139, 146, 147
    bloqueio externo do, 146, 147
    mascaramento do, 146, 147
ruptura da ponte térmica, 127

saídas, 220-23
    horizontais, 222, 223
segurança, acidentes por falhas de, 167, 168
sensação térmica, 70, 71
SIAE, 122
sifão, encanamento com, 42, 43
síndrome do edifício doente, 244
sistema de isolamento e acabamento externo (SIAE), 122
sistema inglês de medição *versus* SI, 169-71
sistemas aparentes nos edifícios, 237
sistemas automáticos de extinção de incêndio por aspersão (*sprinklers*), 219, 220
sistemas de condicionamento de ar, 95-98
    a volume de ar constante (VAC), 95, 96
    a volume de ar variável (VAV), 95
    de duto duplo, 95-97
    reaquecimento terminal, 95-97
    unidade de ventilação dos, 97
sistemas de energia diferentes da eletricidade, 156, 157
sistemas de remoção de água de esgoto nos edifícios, 42-44
sistemas de resfriamento, 92-98
    ciclo de absorção nos, 93
    ciclo de compressão nos, 92-94
    por evaporação, 97, 98
sistemas mecânicos, manutenção de, 247
solo levantado pela geada, 126
solstícios, 4, 5
som, 139-42
    absorção do, 140
    ondas estacionárias, 142, 143
    passagem do, entre aposentos, 141, 142
    pressões do, 139
    reforço do, 143-45
    reforço eletrônico do, 145
    resposta ressonante, 140, 141
sombreamento e reflexão, dispositivos de, 132
sombreamento, dispositivos de, 78
superisolamento térmico temperado pelo sol, abordagem de, 89
Système internationale d'unités, 171

telhas acústicas, 142
temperatura do ar, ciclos diários da, 82-85
temperatura do ar, controle da, 81-98
temperatura e umidade do ar, controle passivo da, 81-85
temperatura média de radiação, 73, 74
temperatura radiante, manipulação da, 74, 75

tendas, 181
tensões estruturais, 173, 174
terra e água, efeitos climáticos sobre, 10, 11
Terra e sol, 3-6
terreno e recinto de um edifício, papéis do, 252-253
terreno, papel do, 252
tholos, 197, 198
tração, estruturas que trabalham sob, 177-81
trajetórias do sol, 4-6
treliças, 186-90
trocador de calor ar/ar, 106, 107
    roda regenerativa do, 106, 107
Trombe, parede de, 89
Trullo, 198
tubulão, 202

umidade relativa, 81
umidade, controle da, 81-98
    relativa, 66-71

unidade de condicionamento de ar, 97
unidades de ventilação, 106, 107
unidades do SI, 171
unidades sobressalentes de geração de eletricidade, 150

vácuo, isolamento térmico por, 58
válvula reguladora de vácuo, 39
vândalos e incendiários, 243, 244
vapor de água em edifícios, 66-71
vapor, barreira de, 68-70
vapor, pressão de, 67-69
vaso sanitário, 43, 44
ventilação, 100-108
    acionada pelo vento, 102, 103
    de produtos da combustão, 103
    mecânica, 105-107
    natural, 100, 103
    por convecção, 102
    por infiltração, 100, 101
    por janelas, 101, 102
ventilação, cano de, 42, 43
vento ao redor de edifícios altos, 104, 105
vida humana, exigências ambientais da, 19, 20
vidro, absorvente de calor, 78
    aramado, 217, 218
    autolimpante, 245
    com revestimento de *baixa-e*, 56
    refletor de calor, 78
viga com corte para incêndio, 224
viga de alma cheia, 196
viga em balanço, 193
vigas, 190, 97
    deflexão de, 192
    empenamento de, 192
    linhas de tensão principal nas, 192
visibilidade, 128-37

WC, 43, 44

Impressão e acabamento:

Orgrafic
Gráfica e Editora
tel.: 25226368